सौन्दर्यशास्त्र के तत्त्व

सौन्दर्यशास्त्र के तत्त्व

कुमार विमल

राजकमल प्रकाशन

ISBN : 978-81-7178-638-1

मूल्य : ₹1195

पहला संस्करण : 1967
सातवाँ संस्करण : 2017
This book is printed on **Print on Demand** Technology : 2024

प्रकाशक : राजकमल प्रकाशन प्रा. लि.
1-बी, नेताजी सुभाष मार्ग, दरियागंज
नई दिल्ली-110 002
शाखाएँ : अशोक राजपथ, साइंस कॉलेज के सामने, पटना-800 006
पहली मंजिल, दरबारी बिल्डिंग, महात्मा गांधी मार्ग, प्रयागराज-211 001
1, अनमोल सोराबजी संतुक लेन, धोबी तलाव, मरीन लाइंस, मुम्बई-400 002
वेबसाइट : www.rajkamalprakashan.com
ई-मेल : info@rajkamalprakashan.com

SAUNDARYASHASTRA KE TATTVA
Thesis on Aesthetics by Kumar Vimal

आदरणीय डॉ. नगेन्द्र को

क्रम

और सौन्दर्यशास्त्र का सहयोग—एस. कुप्पूस्वामी शास्त्री का मत—एस.के. डे का मत—के सी. पांडेय का मत—नाट्यशास्त्रभारतीय सौन्दर्यशास्त्र की प्रारम्भिक सीमा—भारतीय दृष्टि से काव्य की गणना कलाओं में नहीं—अत: संस्कृत काव्यशास्त्र की रुचि कलाशास्त्र से भिन्न—विद्या, उपविद्या और कला—राजशेखर का मत—कला और विद्या में अन्तर—हिन्दी के कुछ प्रमुख विचारकों के द्वारा इस मत का अनुसरण—जयशंकर प्रसाद और आचार्य शुक्ल—सौन्दर्यशास्त्र काव्यशास्त्र का विकसित रूप—कविता के सौन्दर्यशास्त्रीय अध्ययन की आवश्यकता—कविता का काव्येतर ललित कलाओं के साथ घनिष्ठ सम्बन्ध—कविता में अन्य कलाओं के सर्वोत्तम गुणों का समावेश—सभी कलाओं के व्यापक निकष पर कविता के गुणावगुणों का परीक्षण—भारतीय दृष्टि से कविता के कला-पक्ष में काव्येतर कलाओं का तात्त्विक समावेश—कविता पर अन्य कलाओं का प्रभूत प्रभाव—हिन्दी साहित्य में कविता के सौन्दर्यशास्त्रीय अध्ययन का अभाव—कविता के सौन्दर्यशास्त्रीय अध्ययन की आवश्यकता पर हिन्दी के वरिष्ठ विद्वानों के विचार—हिन्दी-जगत में कविता और काव्येतर कला के समन्वय का व्यावहारिक प्रयास—निष्कर्ष।

(ख) ललितकलाओं का तात्त्विक अन्त:सम्बन्ध

तात्त्विक दृष्टि से सभी कलाओं की समानता—सौन्दर्यशास्त्रीय अध्ययन कलाओं के इसी तात्त्विक अन्त:सम्बन्ध पर निर्भर—श्रव्य और दृश्य कलाओं का तात्त्विक अन्त:सम्बन्ध—इस तात्त्विक अन्त:सम्बद्धता का व्यावहारिक अध्ययन—कलाओं के तात्त्विक अन्त:सम्बन्ध का सैद्धान्तिक पक्ष—श्रव्य कला और दृश्य कला : स्वर-बोध और वर्ण-बोध की पारस्परिकता—पाश्चात्य मनोविज्ञान की 'साइनेस्थेसिया'—वैज्ञानिक दृष्टि से भी स्वर-बोध और वर्ण-बोध की पारस्परिकता का समर्थन—अर्ल आव लिस्टोवेल और ह्विक्टर त्सुकरकांड्ल के मन्तव्य—शब्दतन्मात्रा और वर्णात्मक प्रत्यक्ष—स्वर-बोध और वर्णात्मक प्रत्यक्ष में समान संवेगात्मक प्रत्यर्थता—स्वर-बोध से वर्ण-बिम्ब की प्राप्ति और वर्णात्मक प्रत्यक्ष से ध्वनि-बिम्ब की प्राप्ति—इस बोध-विपर्यय के तीन प्रकार : प्रत्यक्षणात्मक, धारणात्मक और मानसिक-भरत, जे. एल. हॉफमन, बॉद्लेयर, अर्थर साइमन्स इत्यादि के विचार—ललित कलाओं का तात्त्विक अन्त:सम्बन्ध और 'कॉरेस्पांडेन्स' का सिद्धान्त—स्वेडेनबर्ग और बॉद्लेयर की मान्यता—बॉद्लेयर की 'कॉरेसपांडेन्स' शीर्षक कविता—जे. चेयरी के विचार—'कॉरेस्पांडेन्स' का सिद्धान्त और 'श्लोक वार्त्तिक' में निरूपित 'ज्ञान लक्षण-प्रत्यक्ष'—ऐन्द्रिय प्रतीतियों का विनिमय और भारतीय प्रमाणवाद या ज्ञान-मीमांसा—बोध-विपर्यय और पूर्वसंचित संस्कार—ऐन्द्रिय बोधों की पारस्परिक सम्बद्धता—वर्ण-बोध, दृष्टि-चेतना और शरीरविज्ञान—चित्रकला और संगीत कला में तात्त्विक साम्य—आर. एस. मेंड्ल की मान्यता—दोलनवीक्ष के द्वारा रागों के रेखाचित्र का

आनयन—भारतीय साहित्य में 'रागमाला' के चित्र—एडवर्ड हौवर्ड ग्रिग्स, लैंगर और जॉन डेवी के विचार—लेसिंग, के. एस. रामस्वामी शास्त्री और महादेवी वर्मा के विचार—कलाओं का तात्त्विक अन्त:सम्बन्ध और विंशी का 'पैरेगन'—क्षेमेन्द्र की मान्यता—काव्य और चित्रकला के तात्त्विक साम्य पर अरस्तू के विचार—शास्त्रीय परम्परा के अनुसार काव्य और चित्र—काव्य का वर्णलेखन और चित्रकला—काव्य और चित्र की विषय-वस्तु में साम्य—चित्रकला के छह अंगों में तीन अंग (भाव, लावण्य-योजना और सादृश्य) काव्य में भी विद्यमान—अवनीन्द्रनाथ ठाकुर के विचार—भारतीय कला-साहित्य में काव्य और चित्र-कला का समन्वय—डब्ल्यू. जी. आर्चर का मन्तव्य—कृष्णकाव्य से चित्र-कला का विशेष सम्बन्ध—पाश्चात्य कला-साहित्य में काव्य और चित्रकला का समन्वय—बॉद्लेयर और कुर्बे, रोज़ेटी और दान्ते, हल्मन हंट और मिलेस—काव्य और चित्रकला के संगम की दृष्टि से विलियम ब्लेक—यीट्स, एन्थोनी ब्लंट और डी. एच. लॉरेन्स के विचार—कला-संगम स्वच्छन्दतावाद (रोमांटिसिज्म) की एक विशिष्ट प्रवृत्ति—चित्रकला और संगीत कला में तात्त्विक साम्य—लय और अनुपात—कलाओं का संयोजन-सिद्धान्त और अनुपात—भारतीय कला-साहित्य में संगीतकला और चित्रकला की अन्त:सम्बद्धता—रागमाला चित्रों की कल्पना—हीगेल, गिब्सन, कांडिन्स्की प्रभृति पाश्चात्य विचारकों के मन्तव्य—नाद और वर्ण का समीकरण—चित्रकला और मूर्तिकला का तात्त्विक अन्त:सम्बन्ध—चित्रकला और स्थापत्य कला का अन्त:सम्बन्ध—स्थापत्य कला सभी कलाओं की जननी—आर. एच. विलेन्स्की के विचार—घनवाद (क्यूबिज़्म) : चित्रकला पर स्थापत्य के प्रभाव की स्वीकृति—काव्य और स्थापत्य कला का सम्बन्ध—संगीत कला और स्थापत्य कला का सम्बन्ध—स्थापत्य कला : 'फ्रोज़ेन म्यूज़िक'—संगीत कला : 'फ्लोइंग आर्किटेक्चर'—संगीत और स्थापत्य में संगति, सन्तुलन और संयोजन—व्हिक्टर त्सुकरकांड्ल का मन्तव्य—हीगेल की धारणा—काव्य और संगीत कला का तात्त्विक अन्त:सम्बन्ध—कविता में लय—आधुनिक कविता में संगीत का आभ्यन्तरीकरण—कविता में संगीत : शब्द-संगीत, भाव-संगीत और अर्थ-संगीत—कविता में छन्द और लय की स्वीकृति—काव्य और संगीत की तात्त्विक निकटता का प्रमाण—लय सभी ललित कलाओं का अनिवार्य तत्त्व—क्रम-संगत लय और क्रमहीन लय—कवियों और संगीतकारों में साम्य—आर. एस. मेंडल की मान्यता—पाश्चात्य 'रोमांटिक' संगीत और काव्य—लनार्द जी. रेट्नर की धारणा—रोमांटिक युग में संगीत, काव्य और चित्र का गाढ़अन्तर्ग्रथन—प्रभाववादी संगीत, प्रभाववादी चित्रकला और प्रतीकवादी कविता का घनिष्ठ सम्बन्ध—भारतीय साहित्य में काव्य और संगीत की निकटता—हिन्दी के संगीतज्ञ कवि-प्रभाव-वृद्धि में काव्य और संगीत के पारस्परिक सम्प्लवन का योग—आचार्य शुक्ल के विचार—पन्त, प्रसाद,

निराला प्रभृति के विचार—रवीन्द्रनाथ ठाकुर की मान्यताएँ और उनके काव्य में संगीत—रवीन्द्र-काव्य-संगीत पर शान्ति देव घोष के विचार—शास्त्रीय संगीत और रवीन्द्र-संगीत—रवीन्द्र-काव्य-संगीत से काव्य और संगीत की तात्त्विक अन्त:सम्बद्धता पर प्रकाश—चित्र, संगीत और काव्य में तात्त्विक समागम की क्षमता उत्तरोत्तर अधिक—हिन्दी साहित्य में कलाओं के तात्त्विक अन्त:सम्बन्ध के विस्तृत निरूपण का अभाव—नाट्य-शास्त्र, काव्य मीमांसा इत्यादि में कलाओं की अन्त:सम्बद्धता का प्रासंगिक संकेत—असित कुमार हालदार, हरिदास मित्र, मर्ढेकर, सुरेन्द्र बारलिंगे इत्यादि का इस दिशा में आंशिक प्रयास—प्रस्तुत अध्याय की मुख्य मान्यताएँ—निष्कर्ष।

विशिष्ट पुन:प्रत्यक्ष और सौन्दर्यबोध—'सुन्दर' और 'सौन्दर्य' का अर्थ-विस्तार—उपयोगी कलाओं में भी सौन्दर्य-बोध का महत्त्व—अनुभूतियों के प्रत्यक्षीकरण में सौन्दर्य-बोध की अनिवार्यता—सौन्दर्य के आलम्बन-विधान में रुचि-भेद—आश्रयगत रुचि-भेद पर प्लेटो के विचार—सौन्दर्य-सृजन में वस्तुप्रत्ययनेयता का महत्त्व—एस.अलेक्ज़ेंडर का मत—वस्तुनिष्ठ सौन्दर्य और प्रत्यक्षबोध—प्रत्यक्ष के लिए वस्तु के साथ अन्त:करण और इन्द्रिय का सन्निकर्ष—अतीन्द्रिय प्रत्यक्ष और सौन्दर्यबोध—सौन्दर्यबोध और रूपतन्मात्रा—सौन्दर्यभावन में मात्रा-भेद—सौन्दर्यबोध और संस्पर्श-सुख—सौन्दर्य के ग्रहण में अन्त:करण का योग—अतिवादी सौन्दर्य-चिन्तन—शर्निशेव्स्की और शैफ्टसबरी के विचार—'सुन्दर' और 'सौन्दर्य' की अनेक परिभाषाएँ—पाश्चात्य सौन्दर्य-चिन्तन का देशाधार विवेचन—पाश्चात्य सौन्दर्य-चिन्तन के विकास का तीन धाराएँ—पाश्चात्य सौन्दर्य-चिन्तन में हीगेल और क्रोचे के विचारों का महत्त्व—हीगेल का सौन्दर्य-दर्शन—प्रत्यय-जगत्—त्रयात्मक सौन्दर्यदर्शन—वाद, प्रतिवाद और समन्वय—तर्क, प्रकृति और मन—'सब्जेक्टिव', 'ऑब्जेक्टिव' और 'एब्सोल्यूट'—'सिम्बॉलिक', 'क्लासिक' और 'रोमांटिक'—वास्तुकला : सौन्दर्य का पिंडीभूत मूर्तन—क्लासिकल कला में 'आइडिया' तथा 'इमेज' की पारस्परिक अनुकूलता—रोमांटिक कला : एक आध्यात्मिक क्रिया—वस्तुतांत्रिक कला और आत्मतांत्रिक कला—हीगेल के वर्गीकरण पर आपत्ति—वर्गीकरण के आधार की उभयनिष्ठता बोसांके का मन्तव्य—क्रोचे का अभिव्यंजनावाद—विचारात्मक और व्यवहारात्मक क्रियाएँ—व्यवहारात्मक क्रिया : आर्थिक और नैतिक—विचारात्मक क्रिया और सौन्दर्य-सृजन—ज्ञान के दो रूप : सहज ज्ञान और तर्कात्मक ज्ञान—सहजज्ञान से सौन्दर्य-सृजन और कला का निर्माण—सहजज्ञान से बिम्बों की प्राप्ति—तर्कात्मक ज्ञान से विचार-बोध (कन्सेप्ट) की उपलब्धि—कला-सृजन में सहजज्ञान की प्राथमिकता—सहजज्ञान और अभिव्यक्ति में अविनाभाव सम्बन्ध—अभिव्यक्ति की

दोनों में कल्पना—जीववैज्ञानिकों और शरीरशास्त्रियों के द्वारा निरूपित कल्पना—जॉन मी इक्लेस की धारणा—प्रमस्तिष्क बाह्यक और चेताकोश से कल्पना का सम्बन्ध—ऐन्द्रिय अनुभूतियाँ और कल्पना—स्मृति और प्रमस्तिष्क वाह्यक का पुनराघात—स्मृति के उद्दीपन : वाह्यक पर अंकित संस्कार—लेख-कल्पना और मानस-चित्र-कल्पना और विज्ञान-जगत् की आनुमानिक पूर्वमान्यता—कल्पना पर चार्ल्स डार्विन के विचार—कल्पना पर अर्द्ध वैज्ञानिक या आपातवैज्ञानिक दृष्टिकोण—आर्थर लॉवेल की मान्यताएँ—लॉवेल के मत की आलोचना—आधुनिक काव्यालोचन या सौन्दर्यशास्त्र में स्वीकृत कल्पना का अर्थ—संस्कृत साहित्य में 'कल्पना' शब्द के अनेकत्र प्रयोग—कल्पना और संस्कृत काव्यशास्त्र की प्रतिभा—आनन्द कुमार स्वामी, श्यामसुन्दर दास, आचार्य शुक्ल इत्यादि की धारणा—दिङ्नाग और धर्मकीर्ति के द्वारा अभिहित 'मानस प्रत्यक्ष' और कल्पना—काव्य-हेतु के प्रसंग में निरूपित प्रतिभा—भामह, दंडी, वामन, रुद्रट, महिमभट्ट, आनन्दवर्द्धन, राजशेखर, भट्टतौत, अभिनवगुप्त, मम्मट और पंडितराज जगन्नाथ—प्रतिभा की सम्मूर्तन-शक्ति पर विचार—प्रतिभा के इस पक्ष का कल्पना से साम्य—कारयित्री प्रतिभा : रचनात्मक कल्पना—भावयित्री प्रतिभा : ग्राहिका कल्पना—सहजा कारयित्री प्रतिभा : बिम्बविधायिनी कल्पना—अभिनवगुप्त : प्रतिभा एक प्राक्तन संस्कार—अभिनवगुप्त की 'अपूर्ववस्तुनिर्माणक्षमा प्रतिभा और कॉलरिज का 'एजेम्प्लास्टिक पावर'—'ध्वनिवादियों की प्रतिभा' और कॉलरिज का 'प्राइमरी इमाजिनेशन'—भामह की परम्परा में आनेवाले आचार्यों के द्वारा निरूपित प्रतिभा से ही कल्पना का साम्य—कल्पना पर प्रमुख पाश्चात्य-विचारकों के मत—प्लेटो, अरस्तू, हॉब्स, काण्ट, हीगेल और ई. जे. फुलाँग की धारणाएँ—कल्पना के दार्शनिक निरूपणों की आलोचना—एडिसन का कल्पना-सिद्धान्त—कल्पना के सैद्धान्तिक निरूपण में एडिसन का ऐतिहासिक महत्त्व—ब्लेक, वर्ड्स्वर्थ और कीट्स की कल्पना सम्बन्धी धारणाएँ—कॉलरिज का कल्पना-सिद्धान्त—कॉलरिज और काण्ट—कॉलरिज पर डैविड हर्टले का प्रभाव—कॉलरिज के कल्पना-निरूपण में आध्यात्मिकता—कल्पना और विरोधिसमागम—'प्राइमरी' और 'सैकेंडरी' कल्पना—'सैकेंडरी' कल्पना से ही कलाओं का सम्बन्ध—कॉलरिज के मत की आलोचना—कल्पना और आधुनिक विचारक—हिन्दी साहित्य में कल्पना का निरूपण—कल्पना सम्बन्धी पाश्चात्य धारणाओं का पिष्टपेषण—बाबू श्यामसुन्दर दास और आचार्य शुक्ल का कल्पनासिद्धान्त—कल्पना के द्वारा विभाव-अनुभाव की योजना—शुक्लजी की मुख्य मान्यताएँ—आचार्य शुक्ल और एडिसन—शुक्लजी के कल्पनासिद्धान्त की सीमाएँ—शुक्लोत्तर हिन्दी आलोचना में कल्पना-निरूपण—कल्पना और 'फ़ैंसी'—'फ़ैंसी' में तर्क और इच्छा-शक्ति—'फ़ैंसी में स्मृति और भावना का नगण्य स्थान—कल्पना और 'फ़ैंसी' में अभेद माननेवाले विचारक—कल्पना,

इन्द्रियानुभतिनिर्भर मानसिक संवेदनों का इन्द्रिय-ग्राह्य रूप—इन्द्रियानुभूति और तन्मात्राएँ—इन्द्रियानुभूति की वस्तुनिष्ठता और बिम्बों की मूर्त्तता—बिम्ब-विधान में सादृश्य तथा तुलना का तत्त्व—उत्कृष्ट बिम्बों में संवेगों की घनता—बिम्बों की मूर्त्तता और सहृदय की स्मृति—बिम्बों में दृश्य कला के तत्त्व—बिम्बों के सम्बन्ध में कॉलरिज की धारणा—बिम्ब और प्रत्यक्षोपलब्ध अनुभूतियाँ—बिम्ब-विधान में स्मृति का योग—बिम्ब-विधान की विविध पद्धतियाँ—चाक्षुष, श्रावण और गतिबोधक बिम्बों की सृजन-सुलभता—बिम्बों के सम्बन्ध में युंग की धारणा—युंग का आद्य बिम्ब-सिद्धान्त (थ्योरी आव आर्कटाइप इमेज)—आद्य बिम्ब और जातीय अनुभूति—बिम्ब-विधान में आसंग और अनुपात-निर्वाह का महत्त्व—उत्कृष्ट बिम्ब-विधान में संयोजनसूत्रता और संग्रंथन-कौशल, बिम्बों में ताजगी, तीव्रता और उद्‌बोधनशीलता के गुण—पारम्परीण बिम्ब (कन्सैक्रेटेड इमेज) और उद्‌बोधनशीलता—बिम्बों के प्रकार—लक्षित बिम्ब और उपलक्षित बिम्ब—काव्य के क्षेत्र में उपलक्षित बिम्ब का महत्त्व—संक्षिप्त बिम्ब और प्रसृत बिम्ब-प्राथमिक बिम्ब, विकसित बिम्ब और व्युत्पन्न बिम्ब—प्राथमिक बिम्ब की रचना में चेतन मन का योग—मूर्त्तता और सूक्ष्मता के आधार पर बिम्बों का वर्गीकरण : मूर्त्त बिम्ब और अमूर्त्त बिम्ब—इस वर्गीकरण की निरर्थकता—बिम्बों के वर्गीकरण में मतैक्य का अभाव—बिम्बों को केवल शब्दाश्रित मानकर किया गया विवेचन—काव्येतर ललित कलाओं की दृष्टि से बिम्बों के सौन्दर्यशास्त्रीय विवेचन की आवश्यकता— ऐन्द्रिय बोध के अनुसार बिम्बों का विभाजन—संकुल अथवा मिश्र बिम्ब और ऐन्द्रिय प्रतीतियों का मिश्रण—चाक्षुष, श्रावण, स्पार्शिक, घ्राणिक, राशनिक, आंगिक अथवा जैव, वेगोद्‌भेदक (किनेस्थेटिक) और गत्वर बिम्ब—संश्लेषणात्मक चाक्षुष बिम्ब और विश्लेषणात्मक चाक्षुष बिम्ब—कलाजगत्‌ में चाक्षुष बिम्बों का महत्त्व—चित्रकला के क्षेत्र में चाक्षुष बिम्बों के प्रधान उपकरण—श्रावण बिम्ब और ध्वनि-कल्पना—स्पार्शिक बिम्ब और शारीरिक सौन्दर्य-चेतना या सन्निकर्ष-प्रधान रूप-भावना—वेगोद्‌भेदक बिम्बों में तिग्मध्वान-गुण, विस्फोट और विभ्राट—सहसंवेदनात्मक संश्लिष्ट बिम्ब और समानुभूतिक बिम्ब—सहसंवेदनात्मक संश्लिष्ट बिम्ब-विधान में मानवीकरण, संकोचन और विपर्यय का योग तथा बोध-मिश्रण या बोधविपर्यय का समायोजन—बिम्ब और 'थ्योरी ऑव इम्पैथी'—मूर्तिकला और चित्रकला—प्रतिरूपात्मक कलाओं में समानुभूतिक बिम्बों की प्रधानता—समानुभूतिक बिम्ब में कलाकार के शरीरस्थ भाव-संचरण या अन्तर्वृत्ति का आरोप—हिन्दी आलोचना में बिम्बों का विवेचन—बिम्ब-विधान पर केवल काव्य की दृष्टि से आचार्य शुक्ल के विचार—विज्ञान के अन्तर्गत बिम्ब-विधान—बिम्ब-विधान और संश्लिष्ट रूपयोजना—बिम्ब-विधान : आलम्बन का मार्मिक ग्रहण—प्रत्यक्ष रूप-विधान, स्मृत रूप-विधान और कल्पित रूपविधान—हिन्दी आलोचना

प्रस्तावना

प्रस्तुत प्रबन्ध में सौन्दर्यशास्त्र की परिधि में आनेवाले चार प्रमुख कला-तत्त्वों का अध्ययन छायावादी कविता के विशेष सन्दर्भ में उपस्थित किया गया है। इसमें प्रमुख कला-तत्त्वों के अन्तर्गत सौन्दर्य, कल्पना, बिम्ब और प्रतीक की गणना की गई है। यों विषय, विधान, प्रेषणीयता इत्यादि को भी काव्य एवं अन्य ललित कलाओं के प्रमुख तत्त्वों के बीच रखा जा सकता है, किन्तु, मेरी आकांक्षा इस प्रबन्ध को विस्तार की अपेक्षा गहराई देने की ओर अधिक थी। फलस्वरूप विषय-सीमा का निर्धारण करते समय प्रमुख कला-तत्त्वों के अन्तर्गत इन चार तत्त्वों—सौन्दर्य, कल्पना, बिम्ब और प्रतीक को ही विवेच्य विषय के रूप में स्वीकार किया गया। अत: इस प्रबन्ध में प्रमुख कला-तत्त्वों के सौन्दर्यशास्त्रीय अध्ययन या सौन्दर्यशास्त्र के प्रमुख अध्येतव्य तत्त्वों के विवेचन का आशय ललित कलाओं के उपर्युक्त चार तत्त्वों का, विशेषकर, काव्यकला की दृष्टि से किया गया अध्ययन है।

सम्पूर्ण प्रबन्ध में 'सौन्दर्यशास्त्र' शब्द का प्रयोग ललित कलाओं के प्रमुख तत्त्वों के सैद्धान्तिक निरूपण के अर्थ में किया गया है। मेरी दृष्टि में काव्यशास्त्रीय या साहित्यशास्त्रीय अध्ययन तभी परिपूर्ण होता है, जब वह सौन्दर्यशास्त्र के अधीत तत्त्वों और निर्धारित मान्यताओं से आलोक ग्रहण कर निष्पन्न होता है। अत: इस प्रबन्ध में कविता के उन चार प्रमुख तत्त्वों का, जो मात्रा-भेद से काव्येतर ललित कलाओं के भी प्रमुख तत्त्व हैं, मात्र काव्यशास्त्रीय अध्ययन नहीं, बल्कि सौन्दर्यशास्त्रीय अध्ययन उपस्थित किया गया है, जिससे दृष्टिकोण की व्यापकता के साथ ही काव्य के अन्तर्गत समाहित कला-तत्त्वों की अधिकारपूर्ण मीमांसा हो सके।

इस प्रबन्ध को सुनियोजित स्थापत्य देने के लिए इसे दो खंडों में बाँट दिया गया है। प्रस्तुत खंड में चार प्रमुख कला-तत्त्वों (सौन्दर्य, कल्पना, बिम्ब और प्रतीक) का सैद्धान्तिक आधार पर सौन्दर्यशास्त्रीय अध्ययन किया गया है। इस सैद्धान्तिक अध्ययन में किसी विशेष युग की कविता या कला को ध्यान में नहीं रखा गया है,

बल्कि अध्येतव्य तत्त्वों को युग-विशेष की सीमा से ऊपर रखकर ललित कलाओं की व्यापक पृष्ठभूमि में देखा-परखा गया है। दूसरे खंड में, जो 'छायावाद का सौन्दर्यशास्त्रीय अध्ययन' के नाम से प्रकाशित है, इस खंड के सैद्धान्तिक निरूपणों का छायावादी कविता के विशेष सन्दर्भ में व्यावहारिक अध्ययन-परीक्षण किया गया है।

प्रबन्ध की मूल प्रतिज्ञा को स्पष्ट करने के लिए सबसे पहले 'पूर्वपीठिका' शीर्षक अध्याय के अन्तर्गत काव्यशास्त्रीय अध्ययन और सौन्दर्यशास्त्रीय अध्ययन के पार्थक्य को स्पष्ट करते हुए यह निरूपित किया गया है कि काव्य के प्रमुख तत्त्वों का सौन्दर्यशास्त्रीय अध्ययन (काव्यशास्त्रीय अध्ययन के अलावा) क्यों अपेक्षित है। तदनन्तर इसी अध्याय में यह प्रतिपादित किया गया है कि काव्य एवं अन्य ललित कलाओं के बीच शिल्प-शैली अथवा अभिव्यक्ति के माध्यम की दृष्टि से चाहे जितनी भिन्नता हो, लेकिन तात्त्विक दृष्टि से इन सभी ललित कलाओं में एक सुदृढ़ अन्त:सम्बन्ध है और प्रत्येक ललित कला अपने चरम विकास के क्षणों में अन्य सम्बद्ध कलाओं का अधिक-से-अधिक आश्रय ग्रहण करती है। ललित कलाओं के इसी तात्त्विक अन्त:सम्बन्ध और पारस्परिकता की परख के लिए सौन्दर्यशास्त्रीय अध्ययन की आवश्यकता पड़ती है, क्योंकि काव्य या कविता को अन्य ललित कलाओं की व्यापक पृष्ठभूमि से विच्छिन्न कर देखने के अभ्यास के कारण काव्यशास्त्र इस कार्य के लिए अपर्याप्त सिद्ध होता है।

इस प्रबन्ध के सैद्धान्तिक विवेचन में सौन्दर्यशास्त्र पर किए गए पाश्चात्य चिन्तन का उद्धरणों और पाद-टिप्पणियों से युक्त विशेष उल्लेख है। इसका औचित्य दो कारणों पर निर्भर है। पहला कारण यह है कि दर्शन की एक स्वतंत्र शाखा के रूप में सौन्दर्यशास्त्र पाश्चात्य चिन्तन से अधिकांशत: सम्बद्ध रहा है और उसका वह रूप संस्कृत काव्यशास्त्र या भारतीय साहित्य में नहीं मिलता है। अत: अद्यतन सौन्दर्यशास्त्रीय विवेचन में पाश्चात्य सौन्दर्य-चिन्तन और कलानुशीलन का प्रचुर, किन्तु, प्रसंगानुसार उल्लेख स्वाभाविक है।

इस प्रबन्ध-लेखन में मेरा दृष्टिकोण जितना तत्त्वपरक एवं सैद्धान्तिक रहा है, उतना ऐतिहासिक एवं तथ्यपरक नहीं। फलस्वरूप कई ऐसे प्रसंग हैं, जिनमें तात्त्विक विवेचन के तारतम्य को सुरक्षित रखने के लिए हीगेल से पहले क्रोचे का और बाउमगार्तेन से पहले लैंगर का उल्लेख हुआ है। इस प्रसंग में यह कह देना आवश्यक है कि कला-तत्त्वों का सौन्दर्यशास्त्रीय अनुशीलन एक प्रकार का तत्त्वानुसन्धान है, जिसमें तिथिपरकता या इतिवृत्तात्मक तथ्य-संग्रह का गौण स्थान रहता है।

हिन्दी साहित्य में इस विषय पर, जहाँ तक मेरी जानकारी है, अब तक कोई सुसम्बद्ध और व्यापक कार्य नहीं हुआ है। काव्य के प्रमुख तत्त्वों—जैसे, सौन्दर्य, कल्पना, बिम्ब अथवा प्रतीक—पर अलग-अलग विवरणात्मक कार्य हुए हैं, किन्तु, काव्य-कला के इन सभी तत्त्वों का किसी एक प्रबन्ध में पूर्ण और सांगोपांग

सौन्दर्यशास्त्रीय अध्ययन अब तक प्रकाश में नहीं आया है। तथापि काव्य-कला के अलग-अलग तत्त्वों के विवेचन-क्रम में मैंने हिन्दी साहित्य में किए गए इस प्रकार के पूर्ववर्ती या समकालीन छिटपुट कार्यों और तत्तत् विषयक प्रबन्धों का उल्लेख अपनी विवेचना के अन्तर्गत यथास्थान, विशेषकर, पाद-टिप्पणियों में कर दिया है।

इस प्रबन्ध की पहली विशेषता यह है कि इसमें सौन्दर्यशास्त्रीय अध्ययन को एक नई दिशा दी गई है। अब तक हीगेल और क्रोचे जैसे प्रमुख पाश्चात्य विचारकों से लेकर सुरेन्द्रनाथ दासगुप्त, कान्तिचन्द्र पांडेय, मर्ढेकर और सुरेन्द्र बारलिंगे जैसे भारतीय अध्येताओं तक ने सौन्दर्यशास्त्र को केवल सैद्धान्तिक निरूपण की सीमा में उपस्थित किया और उसे एक दार्शनिक परिधि में बाँध रखा। किन्तु, इस 'प्रस्थान ग्रन्थ' में सौन्दर्यशास्त्र को व्यावहारिक आलोचना के धरातल पर उतारा गया है, जिसका प्रमाण द्वितीय खंड के अन्तर्गत छायावादी कविता का सौन्दर्यशास्त्रीय अध्ययन उपस्थित करता है। इस प्रबन्ध की दूसरी विशेषता है—सौन्दर्यशास्त्र या कलाशास्त्र की अधीत और अंगीकृत तात्त्विक मान्यताओं के आधार पर काव्यशास्त्र की एक नई दिशा का संकेत। इस दृष्टि से प्रस्तुत प्रबन्ध में कल्पना और बिम्बों का सोदाहरण प्रकार-निर्धारण शास्त्रीय मनीषा के नवीन गवाक्षों का उद्घाटन करता है। अत: विनत गर्व के साथ कहा जा सकता है कि यह प्रबन्ध कई दृष्टियों से ज्ञान की परिधि का विस्तार करता है और हिन्दी साहित्य में सौन्दर्यशास्त्रीय या कलाशास्त्रीय मान्यताओं के साहाय्य से निष्पन्न एक ऐसे अद्यतन काव्यशास्त्र का रूप उपस्थित करता है, जिसमें परम्परागत प्रणालियों के अनुशीलन से आगे बढ़कर नवीन चिन्तन और अत्याधुनिक वैज्ञानिक उद्भावनाओं का भी उपयोग किया गया है। इस प्रकार यह शोधकार्य उन नवीन कलात्मक प्रदेयों के मूल्यांकन का सैद्धान्तिक निकष प्रस्तुत करता है, जिनके गुणावगुणों की समीक्षा के लिए प्रचलित काव्यशास्त्र या आलोचनाशास्त्र में वांछित व्यवस्था नहीं है। इस प्रसंग में पुन: यह कह देना अपेक्षित है कि प्रस्तुत प्रबन्ध विशुद्ध वैचारिक और कलाशास्त्रीय तत्त्वों के सैद्धान्तिक एवं व्यावहारिक अनुशीलन से निर्मित हुआ है। अत: इसमें किसी इतिवृत्तात्मक तथ्य, तिथिक्रम या हस्तलिखित पांडुलिपि की नई खोज नहीं है। इसकी नवीनता विभिन्न कला-तत्त्वों के सैद्धान्तिक निरूपण को नए सम्बन्धों और विचक्षण सन्दर्भों के बीच उपस्थित करने में है। इस दृष्टि से प्रबन्ध के ये स्थल विशेष ध्यातव्य हैं—ललित कलाओं का तात्त्विक अन्त:सम्बन्ध, शब्द-बोध और वर्ण-बोध अथवा शब्द-तन्मात्रा और वर्णात्मक प्रत्यक्ष की संवेगात्मक पर्युत्सुकता (रेस्पॉन्स), चाक्षुष सौन्दर्य-भावन और नेत्र-मस्तिष्क-सम्बन्ध, नूतन अन्वेषणों के आलोक में कल्पना-विवेचन, कल्पना में स्मृति, प्रत्यभिज्ञा और अनुमान का योग, कल्पना का प्रकार निर्धारण, सहसंवेदनात्मक या मिश्र बिम्ब और ज्ञानलक्षण-प्रत्यक्ष, बिम्बों का वर्गीकरण तथा कला और विज्ञान के प्रतीकों में पार्थक्य-निरूपण।

मेरे शोध-कार्य को इस स्थिति तक पहुँचाने में श्री देवेन्द्रनाथ शर्मा के स्नेह और प्रोत्साहन का अविस्मरणीय योग रहा है। इस सिलसिले में मुझे डॉ. हरि मोहन मिश्र से भी प्रेरणाएँ मिलती रही हैं। प्रबन्ध के मुद्रणाधीन होने पर राजकमल प्रकाशन के साहित्य-सलाहकार डॉ. नामवर सिंह ने इसे अधिक से अधिक व्यवस्थित और सुन्दर रूप में प्रस्तुत करने के लिए जो कई अच्छे सुझाव दिए, उनके लिए मैं उनका आभारी हूँ।

प्रबन्ध-लेखन की अवधि में हरप्रसाद दास जैन कॉलेज (आरा), श्री जैनसिद्धान्त भवन (आरा), आर. डी. एंड डी. जे. कॉलेज (मुंगेर), श्रीकृष्ण सेवासदन (मुंगेर), काशी नागरी-प्रचारिणी सभा, बनारस हिन्दू विश्वविद्यालय, प्रयाग विश्वविद्यालय, आगरा विश्वविद्यालय, राजस्थान विश्वविद्यालय, पटना कॉलेज, पटना विश्वविद्यालय, बिहार, राष्ट्रभाषा-परिषद् (पटना) और रामकृष्ण मिशन-आश्रम (पटना) के पुस्तकालयों तथा ब्रिटिश काउंसिल लाइब्रेरी (पटना) और सिनहा लाइब्रेरी (पटना) से मुझे पुस्तकों की जो सहायता मिली है, उसके लिए मैं इन संस्थाओं के अधिकारियों को हार्दिक धन्यवाद देता हूँ।

धन्यवाद ज्ञापन के प्रसंग में संगिनी सुमित्रा जी के सहयोग को भूलना अनुचित होगा, जिन्होंने स्वास्थ्य सम्बन्धी उलझनों के बावजूद इस शोध-प्रबन्ध को बहुत सुरुचि और उत्साह के साथ समय पर टंकित कर दिया।

—कुमार विमल

प्रथम अध्याय

पूर्वपीठिका

(क) सौन्दर्यशास्त्रीय अध्ययन का स्वरूप

सौन्दर्यशास्त्र हिन्दी में 'एस्थेटिक्स' का पर्याय बनकर प्रचलित हुआ है। कुछ लोग इसे नन्दनशास्त्र भी कहते हैं। किन्तु सौन्दर्यशास्त्र के सच्चे स्वरूप और व्यपदेश को अच्छी तरह समझने के लिए 'एस्थेटिक्स' शब्द पर ही विचार करना आवश्यक है। कहा जाता है कि 'एस्थेटिक्स' शब्द ग्रीक भाषा से लिया गया है, जिसका मूल रूप है—atoQnTikos। यही ग्रीक शब्द बाद में 'Aesthesis' बनकर उपस्थित हुआ, जिसका अर्थ होता है—ऐन्द्रिय सुख की चेतना। तदनन्तर, इस 'Aesthesis' से 'एस्थेटिक' शब्द बना। पाश्चात्य साहित्य में पहले 'एस्थेटिक' शब्द ही प्रचलित था, 'एस्थेटिक्स' नहीं। बाउमगार्तेन ने भी 'एस्थेटिक' शब्द का प्रयोग किया था। बहुत बाद में इस शब्द का बहुवचन रूप 'एस्थेटिक्स' प्रचलित हुआ। इस अभिधान का अर्थ-विकास क्रमशः इस प्रकार हुआ है—

1. सर्वप्रथम बाउमगार्तेन ने इसका प्रयोग संवेदनशील ऐन्द्रियबोध के शास्त्र के अर्थ में किया।
2. तत्पश्चात्, हीगेल ने इसका प्रयोग ललितकलाओं के दर्शन के अर्थ में किया।
3. तदनन्तर, इसका सामान्य प्रयोग सौन्दर्य (काव्य का सौन्दर्य अथवा प्रकृति का सौन्दर्य) के विश्लेषणात्मक निरूपण के अर्थ में होने लगा।
4. अब इस शब्द के अर्थ का सुनिर्णीत व्यपदेश-निर्धारण हो गया है। इसका अर्थ है—ललितकलाओं के तत्त्वों का सैद्धान्तिक निरूपण और उसके आधार पर कलाकृतियों का मूल्यांकन। (प्रस्तुत शोध-प्रबन्ध में 'सौन्दर्यशास्त्र का प्रयोग इसी अर्थ में किया गया है।)

इस प्रकार यह आशय निकला कि 'एस्थेटिक्स' का शाब्दिक अर्थ (साथ ही प्रारम्भ में प्रचलित अर्थ) है ऐन्द्रिय प्रत्यक्षों का ज्ञान के माध्यम की दृष्टि से किया

गया अध्ययन। किन्तु, बाद में 'एस्थेटिक्स' उस शास्त्र को कहा जाने लगा, जो ऐन्द्रियबोध से प्राप्त सौन्दर्य-भावन के मनोमय आनन्द का विश्लेषण करता है।[1]

इस प्रसंग में दो बातें ध्यातव्य हैं। पहली बात यह है कि सौन्दर्यशास्त्र के अन्तर्गत विचारणीय ऐन्द्रिय बोधों या प्रत्यक्षों में प्राय: चाक्षुष और श्रावण प्रत्यक्षों की प्रमुखता रहती आई है। दूसरी बात यह है कि सौन्दर्यशास्त्र के अन्तर्गत प्रधानत: तीन प्रकार के सौन्दर्य पर विचार किया जाता है—ऐन्द्रिय सौन्दर्य, विधानगत सौन्दर्य और अभिव्यक्तिगत सौन्दर्य। सौन्दर्य के शेष प्रकार भी 'एस्थेटिक्स' के अन्तर्गत विवेचित होते रहे हैं, किन्तु, प्रधानता उक्त तीन प्रकारों को ही मिलती रही है। यहाँ यह धारणा समीचीन मालूम पड़ती है कि प्रथम अर्थ-विकास के अनुसार 'एस्थेटिक्स' वह शास्त्र है, जिसका सम्बन्ध कला और प्रकृति में व्याप्त समग्र 'सुन्दर' और 'उदात्त' से है। कहा जाता है कि इसी अर्थ में 'एस्थेटिक्स' शब्द का प्रचार जर्मनी, फ्रांस, इंग्लैंड, इटली और हॉलैंड में हुआ। इस अर्थारोहण के पश्चात् 'एस्थेटिक्स' का विषय सौन्दर्यानुभूति का सम्पूर्ण क्षेत्र बन गया है।[2] किन्तु, इसके बाद भी 'एस्थेटिक्स' का उचित अर्थ-निर्धारण या व्यपदेश-परिसीमन पूर्णरूपेण नहीं हो सका।[3] इस अनिर्णीत व्यपदेश या अनिश्चित अर्थ-प्रतिपत्ति का एक प्रमुख कारण यह है कि दर्शनशास्त्र[4] और मनोविज्ञान ने सौन्दर्यशास्त्र के स्वतंत्र व्यक्तित्व को अपहृत करने की सर्वाधिक चेष्टा की है। एक ओर पंचपगेश शास्त्री ऐसे लेखक हैं, जिन्होंने सौन्दर्यशास्त्र को दर्शनशास्त्र का अनुचर बनाकर यह लिख दिया कि सौन्दर्यशास्त्र रसानुभूति से प्राप्त आनन्द का दार्शनिक विवेचन है।[5] और दूसरी ओर चार्ल्स मोरों जैसे मनोविज्ञान-प्रेमी विचारक हैं, जिन्होंने औचित्य की अवहेलना कर सौन्दर्यशास्त्र को मनोविज्ञान की ए शाखा के रूप में स्वीकार किया है।[6] किन्तु, हमें यह ध्यान में रखना है कि दर्शनशास्त्र और मनोविज्ञान की तुलना में अनेक

---

1. *Encyclopaedia Britannica,* eleventh edition, 1910, p. 216
2. *A Critical History of Modern Aesthetics* by the Earl of Listowel, George Allen and Unwin, London, 1933, Introduction, p. 12
3. "The word 'aesthetic' is not a particularly happy one. It is often vaguely used in philosophy as well as in ordinary speech; and, in some quarters, it has become a byword of opprobrium—a sort of symbol of intellectual weakness." —William Knight, *The Philosophy of the Beautiful*, John Murray, London, 1891, Preface, p. 6-7
4. "Aesthetic theory is a branch of philosophy..."—Bernard Bosanquet, *A History of Aesthetic*, George Allen and Unwin, London, 1949, Preface, p. 11
5. *The Philosophy of Aesthetic Pleasure,* P. Panchpagesa Sastri, Annamalai University, Annamalainagar, 1940
6. *Aesthetics and Psychology* by Charles Mauron, Hogarth Press, London 1935

व्यावर्त्तक गुणों को रखने के कारण सौन्दर्यशास्त्र का स्वतंत्र व्यक्तित्व है, जिसका समर्थन आगामी विवेचन से होगा।

सौन्दर्यशास्त्र के व्यपदेश-निर्धारण की समर्थ चेष्टा हीगेल ने की है। इन्होंने अपने प्रसिद्ध ग्रन्थ 'द फिलासफी ऑव फाइन आर्ट' की भूमिका में सौन्दर्यशास्त्र पर विचार करते हुए यह मन्तव्य व्यक्त किया है कि सौन्दर्यशास्त्र का सम्बन्ध सौन्दर्य के सम्पूर्ण क्षेत्र से माना जा सकता है, किन्तु, सही अर्थ में सौन्दर्यशास्त्र का सम्बन्ध ललितकलाओं के माध्यम से अभिव्यक्त सौन्दर्य के साथ है, अन्य माध्यमों से अभिव्यक्त सौन्दर्य के साथ नहीं। हीगेल से पूर्व एक ऐसी धारणा प्रचलित थी, जिसके अनुसार सौन्दर्यशास्त्र को संवेग या ऐन्द्रिय अनुभूतियों का विज्ञान माना जाता था। अत: हीगेल ने सौन्दर्यशास्त्र के व्यपदेश-निर्धारण की समस्या को हल करते हुए अपनी दार्शनिक दृष्टि के अनुसार यह लिखा है कि सौन्दर्यशास्त्र ललितकलाओं का दर्शन है।[1]

तदनन्तर, क्रोचे ने 'एस्थेटिक्स' को अभिव्यक्ति की पुन:प्रत्यक्षात्मक तथा कल्पनात्मक क्रियाओं का विज्ञान माना है।[2] मतलब यह कि क्रोचे के अनुसार सौन्दर्यशास्त्र का विषय मनुष्य की कल्पना, पुन:प्रत्यक्ष और अभिव्यक्ति से सम्बद्ध है। काल की दृष्टि से क्रोचे ने सौन्दर्यशास्त्र को प्राचीन नहीं, नवीन माना है।[3] कारण, इनकी दृष्टि में भी सौन्दर्यशास्त्र का पहला ग्रन्थकार बाउमगार्तेन ही है, जिसने 1750 ई. में सर्वप्रथम 'एस्थेटिक' नामक एक ग्रन्थ प्रकाशित किया था।[4] क्रोचे ने बाउमगार्तेन के बाद सौन्दर्यशास्त्र का दूसरा महत्त्वपूर्ण उद्‌भावक विचो को माना है और क्रोचे का कहना है कि विचो के काल से ही सौन्दर्यशास्त्रीय चिन्तन की एक निश्चित परम्परा प्रारम्भ हुई है। इसी ऐतिहासिक परिप्रेक्ष्य में क्रोचे ने सौन्दर्यशास्त्र को 'द साइन्स ऑव एक्सप्रेसन' की आख्या देकर स्थापित किया है।

अत्याधुनिक विचारकों में लैंगर ने सौन्दर्यशास्त्र के व्यपदेश और सीमा-विस्तार पर बहुत मौलिक ढंग से विचार किया है। लैंगर का कहना है कि विंकेलमान और हेर्देर के काल से अब तक कलाओं की प्रवृत्ति और अर्थवत्ता पर चिन्तन-मनन किया जाता रहा है, जिस चिन्तन-मनन के संग्रह-स्वरूप 'एस्थेटिक्स' के नाम से दर्शनशास्त्र का एक अलग निकाय ही बन गया है। इस निकाय (अर्थात् सौन्दर्यशास्त्र)

---

1. G.W. F. Hegel, *The Philosophy of Fine Art,* Volume I, translated by F. P. D. Osmaston, G. Bell and Sons, London, 1920, p. 2
2. "...Aesthetics is the science of the expressive (representative or imaginative) activity..."—Bendetto Croce, *Aesthetic*, translated by Douglas Ainslie, Vision Press, Peter Owen, London, 1953, p. 155
3. Ibid, p. 156
4. Ibid, p. 212

को तभी से भिन्न-भिन्न ढंग से परिभाषित करने की चेष्टा की गई है। इसे 'सुन्दर' का विज्ञान, आस्वादन का दर्शन, ललितकलाओं का विज्ञान या अभिव्यक्ति का विज्ञान कहकर व्यपदिष्ट किया गया है। किन्तु, लैंगर की दृष्टि में ये सभी परिभाषाएँ भ्रामक हैं। कारण, आस्वाद, सौन्दर्य या अभिव्यक्ति की दार्शनिक खोजबीन को हम विज्ञान नहीं कह सकते। दूसरी ओर यदि आस्वाद, सौन्दर्य या अभिव्यक्ति को सौन्दर्यशास्त्र का विषय माना जाए, तो इनका क्षेत्र ललितकलाओं के बाद भी फैला हुआ है। अत: इन्हें केवल ललितकलाओं तक सीमित मान लेने में अव्याप्ति दोष है। फलस्वरूप, लैंगर का मत है कि सौन्दर्यशास्त्र ललितकलाओं के दार्शनिक विकल्पों और समस्याओं का सैद्धान्तिक निरूपण है।[1] कला-जगत् की ये दार्शनिक समस्याएँ प्राय: आस्वाद, सौन्दर्य, संवेग, विधान, पुन:प्रत्यक्ष इत्यादि से सम्बद्ध हैं, जिनका स्पष्ट संकेत लैंगर ने किया है।[2] तदनन्तर, लैंगर ने सौन्दर्यशास्त्र के व्यपदेश की चर्चा करते हुए एक महत्त्वपूर्ण प्रश्न उठाया है कि सौन्दर्यशास्त्र का सम्बन्ध अभिव्यक्ति ('एक्स्प्रेसन') से है अथवा प्रभाव (इम्प्रेसन) से? कलाकार की दृष्टि से, रचना-पक्ष की दृष्टि से कला का अध्ययन अभिव्यक्ति का अध्ययन है और पाठक या सहृदय की दृष्टि से अथवा भावन की दृष्टि से कला का अध्ययन प्रभाव का अध्ययन है।[3] अत: लैंगर ने कलादर्शन की दृष्टि से भावन अर्थात् प्रभाववाले पक्ष को महत्त्व दिया है तथा प्रभाव-पक्ष के विवेचन-विश्लेषण को ही सौन्दर्यशास्त्र का प्रधान विवेच्य विषय माना है,[4] न कि क्रोचे की तरह अभिव्यक्ति के विवेचन को। इस तरह क्रोचे और लैंगर विषय की दृष्टि से सौन्दर्यशास्त्र के दो कोटिवादों का प्रतिनिधित्व करते हैं।

आधुनिक युग के भारतीय विचारकों में सौन्दर्यशास्त्र पर काम करनेवालों की संख्या बहुत ही नगण्य है। डॉ. के. सी. पांडेय, मर्ढेकर, के. एस. रामस्वामी शास्त्री इत्यादि जैसे कुछ लेखक हैं, जिन्होंने सौन्दर्यशास्त्र के व्यपदेश और विषयसीमा पर विचार किया है। किन्तु, इन विचारणाओं में कोई मौलिकता नहीं है, केवल पाश्चात्य सौन्दर्य शास्त्रियों का ऋजु अथवा तिरश्चीन अनुकरण है। जैसे, के. एस. रामस्वामी शास्त्री ने क्रोचे के अनुकरण पर यह लिख दिया है कि

1. Susanne K. Langer, *Feeling And Form*, Routledge and Kegan Paul, London, 1953, p. 12
2. "In broadest outline, these ideas, which occur again and again in different guises and combinations, are : Taste, Emotion, Form, Representation, Immediacy and Illusion. Each of them is a strong 'Leitmotiv' in philosophy of art." —Ibid, p. 13
3. Ibid, p. 13-14
4. Ibid.

सौन्दर्यशास्त्र कला में अभिव्यक्त सौन्दर्य का विज्ञान है।[1] इसी तरह डॉ. के. सी. पांडेय ने क्रोचे और हीगेल के विचारों का समन्वय स्थापित कर यह धारणा व्यक्त की है कि सौन्दर्यशास्त्र ललितकलाओं का विज्ञान (क्रोचे का मत) और दर्शन (हीगेल का मत) है।[2]

वस्तुत: सौन्दर्यशास्त्र के व्यपदेश और अर्थ को समझने में तभी भ्रान्ति होती है, जबकि सौन्दर्यशास्त्र को तत्त्वदर्शन ('मेटाफ़िज़िक्स') और मनोविज्ञान के साथ मिला दिया जाता है। अत: सौन्दर्यशास्त्र को तत्त्वदर्शन के साथ तिलतैलवत् नहीं मिला देना चाहिए। कारण, सौन्दर्यशास्त्र का तत्त्वदर्शन से उतना ही सम्बन्ध है, जितना कि मानविकी के एतादृश अन्य विषयों का तत्त्वदर्शन के साथ है। इसी तरह सौन्दर्यशास्त्र को मनोविज्ञान से मिलाकर आच्छन्न कर देना एक भारी भूल है, क्योंकि सौन्दर्यशास्त्र मनोविज्ञान से उतना ही सम्बद्ध और भिन्न है, जितना कि मनोविज्ञान से काव्यशास्त्र। यह निश्चित है कि सौन्दर्यशास्त्र के कुछ सूत्रों की विवेचना में मनोविज्ञान की सहायता आवश्यक है, किन्तु, मनोविज्ञान सौन्दर्यशास्त्र की सीमा नहीं है और न सौन्दर्यशास्त्र मनोविज्ञान की स्वायत्त सम्पत्ति है। अत: मैंने कविता के प्रमुख तत्त्वों की सौन्दर्यशास्त्रीय विवेचना करते समय तत्तद्विषयक प्रत्येक अध्याय के प्रारम्भ में उन तत्त्वों का मनोवैज्ञानिक, जीववैज्ञानिक और दार्शनिक विवेचन भी संक्षेप में कर दिया है ताकि उन तत्त्वों के सौन्दर्यशास्त्रीय स्वरूप के वैशिष्ट्य को समझने में कोई भूल-भ्रान्ति न रहे।

सौन्दर्यशास्त्र के स्वरूप और व्यपदेश को अच्छी तरह हृदयंगम करने के लिए सौन्दर्यशास्त्र तथा काव्यशास्त्र के अन्तर को समझ लेना आवश्यक है। इन दोनों शास्त्रों के अन्तर या पार्थक्य को अनेक विचारकों ने विभिन्न मात्रा में और विभिन्न प्रकार से उपस्थित किया है। जैसे, जार्ज सन्तायना ने काव्यशास्त्र और सौन्दर्यशास्त्र के अन्तर को निर्दिष्ट करते हुए लिखा है कि काव्यशास्त्रीय आलोचना में निर्णय की प्रधानता रहती है, जबकि सौन्दर्यशास्त्रीय अध्ययन में प्रतिबोधन या प्रत्यक्षीकरण (पर्सेप्शन) को प्राथमिकता दी जाती है,[3] क्योंकि सन्तायना की दृष्टि में सौन्दर्यशास्त्र का सर्वाधिक सम्बन्ध मूल्य-बोध के साथ है।[4] सौन्दर्यशास्त्र के सन्दर्भ में मूल्य-बोध

1. "Aesthetics is the science of beauty as expressed in Art."—K. S. Ramswami Sastri, *Indian Aesthetic,* Srirangam, Sri Vani Vilas Press, 1928, p. 1
2. "...the word 'Aesthetics' stands for Science and Philosophy of Fine Art." —Dr. K. C. Pandey, *Comparative Aesthetics,* Volume I, The Chowkhamba Sanskrit Series , Banaras, 1950, p. XV
3. George Santayana, *The Sense of Beauty,* Dover Publication Inc., New York, 1955, p. 16
4. "...aesthetics is concerned with the perception of values."—Ibid, p. 16

को इस प्रकार अत्यधिक महत्त्व देने का कारण यह है कि सन्तायना ने सौन्दर्य को मूल्य का ही एक प्रकार माना है।[1] यहाँ स्पष्ट है कि सन्तायना की उपर्युक्त मान्यता का मूल्यदर्शन (एक्ज़ियॉलॉजी) की दृष्टि से जो भी महत्त्व हो, किन्तु यह मान्यता व्यावहारिक दृष्टि से सौन्दर्यशास्त्र और काव्यशास्त्र के अन्तर को निर्दिष्ट करने में असमर्थ है।[2] दूसरी ओर सौन्दर्यशास्त्र और काव्यशास्त्र के स्वरूप तथा पार्थक्य पर एकदम व्यावहारिक दृष्टि से सोचनेवाले ऐसे विचारक हैं, जिन्हें किसी प्रकार के दार्शनिक चिन्तन के लिए धैर्य धारण करना स्वीकार नहीं है। उदाहरणार्थ, सैंट्सबरी ने काव्यशास्त्रीय आलोचना को सौन्दर्यशास्त्र से नितान्त पृथक् रखने की वकालत की है। सैंट्सबरी ने आलोचना का इतिहास लिखते समय पहले ही अध्याय में यह धारणा व्यक्त की है कि सौन्दर्यशास्त्र के महत्त्वाकांक्षी सिद्धान्तों और हृदयावर्जक नन्दतिक रंजनाओं को आलोचना के साथ मिला देने पर आलोचनाशास्त्र की अपेक्षित 'निर्णय-भावना' धूमिल और खंडित हो जाती है।[3]

मेरी दृष्टि में भारतीय काव्यशास्त्र और पाश्चात्य सौन्दर्यशास्त्र का तुलनात्मक अध्ययन करने से काव्यशास्त्र और सौन्दर्यशास्त्र का स्वरूपभेद या साम्य अधिक सटीकता के साथ निर्दिष्ट किया जा सकता है। इस प्रश्न पर भारतीय विचारक प्रायः दो खेमों में बँट गए हैं। एक खेमे में वे विचारक आते हैं, जिन्हें 'पुरातन-प्रतिपादन' बहुत ही प्रिय है और जिनके लिए ज्ञान-विज्ञान की अच्छी या बुरी सभी नव्यतम उपलब्धियों को भारत के प्राचीन वाङ्मय में ढूँढ़ लेना अभीष्ट है। ऐसे विचारकों में श्री के. एस. रामस्वामी का नाम उल्लेखनीय है। इन्होंने इस धारणा का खंडन किया है कि सौन्दर्यशास्त्र एक पाश्चात्य शास्त्र है और भारत में काव्यशास्त्र रहा है, किन्तु सौन्दर्यशास्त्र कदापि नहीं। इस सामान्य धारणा के विपरीत इन्होंने अपनी पुस्तक 'इंडियन एस्थेटिक्स' में यह मत बहुत बल के साथ प्रतिपादित किया है कि सौन्दर्यशास्त्र केवल पाश्चात्य देशों में ही विकसित नहीं हुआ है, बल्कि भारतवर्ष में भी इसकी स्पष्ट परम्परा है।[4] इस परम्परा को ध्यान में रखते हुए इन्होंने भारतीय सौन्दर्यशास्त्र की कुछ

---

1. "...beauty is a species of value."—Gearge Santayana, *The Sense of Beauty,* p. 20
2. Willard E. Arnett, *Santayana and the Sense of Beauty,* Indiana University Press, Bloomington, 1957, p. 135
3. George Saintsbury, *A History of Criticism,* Volume I, William Black wood and Sons, London, 4th edition, Chapter I, p. 3
4. "...not only is outer India a home of beauty and romance but...inner India is even more truly such a home. Indian art and Aesthetics have a history extending over thousands of years..."—K. S. R. Sastri, *Indian Aesthetics,* 1938, p. 1

अनन्वय विशेषताओं का निर्देश किया है। जैसे—भारतीय सौन्दर्यशास्त्र में आनन्द और रस की धारणा[1] अथवा अभिनवगुप्त द्वारा निरूपित काव्य-तत्त्वों के बीज 'चारुत्वप्रतीति' की धारणा। ऐसे लचीले दृष्टिकोण से देखने पर हम तथाकथित भारतीय सौन्दर्यशास्त्र के अन्तर्गत क्षेमेन्द्र के 'औचित्य-सिद्धान्त' को विशेष महत्त्वपूर्ण मान सकते हैं, क्योंकि यह औचित्य-सिद्धान्त काव्य की तरह अन्य ललितकलाओं पर भी सामान्य रूप से लागू होता है। इस दृष्टि से क्षेमेन्द्र की 'औचित्य-विचार-चर्चा' विचारणीय है। क्षेमेन्द्र के अलावा अन्य विचारकों ने भी औचित्य के रूप और प्रकार का विश्लेषण किया है। जैसे, भोज ने औचित्य के निम्नलिखित प्रकारों का निरूपण किया है[2] : 1. विषयौचित्य, 2. वाच्यौचित्य, 3. देशौचित्य, 4. समयौचित्य, 5. वक्तविषयौचित्य, और 6. अर्थौचित्य।[3] आशय यह है कि रस-सिद्धान्त से भी बढ़कर औचित्य-विचार ही भारतीय सौन्दर्यशास्त्र का वह आधार-सूत्र है, जो सभी ललितकलाओं पर समान रूप से लागू हो सकता है। सचमुच, औचित्य की भावना रस, ध्वनि इत्यादि सभी काव्य-तत्त्वों की मूल भावना है। क्षेमेन्द्र ने इस तत्त्व का 'औचित्य-विचार-चर्चा' में सुस्थ निरूपण किया है। उन्होंने बार-बार इसे कहना चाहा है कि औचित्य ही रस का प्राण है—

औचित्यस्य चमत्कारकारिणश्चारु चर्वणे।
रसजीवितभूतस्य विचारं कुरुतेऽधुना॥

अत: भारतीय आलोचनाशास्त्र के तीन प्रमुख सिद्धान्तों—रस-सिद्धान्त, ध्वनि-सिद्धान्त और औचित्य-सिद्धान्त में अन्तिम सिद्धान्त ही वह व्यापकतम सिद्धान्त है, जो सभी ललितकलाओं के लिए एक सर्वमान्य निकष प्रस्तुत कर सकता है।

इस प्रकार भारतवर्ष के विचारकों का एक वर्ग सौन्दर्यशास्त्र को काव्यशास्त्र, अलंकारशास्त्र, साहित्यशास्त्र या साहित्यविद्या का पर्याय मानता है। किन्तु, ऐसा मानना दूसरे खेमे के विचारकों की दृष्टि में अनुचित है, क्योंकि काव्यशास्त्र केवल

---

1. रस और आनन्द की धारणा का समन्वय उपस्थित करते हुए मम्मट ने लिखा है—'सकल प्रयोजन मौलिभूतं समनन्तरमेव रसास्वादनसमुद्भूतं विगलित वेद्यान्तरमानन्दम्।'—*काव्य प्रकाश,* चौखम्बा विद्याभवन, बनारस-1, 1955, प्रथम उल्लास, पृ. 5
2. Dr. Suryakant, *Ksemendra Studies,* Poona, 1954, p. 74
3. भोज ने *शृंगार प्रकाश* के ग्यारहवें खंड में अपने ग्रन्थ के महत्त्व को निर्दिष्ट करते हुए लिखा है कि इस ग्रन्थ में उस औचित्य का भी निरूपण है, जो अखिल कला-काव्य के मूल में सन्निविष्ट है—'एतस्मिन् शृंगारप्रकाशे सुप्रकाशमेव अशेषशास्त्रार्थ संपदुपनिषदाम् अखिल कला-काव्य—औचित्य—कल्पना—रहस्यानां च सन्निवेशो दृश्यते।' भोज की इस उक्ति से औचित्य-सिद्धान्त की स्थितिस्थापकता और कलाशास्त्रीय महत्त्व पर प्रकाश पड़ता है। सचमुच, औचित्य ही रस की भी परा उपनिषद् (परम रहस्य) है।

काव्य का शास्त्र है और उसके अध्ययन की सीमा केवल काव्य तक सीमित है, जबकि सौन्दर्यशास्त्र सभी ललितकलाओं का शास्त्र है और उसकी सीमा काव्य के साथ सभी काव्येतर कलाओं—स्थापत्य, मूर्ति, चित्र और संगीत तक फैली हुई है।[1] इसलिए सौन्दर्यशास्त्र मात्र काव्यशास्त्र नहीं, बल्कि कलाशास्त्र है। इस तथ्य को हम दूसरे ढंग से भी उपस्थित कर सकते हैं कि काव्यशास्त्र सौन्दर्यशास्त्र की एक अंगीभूत शाखा है; कारण, काव्यशास्त्र जहाँ केवल काव्य को प्रधानतः दृष्टि में रखकर उसकी आलोचना या अभिशंसन प्रस्तुत करता है, वहाँ सौन्दर्यशास्त्र सभी ललितकलाओं के सर्वसामान्य, किन्तु, प्रधान तत्त्वों का आलोचन और विश्लेषण प्रस्तुत करता है। अतः सौन्दर्यशास्त्र के निष्कर्ष प्रायः सभी ललितकलाओं को दृष्टि में रखकर निकाले जाते हैं, जबकि काव्यशास्त्र के निष्कर्ष केवल काव्य को लक्ष्य कर निकाले जाते हैं; यद्यपि काव्यशास्त्र अपनी मान्यताओं के स्थापन में सौन्दर्यशास्त्रीय अध्ययन और उसके निष्कर्षों का साहाय्य लेता है। ततोऽप्यधिक, काव्यशास्त्रीय अध्ययन भी तभी परिपूर्ण और उत्तम होता है, जबकि वह सौन्दर्यशास्त्र के अधीत तत्त्वों और निर्धारित मान्यताओं से आलोक ग्रहण कर निष्पन्न होता है। इसलिए प्रस्तुत प्रबन्ध में चार प्रमुख काव्य-तत्त्वों का मात्र काव्यशास्त्रीय अध्ययन नहीं, बल्कि सौन्दर्यशास्त्रीय अध्ययन उपस्थित किया गया है, ताकि दृष्टिकोण की व्यापकता के साथ ही काव्य के अन्तर्गत समाहित सामान्य कला-तत्त्व की अधिकारपूर्ण समीक्षा हो सके।

तदनन्तर, काव्यशास्त्र और सौन्दर्यशास्त्र में एक ध्यातव्य अन्तर यह है कि सौन्दर्यशास्त्र में कलाओं के सूक्ष्म तात्त्विक सिद्धान्त-परिकल्पन पर विशेष बल दिया जाता है, जबकि काव्यशास्त्र में रस-विवेचन, शब्द-शक्ति-विश्लेषण जैसे कुछ ही स्थलों पर सूक्ष्म-तात्त्विक सिद्धान्त-परिकल्पन की प्रसंगवश आवश्यकता पड़ती है। इसीलिए एस. कुप्पूस्वामी शास्त्री ने जहाँ वामन के 'काव्यालंकारसूत्र' के 'सौन्दर्यमलंकारः' को ध्यान में रखते हुए अलंकारशास्त्र (काव्यशास्त्र) को सौन्दर्यशास्त्र कहना चाहा है, वहाँ उन्हें इसका खटका बना रहा है कि अलंकारशास्त्र या काव्यशास्त्र में सौन्दर्यशास्त्र की सर्वोपरि विशेषता—सूक्ष्म तात्त्विक सिद्धान्तपरिकल्पन—का समावेश कर लेना कठिन है।[2] इस तरह अलंकारशास्त्र या काव्यशास्त्र और सौन्दर्यशास्त्र का एक ध्यातव्य अन्तर स्पष्ट हो जाता है। शास्त्री की तरह एस. के. डे ने भी संस्कृत काव्यशास्त्र को आधुनिक सौन्दर्यशास्त्र का समीपी माना है,[3] किन्तु वे भी इसके प्रति सचेत हैं कि सौन्दर्यशास्त्र में जिस दार्शनिक

1. V. Raghavan, *Some Concepts of the Alankar Sastra,* p. 263
2. S. Kuppuswami Sastri, *Highways And Byways of Literary Criticism In Sanskrit,* Madras, 1945, p. 4
3. S. K. De, *History of Sanskrit Poetics,* Calcutta, 1960, Preface, p. 2

निरूपण की प्रधानता रहती है, वह काव्यशास्त्र में नहीं रहता।[1] इसी मान्यता को तूल देते हुए श्री डे ने संस्कृत काव्यशास्त्र पर आधुनिक सौन्दर्यशास्त्र की दृष्टि से अपने दो निबन्धों में विचार किया है, जो निबन्ध 'सम प्रॉब्लेम्स ऑव संस्कृत पोयटिक्स' नामक पुस्तक में संग्रहीत हैं।[2] इस प्रसंग में श्री डे ने संस्कृत काव्यशास्त्र और आधुनिक सौन्दर्यशास्त्र के पार्थक्य को निरूपित करते हुए दो प्रमुख बातों की ओर विचारकों का ध्यान आकृष्ट किया है। इनकी दृष्टि में पहली बात यह है कि संस्कृत काव्यशास्त्र का व्याकरण से घनिष्ठ सम्बन्ध रहा है,[3] जबकि आधुनिक सौन्दर्यशास्त्र का व्याकरण से कोई सीधा सम्बन्ध नहीं है।[4] विशेषकर, भामह और वामन की कृतियाँ संस्कृत काव्यशास्त्र पर व्याकरण के आधिपत्य की घोषणा करती हैं। दूसरी बात यह है कि संस्कृत काव्यशास्त्र में उस कल्पना-तत्त्व की विचारणाओं को उचित महत्त्व नहीं मिल सका, जिसे आधुनिक सौन्दर्यशास्त्रीय अध्ययन में सर्वोच्च स्थान दिया जाता है। कवि के कल्पना-विधान में ही वह शक्ति रहती है, जिसके कारण उसकी कृति को एक पृथक् व्यक्तित्व और स्वतंत्र महत्त्व की उपलब्धि हो पाती है। किन्तु संस्कृत काव्यशास्त्र प्रतिभा-विवेचन को छोड़कर अन्य प्रसंगों में कल्पना-तत्त्व की अवहेलना कर परम्परा और निर्धारित नियमों के उस आलोक में काव्य-कृतियों का अध्ययन करता रह गया, जो कवि तथा उसकी कृति के स्वतंत्र व्यक्तित्व को अनालोचित छोड़ देता है। फलस्वरूप, संस्कृत काव्यशास्त्र का विकास पूर्णांग सौन्दर्यशास्त्र के रूप में नहीं हो सका।[5]

पाश्चात्य सौन्दर्यशास्त्र और भारतीय काव्यशास्त्र के अन्तर को स्पष्ट करते हुए डॉ. के. सी. पांडेय ने लिखा है कि भारतीय काव्यशास्त्र में पाश्चात्य सौन्दर्यशास्त्र की तरह काव्येतर कलाओं के विवेचन की प्रवृत्ति नहीं है। किन्तु, काव्य के क्षेत्र में भारतीय काव्यशास्त्र को नाटक अधिक प्रिय है, जिसके कारण

---

1. S.K. De, *History of Sanskrit Poetics,* Calcutta, 1960, Preface, p. 3
2. S. K. De, *Some Problems of Sanskrit Poetics,* Calcutta, 1959, pp. 1-53
3. जैसे, भामह के *काव्यालंकार* और वामन के *काव्यालंकार सूत्र* ऐसे काव्यशास्त्रीय ग्रन्थों में व्याकरण का समावेश। भामह ने तो काव्यशास्त्र को ध्यान में रखते हुए व्याकरण की प्रशंसा में यहाँ तक कह दिया है कि व्याकरण के दुरवगाह समुद्र को पार किए बिना कोई व्यक्ति शब्द-रत्न तक पहुँचने में समर्थ नहीं हो सकता—

   ना पारयित्वा दुर्गाधममुं व्याकरणार्णवम्।
   शब्दरत्नं स्वयंगम्यमलं कर्त्तुमयं जन:॥

   —भामह, *काव्यालंकार,* षष्ठ परिच्छेद, 3
4. S. K. De, *Some Problems of Sanskrit Poetics,* Firma K. L. Mukhopadhyay, Calcutta, 1959, p. 2
5. Ibid, p. 45

भारतीय काव्यशास्त्र में अन्य कलाओं का प्रसंगवश उल्लेख हो गया है, क्योंकि नाटक तो काव्य, संगीत, चित्र और स्थापत्य—सभी कलाओं का समुच्चय है। भरत की यह उक्ति प्रसिद्ध है—

न तज्ज्ञानं न तच्छिल्पं न सा विद्या न सा कला।
न स योगो न तत्कर्म यन्नाट्येऽस्मिन्न दृश्यते॥[1]

अतः भारतीय सौन्दर्यशास्त्र की प्रारम्भिक सीमा नाट्यशास्त्र है।[2] इस प्रकार भारतीय सौन्दर्यशास्त्र की विकास-रेखा को निर्दिष्ट करते हुए यह कहा जा सकता है कि यहाँ सबसे पहले नाट्यशास्त्र का विकास हुआ, दूसरी दशा में काव्यशास्त्र (जिसमें नाट्यशास्त्र भी गतार्थ है) का, और अन्त में इन विकास-दशाओं के समीकरण से सौन्दर्यशास्त्र का अवतरण हुआ। तदनन्तर, डॉ. के. सी. पांडेय ने भारतीय सौन्दर्यशास्त्र और पाश्चात्य सौन्दर्यशास्त्र में एक प्रमुख अन्तर बतलाया है कि भारतीय विचारक मूर्तिकला और चित्रकला को उस रूप में स्वतंत्र महत्त्व नहीं देते, जिस रूप में हीगेल या अन्य पाश्चात्य सौन्दर्यशास्त्रियों ने दिया है। भारतीय विचारकों ने प्रायः मूर्तिकला और चित्रकला को स्थापत्य की अंगीभूत कला के रूप में स्वीकार किया है। अतः के. सी. पांडेय का मत है कि भारतीय सौन्दर्यशास्त्र में पाँच नहीं, तीन ही कलाओं (स्थापत्य, संगीत और काव्य) को महत्त्व दिया गया है।[3]

मेरे विचार से भारतीय काव्यशास्त्र में पाश्चात्य सौन्दर्यशास्त्र की तरह सभी ललितकलाओं पर इसलिए विचार नहीं किया जा सका कि संस्कृत काव्यशास्त्र में काव्य की गणना विद्या में की जाती रही और कलाओं की गणना उपविद्या में। निश्चय ही, काव्य और कला के इस वर्ग-भेद ने संस्कृत काव्यशास्त्र के आचार्यों को समग्र ललितकलाओं के विवेचन से पृथक् रखा। इसी कारण काव्यालंकारसूत्र, ध्वन्यालोक, वक्रोक्तिजीवित, काव्यमीमांसा, काव्यप्रकाश, साहित्य-दर्पण, रसगंगाधर इत्यादि ग्रन्थों में काव्येतर कलाओं पर विचार नहीं किया गया है। भारतीय काव्यशास्त्र में यह सिद्धान्ततः कहा गया है कि कलाएँ क्रियात्मक हैं और विद्याएँ ज्ञानात्मक। किन्तु, विद्याओं की सूची देखने से वास्तविकता कुछ भिन्न मालूम पड़ती है। यों तो विद्याएँ चौदह मानी गई हैं, जिनमें चार वेद, छह वेदांग (शिक्षा, कल्प, व्याकरण, निरुक्त, छन्द और ज्योतिष) तथा चार शास्त्र (पुराण, आन्वीक्षिकी, मीमांसा और स्मृति) स्वीकृत हैं, किन्तु, कुछ आचार्य काव्य (जो अब ललितकलाओं में एक है) को भी इसमें पन्द्रहवाँ स्थान देते हैं। जैसे, यायावरीय राजशेखर का मत है कि चौदह विद्याएँ भूः, भुवर् और स्वर—तीनों लोकों में व्याप्त हैं, किन्तु, इन चौदह

1. भरत, *नाट्यशास्त्र,* 1-116
2. Dr. K. C. Pandey, *Comparative Aesthetics,* Volume I, Banaras, 1950, p. 1
3. Dr. K. C. Pandey, *Comparative Aesthetics,* Volume II, Banaras 1956, pp. 3-4

विद्याओं के अतिरिक्त काव्य पन्द्रहवाँ विद्या-स्थान है, क्योंकि यह सभी विद्याओं का एकमात्र आधार है। काव्य के गद्य-पद्यमय होने और हितोपदेशपरक रहने के कारण सभी शास्त्र इस काव्य-विद्या का अनुसरण करते हैं। अत: राजशेखर का कथन है—"सकल विद्या स्थानैकायतनं पंचदशं काव्यं विद्यास्थानम्।"[1] किन्तु, कला और विद्या के क्षेत्रीय अन्तर को स्पष्ट रखने के लिए विद्याओं की चतुर्दश संख्या ही मान्य होनी चाहिए। यों तो विद्याओं के संख्या-संप्रसारण में कई पुराने आचार्य राजशेखर से भी चार डग आगे हैं, जिनमें भार्गव, बृहस्पति, कौटिल्य और गोभिल उल्लेखनीय हैं। इन आचार्यों ने तर्क, त्रयी, वार्ता और अर्थशास्त्र को मिलाकर विद्याओं की संख्या अठारह घोषित कर दी है। इस प्रकार संस्कृत काव्यशास्त्र के आचार्यों ने काव्य की गणना विद्या में करके और कलाओं की गणना उपविद्या में करके काव्य तथा कलाओं के बीच एक ऐसी चौड़ी दीवार खड़ी कर दी कि यहाँ सौन्दर्यशास्त्रीय अध्ययन या समग्र ललितकलाओं के तात्त्विक विचार का मार्ग ही अवरुद्ध हो गया। बाद में हिन्दी के कुछ प्रमुख विचारकों ने भी इसी मार्ग का अनुसरण किया, जिसके कारण हिन्दी-आलोचना-साहित्य में सौन्दर्यशास्त्रीय अध्ययन का विकास बहुत दिनों तक बाधित रह गया। आधुनिक हिन्दी साहित्य के इन विचारकों में जयशंकर प्रसाद और आचार्य रामचन्द्र शुक्ल प्रधान हैं। प्रसादजी ने संस्कृत आचार्यों के अनुरूप काव्य की गणना विद्या में और कलाओं की गणना उपविद्या में की है। प्रसादजी के कला-सिद्धान्त पर टिप्पणी देते हुए उनके विशिष्ट प्राक्कथन-लेखक आचार्य नन्ददुलारे वाजपेयी ने यह मत व्यक्त किया है कि "कला शब्द का भारतीय व्यवहार पाश्चात्य व्यवहार से भिन्न है। यहाँ कला केवल छन्द-रचना के अर्थ में व्यवहृत हुई, इसीलिए काव्य की नहीं, समस्यापूर्ति की गणना कला में की गई। स्पष्ट ही काव्य केवल समस्यापूर्ति नहीं है, समस्यापूर्ति या छन्द तो उसका वाहनमात्र है—बिना सवार का घोड़ा।"[2] किन्तु प्रसादजी कलाओं में काव्य के अन्तर्गणन का विरोध तर्क के बदले परम्परा की दृष्टि से करते हैं। उनका कहना है कि "यह वर्गीकरण परम्परागत विवेचनात्मक जर्मन दार्शनिक शैली का वह विकास है, जो पश्चिम में ग्रीस की विचारधारा और उसके अनुकूल सौन्दर्य-बोध के सतत अभ्यास से हुआ है।"[3] अपने मत की पुष्टि में प्रसादजी ने दंडी, अभिनवगुप्त और भामह के उन स्थलों को उद्धृत किया है, जहाँ काव्य और कला को भिन्न वर्गों में उपस्थित किया गया है। इसी प्रकार आचार्य शुक्ल ने भी काव्य को कलाओं से भिन्न माना है। पाश्चात्य कलाविभाजन, विशेषकर हीगेलीय

1. राजशेखर, *काव्य मीमांसा,* द्वितीय अध्याय।
2. जयशंकर प्रसाद, *काव्य, कला एवं अन्य निबन्ध,* भारती भंडार, प्रयाग, चतुर्थ संस्करण, प्राक्कथन, पृ. 19
3. वही, पृ. 27

कला-सूची को आलोचित करते हुए उन्होंने लिखा है, "सौन्दर्यशास्त्र में जिस प्रकार चित्रकला, मूर्तिकला आदि शिल्पों का विचार होने लगा, उसी प्रकार काव्य का भी—सबसे बेढंगी बात तो यह हुई।"[1] शुक्लजी ने अभिव्यंजनावाद की चर्चा में भी काव्य को कलाओं के भीतर गिनने का घोर विरोध किया है—"सारा उपद्रव काव्य को कलाओं के भीतर लेने से हुआ है। इसी कारण काव्य के स्वरूप की भावना भी धीरे-धीरे बेल-बूटे और नक्काशी की भावना के रूप में आती गई। हमारे यहाँ काव्य की गिनती चौंसठ कलाओं में नहीं की गई है। इसी से यहाँ वाग्वैचित्र्य के अनुयायियों द्वारा चमत्कारवाद, वक्रोक्तिवाद आदि चलाए जाने पर भी इस प्रकार का वितंडावाद नहीं खड़ा किया गया। इधर हमारी हिन्दी में भी काव्य-समीक्षा के प्रसंग में 'कला' शब्द की बहुत उद्धरणी होने लगी है। मेरे देखने में तो हमारे काव्य-समीक्षा-क्षेत्र से जितनी जल्दी यह शब्द निकले, उतना ही अच्छा। इसका जड़ पकड़ना ठीक नहीं।"[2] इस तरह प्रसादजी और आचार्य शुक्ल के उपर्युक्त मन्तव्य में यद्यपि परम्परागत पूर्वाग्रह के सिवा कोई तर्क-पुष्ट तथ्य नहीं है, तथापि ऐसे मन्तव्य के प्रभाव से हिन्दी-आलोचना-साहित्य में सौन्दर्यशास्त्रीय अध्ययन या समग्र ललितकलाओं के तात्त्विक विवेचन का मार्ग बहुत दिनों तक बाधित रह गया और केवल संस्कृत काव्यशास्त्र से ही मिलते-जुलते ढंग पर हिन्दी-आलोचना का विकास होने लगा। अत: पाश्चात्य सौन्दर्यशास्त्र की भाँति भारतीय साहित्य में (फलस्वरूप हिन्दी साहित्य में भी) कला के सामान्य स्वरूप और विभिन्न कलाओं के रूपों के निरूपण की कोई दीर्घ और सम्पन्न परम्परा नहीं है।[3] इस प्रकार यह सिद्ध होता है कि सौन्दर्यशास्त्र का क्षेत्र काव्यशास्त्र की अपेक्षा अधिक व्यापक तथा विशाल है, क्योंकि काव्यशास्त्र केवल शब्दों के माध्यम से निर्मित काव्य का विवेचन-विश्लेषण करता है, जबकि सौन्दर्यशास्त्र भास्कर्य, चित्र, संगीत आदि सभी ललितकलाओं में व्यक्त चारुत्व और नैपुण्य को अपनी विषय-सीमा में स्वीकार करता है।[4]

ऐतिहासिक दृष्टि से ऐसा प्रतीत होता है कि सौन्दर्यशास्त्र का स्वतंत्र विकास सभी ललितकलाओं के अपने-अपने शास्त्र और विशेषकर काव्यशास्त्र के विकास के बाद हुआ है। इस प्रसंग में यहाँ तक कहने का साहस किया जा सकता है कि

1. आचार्य शुक्ल, *चिन्तामणि,* भाग 2, पृ. 177-178
2. वही, पृ. 180
3. डॉ. रामानन्द तिवारी शास्त्री, *सत्यं शिवं सुन्दरम्,* पी-एच. डी. की उपाधि के लिए स्वीकृत शोध-प्रबन्ध, राजस्थान विश्वविद्यालय, नवम्बर, 1957
4. श्री बलदेव उपाध्याय ने भी सौन्दर्यशास्त्र और काव्यशास्त्र के अन्तर को स्पष्ट करते हुए ऐसा ही विचार व्यक्त किया है। द्रष्टव्य—*भारतीय साहित्यशास्त्र,* बलदेव उपाध्याय, प्रथम खंड, प्रसाद परिषद्, काशी, संवत् 2007, पृ. 9

सौन्दर्यशास्त्र काव्यशास्त्र का ही विकसित और कला-चैतन्य से समन्वित रूप है। पाश्चात्य और पौर्वात्य—दोनों प्रकार के काव्यशास्त्रों की परम्परा के आनुक्रमिक अध्ययन से पता चलता है कि काव्यशास्त्र के विश्लेषण का प्रधान विषय (काव्य की परिमिति में व्यक्त) वह सौन्दर्य ही है, जो सौन्दर्यशास्त्रीय अध्ययन का भी मूलाधार है। जिस प्रकार पाश्चात्य काव्यशास्त्र में हम 'ब्यूटी', 'एक्सेलेन्स', 'सब्लाइम' इत्यादि का अध्ययन पाते हैं, जो शब्द-भेद से 'सौन्दर्य' का ही अध्ययन है, उसी प्रकार हम भारतीय काव्यशास्त्र में भी (जिसे कभी-कभी 'क्रियाकल्प' या 'काव्यकल्प' कहा गया है।[1]) सौन्दर्य, चारुता, चमत्कार, विच्छित्ति, वक्रता अथवा शोभा का तलस्पर्शी अध्ययन पाते हैं।[2]

तदनन्तर, भारतीय काव्यशास्त्र और पाश्चात्य सौन्दर्यशास्त्र में एक अन्तर यह है कि भारतीय काव्यशास्त्र में रस, ध्वनि इत्यादि के नाम से काव्य के आत्मतत्त्व की गवेषणा को प्रधानता दी गई है, जबकि पाश्चात्य सौन्दर्यशास्त्र में सौन्दर्य के संवेदनात्मक पक्ष को प्रमुखता मिली है। अतः पाश्चात्य कलाशास्त्र में सौन्दर्य के संवेदनात्मक पक्ष का विवेचन अधिक हुआ है। हम देख चुके हैं कि सौन्दर्यशास्त्र के यूरोपीय अभिधान 'एस्थेटिक' का अनुषंग ऐन्द्रिय और संवेदनामय अधिक है। काण्ट ने संवेदनाओं के दार्शनिक विवेचन को ही 'एस्थेटिक' का नाम दिया है। इसलिए एक व्यापक शास्त्र के अभिधान के रूप में स्वीकृत हो जाने पर भी आज तक 'एस्थेटिक' शब्द का संवेदनात्मक अनुषंग अवशिष्ट है। फलस्वरूप, अधिकांश पाश्चात्य कला-विचारक अद्यावधि कला में व्यक्त सौन्दर्य के संवेदनात्मक पक्ष को अधिक महत्त्व देते हैं, जिसे हम एक विशिष्ट प्रवृत्ति के रूप में भारतीय काव्यशास्त्र में नहीं पाते।

इस प्रकार काव्यशास्त्र और सौन्दर्यशास्त्र, विशेषकर भारतीय काव्यशास्त्र और पाश्चात्य सौन्दर्यशास्त्र के स्वरूप-भेद को अच्छी तरह हृदयंगम कर लेने के बाद कविता के सौन्दर्यशास्त्रीय अध्ययन की आवश्यकता और उसके प्रयोजन पर विचार करना वांछनीय है।

---

1. वी. राघवन, *सम कन्सेप्ट्स ऑव द अलंकार शास्त्र,* द आडयार लाइब्रेरी, 1942, पृ. 267। इस प्रसंग में यह स्मरणीय है कि डॉ. राघवन की इस मान्यता के साथ श्री पी. वी. काणे असहमत हैं। काणे महोदय काव्यशास्त्र को 'क्रियाकल्प' या 'क्रियाविधि' कहना पसन्द नहीं करते। द्रष्टव्य—पी. वी. काणे, *हिस्ट्री ऑव संस्कृत पोयटिक्स,* गिरगाँव, बम्बई-4, 1951, पृ. 330-331
2. उदाहरणार्थ, आनन्दवर्द्धन द्वारा प्रयुक्त 'चारुत्वहेतु' या 'सन्निवेशचारुणः' अथवा 'रचना प्रपंचचारुणः'; अभिनवगुप्त द्वारा प्रयुक्त 'रसावेशवैशद्य सौन्दर्य काव्य निर्माणक्षमत्वम्' या 'अपितु सुन्दरीभूतः' और दंडी, भोज तथा अप्पयदीक्षित द्वारा प्रयुक्त 'शोभा' को देखा जा सकता है।

कविता के सौन्दर्यशास्त्रीय अध्ययन की आवश्यकता इसलिए है कि कविता का काव्येतर कलाओं के साथ घनिष्ठ सम्बन्ध है[1] और कविता भी अन्य कलाओं की तरह मनुष्य के सृजनात्मक अन्तर्मन की एक रचनात्मक क्रिया है। इतना ही नहीं, कविता अपने भाव-निवेदन की व्यापकता एवं अन्य विशेषाधिकृत क्षमताओं के कारण सभी ललितकलाओं के सर्वोत्तम गुणों को स्वायत्त किए रहती है। अत: कई आधुनिक विचारकों ने कविता को कला के व्यापक अर्थ में स्वीकार किया है।[2] किन्तु, यह ध्यातव्य है कि उक्त कथन का आशय कविता को अन्य ललितकलाओं का पर्याय मान लेना नहीं है। उक्त कथन का आशय यह है कि जहाँ कविता एवं अन्य ललितकलाओं में रूप, शैली और अभिव्यक्ति के माध्यम से सम्बद्ध अनेक पार्थक्य हैं तथा इन सबकी अनेक निजी विशेषताएँ हैं, वहाँ कविता और अन्य ललितकलाओं के बीच ऐसे तात्त्विक साम्य और अन्त:सम्बन्ध भी हैं, जिन्हें उपेक्षणीय नहीं माना जा सकता। कविता और अन्य ललितकलाओं के बीच इन्हीं तात्त्विक साम्य और अन्त:सम्बन्धों के कारण कविता का अध्ययन केवल काव्यशास्त्रीय दृष्टि से ही नहीं, बल्कि सौन्दर्यशास्त्रीय दृष्टि से भी किया जाना चाहिए, ताकि कविता के गुणावगुणों का परीक्षण समग्र कलाओं के व्यापक निकष पर हो सके और कविता की कुछ गण्य विशेषताएँ ललितकला के मानक के रूप में उद्‌घाटित हो सकें। तदनन्तर, भारतीय दृष्टि से यद्यपि काव्य कला के प्रकारों में परिगणित नहीं है, तथापि भारतीय दृष्टि से भी काव्य को उत्कर्ष प्रदान करने के लिए कवि को विभिन्न कलाओं से सहायता लेने का अधिकार प्राप्त है। अर्थात्, भारतीय दृष्टि से भी कविता के कला-पक्ष में काव्येतर कलाओं का समावेश वर्जित नहीं है। अत: जिस सौन्दर्यशास्त्र में प्राय: सभी ललितकलाओं की सैद्धान्तिक पीठिका का समीक्षण-आलोचन रहता है, उसकी मान्यताओं के आलोक में काव्य का भी विवेचन-विश्लेषण अवश्य होना चाहिए। इस तथ्य को स्वीकार करने में किसी विप्रतिपत्ति की आवश्यकता नहीं प्रतीति होती कि कविता पर अन्य कलाओं का प्रभूत प्रभाव है। इसलिए कविता को सर्वदा कला के व्यापक क्षेत्र से बहिष्कृत कर देखना उचित नहीं है। पुन: जैसा कि पहले कहा जा चुका है, भारतीय परम्परा के अनुसार भी काव्यशास्त्र के ग्रन्थों में काव्य के कलात्मक अंश और काव्येतर तत्त्वसमागम की कदर्थना नहीं की गई है।

---

1. भामह ने भी कविता की इस व्यापकता का संकेत किया है। इन्होंने लिखा है कि वह शब्द नहीं, वह अर्थ नहीं, वह न्याय नहीं, वह कला नहीं, जो काव्य का अंग न बनती हो—

   न स शब्दो न तद्वाच्यं न स न्यायो न सा कला।
   जायते यन्न काव्याङ्गमहो भारो महान्कवे:॥

   —भामह, *काव्यालंकार,* पंचम परिच्छेद, 4

2. Jacques Maritain, *Creative Intuition In Art And Poetry,* The Harvill Press, London, 1954, p. 3

इसलिए ललितकलाओं की व्यापक पटभूमि पर काव्य का अध्ययन आवश्यक है। कविता के एतादृश, व्यापक और तात्त्विक विवेचन को ही कविता का सौन्दर्यशास्त्रीय अध्ययन कहा जाता है।

हिन्दी-आलोचना-साहित्य में कविता के उक्त सौन्दर्यशास्त्रीय अध्ययन का नितान्त अभाव है। कुछ छिटपुट निबन्धों, पुस्तकों और शोध-प्रबन्धों में (जिनका उल्लेख इस प्रबन्ध के आगामी पृष्ठों में यथास्थान किया जाएगा और जिनकी सूची यहाँ पुनरावृत्ति से बचने के लिए नहीं दी जा रही है) ऐसे अध्ययन का प्रयास किया गया है, किन्तु, वांछित सौन्दर्यशास्त्रीय दृष्टिकोण और तात्त्विक विश्लेषण के अभाव में वह प्रयास परिपूर्ण, सर्वांगीण और तत्त्व-निरूपक नहीं हो सका है। लेकिन यह प्रसन्नता का विषय है कि हिन्दी साहित्य में भी अब अनेक विचारक कविता के इस सौन्दर्यशास्त्रीय अध्ययन की आवश्यकता महसूस करने लगे हैं। डॉ. नगेन्द्र, आचार्य हजारीप्रसाद द्विवेदी, आचार्य नन्ददुलारे वाजपेयी, डॉ. वासुदेवशरण अग्रवाल, महादेवी वर्मा, आचार्य नलिनविलोचन शर्मा प्रभृति विचारकों ने इस दिशा की ओर विशेष संकेत किया है। डॉ. वासुदेवशरण अग्रवाल ने इस बात पर बहुत बल दिया है कि कला की आँख से साहित्य और साहित्य की आँख से कला को देखना हमारे वर्तमान सांस्कृतिक युग की एक महती आवश्यकता है।[1] इस दृष्टिकोण को तूल देते हुए डॉ. अग्रवाल ने आधुनिक आलोचना में हिन्दी कविता के सौन्दर्यशास्त्रीय अध्ययन का पुरजोर समर्थन किया है। इनका कहना है कि "हिन्दी के साथ भी ललितकलाओं का सम्बन्ध पर्याप्त घनिष्ठ रहा है; कारण कि रीतियुग की एक विशेष परिपाटी के अनुसार साहित्य की अभिव्यक्ति के साधन नायक-नायिका एवं राग-रागिनियों को चित्रात्मक रूप देने का प्रयत्न भारतीय चित्रकला में किया गया। हमारे प्रतिभाशाली कवियों ने लोक के रहन-सहन, वेश-भूषा, आभूषणपरिच्छद, संगीत-वाद्य, अस्त्र-शस्त्र आदि उपकरणों का अपने ग्रन्थों में यथास्थान बड़े सुन्दर ढंग से सन्निवेश किया है। साहित्य में इस सामग्री का वर्णन और कला में इसी का चित्रण देखा जाता है। कला के स्वरूप को सांगोपांग जानने के लिए साहित्य से इन भावों और शब्दों का दोहन हिन्दी साहित्य का अत्यन्त आवश्यक कार्य है। कला

1. "भारतीय कला एक प्रकार से साहित्य की ही मार्मिक व्याख्या है। यदि हम कथावस्तु, मनोभाव-चित्रण, नाट्य और अभिनय के करण और मुद्राएँ, आभूषण और वस्त्र, उपकरण और अलंकरण, इनके विषय और पारिभाषिक शब्दों का संग्रह करने के लिए कला की दृष्टि से प्राचीन वाङ्मय का मन्थन करें तो हमें बहुत विलक्षण सामग्री प्राप्त हो सकती है। इस सामग्री की सहायता से जब हम कला को समझने का प्रयत्न करेंगे, तो कला में एक नई अर्थवत्ता और रस की उपलब्धि होगी।...महाभारत और रामायण, कालिदास और बाणभट्ट, तिलकमंजरी और यशस्तिलकचम्पू—इस साहित्य में कला की प्रभूत सामग्री विद्यमान है।"
—डॉ. वासुदेवशरण अग्रवाल, *कला-निधि,* वर्ष 1, अंक 1, काशी, पृ. 18

के मार्मिक ज्ञान के बिना साहित्यिक अध्ययन और साहित्य की सूक्ष्म जानकारी के बिना कला की समीक्षा संकुचित रह जाती है, क्योंकि कला और साहित्य दोनों का समान भाव से योजक रस-तत्त्व एक ही है। जिस लोक-जीवन की उमंग ने साहित्य और कला को एक साथ ही जन्म दिया, उसके समग्र रूप का परिचय साहित्य और कला के साथ-साथ अध्ययन पर ही निर्भर है।"[1] इस प्रकार आधुनिक हिन्दी आलोचना में कविता के सौन्दर्यशास्त्रीय अध्ययन की आवश्यकता अथवा उपयोगिता सर्वथा प्रकट है।

इधर कुछ पत्रिकाओं के प्रकाशन से भी इस रुचि-विकास का पता चलता है। जैसे, काशी से 'कला-निधि' नामक पत्रिका का प्रकाशन हिन्दी के विद्वानों द्वारा काव्य और अन्य कलाओं में सौन्दर्यशास्त्रीय दृष्टि से समन्वय स्थापित करने का एक प्रयास था। इसी तरह 'आर्ट्स एनुअल' के नाम से निकलने वाली पत्रिका,[2] जिसका सम्पादन ए. कुमारस्वामी और ओ. सी. गांगुली करते थे, ललितकलाओं के पारस्परिक अन्तःसम्बन्ध को दृष्टि में रखते हुए कला के सौन्दर्यशास्त्रीय अध्ययन के निमित्त एक दिशा-निर्देश थी।

इस प्रकार स्पष्ट है कि सभी ललितकलाओं के व्यापक तत्त्व-निवेश की दृष्टि से काव्य का अध्ययन आवश्यक है, जिसे हम काव्य का सौन्दर्यशास्त्रीय अध्ययन कहते हैं। अतः प्रस्तुत शोध-प्रबन्ध के अन्तर्गत प्रथम और द्वितीय खंड में, क्रमशः, कविता के ऐसे चार प्रमुख तत्त्वों को, जो सभी ललितकलाओं के तत्त्व-निवेश में प्रमुख स्थान रखते हैं, छायावादी कविता के विशेष सन्दर्भ में रखकर इसी सौन्दर्यशास्त्रीय दृष्टि से विवेचित करने का एक विनम्र प्रयास किया गया है।

इस प्रकार सौन्दर्यशास्त्रीय अध्ययन के स्वरूप से सम्बद्ध प्रमुख स्थापनाओं को निम्नलिखित रूप में प्रस्तुत किया जा सकता है—

1. ऐन्द्रिय प्रत्यक्षों का ज्ञान के माध्यम की दृष्टि से किया गया अध्ययन सौन्दर्यशास्त्र की सीमा नहीं है; क्योंकि सौन्दर्यशास्त्र मुख्यतः ऐन्द्रिय बोध से प्राप्त सौन्दर्य-भावन के मनोमय आनन्द का विश्लेषण करता है।
2. सौन्दर्यशास्त्र का सम्बन्ध ललितकलाओं के माध्यम से अभिव्यक्त सौन्दर्य के साथ है, अन्य माध्यमों से अभिव्यक्त सौन्दर्य के साथ नहीं। इस तरह सौन्दर्यशास्त्र ललितकलाओं के दार्शनिक विकल्पों और समस्याओं का सैद्धान्तिक निरूपण है, क्योंकि कला-जगत् की दार्शनिक समस्याएँ प्रायः सौन्दर्य, आस्वाद, संवेग, पुनःप्रत्यक्ष इत्यादि से ही सम्बद्ध रहती हैं।

---

1. डॉ. वासुदेवशरण अग्रवाल, 'भारतीय कला का अनुशीलन', *कला-निधि,* वर्ष 1, श्रावण 2005 विक्रम, अंक 1, काशी, पृ. 18-19-20
2. *4 Arts Annual,* 1936-37, edited by A. Coomarswamy, O. C. Ganguly, Corporation Street, Calcutta.

3. सौन्दर्यशास्त्र को कुछ विचारकों ने तत्त्व-दर्शन या मनोविज्ञान के साथ मिला दिया है, जो अनुचित है। कारण, सौन्दर्यशास्त्र का तत्त्व-दर्शन से उतना ही सम्बन्ध है, जितना कि मानविकी के एतादृश अन्य विषयों का तत्त्व-दर्शन के साथ है। इसी तरह सौन्दर्यशास्त्र मनोविज्ञान से उतना ही सम्बद्ध और भिन्न है, जितना कि मनोविज्ञान से काव्यशास्त्र। यह सच है कि सौन्दर्यशास्त्र के कुछ सूत्रों की विवेचना में मनोविज्ञान की सहायता आवश्यक है, किन्तु मनोविज्ञान सौन्दर्यशास्त्र की सीमा नहीं है।
4. सौन्दर्यशास्त्र के स्वरूप को अच्छी तरह समझने के लिए सौन्दर्यशास्त्र तथा काव्यशास्त्र के अन्तर को स्पष्ट कर देना आवश्यक है। काव्यशास्त्र केवल काव्य का शास्त्र है और उसके अध्ययन का क्षेत्र केवल काव्य तक सीमित है, जबकि सौन्दर्यशास्त्र सभी ललितकलाओं का शास्त्र है और उसकी सीमा काव्य के साथ काव्येतर कलाओं—स्थापत्य, मूर्ति, चित्र और संगीत तक फैली हुई है। इसलिए सौन्दर्यशास्त्र मात्र काव्यशास्त्र नहीं, बल्कि कलाशास्त्र है। इस प्रकार काव्यशास्त्र जहाँ केवल काव्य को दृष्टि में रखकर उसकी आलोचना या अभिशंसन प्रस्तुत करता है, वहाँ सौन्दर्यशास्त्र सभी ललितकलाओं के सर्वसामान्य, किन्तु, प्रधान तत्त्वों का विवेचन और विश्लेषण प्रस्तुत करता है। अत: सौन्दर्यशास्त्र के निष्कर्ष प्राय: सभी ललितकलाओं को दृष्टि में रखकर निकाले जाते हैं, जबकि काव्यशास्त्र के निष्कर्ष केवल काव्य को लक्ष्य कर निकाले जाते हैं। यों काव्यशास्त्र कभी-कभी अपनी मान्यताओं के निरूपण में सौन्दर्यशास्त्रीय अध्ययन और उसके निष्कर्षों की सहायता लेता है।
5. काव्यशास्त्र और सौन्दर्यशास्त्र में दूसरा ध्यातव्य अन्तर यह है कि सौन्दर्यशास्त्र में कलाओं के सूक्ष्म तात्त्विक सिद्धान्त-परिकल्पन पर विशेष बल दिया जाता है, जबकि काव्यशास्त्र में रस-विवेचन, शब्द-शक्ति-विश्लेषण इत्यादि के कुछ ही प्रसंगों में सूक्ष्म तात्त्विक सिद्धान्त-परिकल्पन की आवश्यकता पड़ती है।
6. तीसरी बात यह है कि काव्यशास्त्र, विशेषकर संस्कृत-काव्यशास्त्र, का व्याकरण से घनिष्ठ सम्बन्ध रहा है, जबकि आधुनिक सौन्दर्यशास्त्र का व्याकरण से कोई सीधा सम्बन्ध नहीं है।
7. चौथी बात यह है कि काव्यशास्त्र में उस कल्पना-तत्त्व की विचारणाओं को उचित महत्त्व नहीं मिल सका, जिसे सौन्दर्यशास्त्रीय अध्ययन में सर्वोच्च स्थान दिया जाता है। संस्कृत-काव्यशास्त्र में भी प्रतिभा-विवेचन को छोड़कर अन्य प्रसंगों में कल्पना-तत्त्व की अवहेलना कर दी गई है। कुल मिलाकर सौन्दर्यशास्त्र का क्षेत्र काव्यशास्त्र की अपेक्षा अधिक

व्यापक तथा विशाल है, क्योंकि काव्यशास्त्र केवल शब्दों के माध्यम से निर्मित कला (काव्य) का विवेचन-विश्लेषण करता है, जबकि सौन्दर्यशास्त्र भास्कर्य, चित्र, संगीत आदि सभी ललितकलाओं में व्यक्त चारुत्व और नैपुण्य को अपनी विषय-सीमा में स्वीकार करता है।

8. कविता के सौन्दर्यशास्त्रीय अध्ययन की आवश्यकता इसलिए है कि कविता का काव्येतर कलाओं के साथ घनिष्ठ सम्बन्ध है और कविता भी अन्य कलाओं की तरह मनुष्य के सृजनात्मक अन्तर्मन की एक रचनात्मक क्रिया है। इतना ही नहीं, कविता अपने भाव-निवेदन की व्यापकता एवं अन्य विशिष्ट क्षमताओं के कारण सभी ललितकलाओं के सर्वोत्तम गुणों को स्वायत्त किए रहती है। इस तरह कविता एवं अन्य ललितकलाओं में जहाँ रूप, शैली और अभिव्यक्ति के माध्यम से सम्बद्ध अनेक पार्थक्य हैं तथा इन सभी कलाओं की अनेक निजी विशेषताएँ हैं, वहाँ कविता और अन्य ललितकलाओं के बीच ऐसे तात्त्विक साम्य और अन्तःसम्बन्ध भी हैं, जिन्हें उपेक्षणीय नहीं माना जा सकता है। कविता और अन्य ललितकलाओं के बीच इन्हीं तात्त्विक साम्य और अन्तःसम्बन्धों के कारण कविता का अध्ययन केवल काव्यशास्त्रीय दृष्टि से ही नहीं, बल्कि सौन्दर्यशास्त्रीय दृष्टि से भी किया जाना चाहिए, ताकि कविता के गुणावगुणों का परीक्षण समग्र ललितकलाओं के व्यापक निकष पर हो सके और कविता की कुछ गण्य विशेषताएँ ललितकला के मानक के रूप में उद्‌घाटित हो सकें।

(ख) ललितकलाओं का तात्त्विक अन्तःसम्बन्ध

कविता के सौन्दर्यशास्त्रीय अध्ययन की आवश्यकता और औचित्य को प्रतिपादित करने का मुख्य आधार है—ललितकलाओं का तात्त्विक अन्तःसम्बन्ध। इस तात्त्विक अन्तःसम्बन्ध पर गम्भीरतापूर्वक विचार करने से यह प्रतीत होता है कि शैली, शिल्प, अभिव्यक्ति-भंगिमा और प्रेषणीयता के माध्यम की दृष्टि से कलाओं में चाहे जितनी भिन्नता हो; किन्तु, तत्त्व-समास की दृष्टि से सभी कलाएँ समान हैं और इनमें एक तात्त्विक अन्तःसम्बन्ध अनिवार्य रूप में विद्यमान है। कल्पना, बिम्ब, प्रतीक, प्रेषणीयता, विषय, विधान इत्यादि अनेक ऐसे प्रमुख और गौण तत्त्व हैं, जो स्थापत्य, मूर्ति, चित्र, काव्य और संगीत— सभी ललितकलाओं में समान रूप से समाविष्ट हैं। इन सभी तत्त्वों के विनियोग में विविध कलाओं के क्षेत्र में मात्राभेद अवश्यम्भावी है, जैसे—काव्य में कल्पना की अधिकता, संगीत में प्रेषणीयता की अधिकता, चित्र

में चाक्षुष सौन्दर्य की प्रचुरता, मूर्ति और स्थापत्य में विषयरूप स्थूल साधनों की अधिकता—किन्तु, इन तत्त्वों की अनिवार्य उपस्थिति में किसी निषेध की गुंजाइश नहीं है। अत: इन तत्त्वों की अनिवार्य उपस्थिति ही ललितकलाओं के पारस्परिक अन्त:सम्बन्ध को प्रमाणित करती है तथा कविता के सौन्दर्यशास्त्रीय अध्ययन की आवश्यकता और औचित्य को न्याय्य घोषित करती है।

कविता का अध्ययन इन दो उत्कृष्ट दृष्टिकोणों से किया जा सकता है—काव्यशास्त्रीय दृष्टिकोण और सौन्दर्यशास्त्रीय दृष्टिकोण। काव्यशास्त्रीय दृष्टिकोण से किए गए अध्ययन में कविता की उत्कृष्टता-अपकृष्टता का विश्लेषण कविता को अन्य ललितकलाओं के सन्दर्भ से पृथक् रखकर किया जाता है और उसके मूल्यनिर्धारण तथा परीक्षण के सभी मान एवं निकष केवल काव्य को लक्ष्य में रखकर प्रस्तुत किए जाते हैं। इसलिए कविता के काव्यशास्त्रीय अध्ययन में संगीत-चेतना का विचार छन्द-बन्धन की जाँच में सीमित हो जाता है, सौन्दर्य की परख वर्ण-मैत्री और अलंकारों के अन्वेषण में बँध जाती है, प्रेषणीयता की धारणा शब्द-शक्ति, गुण, रीति और वृत्ति तक आकर रुक जाती है तथा कल्पना-विधान, बिम्ब और प्रतीक की विशिष्टताओं की खोज केवल अप्रस्तुतों एवं उपमानों की गवेषणा बन जाती है। दूसरी ओर, सौन्दर्यशास्त्रीय दृष्टिकोण से किए गए अध्ययन में कविता को अन्य ललितकलाओं के व्यापक सन्दर्भ में रखकर देखा जाता है और उसका तात्त्विक विश्लेषण उन सामान्य या सर्वनिष्ठ सिद्धान्तों के आलोक में किया जाता है, जो काव्येतर ललितकलाओं के भी तत्तत् तात्त्विक अध्ययन में उपयोगी सिद्ध हो सकें। जैसे—किसी कविता में व्यक्त सौन्दर्य-चेतना का उस व्यापक सौन्दर्य-तत्त्व की दृष्टि से अध्ययन, जो सौन्दर्य-तत्त्व, वर्ण-मैत्री और अलंकारों से परे रहकर भी काव्येतर कलाओं में समाविष्ट रहता है अथवा किसी कविता में न्यस्त उपमानों और अप्रस्तुतों का उस व्यापक मूर्त विधान की दृष्टि से अध्ययन, जो काव्येतर कलाओं में भी कल्पना के प्रत्यक्षीकरण अथवा तन्मात्राओं की ऐन्द्रिय प्रतीति के रूप में बिम्ब बनकर उपस्थित होता है। सारांश यह है कि कविता का सौन्दर्यशास्त्रीय अध्ययन कविता को काव्येतर ललितकलाओं के तात्त्विक सन्दर्भ में रखकर किया जाता है और कविता का काव्यशास्त्रीय अध्ययन कविता को काव्येतर कलाओं के तात्त्विक सन्दर्भ से पृथक् रखकर या उस तात्त्विक सन्दर्भ की उपेक्षा कर किया जाता है। कविता का काव्यशास्त्रीय अध्ययन हिन्दी और हिन्दीतर साहित्य में बहुत बड़े परिमाण में किया जा चुका है, किन्तु कविता का सौन्दर्यशास्त्रीय अध्ययन तत्त्व-चिन्तन-प्रधान होने और दार्शनिक निरूपण-पद्धति के निकटस्थ होने के कारण अब तक उस परिमाण में नहीं किया जा सका है। हिन्दी साहित्य में ऐसे अध्ययन का और भी अभाव है। अत: प्रस्तुत शोध-प्रबन्ध इसी अभाव की पूर्ति के लिए किया गया एक विनम्र प्रयास है।

उक्त दोनों प्रकार के अध्ययन के सम्बन्ध में कुछ और बातें ध्यातव्य हैं। पहली बात यह है कि कविता के काव्यशास्त्रीय अध्ययन और सौन्दर्यशास्त्रीय अध्ययन में अन्योन्याभाव सम्बन्ध नहीं है। कारण, जहाँ यह सच है कि कविता का काव्यशास्त्रीय अध्ययन कविता के सौन्दर्यशास्त्रीय अध्ययन का पर्याय या मानक नहीं हो सकता, वहाँ यह देखा जाता है कि कविता के सौन्दर्यशास्त्रीय अध्ययन में प्रसंगानुसार काव्यशास्त्रीय उपपत्तियों और निष्पत्तियों का भी उपयोग किया जाता है, यद्यपि इसके विलोम से काव्यशास्त्र का स्वतंत्र व्यक्तित्व अपहृत हो जाता है। अतः प्रस्तुत प्रबन्ध में भी काव्यशास्त्र की उपलब्धियों को वर्जित नहीं माना गया है। दूसरी बात यह है कि कविता का सौन्दर्यशास्त्रीय अध्ययन करते समय काव्येतर ललितकलाओं के तात्त्विक सन्दर्भ को ही ध्यान में रखा जाता है, क्योंकि एक व्यक्ति के लिए सभी ललितकलाओं के सभी सन्दर्भों को ध्यान में रखना तथा उनका प्रामाणिक विवेचन करना कठिन है। यह कार्य तो वही विपश्चित् विद्वान् कर सकेगा, जो सभी कलाओं के सैद्धान्तिक तथा व्यावहारिक—दोनों ही पक्षों में माहिर हो। अतः एक ओर विचारक या अनुसन्धाता की शक्ति की सीमा का ध्यान रखकर तथा दूसरी ओर अनावश्यक झोंझ और लपेट से बचने के लिए किसी कला का सौन्दर्यशास्त्रीय अध्ययन करते समय अन्य कलाओं के केवल तात्त्विक सन्दर्भ को ध्यान में रखा जाता है। सचमुच, इस तात्त्विक पक्ष को छोड़कर कलाओं के अन्य पक्ष इतने विविध और भिन्न हैं कि उनके समवेत अध्ययन से कोई लाभ नहीं हो सकता। इसलिए किसी कला का सौन्दर्यशास्त्रीय अध्ययन प्रस्तुत करते समय अन्य भगिनी कलाओं के तात्त्विक सन्दर्भमात्र को दृष्टिपथ में रखना चाहिए।

ऊपर यह कहा जा चुका है कि ललितकलाओं का तात्त्विक अन्तःसम्बन्ध ही वह मुख्य कारण है जिसके कारण कविता या अन्य किसी कला के सौन्दर्यशास्त्रीय अध्ययन का औचित्य प्रतिपादित होता है अथवा ऐसे अध्ययन की आवश्यकता प्रतीत होती है। इसलिए प्रस्तुत प्रबन्ध में किए गए सौन्दर्यशास्त्रीय अध्ययन को एक तर्कपुष्ट आधार और सन्धिबन्ध प्रदान करने के लिए हम इस अध्याय में ललितकलाओं के तात्त्विक अन्तःसम्बन्ध का विस्तृत और प्रामाणिक विश्लेषण उपस्थित करेंगे। इस क्रम में हम ललितकलाओं के तात्त्विक अन्तःसम्बन्ध को स्पष्ट करने के लिए उपस्थापन की तीन पद्धतियों से काम लेंगे, ताकि यह विश्लेषण अधिकाधिक वैज्ञानिक और सुनिर्णीत हो सके। सबसे पहले हम इसके सैद्धान्तिक पक्ष पर विचार करेंगे और देखेंगे कि किस प्रकार सभी श्रव्य और दृश्य कलाएँ तात्त्विक दृष्टि से आपाततोभिन्न होकर भी अन्तःसम्बद्ध हैं। तदनन्तर, हम ललितकलाओं के तात्त्विक अन्तःसम्बन्ध का व्यावहारिक दृष्टि से सोदाहरण अध्ययन करेंगे, ताकि सैद्धान्तिक दृष्टि से निकाले गए निष्कर्षों की जाँच प्रयोग के निकष पर हो सके। अन्त में हम

कुछ इतिहास-प्रसिद्ध कवियों और कलाकारों की उत्कृष्ट कृतियों के आधार पर कलाओं के तात्त्विक अन्त:सम्बन्ध का परीक्षण करेंगे।

उक्त योजना के अनुसार अब हम ललितकलाओं के तात्त्विक अन्त:सम्बन्ध के सैद्धान्तिक पक्ष पर विचार करेंगे। ललितकलाओं के तात्त्विक अन्त:सम्बन्ध का मूलाधार स्वर-बोध और वर्ण-बोध का पारस्परिक सम्बन्ध है। यह सर्वविदित है कि दृश्यकलाओं में वर्ण-बोध (कलर-पर्सेप्शन) की प्रधानता रहती है और श्रव्य कलाओं में स्वर-बोध की। अर्थात् कलाओं के बीच मुख्य पार्थक्य उनके श्रव्य और दृश्य होने पर निर्भर है। किन्तु, जब हम यह पाते हैं कि एक ऐसी सामान्य भूमि है, जहाँ दृश्यकलाओं और श्रव्यकलाओं के मुख्य व्यावर्तक गुण, क्रमश:, चाक्षुष प्रत्यक्ष और स्वर-बोध परस्पर मिल जाते हैं (जिसे मनोविज्ञान की भाषा में सिनेस्थेसिया[1] कहते हैं) तब यह स्वत: प्रतिपादित हो जाता है कि सभी ललितकलाओं के बीच किसी तात्त्विक अन्त:सम्बन्ध की स्थिति अवश्य है।

उक्त 'सिनेस्थेसिया' का सौन्दर्यशास्त्रीय दृष्टि के अलावा वैज्ञानिक दृष्टि से भी समर्थन मिलता है, क्योंकि वैद्युतिक सहायता से दोलनवीक्ष के द्वारा स्वर, ध्वनि या स्वन-सम्पदा को तरंगित रेखाओं के सहारे चित्रात्मक ढंग से प्रस्तुत किया जाता है।[2] इस तरह श्रव्य (अर्थात् स्वर-बोध) को दृश्य (चाक्षुष प्रत्यक्ष या चाक्षुष बोध) बनाया जा सकता है। आशय यह है कि मनोविज्ञान या सौन्दर्यशास्त्र की दृष्टि से ही नहीं, वैज्ञानिक और औद्योगिक साधनों से भी यह सिद्ध होता है कि शब्दतन्मात्रा को हम वर्णात्मक प्रत्यक्ष या रूपतन्मात्रा में बदल सकते हैं और वर्णात्मक प्रत्यक्ष या रूपतन्मात्रा को हम शब्दतन्मात्रा के सहारे व्यक्त कर सकते हैं। अत: इस विधि से भी 'सिनेस्थेसिया' का प्रकारान्तर-समर्थन स्पष्ट है।

सामान्यत: स्वर-बोध और वर्णात्मक प्रत्यक्ष (कलर-पर्सेप्शन) का एक विशुद्ध प्राथमिक संवेदन के रूप में परस्पर कोई सम्बन्ध नहीं है। किन्तु, कभी-कभी किसी

1. 'सिनेस्थेसिया' नन्दतिक अभिशंसन का एक सिद्धान्त है, जिसका उद्भावन कैम्ब्रिज-मनोवैज्ञानिकों ने किया है। द्रष्टव्य–*A Critical History of Modern Aesthetics,* George Allen and Unwin, London, 1933, p. 102

2. "Tones can be made visible. The oscilloscope, through electrical processes, transforms vibrations of the air into a picture that appears on an illuminated screen. It is the picture of a wave line. The different tones appear as wave lines of different dimensions and shapes. Everything that characterizes the tone as an acoustical phenomenon is represented in a particular feature of the picture. An experienced observer can accurately read the acoustical qualities of the tone from the outline of the curve. Looking at the picture of the curve he could accurately represent the tone to himself—pitch, loudness, colour, everything."—Victor Zuckerkandl, *Sound and Symbol,* 1956, p. 22

वर्ण और किसी स्वर के द्वारा विशेष आसंग-प्रक्रिया के कारण समान संवेगात्मक प्रत्यर्थता का उद्‌बोध हो जाया करता है। मनोविज्ञान से सम्बन्धित प्रायोगिक परीक्षणों के क्रम में यह पाया गया है कि अनेक व्यक्ति ऐसे होते हैं जो अनायास ही किसी स्वर का अनुषंग किसी विशिष्ट रंग के साथ जोड़ लेते हैं। स्वर और रंग के इस अनुषंग-निर्भर सम्बन्ध को मनोविज्ञान में 'सिनेस्थेसिया'[1] कहा जाता है। इसके दो प्रकार होते हैं—स्वर-श्रवण से वर्ण-बिम्ब की प्राप्ति और वर्णात्मक प्रत्यक्ष से ध्वनि-बिम्ब की प्राप्ति। स्वर-बोध और वर्ण-बोध के इस विनिमय या पारस्परिक विपर्यय का कारण कोई निश्चित आसंग हुआ करता है। यह ऐन्द्रिय प्रतीति का मिश्रण प्रधानत: तीन प्रकार का होता है—प्रत्यक्षात्मक, धारणात्मक और मानसिक। वर्ण-व्युत्पन्न वर्णात्मक प्रत्यक्ष के इस बारीक विश्लेषण का श्रेय मनोविज्ञान को है तथा कला-विवेचन के प्रसंग में स्वर-व्युत्पन्न वर्णात्मक प्रत्यक्ष की चर्चा का श्रेय जे. एल. होफमान को है, जिन्होंने अठारहवीं शताब्दी में ही यह प्रतिपादित किया कि प्रत्येक स्वर-वैशिष्ट्य का किसी-न-किसी निश्चित रंग से सम्बन्ध जोड़ा जा सकता है।[2] जे. एल. होफमान की स्थापना के बहुत वर्षों बाद जब स्वच्छन्दतावादी धारा चली, तब ललितकलाओं के बीच संगीत-कला में इस 'सिनेस्थेसिया' को सर्वाधिक महत्त्व दिया गया। तदनन्तर, अनेक कलाकारों ने अपनी रचनाओं के सांगीतिक प्रभाव की व्याख्या वर्ण-बोध के माध्यम से प्रस्तुत की। कवि और साहित्यकारों के

---

1. 'An interpretation of the senses conveying an effect of oneness'—J. Chairi, *Symbolisme from Poe to Mallarme,* Rockliff Salisbury Square, London, 1956, p. 51
2. भारतीय काव्यशास्त्र में रस का, जो काव्य का चरम लक्ष्य है, रंग से, जो चाक्षुष कलाओं का उपादान है, सम्बन्ध जोड़ा गया है। भारतीय काव्यशास्त्र के अनुसार रंग-विचार का मात्र विधानगत महत्त्व या प्रसाधन-निमित्त प्रयोजन नहीं है, बल्कि वह काव्य के चरमोद्‌देश्य-रसोपलब्धि से सम्बन्धित है। इस प्रकार यहाँ रंग भी काव्य-गुण की तरह रसोपकारक माना गया है। उदाहरणार्थ, शृंगार के लिए श्याम, हास्य के लिए श्वेत, रौद्र अथवा वीर रस के लिए रक्तवर्ण, करुण के लिए भूरा, भयानक के लिए काला, वीभत्स के लिए नील और अद्‌भुत के लिए पीत रंग की योजना की गई है :

   श्यामो भवति शृंगार: सितो हास्य: प्रकीर्तित:
   कपोत: करुणश्चैव रक्तौ रौद्र: प्रकीर्तित: ॥ 43 ॥
   गौरो वीरस्तु विज्ञेय: कृष्णश्चैव भयानक: ।
   नील वर्णस्तु वीभत्स: पीतश्चैवाद्‌भुत: स्मृत: ॥ 44 ॥

   —भरत, *नाट्यशास्त्रम्*, छठा अध्याय, बम्बई संस्करण।

   सारांश यह है कि भारतीय कला में रंग-योजना के सहारे रस-चर्वणा को प्रतीकधर्मी और व्यंजनागर्भी बनाकर अधिक कलात्मक पृष्ठिका प्रदान की गई है। विशेषकर चित्रकला में रंगों से रसोपकारी मंडनशिल्प का काम लिया गया है। इस तरह भारतीय काव्यशास्त्र में निरूपित यह रस-रंग-सम्बन्ध भी श्रव्य और दृश्य कलाओं के तात्त्विक अन्त:सम्बन्ध का द्योतक है।

बीच हाइने[1], गोतिये, रिम्बॉ, बॉद्लेयर, मोपासाँ और बाल्ज़ाक,[2] इस दृष्टि से बहुत महत्त्वपूर्ण हैं। इन सबने अपनी सौन्दर्यानुभूति को विविध प्रकार के बोध-विपर्यय से व्यक्त करने की चेष्टा की है। पॉल वर्ले भी इसी कोटि का कवि था, जो चाक्षुष अनुभूतियों को श्रव्य बिम्बों के माध्यम से और नादानुभूतियों को चाक्षुष बिम्बों के माध्यम से उपस्थित करने की कला में दक्ष था।[3]

'सिनेस्थेसिया' के सदृश ही 'कॉरेस्पांडेन्स' के सिद्धान्त से ललितकलाओं का तात्त्विक अन्त:सम्बन्ध प्रतिपादित होता है। तदनुरूपता या संवादिता (कॉरेस्पांडेन्स) का यह सिद्धान्त पहले दर्शनशास्त्र का विषय था। साहित्य या कला-जगत् में इसे प्रतिपादित करने का श्रेय बॉद्लेयर को है, यद्यपि बॉद्लेयर ने भी इस सिद्धान्त के लिए अपने को स्वेडनबर्ग का ऋणी घोषित किया, क्योंकि स्वेडनबर्ग ने बहुत पहले इस सिद्धान्त का मूलाधार उपस्थित किया था।[4] बॉद्लेयर ने इस सिद्धान्त को कला-जगत् के लिए उपयोगी बनाकर उपस्थित किया और उसने 'कॉरेस्पांडेन्स' शीर्षक से एक छोटी-सी, किन्तु ऐसी महत्त्वपूर्ण कविता लिखी, जिसे उसके प्रतीकसिद्धान्त का मूल सूत्र कहा जा सकता है। इतना ही नहीं, यह सिद्धान्त फ्रेंच और अंग्रेजी साहित्य के प्रतीकवादी आन्दोलन का मूलाधार माना जाता है। सचमुच, प्रतीकवादियों ने इस सिद्धान्त को बहुत व्यापक फलक प्रदान किया था।[5]

उपरिविवेचित 'सिनेस्थेसिया' या 'कॉरेस्पांडेन्स' के सिद्धान्त का समर्थन कुमारिलभट्ट के 'श्लोकवार्त्तिक' में निरूपित 'सामान्य ज्ञान-लक्षण-सन्निकर्ष' से भी होता है। हम किसी तप्त लौहखंड को देखकर उसका स्पर्श किए बिना ही कह देते हैं कि यह तप्त है, जबकि ताप का अनुभव करना चक्षु का नहीं, चर्म का धर्म

1. *Selected Lyrics of Heine,* translated by Humbert Wolfe, The Bodley Head, London, 1950
2. J. Chairi, *Symbolisme from Poe to Mallarme,* Rockliff Salisbury Square, London 1956, pp. 160-161
3. Arthur Symons, *The Symbolist Movement in Literature,* E. P. Dutton and Co., New York, 1958, p. 48
4. स्वेडेनबर्ग ने लिखा था—
   "Comparisons, metaphors and epithets are drawn from the inexhaustible depths of universal analogy."—Charles Baudelaire, translated by Geoffrey Wagner, and an Introduction by Enid Starkie, London, 1946
5. "Every element of life and nature is covered by the law of correspondences; therefore every fitting metaphor which arouses a response is necessarily a correspondence; the poet is the one who has the gift of pointing out analogies and of finding the exact and truely alive metaphors; the greater the poet, the wider his range of apprehension in space and time and also the greater the fitness and force of his metaphors."—J. Chairi, *Symbolisme from Poe to Mallarme,* London, 1956, p. 46

है—नेत्रेन्द्रिय का नहीं, स्पर्शेन्द्रिय का कार्य है। इसका उत्तर हमें ज्ञान-लक्षण-सन्निकर्ष के आधार पर मिलता है। उदाहरणार्थ, किसी विकच सुगन्धित प्रसून को देखकर (बिना सूँघे हुए ही) हम उसे सुवासित पुष्प कह देते हैं। स्पष्ट है कि सुगन्ध को पाना घ्राण-नासिका का काम है, जिसका भान हमने यहाँ चक्षु से ही कर लिया। अत: प्रश्न है कि यह प्रातीतिक भान कैसे होता है? इसका समाधान भारतीय प्रमाणवाद के अनुसार यह है कि हमारे पूर्वानुभूत संस्कार मन में बने रहते हैं, जिनके कारण इन्द्रियों के बोध का परस्पर विनिमय-सा हो जाता है। यह इसलिए कि एक इन्द्रिय के काम करते समय अन्य इन्द्रियाँ निष्क्रिय नहीं रहती हैं, बल्कि वे भी अपनी धारणा बनाने में निमग्न रहती हैं—सूँघते समय आँखें भी काम करती हैं और देखते समय स्पर्शेन्द्रिय भी। अत: स्पर्शेन्द्रिय के आलम्बन तप्त लौहखंड को हम चक्षुरिन्द्रिय से देखकर ही उष्ण कह देते हैं, घ्राणेन्द्रिय के आलम्बन चन्दन-खंड या सुवासित पुष्प को देखकर ही हम उसे सुगन्धित कह देते हैं। यहाँ यह ध्यातव्य है कि इन्द्रियों का ऐसा भावन 'संवृति-सत्य' नहीं होता, क्योंकि यह भावन एक प्रकार से ज्ञात सम्बन्ध के आधार पर किया हुआ अनुमान होता है और 'सत् सम्प्रयोग' (प्रत्यक्ष वस्तु का सम्पर्क) से प्राप्त भावन या प्रत्यक्षसम्मत भावन की तरह ही विश्वसनीय होता है। इसी ज्ञात सम्बन्ध के आधार पर बहुधा हमारी इन्द्रियाँ वस्तुओं की 'जाति' या 'आकृति' से ही उनके गुण-वैशिष्ट्य का अनुमान कर लेती हैं और ऐसा करने में हमारी इन्द्रियों को वस्तुओं के साथ उनके गुणानुसारी सन्निकर्ष या तत्काल अनुभावन की आवश्यकता नहीं पड़ती। इसे हम 'शाबर भाष्य' की शब्दावली में इस प्रकार भी कह सकते हैं कि ऐसे स्थलों पर हमारी इन्द्रियाँ 'प्रत्यक्षतोदृष्ट सम्बन्ध' के बदले 'सामान्यतोदृष्ट सम्बन्ध' से ही काम चला लेती हैं।[1] इस प्रकार भावन की आवृत्ति से बने संस्कारों के कारण हमारी इन्द्रियों के बोध में विनिमय या विपर्यय-सा होता रहता है। यह विनिमय या विपर्यय ही 'सिनेस्थेसिया' या 'कॉरेस्पांडेन्स' के सिद्धान्त का मूल है, जिसके चलते श्रवणेन्द्रिय का विषय चक्षुरिन्द्रिय का विषय बन जाता है। सारांश यह है कि अपने पूर्वसंचित संस्कारों के उद्बोध के कारण हम सामान्य लक्षण से विशेष लक्षण तक पहुँच जाते हैं। ऐन्द्रिय ज्ञान की दृष्टि से यह पद्धति हमारे 'उपनय' का मूल है, जिस पर 'शाबर भाष्य'[2] और कुमारिलभट्ट के 'श्लोकवार्त्तिक' में विस्तार से विचार किया गया है।[3] इस संस्कारोत्सिक्त उपनय के कारण ही हमारी इन्द्रियों

1. Dr. Jwala Prasad, *History of Indian Epistemology,* Munshiram Manoharlal, Delhi-6, p. 271
2. *Shabar-Bhasya,* translated into English by Ganganath Jha, Oriental Institute, Baroda, 1933
3. *Kumaril Bhatta, Sloka Vartika,* translated by Ganganath Jha, Allahabad, 1905, p. 68, Aphorism IV

के भावन में वह धर्मविनिमय होता रहता है, जो 'सिनेस्थेसिया' या 'कॉरेस्पांडेन्स' का आधार कहा जा सकता है। ऐन्द्रिय बोधों का यह विनिमय या इन्द्रियों का यह गुण-विपर्यय हमारे संचित संस्कारों से निर्मित एक प्रकार का 'सम्बन्ध-क्षेप' है।

उपर्युक्त विश्लेषण से यह स्पष्ट है कि ऐन्द्रिय संवेदनों के बीच केवल वर्ण-बोध और स्वर-बोध ही परस्पर सम्बद्ध नहीं है, बल्कि सभी प्रकार के ऐन्द्रिय बोध एक-दूसरे से सम्बद्ध रहते हैं तथा उनका अधिकरणगत पारस्परिक विनिमय या विपर्यय चलता रहता है। हाँ, सौन्दर्यशास्त्रीय विवेचन में श्रव्यकला और दृश्यकला-जैसा प्रमुख विभाजन रहने के कारण स्वर-बोध और वर्ण-बोध को प्रधानता मिलती रही है। दृष्टि-चेतना से सम्बद्ध होने के कारण रंगों का प्रभाव बहुत व्यापक होता है। चित्रकला-विशारदों का कहना है कि वे सुगन्ध और दुर्गन्ध को भी रंगों के द्वारा व्यक्त कर सकते हैं। इसी प्रकार भाव-व्यंजना की दृष्टि से पीला रंग प्रकाश और प्रसन्नता का द्योतक है। इतना ही नहीं, श्वेत रंग से सात्विक भावनाओं का, नीले रंग से प्रतिष्ठा तथा कुलीनता का और लाल रंग से युयुत्सा, मन्यु तथा खतरे का व्यंजन होता है। रंगों के द्वारा व्यक्त होनेवाली एवंविध भाव-व्यंजना प्रधानत: हमारी वर्ण-संवेदना पर निर्भर करती है। दृष्टि-चेतना से मिलनेवाले वर्ण-संवेदन को हम शरीर-विज्ञान की मान्यताओं के आलोक में भी समझ सकते हैं। शरीर-विज्ञान के अनुसार पुतलियों के द्वारा प्रकाश आँखों में प्रवेश करता है और अक्षिगोलक की पश्चाद्वर्ती झिल्ली पर, जिसे 'रेटिना' कहते हैं, जाकर केन्द्रित होता है। अक्षिगोलक की इस पश्चाद्वर्ती झिल्ली में दो प्रकार के बहुत छोटे-छोटे कोष होते हैं, जिन्हें शलाका और शंकु कहते हैं। इन कोषों का सम्बन्ध दृष्टि-चेतना के स्नायुओं से होता है। अक्षिगोलक की पश्चाद्वर्ती झिल्ली के परिवृत्त में शलाका नामक कोष पर्याप्त मात्रा में रहते हैं और उन पर केवल प्रकाश तथा छाया का ही प्रभाव पड़ता है। दूसरे प्रकार के शंकु नामक कोष अक्षि-कोटर में अधिक रहते हैं, अक्षि-परिवृत्त में कम। इन शंकुओं को उनके गुणों के अनुसार तीन प्रकारों में विभाजित किया गया है—1. वे जो लाल और हरे रंग से प्रभावित होते हैं, 2. वे जिन पर नीले और पीले रंग का प्रभाव पड़ता है, और 3. वे जो काले तथा सफेद रंग की चेतना को ग्रहण करते हैं। किसी वस्तु के द्वारा विकीर्ण होकर जब प्रकाश अक्षिगोलक की पश्चाद्वर्ती झिल्ली पर केन्द्रित होता है, तब शलाका और शंकु नामक दोनों प्रकार के कोष चेतन हो उठते हैं और प्रकाश समेत उस वस्तु की छवि 'रेटिना' पर उतर आती है। तदनन्तर, दृष्टि-चेतना के स्नायुओं के द्वारा उस छवि की सूचना मस्तिष्क तक पहुँच जाती है। ललितकलाओं के तात्त्विक अन्त:सम्बन्ध की विवेचना के प्रसंग में वर्ण-संवेदन के स्वरूप और क्रिया-पद्धति को समझने के लिए इतनी शरीर-वैज्ञानिक व्याख्या अलम् है।

ललितकलाओं के तात्त्विक अन्तःसम्बन्ध का एक प्रमाण यह भी है कि संगीत कला-जैसी अमूर्त श्रव्य-कला चित्रकला-जैसी मूर्त दृश्य-कला के अनेक गुणों को धारण करती है। उदाहरण के लिए आर. डब्ल्यू. एस. मैंड्ल ने संगीत-कला के दृश्य-कला-सम्बन्धी गुणों की चर्चा करते हुए संगीत-कला के क्षेत्र में 'द वैल्यू ऑव कलर' पर विस्तृत विचार किया है।[1] सचमुच, स्वर का भी एक रंग होता है, वह केवल दोलनवीक्ष पर तरंगित रेखाओं के रूप में ही नहीं उगता। इतना ही नहीं, प्रत्येक राग का अपने भाव के अनुसार एक चित्र भी होता है। जैसे—प्रयाग संग्रहालय, भारत कला-भवन बनारस, विक्टोरिया मेमोरियल कलकत्ता, इत्यादि संग्रहालयों में हमें विभिन्न स्वर-लहरियों और रागों के मनोवैज्ञानिक संकेत चित्रों के द्वारा प्रदर्शित मिलते हैं, जिनसे यह सिद्ध होता है कि प्रत्येक कला अपने चरम विकास के क्षणों में अन्य भगिनी कलाओं का आश्रय ग्रहण करती है। भारतीय कला-साहित्य के अन्तर्गत 'रागमाला' चित्रों के द्वारा हमें संगीत की राग-रागिनियों का चित्रात्मक प्रदर्शन मिलता है। रागमाला चित्रों में राग-रागिनियों से सम्बद्ध वातावरण, दृश्य, विषय, रस, काल तथा भाव का ऐसा व्यंजक चित्रण रहता है कि चित्र के देखने मात्र से ही राग अथवा रागिनी के स्वरूप, प्रकृति, रस, समय आदि का पूर्ण ज्ञान हो जाता है। इन रागमाला चित्रों के अन्तर्गत रागिनी केदारा, रागिनी नट, रागिनी मारू, राग मल्हार, राग भैरव, रागिनी तोड़ी इत्यादि के चित्रात्मक अंकन इसे प्रमाणित करते हैं कि कलात्मक तत्त्वों के पारस्परिक विनिमय से किस प्रकार विभिन्न कलाओं का मणिकांचन संयोग उपस्थित हो जाता है।

अतः ललितकलाओं के तात्त्विक अन्तःसम्बन्ध ने अनेक विचारकों का ध्यान आकृष्ट किया है। सचमुच, सभी ललितकलाओं में समान तत्त्व निहित हैं, अन्तर है उन तत्त्वों के विनियोग की मात्रा में। इतना ही नहीं, इस तात्त्विक अन्तःसम्बन्ध की तरह सभी ललितकलाओं में तात्त्विक अन्तःसाम्य भी है। एडवर्ड होवर्ड ग्रिग्स ने कलाओं के इस तात्त्विक अन्तःसाम्य पर बहुत तर्क-पुष्ट विचार किया है।[2] इस विषय पर जॉन डेवी का मन्तव्य भी महत्त्वपूर्ण है। जॉन डेवी ने बिठोफेन के प्रथम स्वर-संगीत और सेजां के चित्र—'कार्ड प्लेयर्स' को उदाहरणस्वरूप विवेचित करते हुए यह प्रतिपादित किया है कि सभी कलाओं में तात्त्विक समानता है, अन्तर उन तत्त्वों की मात्रा में है।[3] यह सच है कि दृश्य-कलाओं में जहाँ देश (स्पेस) पर अधिक बल दिया जाता है, वहाँ श्रव्य-कलाओं में काल को महत्त्व दिया जाता है। किन्तु, इस भेद के बावजूद जब हम ललितकलाओं का तात्त्विक विश्लेषण करते

1. R. W. S. Mendl, *The Soul of Music*, Rockliff Salisbury Square, London, 1950, p. 179
2. E. H. Griggs, *The Philosophy of Art*, 1913, p. 268
3. John Dewey, *Art as Experience*, London, 1934, p. 208

हैं, जैसा कि इस शोध-प्रबन्ध में आगे चलकर किया जाएगा, तब हम पाते हैं कि इस भेद के आवरण में उन कलाओं का जो अन्त:सम्बन्ध या अन्त:साम्य निहित है, वह अनुपेक्षणीय है। जिन विचारकों ने कलाओं के शिल्प-पक्ष या तंत्र-विधान के अलावा प्रधानत: उनके तात्त्विक स्वरूप पर दार्शनिक दृष्टि से विचार किया है, उन्हें कलाओं के अन्त:साम्य और अन्त:सम्बन्ध का महत्त्व अधिक अनुभूत हुआ है। जैसे, लैंगर ने बहुत ही समीचीन ढंग से यह मत व्यक्त किया है कि शिल्प और तंत्र की दृष्टि से जहाँ ललितकलाओं की पारस्परिक भिन्नता बहुत प्रकट है, वहाँ एक धरातल वह भी है, जिस पर पहुँचकर सभी कलाएँ तात्त्विक दृष्टि से अन्त:सम्बद्ध और समान सिद्ध होती हैं तथा इनकी तात्त्विक एकता ही प्रधान दीख पड़ती है।[1] भारतीय सौन्दर्यशास्त्र के कुछ लेखकों ने भी कलाओं की इस तात्त्विक एकता को रेखांकित महत्त्व दिया है। जैसे, के. एस. रामस्वामी शास्त्री ने काव्य को काव्येतर कलाओं के तत्त्व से उपेत मानकर इस तात्त्विक ऐक्य की ओर संकेत किया है।[2] यह एकता विषय की दृष्टि से भी समर्थित होती है। अनेक ऐसी मूर्तियाँ हैं, जिनमें काव्य के विषय को उत्कीर्ण किया गया है। अर्थात्, एक मूर्ति का विषय वही है, जो पहले किसी काव्य में वाग्बद्ध हो चुका है। जैसे, लेसिंग ने अपनी कला-सम्बन्धी मान्यताओं के स्थापन के लिए जिस कविता और मूर्ति को अपने सामने रखा, उनका प्रतिपादित विषय एक ही है। रोम में प्राप्त 'लैकून' की मूर्तियों में और वर्जिल की 'एनीड' नामक काव्य-पुस्तक में कप्ट के कठिन पाश में आबद्ध तथा पार्यन्तिक पीड़ा से ग्रस्त मनुप्य की विकल भाव-भूमि को समान रूप से व्यक्त किया गया है। इस प्रकार एक कला के भाव से दूसरी कला का सृजन या एक कला के भाव को स्पष्ट करने के लिए दूसरी कला का साहाय्य कलाओं के पारस्परिक अन्त:सम्बन्ध का सूचक है। इस दृष्टि से महादेवी वर्मा की 'दीपशिखा' और 'सान्ध्यगीत' में कविताओं के साथ संकलित तद्भाव-व्यंजक चित्र ध्यातव्य हैं।

ललितकलाओं के तात्त्विक अन्त:सम्बन्ध और आन्तरिक साम्य की विवेचना के लिए लनार्द द विन्शी का ग्रन्थ 'पैरेगन' एक प्रकाश-स्तम्भ का काम करता है। इस ग्रन्थ में सभी ललितकलाओं का तुलनात्मक अध्ययन किया गया है। इस प्रसंग में यह स्मरणीय है कि अन्य कलाओं के ज्ञान पर अधिकार रखते हुए भी लनार्द द विन्शी प्रधानत: चित्रकार थे। अत: उक्त ग्रन्थ में ललितकलाओं के तुलनात्मक अध्ययन या इन कलाओं के पारस्परिक अन्त:सम्बन्धों के विवेचन में विन्शी ने चित्रकला को ही एकांगी प्रधानता दे दी है।

1. Susanne K. Langer, *Feeling and Form,* London, 1953, p. 103
2. "Poetry is architectonic like architecture, statuesque like sculpture, graphic and picturesque like painting and rhythmical like music..."—K. S. Ramswami Sastri, *Indian Aesthetics,* Srirangam, 1928, pp. 32-33

'पैरेगन' के दूसरे अध्याय में विन्शी ने चित्रकला और काव्यकला का सुन्दर तुलनात्मक अध्ययन प्रस्तुत किया है। चित्रकला और काव्यकला का साम्य बहुत प्राचीन काल से विचारकों द्वारा निर्दिष्ट किया जाता रहा है। भारतीय विचारकों में क्षेमेन्द्र ने इसी दृष्टि से कवियों के लिए चित्रकला के ज्ञान को आवश्यक माना है। 'कविकंठाभरण' के छठे-सातवें श्लोक में क्षेमेन्द्र ने इस ओर संकेत किया है। क्षेमेन्द्र ने तो कवियों से यह निवेदन किया है कि उन्हें कविता के साथ विविध ललितकलाओं से परिचित होना चाहिए—

लोकाचार परिज्ञानं विविक्ताख्यायिका रसः।
इतिहासानुसरणं चारुचित्र निरीक्षणम्॥
शिल्पिनां कौशलप्रेक्षा वीर युद्धावलोकनम्।
शोकप्रलाप श्रवणं श्मशानारण्य दर्शनम्॥[1]

पश्चिम में बहुत पहले से यह उक्ति प्रचलित है कि चित्र मूक कविता है और कविता सवाक् चित्र है। प्लेटो ने भी एकाधिक सन्दर्भों में इन दोनों के साम्य को निर्दिष्ट किया है। अरस्तू का भी यही हाल है। इन्होंने अपने 'पोयेटिक्स' में काव्यकला का तात्त्विक साम्य चित्रकला के साथ कई बार दिखलाया है। तदनन्तर, सिसेरो, किवंटिलियन, होरेस इत्यादि ने इन दोनों के साम्य-निरूपण को संवर्द्धित किया है। प्राचीन चित्राक्षरों से भी काव्य और चित्र का अन्तःसम्बन्ध द्योतित होता है, क्योंकि काव्य-रचना जिन वर्णों या अक्षरों में अंकित होती है, उन वर्णों या अक्षरों का प्रारम्भ इन चित्राक्षरों से ही हुआ है। सचमुच वर्षों से काव्य की चित्रोपम मूर्तता प्रमाणित होती है, क्योंकि वर्ण तो एक प्रकार का चित्र है और चित्र का आधार कुछ मूर्त होता है—यह प्रसिद्ध है। भारतवर्ष में भी काव्य के वर्ण-लेखन को चित्रकला-जैसा महत्त्व मिला था और विशेषकर मुगल-काल में यहाँ इस विशिष्ट लेखन-कला के क्षेत्र में अब्दुलरशीद, दयालमीर तथा बहादुरशाह-जैसे माहिर कलाकार हो चुके थे। काव्य में प्रयुक्त वर्णों की चित्रकलावत् मूर्तता सिद्ध करने के लिए उस काल में तैयार की गई 'गीतगोविन्द' आदि की पांडुलिपियाँ प्रमाणस्वरूप हैं, जिनमें इन चार प्रकार की हस्तलिपियों के प्रयोग मिलते हैं—1. कूफी अर्थात् कोणवाली, 2. नस्ख—मुड़े हुए अक्षरवाली, 3. नस्तालीख—जिसमें अक्षर नस्ख से अधिक मुड़े हुए हों, और 4. शिकस्त–नस्तालीख का एक दूसरा प्रकार।[2] इतना ही नहीं, आलेखन, चित्रलिपि

---

1. क्षेमेन्द्र, *कविकंठाभरणम्,* काव्यमाला चतुर्थोगुच्छकः, निर्णयसागर प्रेस, बम्बई, 1899, पृ. 127
2. असितकुमार हालदार, *भारतीय चित्रकला,* चन्द्रलोक प्रकाशन, इलाहाबाद, 1959, पृ. 22-23; और श्री नानालाल चिमनलाल मेहता, *भारतीय चित्रकला,* हिन्दुस्तानी एकेडमी, इलाहाबाद, 1933, पृ. 44-45

या 'चित्रलिखा', मुसब्बिर[1] और राक़िम ऐसे अनेक शब्द हैं, जो काव्य और चित्र की निकटता को सूचित करते हैं। अतः प्रोफेसर रेन्सेल्येर, कार्ल बोरिन्सिकी इत्यादि ने काव्यकला और चित्रकला के अन्तःसम्बन्ध या पारस्परिक साम्य पर उल्लेखनीय कार्य किया है। आधुनिक विचारकों में आई. ए. रिचड्र्स ने भी काव्यकला और चित्रकला की तात्त्विक एकता का निर्देश किया है।[2]

शास्त्रीय परम्परा के अनुसार काव्य और चित्र—दोनों का आधार 'अनुकरण' है, जिस अनुकरण के सिद्धान्त को प्रवर्तित करने में अरस्तू अग्रणी हैं। अतः आधार—अनुकरण—की एकता रहने के कारण इन दोनों कलाओं में साम्य का रहना स्वाभाविक है। इसी प्रकार शास्त्रीय (क्लासिकल) परम्परा के अनुसार 'संकलनत्रय' का नियम काव्यकला और चित्रकला—दोनों के लिए अनिवार्य माना जाता था। ड्राइडन तक ने इन दोनों कलाओं में उत्कृष्टता के आधान के लिए 'संकलनत्रय' को आवश्यक माना था।[3]

तदनन्तर, काव्यकला और चित्रकला का सादृश्य या पारस्परिक अन्तःसम्बन्ध इससे भी पुष्ट होता है कि इन दोनों की विषय-वस्तु में प्रायः कई दृष्टियों से समानता रहती है। और, कला का इतिहास हमें कई ऐसे उदाहरण देता है, जहाँ काव्य के विषय ने चित्र को और चित्र के विषय ने काव्य को प्रभावित किया है। 'वीनस' पर लिखी गई कई कविताएँ विभिन्न चित्रकारों की चित्र-कृतियों में प्रस्तुत 'वीनस' के रूप-वैभव से प्रेरित होकर रची गई हैं। इसी तरह यह प्रसिद्ध है कि रैफ़ेल काव्य से लिये गए विषयों को चित्र में प्रस्तुत करने की कला में अद्वितीय था। ऐसी ही समानताओं और आधारगत एकता के कारण अनेक कलाविचारकों ने ऐसी सूक्ति गढ़ने की चेष्टा की है कि चित्र वैसी कविता है, जिसे हम 'सुनते' नहीं, 'देखते' हैं और कविता वह चित्र है, जिसे हम 'देखते' नहीं, 'सुनते' हैं। अर्थात्, अभिव्यक्ति-पद्धति और भावन के समय माध्यमस्वरूप ऐन्द्रिय-प्रतीति के भेद के अलावा इन दोनों कलाओं में कोई तात्त्विक भेद या पार्थक्य नहीं है। इस प्रकार कविता और चित्रकला के अन्तःसम्बन्ध की दृष्टि से काव्य और चित्रकला में विषय-वस्तु का प्रभूत साम्य विचारणीय महत्त्व रखता है। भारतीय साहित्य में भी हम एक ओर कृष्ण के उलूखल-बन्धन या रास-लीला को सूर या अन्य अनेक कवियों की

---

1. अकबर के समय नस्तालीख शैली को विशेष प्रतिष्ठा मिली। अकबर ने इस शैली के सर्वश्रेष्ठ लिपिकार को ही 'जरी कलम' की उपाधि दी। द्रष्टव्य—*Ain-i Akbari,* Abul Fazl, translated into English by H. Blochmann, Aadiesh Book Depot., Delhi 7, 1965, pp. 102-113.
2. I. A. Richards, *Principles of Literary Cristicism,* London, 1955, p. 160
3. Leonardo Da Vinci, *Paragone*, translated by I. A. Richter, London, p. 40

कविताओं में पाते हैं और दूसरी ओर उसी भंगिमा के साथ उलूखल-बन्धन या रास-लीला को अठारहवीं-उन्नीसवीं शताब्दी की पहाड़ी शैली के चित्रों में पाते हैं। इस तरह कविता की विषय-वस्तु को चित्रों में बाँधने का अविरल प्रयास मिलता है, जो इन दो कलाओं की पारस्परिकता का प्रमाण है। भारत कलाभवन, काशी के एक विशिष्ट संग्रह में बिहारी[1] और केशवदास[2] की कुछ पंक्तियों की विषय-वस्तु को बड़ी मार्मिकता के साथ चित्र में उपस्थित किया गया है। तदनन्तर, मेवाड़-शैली और बसौली-शैली के अनेक चित्रों में कई चुटीली कविताओं की विषय-वस्तु को अंकित किया गया है। इन शैलियों के अतिरिक्त पहाड़ी-शैली और कम्पनी-शैली में भी कविताओं से ली गई विषय-वस्तु का कलात्मक अंकन मिलता है। इस दृष्टि से 'तूतीनामा' भी एक उल्लेखनीय चित्रमाला है, जिसके अन्तर्गत अकबर-काल की लोक-शैली में एक कथानक को चौबीस चित्रों में अंकित किया गया है।[3] अकबर के काल में काव्य की विषय-वस्तु को चित्रकला में बाँधने की विशेष प्रवृत्ति मिलती है।[4]

काव्य और चित्र—दोनों कलाओं में 'संगति' का तात्त्विक महत्त्व है। काव्य में वह संगति रहती है, जो ध्वनियों और वर्णों के उच्चारण-सौन्दर्य से निर्मित होती है और श्रवण का विषय होती है तथा चित्रकला में वह 'संगति' रहती है, जो विभिन्न आकृतियों या रंग-रेखाओं के अनुपात से निर्गत होती है और चक्षु का विषय होती है।[5] तदनन्तर, काव्य और चित्र में एक तात्त्विक सम्बन्ध इससे भी प्रमाणित होता है कि चित्रकला के छह अंगों में से तीन अंग या तत्त्व काव्य-कला में विद्यमान रहते

---

1. *कहा भयौ सो बीछुरे, मो मनु तो मनु साथ।*
   उड़ी जाउ कितहूँ तऊ, गुड़ी उड़ाइक हाथ॥

   द्रष्टव्य—भारत-कला-भवन का चित्र-संग्रह, *फलक 2,* क

2. *देखति उदधि जात देखि देखि निज गात;*
   चम्पक के पास कछू लिख्यौ है बनाई कै।
   ....
   मोसों कर जोर दूनों दूनों दुख पाइ कै॥

   द्रष्टव्य—भारत-कला-भवन का चित्र-संग्रह, *फलक 4*

3. *कलानिधि,* काशी, वर्ष 1, अंक 2, पृ. 148
4. *कलानिधि,* काशी, अंक 3, पृ. 27, 'अकबरकालीन चित्रित ग्रन्थ और उनके चित्रकार' शीर्षक निबन्ध, ले. रायकृष्ण दास।
5. यहाँ यह ध्यातव्य है कि चित्रकला ही नहीं, सभी दृश्य कलाओं में संगति, विशेषकर अनुपात की संगति, विद्यमान रहती है। दृश्य कलाओं में संगति पैदा करनेवाले अनुपात को हम वास्तु-अनुपात कह सकते हैं और श्रव्य कला, विशेषत: संगीत, में 'संगति' पैदा करनेवाले अनुपात को हम लयात्मक अनुपात कह सकते हैं। स्वर के अन्तरालों पर निर्भर इसी लयात्मक अनुपात को लक्ष्य करके पिथागोरस ने अपने प्रसिद्ध सिद्धान्त—Theory of Numerical Proportion—को प्रवर्तित किया था।

हैं। वात्स्यायन कृत कामसूत्र के प्रथम अधिकरण के तृतीय अध्याय की टीका लिखते समय यशोधर पंडित ने चित्रकला के इन षडंगों पर विचार किया है। कामसूत्र में चित्रकला के ये षडंग वर्णित हैं—

रूपभेदा: प्रमाणानि भावलावण्ययोजनम्।
सादृश्यं वर्णिकाभंगं इति चित्रम् षडंगकम्॥

इन षडंगों में तीन—भाव, लावण्य-योजना और सादृश्य—काव्य में भी प्रभूत महत्त्व रखते हैं। अत: चित्रकला और काव्य की तात्त्विक समानता उक्त तथ्य से समर्थित होती है। चित्रकला के षडंगों पर विचार करते समय अवनीन्द्रनाथ ठाकुर ने तत्त्व ही नहीं, सृजन-प्रक्रिया के आधार पर भी काव्य और संगीतकला से लेकर मूर्तिकला तक में समानता का प्रतिपादन किया है। इनका कथन है कि "चित्र तब बनता है, जब चित्रकार की अन्तर्हित उदयकामना या अभिव्यक्ति-वेदना छन्द के नियमों से अपने को बाँधकर अन्तर्बाह्य दो प्रकार से अपने को रसोदय में परिणत करती है। शब्दचित्र, संगीत, वाच्यचित्र, कविता, दृश्यचित्र, पट और मूर्ति आदि कोई भी सृजन की इस स्वाभाविक प्रक्रिया का अनुसरण किए बिना अभिव्यक्त हो ही नहीं सकते। अगर कुछ इस स्वाभाविक प्रक्रिया का अतिक्रमण कर उदय होता है तो उसे संगीत, कविता या चित्र नहीं कहूँगा।"[1] इस तरह ललितकलाओं के तात्त्विक अन्त:सम्बन्ध और पारस्परिक सादृश्य के प्रति अवनीन्द्रनाथ ठाकुर कम सजग नहीं थे, किन्तु, इस सन्दर्भ में इनकी दृष्टि 'बौद्धिक' से अधिक 'भावुक' थी। जैसे, इन्होंने छन्द को ललितकलाओं के अन्त:सम्बन्ध का सर्वाधिक प्रतिपादक साधन या तत्त्व माना है और छन्द की ऐसी व्यापक व्याख्या भावुक भाषा में कर दी है कि कोई भी गद्य-कवि मात हो सकता है! उदाहरणार्थ, अपने विवेचन में प्रयुक्त छन्द के स्वरूप की विवृति करते हुए इन्होंने लिखा है—"...छन्द को कहा गया है 'छन्दयति इति छन्द:'। क्योंकि वे आनन्दित करते हैं। इनके उदय के उन्मेष और उदय की समाप्ति इन दोनों की शुभ दृष्टि के ऊपर प्रच्छदपट की भाँति दोदूल्यमान है, इसीलिए कहा गया है, 'आच्छादयति इति छन्द:'। ऊषा के अन्दर जैसे उदय का अभिप्राय निहित रहता है, उसी तरह छन्द के अन्दर से चित्रकार का मनोभिप्राय अपने को व्यक्त करता है। इसीलिए छन्द को ही अभिप्राय कहा जाता है। अब हम देखते हैं कि छन्द आनन्दकारी, छन्द आच्छादनकारी होता है, छन्द अभिप्राय को वाहित करनेवाला सुपथ है, छन्द नदी के जल की भाँति तरंगमाला की शोभा है। 'छन्दस्तु नानाविधम्'। छन्द बहुविध होता है; रूप का, प्रमाण का, भाव का, लावण्य का, सादृश्य का, वर्णिका-भंग का छन्द।...'छन्द किसमें नहीं है? कहाँ नहीं

---

1. अवनीन्द्रनाथ ठाकुर, *भारत-शिल्प के षडंग,* अनु. महादेव साहा, नया साहित्य प्रकाशन, 2 डी मिंटो रोड, इलाहाबाद, 1958, पृ. 15

है? छन्द अन्ट-सन्ट बातों में है, छन्द नववधू के टाँड (बाहु-भूषण) और कंकण के रुनझन में है, छन्द समुद्र और चन्द्र के पुनर्मिलन में है, छन्द दिनमणि के विरह में है, कमलिनी के म्लान मुख पर है।...अन्तर से पिचकारी छूटकर बाहर को रँग रही है, बाहर पिचकारी छूटकर अन्तर को रँग रही है; यह दौड़कर निकलने और दौड़कर भीतर आने में जो हिन्दोल या होली-लीला होती है, उसी को छन्द कहते हैं।"[1] ऐसी कवि-दृष्टि से विवृत छन्द-स्वरूप को लेकर ही अवनीन्द्रनाथ ठाकुर ने ललितकलाओं के पारस्परिक अन्तःसम्बन्धों का विवेचन किया है। अतः इनके द्वारा प्रस्तुत किया गया ललितकलाओं के तात्त्विक एकत्व या पारस्परिक अन्तःसम्बन्ध का निरूपण लनार्द द विन्शी के 'पैरेगन' में उपलब्ध एतादृश निरूपण से भी अधिक भावुक है और एक सृजनशील कलाकार की आत्मानुभूति-मात्र से उत्थित है। इस तरह प्रकट है कि यद्यपि अवनीन्द्रनाथ ठाकुर की मान्यता हमारे अध्येतव्य विषय के अनुकूल है, तथापि इनकी उपपत्ति कवि-सुलभ भावुकता के कारण इतनी अशास्त्रीय हो गई है कि वह कला-तत्त्व के शास्त्रीय विवेचन में बहुत महत्त्व नहीं रखती है।

उपरिविवेचित 'छन्द' को यदि संगति के अर्थ में लिया जाए तो उससे काव्य और चित्रकला के तात्त्विक अन्तःसम्बन्ध पर प्रकाश पड़ता है, क्योंकि संगति के अर्थ में 'छन्द' रंगों में भी रहता है, जिसे 'कलर-हार्मनी' कहते हैं। बंगला में इसके लिए 'वर्ण-छन्द' शब्द का प्रयोग होता है। हम जानते हैं कि वर्ण चित्रकला का उपादान है और छन्द काव्य का एक विख्यात अंग। किन्तु, वर्ण-छन्द ऐसी चीज मान लेने से यह स्वतः सिद्ध हो जाता है कि वर्ण और छन्द के समीकरण की एक सम्मिलन भूमि भी है, जहाँ पहुँचकर चित्र काव्यधर्मी और काव्य चित्रधर्मी बन जाते हैं। तदनन्तर, कविता में वर्ण या रंग (जो दृश्य कलाओं का उपादान है) का महत्त्व भी इसे प्रतिपादित करता है कि कविता का दृश्य कलाओं, विशेषकर चित्रकला, के साथ तात्त्विक अन्तःसम्बन्ध है। शेली ने रंग को कविता का 'इन्स्ट्रूमेंट एंड मैटीरियल' कहा है।[2] सचमुच, रंग प्रधानतः चित्रकला का उपादान होकर भी इसलिए काव्य के निमित्त महत्त्वपूर्ण है कि एक सुदीर्घ अवधि से कलाओं में प्रयुक्त होते-होते विविध प्रकार के रंगों ने अपनी एक निश्चित अर्थवत्ता अर्जित कर ली है।[3]

अब काव्य और चित्रकला की तात्त्विक अन्तःसम्बद्धता पर इस सैद्धान्तिक निरूपण के बाद व्यावहारिक दृष्टि से सोदाहरण विचार कर लेना आवश्यक प्रतीत

1. अवनीद्रनाथ ठाकुर, *भारत-शिल्प के षडंग,* अनु.—महादेव साहा, नया साहित्य प्रकाशन, 2 डी मिंटो रोड, इलाहाबाद, 1958, पृ. 25-26
2. Shelley, A Defence of Poetry, collected in *Engiish Critical Essays* (19th Century) edited by Edmund D. Jones, London, 1950, p. 106
3. Walter Sargent, *The Enjoyment and Use of Colour,* New York, 1923, p. 50

होता है, ताकि सैद्धान्तिक दृष्टि से निकाले गए निष्कर्षों की परीक्षा प्रयोग के निकष पर हो सके।

भारतीय साहित्य के अवलोकन से भी काव्य और चित्रकला के बीच तात्त्विक अन्त:सम्बन्ध तथा प्रभावों के विनिमय का प्रमाण मिलता है। विशेषकर भारतीय काव्य में निबद्ध कृष्ण और राधा की प्रेमकथाओं ने चित्रकला को भूरिश: प्रभावित किया है। यह कहना अधिक उचित होगा कि काव्य में वर्णित राधाकृष्ण ने चित्रकला के राधाकृष्ण को प्रभावित किया है तथा चित्रकला में अंकित राधाकृष्ण ने काव्य में वर्णित राधाकृष्ण को प्रभावित किया है। डब्ल्यू. जी. आर्चर ने लगभग उनतालीस प्लेटों के द्वारा, जो प्राय: पन्द्रहवीं शताब्दी से अठारहवीं शताब्दी के बीच की मुगल, काँगड़ा, बसौली, गढ़वाल, विलासपुर, राजस्थान, जौनपुर, इत्यादि कलमों और स्थानों से प्राप्त चित्रकृतियाँ हैं, उक्त मान्यता को प्रतिपादित करने की चेष्टा की है।[1] इन कृतियों को देखने के बाद यह पता चलता है कि जिस प्रकार जयदेव, विद्यापति, चंडीदास, मीराबाई, कृष्णदास, सूरदास, परमानन्द दास, कुम्भनदास इत्यादि की कविताओं के माध्यम से कृष्ण-कथा ने भारतीय काव्य को प्रभावित किया, उसी तरह कृष्ण-कथा ने भारतीय चित्रकला पर भी अपना आधिपत्य स्थापित किया। विशेषकर, काँगड़ा-कलम के चित्रों पर कृष्ण-काव्य का सर्वाधिक प्रभाव लक्षित होता है। मानो, कृष्ण-काव्य के कलात्मक निदर्शनों को ही काँगड़ा-कलम में चित्रों द्वारा उपस्थित करने की चेष्टा की गई हो। लगभग 1450 ईस्वी से ही कृष्ण-काव्य के उत्कृष्ट भावों को चित्रकला में उपस्थित करने की परिपाटी चल पड़ी। सबसे पहले 'गीतगोविन्द' के कुछ मार्मिक भावों को चित्रों में उपस्थित किया गया।[2] बाद में चलकर 'भागवत पुराण' के कुछ रोचक स्थलों को चित्र में दिखलाने की चेष्टा की गई। तदनन्तर, जैन चित्रकला, मुस्लिम चित्रकला–सबको कृष्ण-काव्य ने भूरिश: प्रभावित किया। इस तरह अत्याधुनिक काल तक कृष्ण-काव्य के चित्र-विचित्र भाव चित्रकला में स्थान पाते रहे हैं। यह इसी से प्रमाणित होता है कि आधुनिक भारतीय चित्रकला के चार प्रमुख कलाकारों—रवीन्द्रनाथ ठाकुर, अमृता शेरगिल, जामिनी राय और जार्ज कीट में अन्तिम दो—जामिनी राय और जार्ज कीट ने भारतीय काव्य में वर्णित कृष्णसम्बन्धी भावों को ही अपनी चित्रकला का विषय बनाया। जार्ज कीट ने अपनी चित्रकृतियों में विशेषकर 'गीतगोविन्द' के भाव-चित्रों को प्रस्तुत किया है। उसके चित्रों पर कृष्ण-काव्य का निविड़ प्रभाव इससे भी सिद्ध होता है कि उसने 'गीतगोविन्द' का अनुवाद

1. W. G. Archer, *The Loves of Krishna in Indian Painting and Poetry,* London, 1957
2. M. R. Majumdar, The Gujarati School of Painting, *Journal of the Indian Society of Oriental Art,* 1942, Volume X, Plates 3-4

किया था। फलस्वरूप, 'गीतगोविन्द' के अनेक हृदयहारी भाव उसके संस्कार में समा गए थे, जिनकी सतत अभिव्यक्ति उसके चित्रों में पाई जाती है।[1] इतना ही नहीं, भारत की ग्राम्य, आंचलिक या जानपदिक चित्रकला को भी कृष्ण-काव्य ने प्रभावित किया है। डब्ल्यू. जी. आर्चर ने बंगाल के ग्रामों में बसनेवाली एक पेशेवर 'जदुपटुआ' जाति का उल्लेख किया है; जिसके सदस्य घूम-घूमकर कृष्ण-कथा को गीतबद्ध कर गाते चलते हैं और उसके भावों का समानान्तर प्रदर्शन अपने रंगीन चित्रों द्वारा करते जाते हैं।[2]

जिस तरह भारतीय कला के इतिहास में हम काव्य और चित्रकला के बीच इनके तात्त्विक अन्त:सम्बन्ध को समर्थित करनेवाला पारस्परिक प्रभाव-विनिमय पाते हैं, उसी तरह पाश्चात्य कला-साहित्य में भी इस पारस्परिक प्रभाव-विनिमय के अनेक उदाहरण मिलते हैं। कहा जाता है कि स्पेन्सर के कई काव्यात्मक स्थल चित्रित यवनिकाओं और स्वाँगलीलाओं पर निर्भर हैं तथा अठारहवीं शताब्दी की भूदृश्यांकन-सम्बन्धी कविताओं पर क्लोद लोरें तथा Salvatore Rosa के चित्रों का गहरा प्रभाव है। यह भी कहा जाता है कि कीट्स की प्रसिद्ध कविता 'ओड ऑन ए ग्रेसियन अर्न' की सम्पूर्ण प्रेरणा और परिवेश क्लोद लोरें के एक विशेष चित्र से गृहीत है।[3] इसी तरह स्टिफेन ए. लाराबी ने इस तथ्य का विस्तारपूर्वक उल्लेख किया है कि किस प्रकार ग्रीक मूर्तिकला ने अंग्रेजी कविता को विषय-वस्तु और प्रेरणा की दृष्टि से प्रभावित किया है।[4] रेने वेलक और ऑस्टिन वारेन ने अल्बेयर थिबॉडे के ग्रन्थ[5] के आधार पर यह उल्लेख किया है कि मुलार्मे को अपनी एक प्रसिद्ध कविता[6] की विषय-वस्तु लन्दन नेशनल गैलरी में प्राप्त बाउचर के एक चित्र-पर्यवेक्षण से मिली थी।[7] चार्ल्स बॉद्लेयर ने अपनी कविताओं में जिस यथार्थवाद की यदा-कदा अभिव्यक्ति की है, उसकी प्रेरणा उसने कुर्बे की चित्रकृतियों से ग्रहण की थी।[8] इतना ही नहीं, स्वयं बॉद्लेयर ने ऐसे कुछ चित्र

---

1. Martin Russel, *George Keyt*, Bombay, 1950
2. W. G. Archer, *The Loves of Krishna in Indian Painting and Poetry,* London, 1957, p. 112
3. Sir Sidney, *John Keats,* Colvin, London, 1917
4. Stephen A. Larrabee, English Bards and Grecian Marbles; The Relationship between Sculpture and Poetry specially in the Romantic Period, New York, 1943
5. La Poesic de Stephane Mallarme (Paris 1926)
6. 'L' Apris midid'um faume.'
7. Rene Welleck and Austin Warren, *Theory of Literature,* Harcourt Brace and Company, New York, 1946, p. 124
8. *Charles Baudelaire (Selected Poems),* translated by Geoffrey Wagner and an introduction by Enid Starkie, London, 1946, p. 11

भी बनाए हैं, जो उसके काव्य के कला-पक्ष की मूर्त पीठिका प्रस्तुत करते हैं। इन चित्रों में ये विशेष उल्लेखनीय हैं—'चार्ल्स बॉद्लेयर : सेल्फ पोर्ट्रेट', 'पोर्ट्रेट ऑव ए वूमैन' और 'चार्ल्स बॉद्लेयर : सेल्फ पोर्ट्रेट ड्रॉन अंडर द इन्फ्लुयेन्स ऑव हशिश'। सम्भव है, कुछ लोगों की दृष्टि से बॉद्लेयर की कला में चित्र और काव्य का यह तात्त्विक सम्मिश्रण या प्रभाव-विनिमय घुणाक्षर न्याय से हो गया हो, किन्तु, वास्तविकता ऐसी नहीं है। वह सिद्धान्ततः कलाओं का पारस्परिक प्रभाव-विनिमय और तात्त्विक समीकरण चाहता था। बॉद्लेयर के विशेषज्ञ एनिड स्टार्की ने भी इस तथ्य पर विशेष बल दिया है।[1]

इसी तरह रोज़ेटी के चित्रों और दान्ते के काव्यगत भावों के तुलनात्मक विवेचन से काव्य और चित्रकला के तात्त्विक अन्तःसम्बन्ध पर प्रकाश पड़ता है। रोज़ेटी ने 1862 ई. के पूर्व दान्ते की कविता के कुछ भावों के अनुरूप चित्र बनाये थे तथा कुछ अपनी कविताओं के भावों को भी मूर्त पीठिका प्रदान करने के लिए उसने अनेक चित्र प्रस्तुत किए थे, जिन्हें आधार मानकर निकोलेट ग्रे ने एक ही विषय पर रचित काव्य और चित्रकला का अच्छा तुलनात्मक अध्ययन प्रस्तुत किया है। प्रसंगानुसार ग्रे ने काव्य और चित्रकला के तात्त्विक अन्तःसम्बन्ध का जो निरूपण किया है, वह अध्येतव्य है।[2] काव्य और चित्रकला के तात्त्विक अन्तःसम्बन्धों के उद्घाटन-क्रम में इस पर भी विचार किया जाना चाहिए कि कुछ प्रसिद्ध कवियों द्वारा प्रस्तुत काव्य-वर्णित छवि को स्वयं कवि ने अपनी चित्रकला में या अन्य चित्रकारों ने अपने चित्रों में किस तरह अभिव्यक्त किया है। इस दृष्टि से डी. जी. रोज़ेटी, हल्मन हन्ट तथा मिलेस विशिष्ट और उल्लेखनीय हैं। ये तीनों काव्य-रसिक चित्रकार थे। रोज़ेटी को कीट्स की कविताओं से अत्यधिक प्यार था। अतः इसने कीट्स की कविताओं में प्राप्त अनेक छटाओं को अपनी तूलिका से आँकने का सफल प्रयास किया है। इसी तरह हल्मन हन्ट और मिलेस, शेक्सपीयर की कविताओं से प्रभावित थे। फलस्वरूप इन दोनों ने शेक्सपीयर के काव्य में प्रस्तुत कई छवियों को चित्र

---

1. "*Baudelaire* imagined that it might be possible to find one art which would compromise all the languages, would appeal to all his senses...In his poetry he endeavoured to use the idiom of all the arts, to render what his eyes saw not merely in line and colour, what his ear perceived not only in harmony, but to glide imperceptibly from one mode of expression to the other. Since 'les parfums, les couleur set les sons se repondent' then he could render colour by means of harmony and sound by means of colour and line."—Enid Starkie, *Charles Baudelaire (Selected poems),* translated by Geoffrey Wagner, London, 1946, p. 15
2. Nicolette Gray, Rossetti, *Dante and Ourselves,* Faber and Faber, London, 1945, p. 17

में आँकने की चेष्टा की है।[1] काव्य और चित्र के इस प्रभावविनिमय और पारस्पर्य से इन दोनों कलाओं का अन्त:सम्बन्ध समर्थित होता है।

हम देख चुके हैं कि अंग्रेजी के रोमांटिक कवियों के बीच काव्य और चित्रकला की अन्तरंगता की दृष्टि से डी. जी. रोज़ेटी की कृतियाँ और विचार उल्लेखनीय महत्त्व रखते हैं। रोज़ेटी की दृष्टि में श्रेष्ठ कविता के लिए चित्रात्मक होना आवश्यक है।[2] सम्भव है, रोज़ेटी कवि और चित्रकार—दोनों थे; अत: इन्होंने काव्य की चित्रात्मकता और चित्र की काव्यात्मकता पर बल दिया। इनके अनुसार चित्र के 'विषय' में काव्यात्मक भाव-निवेदन रहना चाहिए और कविता के भावनिवेदन में एक चित्रोपम चाक्षुष भंगिमा होनी चाहिए। इस प्रकार रोज़ेटी काव्यतत्त्व और चित्रात्मकता की युगपद स्थिति के व्याख्याता थे। अत: मॉरिस बाउरा ने रोज़ेटी की कला पर विचार करते समय उनकी कला के एतादृश तत्त्व-समास को विशेष महत्त्व दिया है।[3] इस तरह रोज़ेटी शब्द और लय के माध्यम से वह प्रभाव पैदा करना चाहते थे, जो प्राय: रंग और रेखाओं से सम्भव हुआ करता है। रोज़ेटी ने 'द हिल सम्मिट'-जैसी कविताओं में ऐसी ही समन्वित कला का निदर्शन प्रस्तुत किया है। अत: विद्वानों का कथन है कि रोज़ेटी के व्यक्तित्व और कला में हम चित्र और काव्य का अद्भुत समन्वय पाते हैं।[4]

जिन अनेक कवियों के चित्रकार होने से काव्य और चित्रकला का तात्त्विक अन्त:सम्बन्ध समर्थित होता है, उन चित्रकार-कवियों में, विशेषकर अंग्रेजी के रोमांटिक कवियों के बीच, विलियम ब्लेक का बहुत ऊँचा स्थान है। अत: इनके काव्य और चित्रकला पर कुछ विस्तार में विचार करना समीचीन प्रतीत होता है।[5] ब्लेक की चित्रकला की सर्वश्रेष्ठ विशिष्टता है उसकी प्रतीकात्मकता; कारण, ब्लेक की दृष्टि में किसी भी कलाकृति के उत्कृष्ट होने के लिए उसका प्रतीकात्मक होना अनिवार्य है। इसीलिए ब्लेक ने कला में विनियोग पानेवाली कई प्रकार की

---

1. असितकुमार हालदार, *यूरोपेर शिल्प-कथा* (स्थापत्य, भास्कर्य ओ चित्रकला), कलकत्ता विश्वविद्यालय प्रकाशन, पृ. 109-110
2. रोज़ेटी ने अपनी मान्यता को स्पष्ट करते हुए लिखा है—
"Picture and Poem must bear the same relation to each other as beauty in man and woman; the point of meeting where the two are most identical is the supreme perfection."—D. G. Rossetti, *Collected Works of Dante Gabriel Rossetti,* p. 15
3. Sir Mourice Bowra, *The Romantic Imagination,* Oxford University Press, London, 1961, p. 207
4. Lucien Pissarro, Rossetti, published by T.C. and E.C. Jack, London, pp. 11-12
5. William Blake and his Illustrations to the Divine Comedy, collected in *Essays and Introductions* by W. B. Yeats, London, 1961, p. 116

कल्पनाओं के बीच प्रतीकात्मक कल्पना को ही सर्वोच्च स्थान दिया और प्रतीकात्मक कल्पना की ऊँचाई को निर्दिष्ट करने के लिए उसे 'विज़न' कहना अधिक पसन्द किया। फलस्वरूप, ब्लेक की चित्रकला में हमें उसके काव्य की तरह कल्पना और आध्यात्मिकता की अधिकता मिलती है। इतना ही नहीं, अन्य दृष्टियों से भी ब्लेक की कविता और चित्रकला में सैद्धान्तिक समानता है, जो दोनों कलाओं के तात्त्विक अन्त:सम्बन्ध को महत्त्वपूर्ण सिद्ध करती है। जैसे, ब्लेक ने कविता की तरह चित्रकला में व्यर्थता के बहिष्कार और अर्थवत्ता के आधान को पार्यन्तिक महत्त्व दिया है।[1] किन्तु, ब्लेक की चित्रकला के प्रसंग में हमें महादेवी की चित्रकला की तरह यह स्वीकार करना पड़ता है कि ब्लेक ने चित्रकला के शिल्प-पक्ष की कोई विधिवत् शिक्षा नहीं पाई थी। अत: ब्लेक की चित्रकला में भी शिल्प-नैपुण्य नहीं है, जिस अभाव की पूर्ति उन्होंने महादेवी के सदृश अपने सहज ज्ञान और कल्पनाशक्ति की समृद्धि से की है।[2]

ललितकलाओं का तात्त्विक मिश्रण या विशेषकर काव्य, चित्र और संगीत को परस्पर निकट लाकर उनके कुछ तत्त्वों का मिश्रण स्वच्छन्दतावाद (रोमांटिसिज़्म) की एक विशिष्ट प्रवृत्ति है। अंग्रेजी की रोमांटिक कविता या हिन्दी की छायावादी कविता में ही नहीं, अन्यत्र भी जब-जब साहित्य-जगत् में स्वच्छन्दतावाद (रोमांटिसिज़्म) की हवा चली है, तब-तब वहाँ के साहित्य-सृजन में ललित कलाओं की परस्परोपकारिता देखी गई है। जर्मनी के रोमांटिक साहित्य का यही हाल रहा है।[3] अत: हमें काव्य और चित्रकला के तात्त्विक अन्त:सम्बन्ध को निरूपित करते समय ब्लेक के काव्य और चित्रकला को इसी सन्दर्भ में रखकर देखना है।

ब्लेक की चित्रकला पर डी. एच. लॉरेन्स ने भी विचार किया है। लॉरेन्स का कहना है कि ब्लेक इंग्लैंड के चित्रकारों के बीच एक अपवाद था, क्योंकि ब्लेक ने भूदृश्यांकन (लैंडस्केप) और जलरंग-चित्रण (वाटर कलर), जो इंग्लैंड की चित्रकला के प्रधान अंग हैं, से भिन्न कल्पना-निगूढ़ चित्रों का सृजन किया। यद्यपि ब्लेक ने अपने चित्रों को कृत्रिम ढंग से प्रतीकात्मक बना दिया और चित्रों की तथोक्त अतिशय कृत्रिम प्रतीकात्मकता ने कुछ विचारकों की दृष्टि में ब्लेक की चित्रकला को दोषपूर्ण बना दिया, तथापि ब्लेक के चित्रों में सहजानुभूति और

1. "As poetry admits not a letter that is insignificant, so painting admits not a grain of sand or a blade of grass insignificant, much less an insignificant blot or blur."—quoted on p. 122, *Essays and Introductions* by W. B. Yeats, London, 1951
2. *महादेवी के काव्य और चित्रकला का तुलनात्मक अध्ययन,* जो काव्य और चित्रकला के तात्त्विक अन्त:सम्बन्ध को उदाहृत करता है, प्रस्तुत शोध-प्रबन्ध के द्वितीय खंड के प्रथम अध्याय में उपस्थित किया जाएगा।
3. Charles Edwyn Vaughan, *The Romantic Revolt,* London, 1907, p. 186

अन्तःप्रेरित भावुकता की प्रचुरता मिलती है,[1] जिसे हम उसकी रोमांटिक प्रवृत्ति का प्रतिफलन कह सकते हैं। इतना ही नहीं, कल्पना, सहजानुभूति और अन्तःप्रेरित भावुकता की अधिकता के कारण उसकी अधिकांश चित्र-कृतियाँ, यहाँ तक कि चित्रों में अंकित मानव-आकृतियाँ भी मात्र भावचित्र बनकर रह गई हैं। और, यह जगजाहिर बात है कि ब्लेक के चित्रों की यह आत्मनिष्ठ भावुकता उसके काव्य में भी प्रचुर मात्रा में मिलती है।

कुल मिलाकर ब्लेक की सबसे बड़ी कलात्मक उपलब्धि है—काव्य-कला और चित्रकला का समन्वय, जिसे हम 'सिन्थेसिस ऑव लिटररी एंड विजुअल फॉर्म्स' कह सकते हैं। तदनन्तर, यह ध्यान देने की बात है कि ब्लेक की कविताएँ और चित्र परस्पर एक-दूसरे के पूरक हैं तथा पारस्पर्य के आधार पर एक-दूसरे की अर्थवत्ता का उद्घाटन करते हैं।[2] प्रो. एन्थोनी ब्लंट की तो यह धारणा है कि ब्लेक का एकमात्र जीवनव्यापी उद्देश्य था काव्य और चित्रकला के बीच समीकरण तथा तात्त्विक सामंजस्य उपस्थित करना। अत: ब्लेक न केवल कवि या केवल चित्रकार था, बल्कि वह कवि-चित्रकार था।

ब्लेक ने चित्रों के द्वारा अपने काव्य की तरह अन्तर्मन के धार्मिक और दार्शनिक विचारों को व्यक्त करने की चेष्टा की है।[3] अत: ब्लेक की कविता और चित्र दोनों में हमें एक प्रकार का रहस्यात्मक प्रतीकवाद मिलता है। यहाँ यह ध्यातव्य है कि मौलिक होते हुए भी ब्लेक ने काव्य और चित्र—दोनों क्षेत्रों में अपने पूर्ववर्तियों से प्रभाव ग्रहण किया है। किन्तु, इन गृहीत प्रभावों के वजूद में भी अपनी समृद्ध कल्पना के कारण ब्लेक मौलिकता से वंचित नहीं हो सके हैं। इनकी चित्रकला के प्रसंग में यह जान लेना आवश्यक है कि कवि बनने के बहुत बाद इन्होंने चित्रकार के रूप में अपना विकास किया। कविता के क्षेत्र में जहाँ इन्होंने बीस वर्ष की उम्र तक आते-आते ऐसी अनेक उत्तम कविताओं की रचना की, जिनकी श्रेष्ठता को ये अपनी परवर्ती रचनाओं के द्वारा अतिक्रान्त नहीं कर सके, वहाँ चित्रकार के रूप

---

1. D. H. Lawrance, *A Propos of Lady Chatterley's Lover and Other Essays,* Penguin Books, p. 26
2. Title page to the Songs of Innocence, Title page to the Songs of Experience (Plate No. 14a.-14b.), Infant Joy (Plate 15a), The Sick Rose (Plate 15b), The Shepherd (Plate 17b), The Divine Image (18a), The Blossom (18b), The Echoing Green (19a), Holy Thursday (19b), Title page to the Marriage of Heaven and Hell. (Plate 22a),— Anthony Blunt, *The Art of William Blake*, New York, 1959
3. Sherman E. Lee, Les Ulthona and Blake's Illustrations to Dante', collected in *Art and Thought* (issued in honour of Dr. Anand K. Coomarswamy on the occassion of his 70th birthday) edited by K. Bharatha Iyer, London, 1947, p. 151

में इनका विकास तीस वर्ष की उम्र के बाद प्रारम्भ हुआ। किन्तु, इनके कवि-रूप और चित्रकार-रूप के आरम्भ और विकास में जो भी काल भेद रहा हो, इनके उक्त दोनों रूप एक-दूसरे के पूरक रहे हैं। 'सांग्स ऑव इन्नोसेन्स' से प्रारम्भ कर 'इल्युमिनेशन्स टु जेरूज़लम', 'द बुक ऑव जॉब' और 'दान्ते वाटर-कलर्स' की चित्रावलियों तक सर्वत्र इनके काव्यगत भावों की ही ऋजु या प्रकारान्तर अभिव्यक्ति हुई है। अतः इनकी कलाकार-आत्मा ने कवि और चित्रकार—इन दोनों रूपों में अपनी अभिव्यक्ति पाई है। फलस्वरूप, इनकी कला को पूर्णतः समझने के लिए इनके ये दोनों रूप अक्षुण्ण महत्त्व रखते हैं। सचमुच, जैसा कि एन्थोनी ब्लंट ने कहा है, ब्लेक का स्थान चित्रकार के रूप में उतना ही महत्त्वपूर्ण है, जितना कि कवि के रूप में।[1] इतना ही नहीं, ब्लेक ने समान सिद्धान्तों के आधार पर काव्य और चित्र—दोनों की सृष्टि की है। उदाहरण के लिए, ब्लेक ने इन दोनों कलाओं के मूल में 'कल्पना' या 'डिवाइन विज़न' को प्रधान स्थान दिया है। अतः इनकी स्पष्ट धारणा है कि काव्य और चित्र (संगीत भी) कल्पनात्मक कलाएँ हैं तथा इनका पारस्परिक अन्तःसम्बन्ध कल्पना की उभयनिष्ठता पर मुख्यतः निर्भर है।[2] फलस्वरूप, ब्लेक ने इन कल्पनात्मक कलाओं के अन्तःसम्बन्ध के कारण इनसे सम्बद्ध कलाकारों—यथा, कवि, चित्रकार, संगीतज्ञ, स्थापत्यकार प्रभृति को एक ही कोटि का मनुष्य माना है।[3] इसी तरह रवीन्द्रनाथ ठाकुर की कविताओं और चित्रों के अध्ययन से इन दोनों कलाओं का तात्त्विक अन्तःसम्बन्ध प्रतिपादित होता है, क्योंकि उनकी चित्रकला रेखाओं में रची हुई उनकी कविता सिद्ध होती है।[4]

काव्य और चित्रकला की तरह चित्रकला और संगीतकला में भी प्रभूत तात्त्विक साम्य है। प्रभाव की अन्विति, विधान की चारुता और सानुपातिक सौन्दर्यात्मक उपनयन के लिए एक प्रकार के 'गणित' का निर्वाह, जिन्हें हम ललितकलाओं की तात्त्विक विभूति कह सकते हैं, चित्रकला और संगीतकला में समान रूप से विनियोग पाते हैं। उदाहरणार्थ, अनुपात-रक्षा जिस तरह संगीतकला के स्वर-सामंजस्य में अपेक्षित है, उसी तरह अनुपात-रक्षा चित्र-जगत् के रूपांकन में लालित्य-सृष्टि के लिए अनिवार्य है। इस प्रकार 'अनुपात' को हम 'लय' की तरह समग्र ललितकलाओं की नींव कह सकते हैं।

---

1. Anthony Blunt, *The Art of William Blake,* 1959, p. 1-2
2. Blake, *The Art of William Blake* by Anthony Blunt, 1959.
3. A Poet, a Painter, a Musician, an Architect; the Man or woman who is not one of these is not a Christian. You must leave Father and Mother and Houses and lands if they stand in the way of Art.—*The Writing of William Blake,* edited by Geoffrey Keynes, Nonesuch Press, 1925, p. 765
4. Fragment from a Letter by Rabindranath Tagore, *4 Arts Annual,* 1936-37, edited by A. Coomarswamy, O.C. Gangoly, Corporation Street, Calcutta.

इसी 'अनुपात' पर कलाओं का संयोजन-सिद्धान्त निर्भर करता है। यह सर्वविदित है कि कला की सभी कृतियाँ 'संयोजन' से सौष्ठव प्राप्त करती हैं। विविध कलाओं में समानरूपेण समादृत इस संयोजन-तत्त्व को सिद्ध करनेवाले कुछ प्रमुख साधन इस प्रकार हैं—अनुपात, सन्तुलन और समप्रवाह अथवा छन्दगति। सन्तुलन द्वारा संयोग में स्थायित्व का आधान होता है। स्थापत्यकला और मूर्तिकला को छोड़कर शेष कलाओं में यह 'सन्तुलन' भौतिक पदार्थों का न होकर प्रधानतः भावनाओं का होता है। भौतिक दृष्टि से सन्तुलन की उपलब्धि के लिए समान माप की वस्तुओं को समान अन्तर पर रखा जाता है अथवा असम माप की वस्तुओं को विषम अन्तर पर उपस्थित किया जाता है। इस प्रकार स्थापत्यकला और मूर्तिकला में सन्तुलन की स्थापना के लिए दृष्टि-चेतना का विशेष सहारा लिया जाता है। दृष्टि-चेतना पर निर्भर सन्तुलन प्रधानतः दो प्रकार का होता है—सम सन्तुलन और असम सन्तुलन। सम सन्तुलन में एक मध्य बिन्दु से समान अन्तर पर समान आकार अथवा समान तौल की वस्तुओं का अभिविन्यसन किया जाता है। तदनन्तर, असम सन्तुलन में किसी मध्य बिन्दु से असम पार्थक्य पर विषय, माप अथवा तौल की वस्तुओं का विन्यास किया जाता है। इस असम सन्तुलन से कभी-कभी कलाओं में रस-वैविध्य अथवा भाव-सबलता का संचार होता है।

तदनन्तर, संगीतकला जिन दृश्य-अदृश्य सूक्ष्मताओं का निबन्धन ध्वनि या लय के सहारे करती है, उन्हें चित्रकला रंग-रेखाओं के द्वारा व्यक्त करती है।[1] इसी पृथुल साम्य के कारण लनार्द द विन्शी ने चित्र और संगीत को भगिनी कला के रूप में स्वीकार किया है।[2] विन्शी से भी बहुत पहले प्लूटार्क ने सम्भवतः चित्रकला और संगीतकला के साम्य को निर्दिष्ट करने के लिए चित्रकला की तुलना में संगीतकला के एक विशेष अंग—नृत्यकला को उपस्थित कर दिया था।

भारतीय कला-साहित्य के अवलोकन से संगीतकला और चित्रकला का तात्त्विक अन्तःसम्बन्ध इस कारण प्रतिपादित होता है कि यहाँ प्रायः सभी रागरागिनियों के वैशिष्ट्यबोधक चित्र रंग-रेखाओं में बँधे मिलते हैं। ये रागमाला चित्र संगीतकला और चित्रकला की पारस्परिकता के द्योतक हैं। विशेषकर राजस्थानी चित्र तो रागमाला के अंकन से भरे पड़े हैं। रागमालाओं की कल्पना का प्रादुर्भाव-काल 15वीं शती के आस-पास माना जाता है। राजस्थान शैली के अलावा रागमाला चित्रावलियाँ दकनी शैली, वसोहली शैली, पहाड़ी शैली और मुग़ल शैली में भी पाई जाती हैं। किन्तु, कला-दृष्टि से राजस्थानी रागमाला ही महत्त्वपूर्ण है। राजस्थानी चित्रकला में प्रचलित ये रागमाला-चित्र ललितकलाओं

1. Leonardo Da Vinci, *Paragone*, with an introduction and English translation by Irma A. Richter, London, p. 73
2. Ibid; p. 74

के तात्त्विक अन्त:सम्बन्ध और उनकी पारस्परिकता के अद्‌भुत प्रमाण हैं; कारण, इन राजस्थानी रागमाला चित्रों में उस नायिकाभेद की भी अभिव्यक्ति हुई है, जो काव्यकला का विषय है और जिसका प्रचार राजस्थान शैली में रसिकप्रिया की रचना के बाद हुआ।[1] इस प्रकार रागमाला चित्रों के माध्यम से नायिका-भेद के चित्रण ने भारतीय कला में काव्य, चित्र और संगीत की त्रिवेणी प्रस्तुत कर दी। अत: सैद्धान्तिक धरातल पर ही नहीं, व्यवहार में भी चित्रकला और संगीतकला का तात्त्विक अन्त:सम्बन्ध स्पष्ट है।

कुछ विचारक चित्रकला और संगीतकला की पृथकता को प्रतिपादित करते हुए कहते हैं कि चित्रकला मुख्यत: वर्ण-संयोजन और रूप-विधान है, जबकि संगीतकला मुख्यत: स्वर-योजना और भावाभिव्यक्ति है। साथ ही, उनका यह मत है कि काव्य-रचना के जिस युग में दृश्य गुण की प्रधानता रहती है, उस युग की काव्यरचना में चित्रात्मकता बढ़ती जाती है और संगीतात्मकता घट जाती है। इसके विलोमस्वरूप जिस युग की काव्य-रचना में संगीतात्मकता अधिक रहती है, उसमें चित्रात्मकता घट जाती है। किन्तु यह धारणा नितान्त भ्रान्तिपूर्ण है, क्योंकि प्रस्तुत शोध-प्रबन्ध के द्वितीय खंड के प्रथम अध्याय में हम यह पाएँगे कि छायावाद युग की कुछ उत्कृष्ट रचनाओं में किस प्रकार संगीतात्मकता और चित्रात्मकता—दोनों का एक साथ पूर्ण निर्वाह हुआ है। इस दृष्टि से 'राम की शक्ति-पूजा' सर्वाधिक प्रशंसनीय है। इतना ही नहीं, पाश्चात्य संगीत में भी वर्ण-बोध को कलात्मक महत्त्व देकर बेरलियोत्स ने व्यावहारिक धरातल पर चित्र और संगीत के तात्त्विक अन्त:सम्बन्ध को सिद्ध कर दिया है। दार्शनिक धरातल पर हीगेल ने इन दोनों कलाओं के अन्त:सम्बन्ध को बहुत स्पष्टता के साथ स्वीकार किया है और यह माना है कि ये दोनों कलाएँ अत्यन्त निकट हैं।[2] इसी तरह गिल्सन ने भी आश्रय, आलम्बन तथा प्रेषणीयता की दृष्टि से इन दोनों कलाओं के तात्त्विक अन्त:सम्बन्ध का उद्‌घाटन किया है।[3]

तदनन्तर, कई चित्रकारों की चित्रकला पर विचार करने से चित्र और संगीत के अन्त:सम्बन्ध का पता चलता है। उदाहरण के लिए हम कांडिन्स्की की चित्रकला पर विचार कर सकते हैं। कांडिन्स्की अमूर्त ज्यामितिवाद या नैरूप्यवाद के प्रथम रूसी शिल्पी माने जाते हैं।[4] इन्होंने सर्वत्र अपनी कृतियों में चित्रकला और संगीतकला के

1. कला-भवन का एक विशिष्ट चित्र-संग्रह, राय आनन्दकृष्ण, *कला-निधि,* काशी, अंक 6, पृ. 69
2. Hegel, *The Philosophy of Fine Art,* Volume III, London, 1920, pp. 347-348
3. Etienne Gilsen, *Painting and Reality,* London, 1957, p. 18
4. श्री अर्द्धेन्दुकुमार गंगोपाध्याय, *रूपशिल्प,* प्रथम संस्करण, बगाल पब्लिशिंग होम, धर्मतल्ला स्ट्रीट, कलकत्ता, पृ. 21, 29

बीच अद्‌भुत सादृश्य और तात्त्विक साम्य दिखलाने की चेष्टा की है। कहा जाता है कि चाक्षुष कलाओं, विशेषकर चित्रकला के नरूप्यवादी विधान में संगीतात्मकता भरने की जैसी चेष्टा कांडिन्स्की ने की है, वैसी चेष्टा कोई अन्य चित्रकार अब तक नहीं कर सका है।[1] कांडिन्स्की की यह कला-प्रवृत्ति एक तात्त्विक सिद्धान्त पर निर्भर है। इस तात्त्विक सिद्धान्त का मूलाधार है—रंगों का मनोवैज्ञानिक प्रभाव।[2] रंगों के इस मनोवैज्ञानिक प्रभाव के द्वारा ही नाद और वर्ण (रंग) के समीकरण को उपस्थित कर चित्रों में संगीतात्मकता भरी जाती है।

तदनन्तर, चित्रकला और मूर्तिकला का तात्त्विक अन्तःसम्बन्ध सहज अनुमेय है। ये दोनों कलाएँ दृश्य हैं, चाक्षुष प्रत्यक्ष पर अधिक निर्भर हैं, स्थूल साधनों के द्वारा अभिव्यक्ति और प्रेषणीयता को सम्पन्न करती हैं तथा भाव के किसी आस्पद को देशीय अन्तराल (स्पेस) में रखकर उपस्थित करती हैं।[3] अतः चित्रकला और मूर्तिकला का तात्त्विक अन्तःसम्बन्ध उतना ही स्पष्ट है, जितना कि काव्य और संगीत का।

दृश्य कलाओं के बीच चित्रकला और स्थापत्य कला के अन्तःसम्बन्धों पर कुछ विस्तार से विचार करने की आवश्यकता है, क्योंकि चित्रकला आधार और माध्यम की दृष्टि से दृश्य कलाओं के बीच सर्वाधिक सूक्ष्म है और स्थापत्यकला सर्वाधिक स्थूल। तथापि कलाओं के बीच तात्त्विक अन्तःसम्बन्ध की व्याप्ति के कारण इन दोनों कलाओं में भी पर्याप्त पारस्परिकता है। विशेषकर, 'कन्स्ट्रक्टिविज्म' के उदय के बाद चित्रकला और स्थापत्यकला की निकटता और भी महत्त्वपूर्ण हो गई है। चित्रकला में इस 'वाद' के प्रवर्तकों ने स्थापत्य से आगे बढ़कर अभियांत्रिकी के समावेश को वांछनीय माना है। इस प्रकार चित्रकला के क्षेत्र में लगभग 1917 ई. के पश्चात् त्रिपार्श्ववाद (क्युबिज़्म) को अपूर्ण मानकर इस नए 'वाद' का प्रवर्तन चित्रकला में स्थापत्य के तत्त्वों की स्वीकृति का प्रमाण है।[4] सच तो यह है कि स्थापत्यकला सभी कलाओं की जननी है। अंग्रेजी में एक पुरानी कहावत प्रचलित है—'आर्किटेक्चर इज द मदर ऑव द आर्ट्स।' अतः कई विचारकों, जैसे आर. एच. विलेन्स्की ने चित्रकला और स्थापत्य के तात्त्विक अन्तःसम्बन्धों पर विस्तृत विचार किया है।[5] त्रिपार्श्ववाद या घनवाद की उद्‌भावना के प्रमुख कारणों में चित्रकला पर स्थापत्य का प्रभाव भी एक है। जाँ गोर्दो ने तो घनवाद को

1. E. H. Ramsden, *An Introduction to Modern Art,* London, 1940, p. 34
2. Ibid, pp. 36-37
3. Hegel, *The Philosophy of Fine Art,* translated by Osmaston, London, 1920, Volume III, p. 348
4. Sheldon Cheney, *The Story of Modern Art,* New York, 1947, pp. 474-76
5. R. H. Wilenski, *The Modern Movement in Art,* London, 1956, p. 19

'पेंटर्स इक्विवैलेंट टु आर्किटेक्चर' कहा है।[1] अत: जाँ गोर्दो, आर. एच. विलेन्स्की इत्यादि ने घनवाद का मूल्यांकन स्थापत्य के प्रभावों और स्थापत्य की रुचि के अनुसार किया है। विलेन्स्को ने स्थापत्य-रुचि के आधार पर वान गॉग, गॉगिन और रेनियर की कृतियों को दृष्टिगत रखते हुए घनवाद के दो नूतन भेद प्रस्तुत किए हैं—'फ्लैट पैटर्न क्युबिज़्म' और 'माउंटेन ऑव ब्रिक्स क्युबिज़्म।'[2] प्रथम प्रकार का समर्थन करनेवाला चित्रकार चपटी सतह पर कुछ प्रतीकों के सहारे अभीप्सित वस्तु को उपस्थित करता है, जिसमें चित्रात्मक संघटन (डायग्रामेटिक ऑर्गेनाइजेशन) रहता है। दूसरे प्रकार का चित्रकार भी अपने को 'वास्तु चित्रकार' (आर्किटेक्चर पेंटर) कहता है, किन्तु वह एक धारणा के लिए एक ही प्रतीक का समर्थक नहीं है। उसके अनुसार एक धारणा में अनेक प्रकार की अनुभूतियाँ और अर्थ-छवियाँ अंकित रहती हैं। अत: उनके इंगन के लिए प्रतीकों का वैविध्य चाहिए। इस प्रकार उक्त विश्लेषण से यह संकेतित होता है कि चित्रकला और स्थापत्यकला में केवल शास्त्रीय दृष्टि से पारस्परिक अन्त:सम्बन्ध नहीं है, बल्कि इन दोनों में प्रभावों का विनिमय चलता रहता है।

चित्रकला की तरह काव्य पर भी कहीं-कहीं स्थापत्य का तात्त्विक प्रभाव पाया जाता है। उदाहरण के लिए विलियम मॉरिस की कविताओं पर स्थापत्य का प्रभाव।[3] इतना ही नहीं, अंग्रेजी आलोचना में कविता का विश्लेषण स्थापत्यकला के रूपकों के आधार पर होता रहा है, जो उक्त दोनों कलाओं की पारस्परिकता का निदर्शक है।[4] संस्कृत नाट्यशास्त्र के ग्रन्थों में निरूपित प्रेक्षागह और रंगमच के विधान भी इस ओर प्रकारान्तर से संकेत करते हैं। भरत के नाट्यशास्त्र, शिल्परत्न,[5] संगीतरत्नाकर[6] और मानसार शिल्पशास्त्र[7] में रंगमंच और प्रेक्षास्थल का जैसा निरूपण किया गया है, वह काव्य के एक विशिष्ट अंग–नाटक के साथ स्थापत्यकला की तात्त्विक निकटता को घोषित करता है।

---

1. "Cubism is the painter's equivelent to architecture, or we may say architecture is a variety of Cubist sculpture." Jan Gordon, *Modern French Painters,* 134
2. R. H. Wilenski, *The Modern Movement in Art,* London, 1956, pp. 165-66
3. Graham Hough, *The Last Romantics,* London, 1961, p. 83
4. जैसे, कॉलरिज ने वड्‌र्सवर्थ की आलोचना करते हुए लिखा है :
   "...the style of architecture of Westminster Abbey is essentially different from that of St. Paul's even though both had been built with blocks cut into the same form, and from the same quarry."—*Coleridge's Literary Criticism, with an introduction* by J. W. Mackail, Humphrey Milford, London, 1938, p. 50
5. *शिल्परत्न,* श्रीकुमार, सम्पादक : गनपत शास्त्री, त्रिवेन्द्रम संस्कृत सीरीज़ नं. 85, 1922
6. *संगीतरत्नाकर,* सारंगदेव, सम्पादक : मंगेश रामकृष्ण तैलंग, गायकवाड़ संस्कृत ग्रन्थावली, नं. 35, 1897
7. *मानसारशिल्पशास्त्र,* सम्पादक : पी. के. आचार्य, ऑक्सफोर्ड, 1933

तदनन्तर, संगीतकला और स्थापत्य में जो तात्त्विक अन्तःसम्बन्ध है, वह उपेक्षणीय नहीं है। यद्यपि संगीत श्रव्य कला है और कुछ विचारकों की दृष्टि में सूक्ष्मतम कला है तथा स्थापत्यकला दृश्यकला है और सर्वाधिक स्थूल कला है, तथापि इन दोनों का तात्त्विक अन्तःसम्बन्ध अक्षुण्ण है। इसीलिए श्लेगेल ने स्थापत्यकला को 'फ्रोजेन म्यूज़िक' कहा है। अतः इसके विलोम को स्वीकार करते हुए हम संगीत को 'फ्लोइंग आर्किटेक्चर' कह सकते हैं। स्थापत्यकला की सबसे बड़ी विशेषता यह है कि इसमें सम्बन्ध-संगति रहती है और इसमें सन्तुलन, परस्पराश्रित संयोजन और विनियुक्त उपादानों का घनत्व अन्य ललितकलाओं की अपेक्षा अधिक मिलता है। संगीतकला भी अपनी उत्कृष्टता के निमित्त स्थापत्यकला के उक्त तत्त्वों को स्वीकार करती है। संगीतकला के क्षेत्र में स्वीकृत विधानों के बीच हमें स्वरसन्तुलन, स्वरों के आरोह-अवरोह का परस्पराश्रित संयोजन और स्वर-दोलों की घनता का सचेष्ट निर्वाह मिलता है। विक्टर त्सुकेरकांड्ल ने अपने प्रसिद्ध प्रबन्ध में संगीत और स्थापत्यकला के इस तात्त्विक अन्तःसम्बन्ध का तर्कपुष्ट निर्देश किया है।[1] संगीत और स्थापत्य में, जैसा कि ऊपर कहा जा चुका है, सम्बन्धों की संगति का समान महत्त्व है। संगीत में यह सम्बन्ध-संगति स्वरों के विधान पर निर्भर करती है और स्थापत्य में यह सम्बन्ध-संगति स्थान-सम्बन्धी अन्तराल (स्पेस), प्राचीरों की पंक्तिबद्धता और स्थूल द्रव्यों के भार या चाप पर कायम रहती है।[2] अतः हीगेल का मत है कि संगीत और स्थापत्य में प्रभूत साम्य है।[3]

अब हम काव्य और संगीतकला के तात्त्विक अन्तःसम्बन्ध पर विचार करेंगे। ये दोनों श्रव्य कलाएँ हैं और इन दोनों की निकटता सर्वथा विख्यात है। यह सच है कि अत्याधुनिक कविता ने संगीत से पृथक् होकर अपने स्वतंत्र व्यक्तित्व का निर्माण किया है और अब वह राग-रागिनियों में बाँधकर नहीं रची जाती है, किन्तु, अब भी कविता में उस लय[4] का महत्त्व सुरक्षित है, जो संगीत का प्रधान तत्त्व है। अतः

1. Victor Zuckerkandl, *Sound and Symbol,* translated from the German by Willard R. Trask, Pantheon Books, 1956, p. 240
2. S. Alexander, *Beauty and other forms of Value,* London, 1933, p. 104
3. *Philosophy of Fine Art*, 34
4. काव्य में प्रयुक्त लय के कई प्रकार होते हैं। जैसे, नॉर्थ्राप फ्रे ने काव्योपयुक्त लय के इतने प्रकार निरूपित किए हैं—(क) छान्दस लय (Prosodic rhythm), जिसका प्रयोग मात्रिक छन्दों में होता है; (ख) उच्चरित लय (accentual rhythm), जिसका प्रयोग वणिक छन्दों में होता है; (ग) अर्थनिर्भर लय (semantic rhythm), जिसके द्वारा अत्याधुनिक काव्य में संगीत का आभ्यन्तीकरण हुआ है। अनुकृत अथवा स्वांगयुक्त लय (mimetic rhythm), जिसका अधिक प्रयोग पद्यबद्ध नाटकों के कथोपकथन में होता है; (घ) वैयक्तिक या आत्मोद्रिक्त लय (orcular, meditative, soliloquiting rhythm), जिसका प्रयोग Cummings जैसे नई शैली के अन्वेषकों को प्रिय होता है।—Northrop Frye, *Sound and Poetry,* New York, 1957, p. 26

अत्याधुनिक कविता संगीत से रहित नहीं है, बल्कि वह प्राचीन काव्य के मुखर और आचेष्टित संगीत से दूर है। यह कहना अधिक समीचीन होगा कि अत्याधुनिक कविता में संगीत का आभ्यन्तरीकरण हो गया है। लय के सहयोग से कविता की आकृति सुगम हो जाती है और उसकी प्रेषणीयता का प्रभाव-क्षेत्र बढ़ जाता है। कविता का नाद-सौन्दर्य, भाव-प्रकाश अथवा अर्थ-वैमल्य बहुत दूर तक कवियों की संगीत-चेतना और लय-निर्वाह पर निर्भर करता है। कविता की यह संगीतात्मकता प्रधानतः दो रूपों में व्यक्त होती है, जिन्हें हम शब्द-संगीत और भाव-संगीत या अर्थ-संगीत कह सकते हैं। तदनन्तर, शब्द और स्वर की घनिष्ठता भी काव्य और संगीत के तात्त्विक अन्तःसम्बन्ध का निर्देश करती है। भारतीय परम्परा में वाणी की अधिष्ठात्री देवी सरस्वती के हाथ में (संगीतप्रियता के द्योतन के लिए) वीणा है। इस तरह भारतीय साहित्य में निरूपित सरस्वती का यह पौराणिक स्वरूप भी काव्य (वाणी) और संगीत के तात्त्विक अन्तःसम्बन्ध का निदर्शक है। सचमुच दोनों के संयोग से आकृति की व्यंजना निखर उठती है और कविता आत्मा का मुखर संगीत बन जाती है।[1]

अरस्तु ने अपने काव्यशास्त्र में कविता के छह प्रमुख तत्त्वों में 'म्यूज़िक'[2] और 'डिक्शन'[3] की गणना की है और इन दोनों को प्रधानता दी है। सचमुच, कविता में ध्वनि और लय-दो ऐसे तत्त्व हैं, जिनका संगीत से निकट सम्बन्ध है। प्रधानतः इन्हीं दो तत्त्वों के कारण काव्य में संगीत का आधान होता है। अतः हम जब 'काव्य में संगीत' की चर्चा करते हैं, तब हमारा आशय संगीत की सम्पूर्ण शास्त्रीयता से नहीं रहता। जैसाकि नॉर्थ्राप फ्रे का कथन है, काव्य का स्वर-सौकर्य या उसकी स्वर-सम्पदा ही काव्य का संगीत है।[4]

उपर्युक्त विवेचन से स्पष्ट है कि कविता में छन्द और लय की स्वीकृति काव्य और संगीत की तात्त्विक निकटता का प्रमाण है। लय तो कविता के लिए छन्द से भी अधिक महत्त्वपूर्ण है, क्योंकि कविता छन्द का तिरस्कार कर सकती है, किन्तु लय का बहिष्कार नहीं कर पाती।[5] यही कारण है कि हिन्दी की छायावादी कविता

1. भारतीय काव्यशास्त्र में कहीं-कहीं काव्योत्कर्ष के विश्लेषण में नृत्य (जो संगीत का एक विशेष अंग है) का सहारा लिया गया है। उदाहरणार्थ, 'अग्निपुराण' में जब 'चतुःपष्टि कलाद्धेधा कर्माद्यैर्गीतिकादिभिः' कहकर काव्य की सहायिका भगिनी कलाओं के संकेत से पुराणकार को सन्तोष नहीं हुआ, तब 'अग्निपुराण' में 'नृत्यादावंगकर्मनिरूपणम्' के नाम से नृत्यकला पर एक अध्याय ही लिख दिया गया।—द्रष्टव्य : *अग्निपुराण का काव्याशास्त्रीय भाग,* नेशनल पब्लिशिंग हाउस, दिल्ली, 1959, पृ. 51
2. Melos.
3. Lexis.
4. Northrop Frye, *Sound and Poetry,* New York, 1957, pp. 10-11
5. B. S. Mardhekar, *Two Lectures on an Aesthetic of Literature*, Karanatak Publishing House, Bombay-2, 1944, p. 27

में जो मुक्त छन्द वर्णिक-मात्रिक बन्धनों के विरुद्ध विद्रोह का हरकारा बनकर उपस्थित हुआ, वह लय की विद्यमानता के कारण ताल-छन्द बन गया। इस तरह कविता और संगीत ही नहीं, सभी ललितकलाओं में लय संयोजन के अन्तर्भूत तत्त्वों में महत्त्वपूर्ण है। स्थापत्य जैसी स्थूल कला में लय का स्थान अक्षुण्ण रहता है। कलाशास्त्रियों ने स्थापत्यकला में प्रयुक्त लय को 'आर्किटेक्टोनिक रिद्म' कहा है।[1] अत: उपर्युक्त विश्लेषण से यह स्पष्ट होता है कि लय की सार्वत्रिक विद्यमानता सभी ललितकलाओं के तात्त्विक अन्त:सम्बन्ध के निदर्शक कारणों में एक है। फलस्वरूप, अनेक आधुनिक पाश्चात्य विचारकों ने लय की तात्त्विक सर्वनिष्ठता के कारण सभी ललितकलाओं के तत्त्वगत अन्त:सम्बन्ध को अत्यधिक महत्त्व दिया है। कलाओं के बीच इस सर्वसमादृत लय को हम दो मुख्य प्रकारों में बाँट सकते हैं—क्रमसंगत लय और क्रमहीन लय। क्रमसंगत लय में कला-निबद्ध इकाई की निश्चित क्रम से पुनरावृत्ति होती है और क्रमहीन लय में कला-निबद्ध इकाई की आवृत्ति अनिश्चित क्रम में होती है। अर्थात्, क्रमहीन लय में इकाइयों की पुनरावृत्ति विभिन्न प्रकार से होती है। इसका सुन्दर उदाहरण आर्केस्ट्रा के विभिन्न वाद्यों द्वारा उत्पन्न संगीत-प्रवाह में पाया जा सकता है।

जिस प्रकार काव्य और संगीत में तात्त्विक दृष्टि से अन्त:सम्बन्ध और प्रभूत साम्य है, उसी प्रकार तुलनात्मक अध्ययन करने पर कुछ कवियों और संगीतकारों में पर्याप्त साम्य दिखाई पड़ता है। पाश्चात्य विचारकों ने कुछ कवियों और संगीतकारों को एक साथ लेकर ऐसे तुलनात्मक अध्ययन का अच्छा प्रयास किया है। डब्ल्यू.आर. एस. मेंड्ल का कहना है कि बीसवीं शताब्दी में जिस तरह कवियों के बीच टेनिसन रचना-शिल्य की दृष्टि से असाधारण हैं, उसी तरह बीसवीं शताब्दी में संगीतकारों के बीच मेंडलसन शिल्प-नैपुण्य की दृष्टि से अप्रतिम हैं। शेक्सपीयर, टेनिसन, कीट्स और ब्राउनिंग के अलावा भी अनेक ऐसे कवि हैं, जो संगीतकारों की तुलना में भले ही कुछ संगीतकला-विषयक विशिष्टताएँ न रखते हों, किन्तु, कवि होने के नाते संगीत-जैसी काव्येतर कला में काफी रुचि रखते थे। उदाहरण के लिए हम बायरन का स्मरण कर सकते हैं। 1818 ई. में बायरन की 'द बाल्ज : एन एपौस्ट्रोफिक हिम्' शीर्षक कविता[2] छपी थी, जबकि 'बाल्त्स' के नाम से प्रसिद्ध इस जर्मन चक्रनृत्य का प्रवेश इंग्लैंड में 1818 ईस्वी से मात्र एक दशक पूर्व हुआ होगा। पाश्चात्य संगीत में 'रोमांटिक म्यूज़िक' का अन्य भगिनी ललितकलाओं, विशेषकर, काव्य और चित्रकला से घनिष्ठ सम्बन्ध है। प्राय: ऐसा पाया जाता है कि

1. Elie Faure, *History of Art,* Vol. 5, translated from French by Walter Pach, London, 1930, p. 78
2. *The Selected Poetry of Lord Byron,* edited by Leslie A. Marchand, New York, 1951, pp. 399-406

प्रत्येक कला अपने रोमांटिक युग में अधिक प्रभावित रहती है। इसीलिए रोमांटिक युग की कविता भी काव्येतर कलाओं से विशेष सम्बन्ध रखती है। फलस्वरूप, प्रस्तुत शोध-प्रबन्ध में ललितकलाओं के तात्त्विक विवेचन को हिन्दी की रोमांटिक कविता (छायावाद) के विशेष सन्दर्भ में प्रस्तुत किया गया है।

सारांश यह है कि रोमांटिक युग की कला में अन्य भगिनी कलाओं के प्रमुख को अपने-आपमें समाविष्ट करने की विशेष प्रवृत्ति रहती है। उदाहरण के लिए रोमांटिक युग के पाश्चात्य संगीत में हम काव्यकला की तत्कालीन समस्त प्रवृत्तियों का आधान पाते हैं। लनार्द जी. रेट्नर ने पाश्चात्य संगीत कला का सर्वेक्षण प्रस्तुत करते हुए रोमांटिक युग के इस कला-संगम की चर्चा की है।[1] रोमांटिक युग का क्रमिक संगीत इस दृष्टि से और भी महत्त्वपूर्ण है। यों उन्नीसवीं शताब्दी से पूर्व भी संगीतकला में काव्यात्मकता और चित्रात्मकता का समावेश होता रहा था, किन्तु उन्नीसवीं शताब्दी में काव्य, चित्र और संगीत के तात्त्विक समीकरण को सिद्धान्ततः महत्त्व दिया गया।[2] इस प्रकार यह स्पष्ट है कि पाश्चात्य संगीतकला के रोमांटिक युग में संगीत, काव्य और चित्र का बहुत गाढ़ा अन्तरग्रथन था। इतना ही नहीं, इस युग में अनेक संगीतकार, कवि और आलोचक थे। अतः इन संगीतकारों की रचना में हमें संगीत और काव्य के संयुक्त धरातल की अनुभूति और अभिव्यक्ति मिलती है। इसी युग में वेबर, बर्लियाज, शुमान और वाग्नेर-जैसे संगीत-विशारद हुए, जिनकी कारयित्री प्रतिभा साहित्य-सृजन की ओर भी उन्मुख रहती थी। दूसरी ओर ई. टी. ए. हॉफमान जैसे स्वच्छन्दतावाद के प्रबल पक्षधर लेखक थे, जो साहित्य-सृजन के साथ ही संगीतकला के क्षेत्र में नवीन प्रयोग और नई रचनाएँ प्रस्तुत कर रहे थे। इस तरह इस युग में संगीत और काव्य अत्यन्त निकट आ गए (जैसे, हिन्दी साहित्य के भक्तिकाल में) तथा कवि और संगीतकार एक-दूसरे की विशेषताओं के विनिमय में तल्लीन हो गए। फलस्वरूप, संगीत के काव्यात्मक और काव्य के संगीतात्मक होने की एक विशेष प्रवृत्ति परवान पर पहुँच गई। कवियों ने शब्दों की शय्या संगीत के आधार पर निर्मित की और संगीतकारों ने शब्दों को संगीत का वाहक बना लिया। इस युग में काव्य और संगीत ही नहीं, बल्कि सभी ललितकलाओं के तात्त्विक संगम का प्रकर्ष वाग्नेर की रचनाओं में मिलता है। वाग्नेर ने अपनी प्रसिद्ध कृति 'द आर्ट वर्क ऑव द फ्यूचर' में ललितकलाओं के इस तात्त्विक समागम का सैद्धान्तिक निरूपण किया है।

इसी तरह पाश्चात्य संगीत में संवादी वर्ण को महत्त्व देने के बाद जिस प्रभाववादी संगीत का श्रीगणेश हुआ, उसका प्रभाववादी चित्रकला और प्रतीकवादी कविता से घनिष्ठ सम्बन्ध है। तात्त्विक और प्रवृत्तिगत साम्य की बात अलग रही, पाश्चात्य

1. Leonard G. Ratner, *Music—The Listner's Art,* New York, 1957, p. 200
2. Ibid, p. 230

प्रभाववादी संगीत का नामकरण ही चित्रकला की उस धारणा के अनुकरण पर किया गया है, जिसका नेतृत्व प्रभाववादी चित्रकार कर रहे थे। ये चित्रकार जिस प्रकार अपनी कृतियों में बिन्दुचित्रण के द्वारा धूपछाँही छाया-छवि को पैदा करते थे, उसी प्रकार प्रभाववादी संगीतकार भी छोटे-छोटे स्वन-वृत्तों और विरल खंडित स्वर-संगतियों के द्वारा नाद-सौन्दर्य की प्रभावान्विति का सृजन कर रहे थे। इसी तरह प्रतीकवादी कवियों की कविताओं ने प्रभाववादी संगीत को पर्याप्त सामग्री प्रदान की। कहा जाता है कि वर्लेन, मलार्मे, मेटरलिंक इत्यादि की प्रतीकवादी रचनाओं ने प्रभाववादी संगीतकारों के लिए प्रेरणास्रोत का काम किया। इनके द्वारा प्रयुक्त व्यंजनाप्रधान छायार्थवाली शैली प्रभाववादी संगीतकारों के लिए बहुत प्रभावक सिद्ध हुई। प्रभाववादियों की संगीत-शैली और प्रतीकवादियों की काव्य-शैली ने मिलकर स्वन-सम्पदा के द्वारा शब्द-बिम्बों में अर्थातिशय भरने की नवीन सम्भावनाएँ प्रस्तुत कीं। फलस्वरूप, काव्य संगीत का अलंकार बन गया और संगीत काव्य का शोभादायक गुण।

हिन्दी से सम्बद्ध भारतीय साहित्य और कला की परम्परा में भी हम काव्य और संगीत के बीच तात्त्विक अन्त:सम्बन्ध के कारण पर्याप्त निकटता पाते हैं। विशेषकर तेरहवीं से सोलहवीं शताब्दी तक अमीर खुसरो, गोपालनायक, हरिदास, बैजू बावरा और तानसेन-जैसे अनेक संगीतज्ञ कवि हुए, जिन्होंने अपनी रचनाओं से काव्य और संगीत का बड़ा ही मधुर मेल उपस्थित कर दिया। हिन्दी साहित्य का भक्तिकाल काव्य और संगीत की दृष्टि से अभूतपूर्व है। भगवान् की लीला के अनुगायन में भक्त कवियों द्वारा रचे गए लीला के पद संगीतज्ञ कवियों के 'ध्रुपद' की तरह ही अपने-आपमें संगीत-सौष्ठव लिये हुए हैं।[1]

इस प्रकार यह स्पष्ट है कि यद्यपि संगीत में स्वर और ताल-साधना प्रधान होती है और काव्य में शब्द-साधना के साथ वर्ण एवं मात्रा-गणना प्रधान होती है, तथापि इन दोनों में अनेक तात्त्विक सम्बन्ध हैं। इसीलिए यह कहा जाता रहा है कि 'कविता, शब्दों के रूप में संगीत और संगीत स्वर के रूप में कविता है।' सचमुच काव्य और संगीत ही नहीं, प्रत्येक कला अपने चरम विकास के क्षणों में अन्य भगिनी कलाओं का आश्रय ग्रहण करती है। कलाओं के इस पारस्परिक आश्रय की दृष्टि से भारत की मध्यकालीन कलाएँ भी महत्त्वपूर्ण हैं।[2]

---

1. नर्मदेश्वर चतुर्वेदी, *संगीतज्ञ कवियों की हिन्दी रचनाएँ*, साहित्य भवन लिमिटेड, इलाहाबाद, 1955, पृ. 12
2. "कलाओं के अपूर्व समन्वय द्वारा भावों की जैसी सूक्ष्म तीव्रतम अभिव्यंजना भारत में उस समय (मध्यकाल में) हुई, विभिन्न कलाओं का वैसा मणिकांचन संयोग विश्व के इतिहास में अन्यत्र प्राय: देखने को नहीं मिलता है। संगीत और साहित्य के इस अपूर्व समन्वय के फलस्वरूप जहाँ एक ओर विपुल पदावली साहित्य तथा 'ध्यान रूपों' की सृष्टि हुई, वहीं चित्रकला के→

यहाँ यह ध्यातव्य है कि काव्य और संगीत का एक-दूसरे के अभाव में भी स्वतंत्र व्यक्तित्व सम्भव है। जिस तरह इन दिनों हम (अपेक्षाकृत) संगीत से मुक्त कविता को पाते हैं, उसी तरह संगीत भी काव्य से सर्वथा मुक्त और पृथक् हो सकता है। संगीत का शास्त्रीय पक्ष इसे सिद्ध करता है कि संगीत शब्द (जो काव्य की सम्पत्ति है) से रहित होकर भी भावाभिव्यक्ति में सफल होता है। गायकों में प्रचलित तराना-शैली से यह बात समर्थित होती है। अर्थहीन तोम तननन देरेना जैसे स्वर-वर्ण-समूहों से गायक भावोद्दीपक संगीत की सृष्टि कर लेते हैं। किन्तु, यह तो संगीत का आंशिक और अपेक्षाकृत अमूर्त रूप है। अतः हमारा आशय यह नहीं है कि काव्य के बिना संगीत और संगीत के बिना काव्य की स्थिति सम्भव नहीं है, बल्कि हमारा आशय यह है कि प्रभाववृद्धि के लिए दोनों का पारस्परिक सम्प्लवन अत्यावश्यक है। अर्थात् भावपूर्ण शब्द-योजना (जो काव्य की निधि है) के अभाव में संगीत उसी प्रकार कम प्रभावोत्पादक होता है, जिस प्रकार संगीत के अभाव में काव्य।

हिन्दी साहित्य में काव्य और संगीत के तात्त्विक अन्तःसम्बन्ध पर अन्य कलाओं के पारस्परिक अन्तःसम्बन्ध की अपेक्षा अधिक विचार किया गया है। जैसे, आचार्य रामचन्द्र शुक्ल ने कविता को विवेचित करते समय इसके साथ संगीत के सम्प्लवन को निर्दिष्ट करते हुए लिखा है—"काव्य एक बहुत ही व्यापक कला है। जिस प्रकार मूर्त विधान के लिए कविता चित्रविद्या की प्रणाली का अनुसरण करती है, उसी प्रकार नाद-सौष्ठव के लिए वह संगीत का कुछ-कुछ सहारा लेती है। नाद-सौन्दर्य कविता की आयु बढ़ाता है। अतः नाद-सौन्दर्य का योग भी कविता का पूर्ण स्वरूप खड़ा करने के लिए कुछ-न-कुछ आवश्यक होता है।"[1] इसी प्रकार हिन्दी की कई कृतियों में काव्य और संगीत के तात्त्विक अन्तःसम्बन्ध का प्रसंगानुसार उल्लेख मिलता है, जिनमें निम्नलिखित कृतियाँ उल्लेखनीय महत्त्व की हैं—'पल्लव' की भूमिका, 'परिमल' की भूमिका, प्रसाद-कृत 'काव्य और कला तथा अन्य निबन्ध', श्यामसुन्दर दास-कृत 'साहित्यालोचन', रामनरेश त्रिपाठी कृत 'तुलसीदास और उनकी कविता' (दूसरा खंड), 'कविता-कौमुदी' (पाँचवाँ तथा छठा भाग), डॉ. विश्वम्भरनाथ भट्ट-कृत 'रत्नाकर : उनकी प्रतिभा और कला',

→अन्तर्गत संगीत की विभिन्न स्वर-लहरियों के मनोवैज्ञानिक संकेत 'रागमाला' चित्रों के द्वारा प्रदर्शित किए गए। रागमाला चित्रों में राग-रागिनियों से सम्बद्ध वातावरण, दृश्य, विषय, रस, समय तथा भाव आदि का चित्रण होता है, जिसके द्वारा चित्र के देखने मात्र से ही राग अथवा रागिनी के स्वरूप, प्रकृति, रस, समय आदि का पूर्ण ज्ञान हो जाता है।"—डॉ. उषा गुप्ता, *हिन्दी के कृष्णभक्तिकालीन साहित्य में संगीत,* लखनऊ विश्वविद्यालय, विक्रमाब्द 2016, भूमिका-भाग, पृ. ण-त।

1. रामचन्द्र शुक्ल, *चिन्तामणि,* प्रथम भाग, पृ. 179-180

डॉ. दीनदयाल गुप्त-कृत 'अष्टछाप और वल्लभ सम्प्रदाय', डॉ. मुंशीराम शर्मा 'सोम'-कृत 'सूर-सौरभ', डॉ. हरवंशलाल शर्मा-कृत 'सूर और उनका साहित्य', नर्मदेश्वर चतुर्वेदी-कृत 'संगीतज्ञ कवियों की हिन्दी रचनाएँ', नर्मदेश्वर चतुर्वेदी-कृत 'कवि तानसेन और उनका काव्य', डॉ. उषागुप्त-कृत शोध-प्रबन्ध 'हिन्दी के कृष्णभक्तिकालीन काव्य में संगीत' तथा डॉ. उमामिश्र-कृत 'काव्य और संगीत का पारस्परिक सम्बन्ध।'[1] इन कृतियों में भी अन्तिम दो शोध-प्रबन्ध काव्य और संगीत के अन्तःसम्बन्धों के उद्घाटन की दृष्टि से हिन्दी साहित्य में विशेष महत्त्वपूर्ण हैं।

अब हम काव्य और संगीत के तात्त्विक अन्तःसम्बन्ध के उपर्युक्त सैद्धान्तिक निरूपण को प्रयोग के निकष पर जाँचने के लिए किसी इतिहास-प्रसिद्ध कवि की कृतियों का व्यावहारिक अध्ययन प्रस्तुत करेंगे। ऐसे अध्ययन के लिए रवीन्द्रनाथ ठाकुर हमारे समक्ष सर्वाधिक उपयोगी सिद्ध होते हैं।[2] पहला कारण यह है कि इनकी कृतियों का अध्ययन काव्य और संगीत के अन्तःसम्बन्ध की दृष्टि से करने पर हमारे सामने उक्त विषय से सम्बद्ध भारतीय चिन्ताधारा की एक पीठिका उपस्थित हो जाती है। दूसरा कारण यह है कि प्रस्तुत शोध-प्रबन्ध में कला-तत्त्वों का सौन्दर्यशास्त्रीय विवेचन जिस छायावादी कविता के विशेष सन्दर्भ में किया गया है, उस छायावादी कविता पर रवि बाबू की कृतियों का ऋजु या प्रकारान्तर से प्रभाव माना जाता है। अतः इस प्रसंग में रवि बाबू के काव्य का अध्ययन हमें वह सैद्धान्तिक आधार भी प्रदान करेगा, जिसे ध्यान में रखकर हम इस शोधप्रबन्ध के द्वितीय खंड के प्रथम अध्याय में छायावादी कवियों की संगीत-चेतना पर अच्छी तरह विचार कर सकेंगे।

रवि बाबू के काव्य में संगीत का तत्त्व इतना अधिक है कि इनके काव्य-संगीत पर निबन्ध ही नहीं, प्रबन्ध भी लिखे गए हैं। जैसे—शान्तिदेव घोष का 'रवीन्द्र संगीत' नामक प्रबन्ध। रवि बाबू की काव्य-चर्चा में इनके संगीत को इतना महत्त्व मिलने का एक कारण यह है कि काव्य-चेतना के सदृश इनकी संगीत-चेतना

1. डॉ. रामेश्वरलाल खंडेलवाल ने भी अपने शोध-प्रबन्ध के परिशिष्ट में कविता और संगीत की अन्तःसम्बद्धता पर संक्षेप में विचार किया है। द्रष्टव्य—*आधुनिक हिन्दी कविता में प्रेम और सौन्दर्य,* डॉ. रामेश्वरलाल खंडेलवाल, नेशनल पब्लिशिंग हाउस, दिल्ली, प्रथम संस्करण, परिशिष्ट नं. 2, पृ. 487-489

2. रवि बाबू ने काव्य के साथ संगीत का बहुत ही घनिष्ठ सम्बन्ध माना है। इनकी दृष्टि में संगीत ललितकला का विशुद्धतम सर्वोच्च रूप है क्योंकि संगीत में सौन्दर्य की सर्वाधिक ऋजु अभिव्यक्ति होती है। इसलिए सच्चा कवि संगीत का आश्रय लेकर ही सृष्टि में व्याप्त सौन्दर्य का शब्दों के माध्यम से प्रेषण करता है।

   "Music is the purest form of art, and therefore the most direct expression of beauty...Therefore the true poets...seek to express the universe in terms of music."—Rabindranath Tagore, *Sadhana,* London, 1961, pp. 141-142

में भी पर्याप्त मौलिकता है। निस्सन्देह, इनकी संगीत-चेतना पुरानी मान्यताओं से कई अर्थों में पृथक् है। उदाहरणार्थ, इनका संगीत भावों के संवाद पर निर्भर है, पुराने संगीत की तरह उस सुर-विस्तार पर नहीं, जिसे प्राय: लोग रागिनी की रूपकल्पना कहते हैं। अर्थात्, रवि बाबू का संगीत उन्मुक्त और निर्वैयक्तिक भावसंगीत है। इसी तथ्य को हम शब्दान्तर से कह सकते हैं कि इनके संगीत में स्वरगठन की अपेक्षा भाव-रस की प्रधानता है। अत: इन्होंने अपने संगीत को राग-रूप या सुर-विस्तार से नहीं, बल्कि भाव-समृद्धि से रसोत्तीर्ण बनाया है।[1] फलस्वरूप, रवीन्द्र-संगीत में हमें राग-रूप पर विशेष बल नहीं मिलता है। इन्होंने राग-रागिनी की रूप-सृष्टि से भाव को अधिक महत्त्व दिया है और भाव की तुलना में रूपसृष्टि को गौण स्थान दिया है।[2] इस तरह रवीन्द्र-संगीत में हमें न रागिनी की मूल स्वर-गठन-प्रणाली की ओर कोई विशेष अभिनिवेश मिलता है और न राग-रागिनी के व्याकरणगत शास्त्रीय नियमों का कठोर निर्वाह।

ऊपर कहा गया है कि रवि बाबू की संगीत-चेतना शास्त्रीय संगीत की पुरानी मान्यताओं से कई अर्थों में पृथक् है। किन्तु, इसका आशय यह नहीं है कि इनके काव्य-संगीत पर शास्त्रीय संगीत का तिल-भर भी प्रभाव नहीं था। उपर्युक्त कथन का आशय इतना ही है कि इन्होंने शास्त्रीय संगीत का अन्धानुसरण नहीं किया, बल्कि ग्रहण और वर्जन—दोनों से जहदजहत्स्वरूपा रीति पर काम लिया। इन्होंने शास्त्रीय संगीत की कुछ मान्यताओं को स्वीकार किया और कुछ को नहीं। उदाहरणार्थ, एक ओर इन्होंने कई शास्त्रीय रागों और ठुमरी की गाढ़ उपेक्षा की और दूसरी ओर इन्होंने भैरवी को अपने काव्य-संगीत में इतना स्थान दिया कि भैरवी के सुर की प्रधानता के कारण कुछ लोग इन्हें 'भैरवी-सिद्ध' कहने लगे। तथापि कुल मिलाकर यह कहा जा सकता है कि रवि बाबू ने अपने गीतों में संगीत के व्याकरण का निर्वाह नहीं किया है। मतलब यह कि प्राचीन भारतीय संगीत के प्रति इनकी धारणा दोलाचल स्थिति में है। एक ओर इनकी रचनाओं से ऐसा प्रतीत होता है कि इन्होंने प्राचीन भारतीय संगीत के नियमों पर निर्मम भाव से आघात किया है, किन्तु दूसरी ओर इन्होंने 'संगीत और भाव' शीर्षक निबन्ध में अपने संगीत-सिद्धान्त को जिस प्रकार उपस्थित किया है, उससे यह सिद्ध होता है कि रवीन्द्र-संगीत को भारतीय प्राचीन संगीत से पृथक् मानकर देखना उचित नहीं है। उपर्युक्त सैद्धान्तिक स्वीकृति के अलावा इन्होंने व्यवहार में भी गीत-रचना में कहीं-कहीं भारतीय संगीत-शास्त्र से सहायता ली है। जैसे, इन्होंने कई गीतों की सुर-योजना और छन्द-वैचित्र्य के

1. रवीन्द्रनाथ ठाकुर, *जीवन स्मृति,* विश्वभारती ग्रन्थालय, कलकत्ता, द्वितीय सुलभ संस्करण, पृ. 115
2. "गुरुदेव रागिनीर रूपसृष्टिते भाव के करलेन मुख्य आर रूप के करलेन गौण"—शान्तिदेव घोष, *रवीन्द्र-संगीत,* विश्वभारती ग्रन्थालय, कलकत्ता, पृ. 44

आधान में उच्चांग संगीत की राग-रागिनी से पर्याप्त सहायता ली है। विशेषकर हिन्दी प्रदेश में प्रचलित ध्रुपद के अनुकरण पर इन्होंने कई गीतों का स्वर-मंडान बाँधा है। इन्हें भारतीय राग-रागिनियों में भैरवी की तरह ध्रुपद से भी प्यार था। कारण, ध्रुपद भारतीय संगीत की एक ऐतिह्यसम्मत गायन-पद्धति है और, दूसरे, ध्रुपद जोड़ासाँको के ठाकुर-परिवार को अत्यन्त प्रिय रहता आया है। यों, विपुल राशि में गीतों की रचना करने के कारण इन्होंने संगीत के क्षेत्र में भी अनेक प्रयोग किए हैं। अत: भैरवी और ध्रुपद के साथ कुछ और राग इनके प्रिय रागों की सूची में गिने जा सकते हैं; जैसे—विहाग, खम्माच और एमन। तदनन्तर, संगीत-सचेत कवि होने के कारण इन्होंने अपनी मौलिक प्रतिभा के द्वारा संगीतशास्त्र की राग-रागिनियों से सहायता लेकर नूतन प्रयोग के रूप में अनेक मिश्र सुरों की सृष्टि की है। जैसे, इन्होंने 'उर्वशी' शीर्षक कविता का स्वयं ही मिश्र कानड़ा रागिनी में संस्करण किया था। इसी प्रकार इन्होंने 'आजिशरत तपने प्रभात स्वप्ने' से प्रारम्भ होनेवाले गीत में योगिया-विभास राग का मिश्रित प्रयोग किया है। सामान्यत: योगिया और विभास भिन्न प्रकृति के राग हैं, किन्तु, रवि बाबू ने अपनी संगीत-प्रतिभा के योग से इन दोनों को मिलाकर एक अपूर्व सुर-सौन्दर्य की सृष्टि की है।[1]

इस प्रकार रवीन्द्रनाथ ठाकुर के काव्य-संगीत पर गम्भीरतापूर्वक विचार करने से काव्य और संगीत का तात्त्विक अन्त:सम्बन्ध और भी स्पष्ट हो जाता है। कविता में संगीत जब काव्यत्व की रक्षा करते हुए सुनियंत्रित ढंग से समाहित हो जाता है, तब कविता की प्रेषणीयता और मंडन-शिल्प में एक चमत्कार आ जाता है। इसीलिए रवि बाबू कविता और संगीत के उत्कर्ष-विधायक अन्त:सम्बन्ध को स्वीकार करते हुए भी काव्य में संगीत के सुनियंत्रित आगम के प्रति सचेत थे। यही नहीं, काव्य-संगीत के विषय में इनकी कई सुचिन्तित मान्यताएँ थीं। जैसे, काव्यसंगीत के अन्तर्गत ये तान-विस्तार के संयम के पक्षपाती थे और राग-संगीत के क्षेत्र में पुनरुक्ति-वर्जन के हिमायती थे। काव्य-संगीत के विषय में इनका यह आदर्श था कि काव्य का संगीत ऐसा होना चाहिए, जिससे उसके सुर के भीतर से काव्य का भाव सम्पूर्ण रूप में प्रस्फुटित हो सके। इस बारीक संगीत-चेतना के कारण इन्होंने कई गीतों में छन्द के साथ ताल का विधिबद्ध निर्वाह किया है। जैसे—'हेलाफेला सारा वेला ए कि खेला आपन मने' से प्रारम्भ होनेवाले गीत में इन्होंने आड़ खेमटा ताल का सफल प्रयोग किया है।[2] इसी प्रकार 'ऊ केन चूरि करे चाय' या 'दू जने देखा हल मधू यामिनी रे' जैसे गीतों में इन्होंने छन्द के साथ ताल के जिस समप्रयोग का परिचय दिया है, वह

1. श्री प्रफुल्ल कुमार दास, *रवीन्द्रनाथेर संगीतचेतनार सूचनाय ज्योतिरिन्द्रनाथेर प्रभाव,* रवीन्द्रायन, सम्पादक, पुलिनबिहारी सेन, वाक् साहित्य, कलकत्ता, पृ. 201
2. राज्येश्वर मित्र, *रवीन्द्रनाथेर संगीत-चिन्ता,* रवीन्द्रायन, सम्पादक, पुलिनबिहारी सेन, वाक् साहित्य, कलकत्ता, पृ. 210

इनकी संगीत-चेतना का प्रमाण है। किन्तु, ताल के प्रति स्नेह रखते हुए भी इन्होंने काव्य के काव्यत्व को सुरक्षित रखने के लिए ताल के परिमाण के औचित्य का ध्यान रखा है। अतः इन्होंने अपनी तालयोजना को गुन, दोगुन, चौगुन, बाँट इत्यादि से बोझिल नहीं बनाया है। आशय यह है कि ताल-वैचित्र्य या ताल-वैविध्य को इन्होंने अपने गीतों के भाव प्रकाश को समृद्ध करने के लिए ही स्वीकार किया है।

प्राचीन भारतीय संगीत के ग्रहण-वर्जन और अनेक नूतन प्रयोगों के कारण रवि बाबू के काव्य-संगीत को राज्येश्वर मित्र ने बहुत अंशों में 'रोमांटिक' अर्थात् 'नव्यतांत्रिक' माना है।[1] सचमुच, रवि बाबू ने काव्य-संगीत को जिस आत्मगत और आत्मनिष्ठ दृष्टिकोण से देखा, उसे रोमांटिक कहना ही उचित प्रतीत होता है।[2] कुल मिलाकर हम रवि बाबू की काव्य-संगीत-सम्बन्धी उन प्रमुख मान्यताओं को निम्नलिखित ढंग से उपस्थित कर सकते हैं, जिनसे व्यावहारिक धरातल पर काव्य और संगीत का तात्त्विक अन्तःसम्बन्ध प्रमाणित होता है—

1. काव्य-संगीत के तान-विस्तार को संयत होना चाहिए।
2. काव्य-संगीत का सौन्दर्य 'परिमिति' में ही निखार पाता है।
3. काव्यगत संगीत का उद्देश्य काव्य के भाव-प्रकाश को सुषमा प्रदान करना है।

इस तरह सभी ललितकलाओं के तात्त्विक अन्तःसम्बन्ध और पारस्परिक समागम का सैद्धान्तिक विवेचन सोदाहरण समाप्त हुआ। इस विवेचन में हमने पाया कि चित्र, संगीत और काव्य में तात्त्विक समागम की क्षमता उत्तरोत्तर बढ़ती गई है। स्थापत्यकला और मूर्तिकला अपनी स्थूलता के कारण तात्त्विक समागम के इस उच्च धरातल पर पहुँचने में पश्चात्पद रह जाती हैं। अतः प्रस्तुत शोध-प्रबन्ध में व्यर्थता से अलग रहकर सुनिर्णीत मूल्यांकन के लिए चित्र, संगीत और काव्य को ही अधिकतर ध्यान में रखा गया है तथा स्थापत्य एवं मूर्तिकला का केवल प्रसंगवश उल्लेख किया गया है। इस सन्दर्भ में यह स्मरणीय है कि 'लाऽकून' के प्रसिद्ध लेखक लेसिंग और 'न्यू लाऽकून' के लेखक इर्विंग बैबिट जैसे अनेक कलाविचारक उक्त विश्लेषण के विपरीत यह धारणा रखते हैं कि इस पारस्परिक प्रभाव और तत्त्व-संगम की दृष्टि से कलाओं पर विचार करना उचित नहीं है, क्योंकि इससे

1. "रवीन्द्रनाथेर संगीत-प्रयास के रक्षणशील वा क्लासिकल बला जावे, ना, नव्यतांत्रिक अर्थात् रोमांटिक बला जावे, तानिये अनेकेर मने द्वंद्व आछे। रवीन्द्र संगीते येमन उदाहरण यथेष्ट आछे यार परिपेक्षिते ताके रक्षणशील मने करा जाए, किन्तु, तार सृष्टि के सम्यक् भावे देखले तिनि जे रोमांटिक एटाई स्वीकार करते हय।"—राज्येश्वर मित्र, *रवीन्द्रनाथेर संगीत-चिन्ता*, रवीन्द्रायन, सम्पादक पुलिनविहारी सेन, वाक् साहित्य, कलकत्ता, पृ. 212
2. इस प्रसंग में यह ध्यातव्य है कि रवि बाबू के संगीत को काव्य-संगीत ही कहना चाहिए, राग-संगीत नहीं, क्योंकि राग-संगीत और काव्य-संगीत में पर्याप्त भेद है। राग-संगीत में सुर का अवलम्बन प्रधान रहता है और काव्य-संगीत में भाव का।

अनेक प्रकार की भ्रान्तियाँ पैदा होती हैं। किन्तु, कला का इतिहास इसका साक्षी है कि किस प्रकार भगिनी ललितकलाओं ने अपने रूप और तत्त्व से एक-दूसरे को प्रभावित किया है। अतः मेरा विनम्र मत है कि इस तात्त्विक अन्तःसम्बन्ध की दृष्टि से कलाओं पर अवश्य विचार किया जाना चाहिए।

हिन्दी साहित्य में अब तक ललितकलाओं के तात्त्विक अन्तःसम्बन्ध या पारस्परिक अन्तरावलम्बन पर कोई व्यवस्थित कार्य नहीं हो सका है। इसका एक प्रमुख कारण यह है कि संस्कृतकाव्यशास्त्र या हिन्दी के अलावा अन्य आधुनिक भारतीय भाषा-साहित्य में ऐसे तात्त्विक सौन्दर्यशास्त्रीय अध्ययन की कोई तगड़ी परम्परा नहीं है। प्राचीन आचार्यों के बीच भरत के 'नाट्यशास्त्र', राजशेखर की 'काव्य मीमांसा' और अभिनव गुप्त की कृतियों में प्रसंगवश ललितकलाओं के तात्त्विक अन्तःसम्बन्ध का निर्देश मिलता है। संस्कृत काव्यशास्त्र में ललितकलाओं के अन्तःसम्बन्ध पर कम विचार किए जाने का प्रधान कारण यह है कि यहाँ काव्य की गणना विद्या में और कलाओं की गणना उपविद्या में की जाती थी। इस वर्गभेद के कारण यहाँ काव्यशास्त्रीय विचारणा में कलाओं के विवेचन को उचित स्थान नहीं मिल सका। तथापि शास्त्रीय और व्यावहारिक—दोनों धरातलों पर संस्कृत साहित्य में भी अन्य कलाओं के साथ काव्य के अन्तःसम्बन्ध का संकेत मिलता है। शास्त्रीय धरातल पर राजशेखर के विचार बहुत महत्त्वपूर्ण हैं। राजशेखर का मन्तव्य है कि यद्यपि काव्य या साहित्य विद्या है और कलाएँ उपविद्या हैं, तथापि काव्य और कलाओं के बीच एक अन्तःसम्बन्ध है, क्योंकि कलाओं के सन्निवेश से काव्य को जीवन मिलता है—"शब्दार्थयोर्यथावत्सहभावेन विद्या साहित्य विद्या। उपविद्यास्तु चतुःषष्टि। ताश्च कला इति विदग्धवादः। स आजीवः काव्यस्य।"[1] अतः राजशेखर ने कवि-चर्चा का विवेचन करते समय कवियों को कलाओं के अनिवार्य अध्ययन का निर्देश दिया है—गृहीत विद्योपविद्यः काव्यक्रियायै प्रयतेत। नामधातुपारायणे, अभिधानकोशः, छन्दोविचितिः, अलंकारतंत्रं च काव्यविद्याः। कलास्तु चतुःषष्टिरूपविद्याः।"[2] इसी तरह आचार्य वामन ने भी 'काव्यालंकारसूत्रवृत्ति' में काव्य के उत्कर्ष के लिए अन्य कलाओं के साहाय्य का निर्देश किया है—"कलशास्त्रेभ्यः कलातत्त्वस्य संवित्। कला गीतनृत्यचित्रादिकास्तासामभिधायकानि शास्त्राणि विशाखिलादिप्रणीतानि

1. अर्थात् "शब्द और अर्थ के सहभाव को बतानेवाली विद्या साहित्य-विद्या कहलाती है। इस विद्या की चौंसठ उपविद्याएँ हैं : जिन्हें विद्वान् कला कहते हैं। ये उपविद्यायें या कलाएँ काव्य का जीवन हैं।"—राजशेखर, *काव्यमीमांसा,* अनुवादक पंडित केदारनाथ शर्मा सारस्वत, बिहार-राष्ट्रभाषा-परिषद्, पटना, 1954, पृ. 121
2. काव्य-विद्या के शिक्षार्थियों को चाहिए, पहले काव्योपयोगिनी विद्याओं और काव्य की उपविद्याओं का भलीभाँति अध्ययन करके काव्य-रचना की ओर प्रवृत्ति करें। व्याकरण, कोष, छन्द और अलंकार—ये चार काव्योपयोगी मुख्य विद्याएँ हैं। चौंसठ कलाएँ काव्य की उपविद्याएँ हैं। दशम अध्याय, पृ. 121

कलाशास्त्राणि। तेभ्यः कलातत्त्वस्य संवित् संवेदनम्। न हि कलातत्त्वानुपलब्धौ कला वस्तु सम्यक् निबद्ध शक्यमिति।"[1] तदनन्तर, व्यावहारिक या लोकप्रचलित धरातल पर संस्कृत साहित्य में अनेक ऐसी उक्तियाँ मिलती हैं, जिनसे काव्येतर कलाओं के साथ काव्य का अन्तःसम्बन्ध समर्थित होता है। भर्तृहरि की इस पंक्ति—साहित्य संगीत कलाविहीन से लेकर दंडी के 'दशकुमार चरित' के अष्टम उच्छ्वास की इस पंक्ति—'बुद्धिश्च निसर्गपट्वी कलासु नृत्यगीतादिषु चित्रेषु काव्यविस्तरेषु प्राप्त विस्तारा'—तक काव्य और कलाओं का यही अन्तःसम्बन्ध ध्वनित हुआ है। इसीलिए भामह ने काव्य को सभी शिल्पों और कलाओं का समवाय सिद्ध करते हुए यह घोषणा की है—"न तच्छास्त्रं न सा विद्या न तच्छिल्पं न सा कला। जाएते यन्न काव्यांगम्।" इस विषय पर छोटी-छोटी चलटिप्पणियाँ के. एस. रामस्वामी शास्त्री, डॉ. राघवन, एस. कुप्पूस्वामी शास्त्री, बलदेव उपाध्याय इत्यादि ने अपने ग्रन्थों में लिखी हैं। इधर आचार्य हजारीप्रसाद द्विवेदी ने ललितकलाओं के तात्त्विक अन्तःसम्बन्ध को उद्घाटित करनेवाले कई विचारोद्बोधक निबन्ध लिखे हैं।[2] आधुनिक हिन्दीतर लेखकों के बीच प्रयास की दृष्टि से असित कुमार हालदार की 'यूरोपेर-शिल्पकथा' नामक पुस्तक उल्लेखनीय है, क्योंकि विवेचन के एक ही फलक पर इसमें कई ललितकलाओं (विशेषकर स्थापत्य, भास्कर्य और चित्रकला) के इतिहास को देखने की लघु चेष्टा की गई है। निश्चय ही इस पुस्तक में ललितकलाओं के आन्तरिक सम्बन्धों के उद्घाटन का तात्त्विक निवेश नहीं है, किन्तु, इसका प्रास्थानिक प्रयत्न इस दृष्टि से महत्त्वाकांक्षी है।[3] तदनन्तर, हरिदास मित्र के शोध-कार्य में भारतीय कला और सौन्दर्यशास्त्र से सम्बद्ध सामग्रियों की सूचीमात्र मिलती है।[4] इसी तरह मर्ढेकर ने अपनी पुस्तक में कलाओं के तात्त्विक अन्तःसम्बन्ध का संकेत-मात्र प्रस्तुत किया है, कोई तात्त्विक विश्लेषण नहीं।[5] इस दृष्टि से मराठी आलोचकों के बीच मर्ढेकर

1. कलाशास्त्रों द्वारा कला के तत्त्व का ज्ञान प्राप्त करना चाहिए। कला गाना, नाचना और चित्र आदि हैं। उनका प्रतिपादन करनेवाले विशाखिल आदि रचित शास्त्र कलाशास्त्र कहलाते हैं। उन कलाशास्त्रों से कलाओं के तत्त्वों का संवित् अर्थात् ज्ञान करना चाहिए। कलाओं के तत्त्व को समझे बिना काव्य में कलासम्बन्धी वस्तु का भली प्रकार वर्णन करना सम्भव नहीं है। इसलिए कलाओं का ज्ञान कवि के लिए आवश्यक है। *हिन्दी काव्यालंकार सूत्र,* सम्पादक डॉ. नगेन्द्र, आत्माराम एंड सन्स, दिल्ली, 1954, पृ. 47-48
2. (क) कला में तथ्य, सत्य और यथार्थ, *परिषद्-पत्रिका,* पटना, वर्ष 3, पृ. 44
   (ख) 'कलाकार की सिसृक्षा और सर्जन-सीमा', *त्रैमासिक आलोचना,* दिल्ली, नवांक 1, जुलाई 1963, पृ. 51
   (ग) 'सिसृक्षा का स्वरूप', *त्रैमासिक आलोचना,* दिल्ली, नवांक 2, अक्तूबर 1963, पृ. 5
3. असितकुमार हालदार, *यूरोपेर शिल्पकथा,* कलकत्ता विश्वविद्यालय प्रकाशन।
4. Haridas Mitra, *Contribution to A Bibliography of Indian Art and Aesthetics,* Visva-Bharti, Santiniketan, 1951
5. B. S. Mardhekar, *Two Lectures on an Aesthetic of Literature,* Karnatak Publishing House, Bombay-2, 1944

और नरहर कुरुन्दकर की तुलना में डॉ. सुरेन्द्र बारलिंगे ने अधिक गम्भीर प्रयास किया है।[1] हिन्दी में ललितकलाओं के तात्त्विक अन्त:सम्बन्ध पर एक महत्त्वपूर्ण कार्य करने का प्रयास डॉ. रामानन्द तिवारी शास्त्री ने अपने शोध-प्रबन्ध में किया है।[2] किन्तु, इन्होंने काव्य एवं काव्येतर कलाओं के पारस्परिक अन्त:सम्बन्धों को उद्‌घाटित करने की जगह इनकी अनन्वय विशेषताओं, पृथक्ताओं और व्यावर्त्तक गुणों को ही विवृत कर दिया है। अत: डॉ. तिवारी का अधिकांश विवेचन हमारा प्रयोजन सिद्ध नहीं करता है। इसी तरह हिन्दी साहित्य में आचार्य महावीरप्रसाद द्विवेदी,[3] कोमल कोठारी,[4] तारिणी चरणदास 'चिदानन्द',[5] लक्ष्मीधर वाजपेयी,[6] रामेश्वरलाल खंडेलवाल[7] इत्यादि के निबन्धों में यत्र-तत्र ललितकलाओं के तात्त्विक अन्त:सम्बन्ध का निर्देश मिलता है।

अब हम ललितकलाओं के तात्त्विक अन्त:सम्बन्ध पर प्रस्तुत किए गए विचारों का निष्कर्ष इस प्रकार उपस्थित कर सकते हैं—

1. शैली, शिल्प, अभिव्यक्ति-भंगिमा और प्रेषणीयता के माध्यम की दृष्टि से ललितकलाओं में चाहे जितनी भिन्नता हो, परन्तु, तत्त्व-समास की दृष्टि से सभी ललितकलाओं में एक प्रच्छन्न अन्त:सम्बन्ध है।
2. ललितकलाओं के तात्त्विक अन्त:सम्बन्ध का मूलाधार स्वर-बोध और वर्ण-बोध का पारस्परिक सम्बन्ध है। भारतीय प्रमाणवाद से यहाँ तक सिद्ध होता है कि वर्णबोध और स्वरबोध की तरह अन्य ऐन्द्रिय-बोध भी एक-दूसरे से सम्बद्ध हैं तथा उनका अधिकरणगत पारस्परिक विनिमय या विपर्यय चलता रहता है।
3. प्रत्येक कला अपने चरम विकास के क्षणों में अन्य ललितकलाओं का आश्रय अधिकाधिक ग्रहण करती है। आशय यह है कि सभी कलाओं

---

1. डॉ. सुरेन्द्र बारलिंगे, *सौन्दर्य-तत्त्व और काव्य-सिद्धान्त,* अनु. डॉ. मनोहर काले, नेशनल पब्लिशिंग हाउस, दिल्ली, सितम्बर 1963
2. डॉ. रामानन्द तिवारी शास्त्री, *सत्यं शिवं सुन्दरम्,* राजस्थान विश्वविद्यालय की पी-एच. डी. की उपाधि के लिए स्वीकृत शोध-प्रबन्ध, नवम्बर, 1957
3. महावीरप्रसाद द्विवेदी, *समालोचना-समुच्चय,* प्रकाशक रामनारायण लाल, इलाहाबाद, 1930, पृ. 25-26
4. कोमल कोठारी, *साहित्य, संगीत और कला,* राजस्थानी शोध संस्थान, जोधपुर, 1960, पृ. 141
5. तारिणी चरणदास 'चिदानन्द', *कला और साहित्य,* राजपाल एंड सन्स, दिल्ली, 1960, पृ. 11-12
6. लक्ष्मीधर वाजपेयी, *काव्य और संगीत,* द्वितीय संस्करण, तरुण भारत ग्रन्थावली, प्रयोग, 1946
7. डॉ. रामेश्वरलाल खंडेलवाल, *आधुनिक हिन्दी कविता में प्रेम और सौन्दर्य,* नेशनल पब्लिशिंग हाउस, दिल्ली, प्रथम संस्करण, परिशिष्ट नं. 1 और 2

का स्वतंत्र व्यक्तित्व सम्भव है, किन्तु, प्रभाव-वृद्धि और उत्कृष्टता के लिए विविध कलातत्त्वों का पारस्परिक सम्प्लवन आवश्यक है।

4. गम्भीरतापूर्वक विचार करने से यह पता चलता है कि चित्रकला, संगीतकला और काव्य में तात्त्विक समागम की क्षमता उत्तरोत्तर बढ़ती जाती है। स्थापत्यकला और मूर्तिकला अपनी स्थूलता के कारण तात्त्विक समागम के उस उच्च धरातल पर पहुँचने में पश्चात्पद रह जाती हैं। अतः प्रस्तुत शोधप्रबन्ध में व्यर्थता से अलग रहकर सुनिर्णीत मूल्यांकन के लिए चित्र, संगीत और काव्य को अधिकतर ध्यान में रखा गया है तथा स्थापत्य एवं मूर्तिकला का केवल प्रसंगवश उल्लेख किया गया है।
5. ललितकलाओं का अपेक्षाकृत अधिक तात्त्विक मिश्रण या विशेषकर काव्य, चित्र और संगीत को परस्पर निकट लाकर उनके कुछ तत्त्वों का अधिकतम मिश्रण स्वच्छन्तावाद (रोमांटिसिज्म) की एक विशिष्ट प्रवृत्ति है। अंग्रेजी की रोमांटिक कविता या हिन्दी की छायावादी कविता में ही नहीं, अन्यत्र भी जब साहित्य-जगत् में स्वच्छन्दतावादी लहर चली है, तब वहाँ के साहित्य-सृजन में ललितकलाओं का अधिकतम मधुमेल छा गया है। सच तो यह है कि प्रत्येक कला अपने रोमांटिक युग में अन्य ललितकलाओं से अधिक प्रभावित रहती है। इसलिए रोमांटिक युग की कविता भी अन्य भगिनी कलाओं के प्रमुख तत्त्वों को समाविष्ट करने की विशेष प्रवृत्ति रखती है। फलस्वरूप, प्रस्तुत शोध-प्रबन्ध में ललितकलाओं के तात्त्विक विवेचन को हिन्दी की रोमांटिक कविता (छायावाद) के विशेष सन्दर्भ में प्रस्तुत किया गया है।
6. हिन्दी साहित्य में अब तक ललितकलाओं के तात्त्विक अन्तःसम्बन्ध या पारस्परिक अन्तरावलम्बन पर कोई व्यवस्थित कार्य नहीं हो सका है, कारण, संस्कृत काव्यशास्त्र या हिन्दीतर आधुनिक भारतीय साहित्य में ऐसे तात्त्विक सौन्दर्यशास्त्रीय अध्ययन की कोई तगड़ी परम्परा नहीं है।
7. सभी ललितकलाओं के बीच एक तात्त्विक अन्तःसम्बन्ध रहने के कारण कविता का सौन्दर्यशास्त्रीय अध्ययन अपेक्षित है। कविता का सौन्दर्यशास्त्रीय अध्ययन कविता को काव्येतर ललितकलाओं के तात्त्विक सन्दर्भ में रखकर किया जाता है, जबकि कविता का काव्यशास्त्रीय अध्ययन कविता को काव्येतर कलाओं के तात्त्विक सन्दर्भ से पृथक् रखकर या उस तात्त्विक सन्दर्भ की उपेक्षा करके किया जाता है। किन्तु, कविता के काव्यशास्त्रीय अध्ययन और सौन्दर्यशास्त्रीय अध्ययन में अन्योन्याभाव सम्बन्ध नहीं है, क्योंकि कविता के सौन्दर्यशास्त्रीय अध्ययन में प्रसंगानुसार

काव्यशास्त्र की सामग्रियों का उपयोग किया जाता है, यद्यपि इसके विलोम से काव्यशास्त्र का स्वतंत्र व्यक्तित्व अपहृत हो जाता है।

8. तदनन्तर, कविता का सौन्दर्यशास्त्रीय अध्ययन करते समय काव्येतर ललितकलाओं के तात्त्विक सन्दर्भ को ही ध्यान में रखा जाता है, क्योंकि एक व्यक्ति के लिए सभी ललितकलाओं के सभी सन्दर्भों को ध्यान में रखना तथा उनका प्रामाणिक विवेचन करना असम्भव-सा है।

द्वितीय अध्याय

सौन्दर्य

प्रत्ययीकृत पुनः प्रत्यक्ष (आइडियलाइज़्ड रिप्रेजेंटेशन) में ललितकलाओं का सौन्दर्य-बोध छिपा हुआ है। अतः 'सुन्दर' की अभिव्यक्ति या 'सौन्दर्य' का विवर्द्धन कला का उद्देश्य है। वास्तविकता यह है कि कला में हमें स्रष्टा (कलाकार) की चेतना के मुग्ध संवेग का समग्र मानव-चेतना तक आशु संक्रमण मिलता है। और, यह संक्रमण सौन्दर्य-स्फूर्ति के सहारे निष्पन्न होता है। ललितकला (चारुकला) की तरह उपयोगी कलाओं (कारुकला) में भी सौन्दर्य-बोध का महत्त्व है। वस्तुतः प्रत्येक कला कलाकार की मनःस्थिति अथवा आत्मानुभूति का एक आन्तरिक अंश है। बाह्य उपादानों से उसका तात्त्विक नहीं, अभिव्यक्तिगत सम्बन्ध है। कलाकार की अनुभूतियों में सुरक्षित अमूर्त कला जब प्रत्यक्षीकरण के माध्यम से मूर्त बनने लगती है, तब सांसारिक उपादानों की आवश्यकता होती है। अतः उपयोगी कलाओं में भी आवश्यक उपादानों के प्रस्तुत रहने पर उन्हें समंजस संगठन, आकारिक अनुपात और नयनाभिरामता प्रदान करने के लिए कलाकार को अपनी शिल्प-रुचि तथा सौन्दर्य-बोध का प्रयोग करना ही पड़ता है।

इस सन्दर्भ में दूसरी ध्यातव्य बात यह है कि सौन्दर्य-दृष्टि से कला में मुख्य और गौण अथवा अल्प और विराट का कोई भेद नहीं होना चाहिए। उदाहरणार्थ, किसी नाटक में एक चयनिका का सफल अभिनय करने के लिए उसी तरह उत्कृष्ट कला-चेतना की आवश्यकता है, जिस तरह नायिका की भूमिका में उपस्थित होने के लिए; क्योंकि कला के सौन्दर्य की इकाइयाँ अपने-आप में विशिष्ट न होकर सापेक्षिक दृष्टि से विषय के प्रस्तुतीकरण में सन्दर्भात्मक महत्त्व रखती हैं। यह अवश्य है कि कला में प्रस्तुत सौन्दर्य के आलम्बन-विधान में रुचि-भेद क्रियाशील रहता है। अतः कला-सृजन और कला-भावन में, क्रमशः, स्रष्टा और सहृदय की स्वाद-रुचि का आपेक्षिक महत्त्व है। आधुनिक सौन्दर्यप्रधान कलानुचिन्तन से बहुत पूर्व प्लेटो ने इस आश्रयगत रुचि-भेद को संकेतित किया था। किन्तु, इस मान्यता को कुछ सीमाओं के साथ ही स्वीकृत होना चाहिए, क्योंकि आत्मरुचि-निर्भर व्यक्ति

अपनी ऊर्णनाभ कल्पनाओं से उच्चकोटिक कला का सृजन अथवा चयन नहीं कर सकता। अत: कला की सृजन-क्षमता के लिए कल्पना, भावना अथवा संवेग में अंशत: वस्तुप्रत्ययनेयता आवश्यक है।[1]

कुछ विचारकों की दृष्टि में सौन्दर्य पूर्णत: वस्तुनिष्ठ है।[2] इसलिए वह प्रत्यक्षबोध से सम्बन्धित है। प्रत्यक्ष के लिए अन्त:करण और इन्द्रिय, दोनों का वस्तु के साथ सन्निकर्ष या संयोग होना चाहिए। इस प्रत्यक्ष की मात्रा इन्द्रियों की सशक्तता-अशक्तता और अच्छाई-बुराई पर निर्भर है। इन्द्रिय एक प्रकार की शक्ति है, जिसमें बाहरी वस्तु, ज्ञेय अथवा दृश्य से प्रभावित होने तथा उनको प्रभावित करने की क्षमता है। सेन्द्रिय होने के कारण ही, अर्थात् प्रत्यक्षीकरण के माध्यम की विशेषता के कारण ही हम व्यक्तियों में 'सौन्दर्य' के प्रभाव से मुग्ध होने तथा सुन्दर को प्रभावित करने में स्तर अथवा मात्रा की भिन्नता पाते हैं। इसलिए व्यक्ति के सौन्दर्य-बोध की भिन्नता भी इसका पुष्कल प्रमाण पेश करती है कि सौन्दर्य का सम्बन्ध सेन्द्रिय प्रत्यक्ष से है।

इस मान्यता को स्वीकृत करने पर एक दूसरा तथ्य स्वयं उद्घाटित होता है—वह है, सौन्दर्य के ग्रहण में अन्त:करण का योग। अन्त:करण के योग की आवश्यकता दो अवस्थाओं में है—एक सौन्दर्य की प्रत्यक्षावस्था में, दूसरे उसकी स्मृति में। पहली अवस्था में इसलिए अन्त:करण का योग चाहिए कि अन्यमनस्क होने की दशा में चित्त कहीं और लगे रहने की अवस्था में—सौन्दर्य के अवलोकन में मन नहीं रमता है। दूसरी अवस्था में अर्थात् स्मृति-दशा में—अन्त:करण का योग इसलिए चाहिए कि इसमें सौन्दर्य का वास्तविक आलम्बन अन्तर्हित रहता है।[3] इस द्वितीयावस्था की उद्भूति प्रथमावस्था में ही निहित है। सौन्दर्य-भावन में यही वह स्थल है, जहाँ 'आइडिया' और 'इमेज' में एकत्व अथवा सन्तुलन रहता है। इन दोनों में यदि भागवत पौर्वापर्य माना जाए तो 'आइडिया' कारण और 'इमेज' कार्य होगा। इसी विचार-सरणी पर यह स्थापना निर्भर है—"इमेज इज़ द रियलाइज़ेशन ऑव एन आइडिया इन ए सिंगल ऑब्जेक्ट।" किन्तु, कुछ विचारकों की दृष्टि में 'इमेज' और 'आइडिया' के बीच वस्तुगत पौर्वापर्य है, जिसके अनुसार प्रथम कारण और द्वितीय कार्य है। इनमें नियतपूर्ववर्तित्व के साथ-साथ अविनाभाव है।

---

1. "...धातु-पुरुषेर मध्ये जखन कोन ओ उत्तेजक वस्तु के उपलक्ष्य करिया देशकाल पात्राद्यन- वच्छिन्न भावे कोन ओ संस्कार उद्बुद्ध हइया उठे एवं ताहार वेष वले से उत्तेजक सामग्री के लक्ष्य करिया धातुपुरुषेर जे आत्म परिचय घटे तोहार नाम सौन्दर्य।" डॉ. सुरेन्द्रनाथ दासगुप्त, *सौन्दर्य-तत्त्व,* पृ. 30
2. S. Alexander, *Beauty and other Forms of Value,* London, 1933, pp. 179-180
3. उदाहरणार्थ वड्र्सवर्थ का *डैफोडिल्स*।

कला-प्रसंग में सौन्दर्य-चिन्तन अधिकतर अतिवादी रहा है। एक ओर चेर्नीशेव्स्की जैसे वस्तुनिष्ठ विचारक ने सौन्दर्य की परिभाषा इस प्रकार दी है—'ब्यूटी इज़ लाइफ़', तो दूसरी ओर शेफ्ट्सबरी जैसे आत्मनिष्ठ चिन्तक ने कहा है—'ब्यूटी एंड गॉड आर वन एंड द सेम'। इस तरह सौन्दर्य (विचारकों के हाथों में) दो अतिबिन्दुओं के बीच दोलक की तरह झूलता रहा है और कोई भी दो विचारक एक मत पर नहीं पहुँच सके हैं। फलतः सौन्दर्य की परिभाषाएँ अनेक हैं। सौन्दर्य-सम्बन्धी अद्यावधिक धारणाओं को सरलतापूर्वक समझने के लिए पाश्चात्य सौन्दर्य-चिन्तन के विकास का यह देशाधार विवेचन उपयोगी सिद्ध हो सकता है—

(क) यूनान

1. **सुकरात—** सुन्दर और शिव एक हैं, अतः सुन्दर जीवन-सापेक्ष है। (जेनोफेन रचित 'मेमोरेबिलिया' नामक ग्रन्थ के आधार पर सुकरात के सौन्दर्य सिद्धान्त का यही निष्कर्ष निकाला जा सकता है।)

2. **प्लेटो—** सुन्दर, शिव और सत्य एक हैं। सुन्दर 'परम' है और पूर्ण है तथा सुन्दर के लिए नैतिक होना आवश्यक है।

3. **अरस्तू—** सौन्दर्य आकांक्षा, वासना और उपयोगिता से ऊपर की वस्तु है तथा सुन्दर वस्तु में 'ऑर्डर', 'सिमेट्री' और 'डेफिनिटनेस' की विद्यमानता रहती है। इनका सिद्धान्त-सार यह है कि सुन्दर और शिव एक नहीं है, क्योंकि शिव का अनुभव गति की अवस्था (स्टेट ऑव मोशन) में होता है और सुन्दर की अनुभूति स्थिति (रिपोज़) की अवस्था में।

(ख) रोम

1. **प्लूटार्क—** सौन्दर्य एक प्रकार की कलात्मक कुशलता है।

2. **प्लॉटिनस—** ऊँची धारणा और तर्क का सम्मिश्रण सौन्दर्य है। पुनः ऊँची धारणा और तर्क के सम्मिश्रण को सौन्दर्य ही रूप-विधान प्रदान करता है। अर्थात् सौन्दर्य पूर्णतः भावगत है, अल्पांश में भी वस्तुगत नहीं। इसलिए सौन्दर्य एक रहस्यात्मक सहजानुभूति है।

(ग) जर्मनी

1. **बाउमगार्तेन—** प्रकृति सौन्दर्य का चरम प्रतिमान है। इसलिए प्रकृति का अनुकरण ही सौन्दर्य-सृजन है।

2. काण्ट—(इन्होंने ही 'ट्रान्सेंडेंटल एस्थेटिक्स' की उद्भावना की। इनके अनुसार) सौन्दर्य चिन्तनशील धारणा का आनन्द है। इसका अस्तित्व वस्तुनिष्ठ नहीं है किन्तु, इसका उद्देश्य नैतिक शिवत्व का स्थापन है।

3. हीगेल—'आइडियल' की अभिव्यक्ति का प्रयास सौन्दर्य-सृजन है और इसका माध्यम अथवा अनुकरण ही सुन्दर है।

4. शॉपेनहावर—इच्छाओं अथवा 'प्लैटोनिक आइडियाज़' का सम्मूर्तन ही सौन्दर्य है।

5. लेसिंग—सौन्दर्य अभिव्यक्ति में नहीं, वस्तु, विधान और पद्धति में है। इन्होंने केवल चित्रकला और कविता को दृष्टिपथ में रखते हुए सौन्दर्य पर विचार करने की चेष्टा की है।[1]

(घ) इंग्लैंड

सौन्दर्य के मनोवैज्ञानिक विश्लेषण को प्रारम्भ करने का श्रेय इंग्लैंड के सौन्दर्यशास्त्रियों को है। ये सौन्दर्यशास्त्री मुख्यतः दो निकाय के हैं—'आइडियलिस्ट' (अर्थात् इंट्यूशनलिस्ट) और 'फॉर्मेलिस्ट' (अर्थात् एनालिटिकल थ्योरिस्ट)। प्रथम निकाय के विचारक सौन्दर्य को विश्लेषण से परे मानते हैं, क्योंकि सौन्दर्य का विश्लेषण नहीं हो सकता; चूँकि वह वस्तु का एक अखंड गुण है। किन्तु, 'फॉर्मेलिस्ट' विचारकों का कथन है कि सौन्दर्य का विश्लेषण हो सकता है, क्योंकि उसका सम्बन्ध वस्तु-विशेष के आकृति-विधान से है।

इंग्लैंड के 'आइडियलिस्ट' विचारकों में ये प्रधान हैं—

1. शैफ्ट्सबरी—सौन्दर्य और परम विभु एक हैं।

2. टॉमस रीड—सौन्दर्य आध्यात्मिक चैतन्य है।

3. रस्किन—सौन्दर्य ईश्वर की विभूति है। रस्किन ने मनुष्य में दो वृत्तियाँ मानी हैं—सहज वृत्ति और काल्पनिक वृत्ति। सहज वृत्ति के अन्तर्गत ही सौन्दर्य-बोध आता है। इन्होंने सौन्दर्य की दो श्रेणियाँ मानी हैं—'टिपिकल' और 'वायटल'। इन्होंने फिर 'वायटल ब्यूटी' के भी दो भेद माने हैं—'रिलेटिव' और 'जेनेरिक'।[2]

---

1. *लेसिंग्स लैकून,* ट्रान्स्लेटेड बाइ ई. सी. बीस्ले। लेसिंग ने इस विख्यात पुस्तक 'लैकून' की रचना 1760 से 1765 ई. के बीच में की थी, जिस समय वह ब्रेस्लाउ में रहता था। उसने इस पुस्तक को बर्लिन में पूरा किया और 1766 ईस्वी में प्रकाशित किया। यह प्रकाशन उसने रायल लाइब्रेरियन के पद पर नियुक्ति पाने की आशा से किया था, जो व्यर्थ सिद्ध हुई, कारण उस समय लैकून को एक महत्त्वपूर्ण कृति के रूप में स्वीकार नहीं किया गया।
2. जॉन रस्किन, जार्ज एलेन, *लेक्चर्स ऑन आर्ट,* 1904

इंग्लैंड के 'फॉर्मेलिस्ट' विचारकों में निम्नलिखित प्रमुख हैं—

1. **एडिसन**—सौन्दर्य परिवेश और संगति का फल है।

2. **होगार्थ**—सौन्दर्य वस्तु-विशेष के अंगों के सन्धिबन्ध, प्रयुक्तियों की रंजकता और अनुक्रम में विद्यमान रहता है।

3. **बर्क**—वस्तु-विशेष की वर्णगत चारुता, आंगिक कोमलता और उज्ज्वलता ही सौन्दर्य है।

4. **बेन**—सौन्दर्य स्वोद्देश्य होता है। हमारा वह संवेग जो जीवन के प्रयोजनों से परे रहता है, सौन्दर्य कहलाता है।

5. **एल्सन**—सौन्दर्य विचारों का प्रवाह है।

(च) रूस

1. **चर्नाशेव्सकी**—सौन्दर्य ही जीवन है।

2. **बेलिन्स्की**—सौन्दर्य सामाजिक जीवन के जीवन्त यथार्थ का ऐसा प्रतिबिम्ब है, जो हमें आनन्द ही नहीं देता, प्रगतिशील होने की प्रेरणा भी देता है। सौन्दर्य के सम्बन्ध में ऐसी ही धारणा हर्जेन और दोब्रोल्यूबाव की भी है।[1] संक्षेप में पाश्चात्य सौन्दर्य-चिन्तन के विकास का यही देशाधार विवेचन है।[2]

उपर्युक्त विचारकों के अलावा सौन्दर्यशास्त्र के कुछ अन्य आधुनिक विचारक भी उल्लेखनीय महत्त्व के अधिकारी हैं, जैसे—क्लाइव बेल, रक्स्टल, क्रोचे, इत्यादि। यहाँ पाश्चात्य सौन्दर्य-चिन्तन के तात्त्विक पक्ष को समझने के लिए हीगेल और क्रोचे के सौन्दर्य-दर्शन पर विचार कर लेना अत्यावश्यक है, क्योंकि इन दोनों की सौन्दर्य सम्बन्धी मान्यताओं ने पाश्चात्य सौन्दर्यशास्त्र के आधुनिक स्वरूप को भूरिशः प्रभावित किया है।

---

1. बेलिन्स्की की कलागत मान्यताओं के संक्षिप्त परिचय के लिए द्रष्टव्य—*त्रैमासिक आलोचना,* अंक 9, अक्तूबर, 1953 में 'बेलिन्स्की की मान्यताओं का विकास' शीर्षक निबन्ध, पृ. 192-198

2. जेम्स एच. कजिन्स ने पाश्चात्य सौन्दर्य-चिन्तन के विकास को तीन धाराओं में बाँटा है—1. 'एस्थेटिकल मॉनिज़्म', 2. 'एस्थेटिकल डुअलिज़्म', और 3. 'एस्थेटिकल' ट्रिनिटारियनिज़्म'। प्रथम धारा में मुख्यतः सुकरात और प्लेटो आते हैं, जिनके सौन्दर्य-दर्शन को क्रमशः सब्जेक्टिव और ट्रान्सेंडेंटल कहा जा सकता है। दूसरी धारा का प्रारम्भ अठारहवीं-उन्नीसवीं शताब्दी में हुआ। इस धारा के सौन्दर्य-चिन्तकों में हचेसन, होगार्थ और डॉ. विसर प्रमुख हैं। प्रायः इन सभी विचारकों में द्रष्टा और दृश्य (सुन्दर) के द्वैत को दृष्टिपथ में रखते हुए सौन्दर्य पर विचार किया है। तीसरी धारा का प्रारम्भ जर्मनी के सौन्दर्यचिन्तकों द्वारा हुआ, जिन्होंने प्लेटो की ट्रान्सेंडेंटल ब्यूटी को अपने चिन्तन का आधार बनाते हुए सौन्दर्य, वस्तु और चेतना की त्रयी को स्वीकार किया।— जेम्स एच. कजिन्स, *द फिलासफी ऑव ब्यूटी,* 1925, पृ. 12-28

हीगेल का सौन्दर्य-दर्शन प्रत्यय-जगत् पर निर्भर है। इनके अनुसार दृश्यमान जगत् आभास-मात्र है। अतः ये प्रत्यय (आइडिया) को ही विकास का मूल तत्त्व और शक्ति मानते हैं जिस प्रकार बर्गसाँ ने विश्व के मूल में एलांह्विता[1] को, हर्बर्ट स्पेन्सर ने भूतात्मक संघटन (इन्टेग्रेशन ऑव मैटर) को, सेमूएल अलेक्जेंडर ने अनिर्वचनीय प्राकृतिक सम्बन्ध (नैचुरल पाइटी) को, लाइब्निज ने चिद्‌बिन्दु को और ल्वायड मॉर्गन ने विभु शक्ति (इम्मानेंट फोर्स) को मूल तत्त्व माना है, उसी प्रकार हीगेल ने प्रत्यय को विकास का चरम तत्त्व माना है। अतः हीगेल का सम्पूर्ण सौन्दर्य-दर्शन या कला-सिद्धान्त प्रत्यय-जगत् पर निर्भर है।

हीगेलीय सौन्दर्यशास्त्र त्रयात्मक है। द्वंद्वात्मक प्रक्रिया के अनुसार इनके प्रत्यय का विकास सर्वत्र त्रिस्तरीय है, जिसे प्रायः पाश्चात्य सौन्दर्यशास्त्र का हीगेलीय त्रय (हीगेलियन ट्रायड) कहा जाता है। मूल प्रत्यय अपने को तीन अवस्थाओं में प्रकट करता है—वाद, प्रतिवाद और समन्वय। इन तीन अवस्थाओं का व्यक्तीकरण तीन दार्शनिक धरातलों पर होता है—तर्क, प्रकृति और मन (माइंड)। इस प्रकार प्रत्यय तर्क, प्रकृति और मन—इन तीन धरातलों पर क्रमशः सूक्ष्मता में 'तर' से 'तम' की ओर बढ़ता जाता है। पुनः प्रत्यय मन तक पहुँचकर तीन अवस्थाओं में प्रकट होता है—'सब्जेक्टिव', 'ऑब्जेक्टिव' और 'एब्सोल्यूट'। जब प्रत्यय 'एब्सोल्यूट' की अवस्था में पहुँचता है, तब उच्चस्तरीय कला की सृष्टि होती है। यहाँ यह ध्यान रखना है कि अधिकांश भारतीय कला-विचारक भी कला में 'एब्सोल्यूट' को महत्त्व देते हैं, जो 'सत्यं शिवं सुन्दरम्' की चिरपरिचित त्रयी में व्यक्त होता रहा है।[2]

प्रत्यय की उपर्युक्त तीन अवस्थाओं के अनुसार उनसे निर्मित कला भी क्रमशः तीन प्रकार की होती है—'सिम्बॉलिक', 'क्लासिकल' और 'रोमांटिक'। प्रथम वर्ग में वास्तुकला, द्वितीय वर्ग में मूर्तिकला तथा तृतीय वर्ग में चित्र, संगीत और काव्यकलाएँ आती हैं। इन सभी कलाओं में, क्रमशः, आधार की सूक्ष्मता ऊर्ध्वगति से वर्द्धमान होती हुई अन्तिम तीन कलाओं (चित्र, संगीत और काव्य) में 'एब्सोल्यूट' को स्वायत्त कर लेती है। संक्षेप में हम हीगेल के सौन्दर्य-दर्शन को इस प्रकार उपस्थित कर सकते हैं—

थीसिस.............एंटिथीसिस................सिन्थीसिस
लॉजिक.............नेचर......................माइंड
सब्जेक्टिव.........आब्जेक्टिव................एब्सोल्यूट
सिम्बॉलिक.........क्लासिकल............. रोमांटिक
(वास्तुकला)   (मूर्तिकला)   (चित्र, संगीत और काव्य)

1. Elan Vital
2. आनन्दकुमार स्वामी, *द डान्स ऑव लार्ड शिव,* पृ. 59

हीगेल के अनुसार 'सिम्बॉलिक आर्ट' अर्थात् वास्तुकला में सौन्दर्य-सृजन की दृष्टि से पिंडीभूत मूर्तन की अधिकता रहती है।[1] अतः सिम्बॉलिक कला में दो प्रकार के दोष या अभाव रहते हैं। एक, यह कि इसमें व्यक्त सौन्दर्य या प्रत्यय हमारी चेतना को नाममात्र के लिए स्पर्श करता है और, दूसरे, इसमें अभिव्यक्ति के माध्यम की स्थूलता बहुत अधिक रहती है। किन्तु, मूर्तिकला जैसी 'क्लासिकल' कला में इन दोनों अभावों का परिहार हो जाता है, क्योंकि 'क्लासिकल' कला में, हीगेल के अनुसार, सौन्दर्य अथवा प्रत्यय का उचित मूर्तन होता है। इसमें अभिव्यक्ति का स्वरूप उतना अधिक स्थूल नहीं रहता है। कुल मिलाकर 'क्लासिकल' कला में 'आइडिया' तथा 'इमेज' की एक पारस्परिक अनुकूलता स्थापित हो जाती है और इन दोनों में एक समतोल निष्पन्न हो जाता है। किन्तु, कला का विकास इस स्तर पर आकर रुक नहीं जाता है। 'क्लासिकल' कला में भी कुछ दोष रह जाते हैं, जिनका परिष्कार 'रोमांटिक' वर्ग की कलाओं में ही हो पाता है। इस 'रोमांटिक' स्तर को हम कला-विकास की पार्यन्तिक दशा कह सकते हैं। 'क्लासिकल' कला में यह दोष रह जाता है कि उसमें सौन्दर्य या प्रत्यय की सूक्ष्मता का उत्पादन रहता है और प्रत्यय को पिंडीभूत बनाने की विशेष प्रवृत्ति रहती है। अतः क्लासिकल कला में जहाँ सौन्दर्य-सृजन की इन्द्रियग्राह्य मूर्तता की उच्चतम दशा मिलती है, वहाँ यह भी सच है कि इस कोटि की कला का व्यपदेश बहुत संकीर्ण होता है। आशय यह है कि मूर्ति-निर्माण-जैसी क्लासिकल कला सौन्दर्य अथवा प्रत्यय को सर्वत्र शारीरिक आकार की मूर्तता (एक प्रकार की सीमा) में बाँधना चाहती है, जबकि सौन्दर्य एवं अन्य प्रकार के प्रत्यय मनुष्य की अन्तर्मुख मनश्चेतना में अवसित रहने के कारण सीमाओं से परे हुआ करते हैं। इस प्रकार सौन्दर्य और प्रत्यय को शारीरिक आकार की लघु सीमाओं और अभिव्यक्ति की पिंडीभूत दशाओं से ऊपर रखकर अपेक्षाकृत निस्सीम और कम मूर्त अभिव्यक्ति देने के लिए 'रोमांटिक आर्ट' की अवतारणा होती है, जिसके अन्तर्गत चित्र, संगीत और काव्यकला की गणना की जाती है। रोमांटिक कला की विवेचना करते हुए हीगेल ने बहुत ही ललित ढंग से कहा है कि शेष दो प्रकार की कलाएँ जहाँ आत्मा या चेतना के तटवर्ती प्रदेशों में इधर-उधर भटकती रह जाती हैं, वहाँ रोमांटिक कला आत्मा या चेतना की गहराइयों में उतरकर एक आध्यात्मिक क्रिया बन जाती है। अतः रोमांटिक कला का उद्‌देश्य 'सिम्बॉलिक' या 'क्लासिकल' कला की तरह सौन्दर्य के किसी अंश का मात्र ऐन्द्रिय प्रत्यक्ष करा देना नहीं रहता है, बल्कि रोमांटिक कला में अभिव्यक्त सौन्दर्य के साथ ही आत्मा या चेतना के गहन अंशों की भी अभिव्यक्ति होती है। इसलिए

1. "...this first type of art (the symbolic type of art) is rather a mere search after plastic configuration than a power of genuine representation."—Hegel, *The Philosophy of Fine Art,* Volume I, translated by Osmaston, London, 1920, p. 103

हीगेल का मत है कि रोमांटिक कला की विकसित दशा में पहुँचकर मनुष्य का चेतन जगत् या आत्म-जगत् 'इदम्' के विवर्त पर, रूपतन्मात्राओं से भावित बाह्य जगत् पर अपना प्रभुत्व स्थापित कर लेता है और तब रोमांटिक कला का उद्देश्य अभिव्यक्ति की मूर्तता के ऐन्द्रिय प्रत्यक्षों से ऊपर उठ जाता है।[1] संक्षेप में हीगेल के उक्त विश्लेषण का निष्कर्ष यह है कि 'सिम्बॉलिकल' कला में सौन्दर्य अथवा प्रत्यय की अपूर्ण और कलात्मक अभिव्यक्ति होती है। मानो, इस कोटि की कला सौन्दर्य की पूर्ण और कलात्मक अभिव्यक्ति के अन्वेषण में छटपटाकर रह जाती है। इस तरह 'सिम्बॉलिक' कला में विषय के अनुरूप विधान की परिपूर्णता नहीं रहती है और इसकी अभिव्यक्ति में वस्तुतांत्रिक पक्ष की प्रधानता हो जाती है। तदनन्तर, क्लासिकल कला में विषय और विधान की समांगता रहती है, सौन्दर्य या प्रत्यय और उसकी अभिव्यक्ति में आनुरूप्य तथा सन्तुलन का निर्वाह रहता है। दूसरे शब्दों में, आत्मतांत्रिकता और वस्तु-तांत्रिकता का समतोल रहता है। कला के तीसरे प्रकार अर्थात् रोमांटिक कला में हम 'सिम्बॉलिक' कला का विलोम पाते हैं, क्योंकि इसमें अभिव्यक्ति-पक्ष का सूक्ष्म मंडन विषय को आयत्त कर लेता है और सौन्दर्य या प्रत्यय का आत्मतांत्रिक पक्ष विधान की वस्तुनिष्ठता को पराभूत कर देता है।[2] इसी दृष्टिकोण के आधार पर हीगेल ने कला की दो कोटियाँ निर्धारित कर दी हैं—वस्तुतांत्रिक कला और आत्मतांत्रिक कला; प्रथम कोटि में 'सिम्बॉलिक' और 'क्लासिकल' कलाएँ, अर्थात् स्थापत्य और मूर्तिकलाएँ आती हैं तथा द्वितीय कोटि में रोमांटिक कला, अर्थात् चित्र, काव्य और संगीतकलाएँ आती हैं।[3]

हीगेल के इस वर्गीकरण पर कुछ विचारकों ने आपत्ति उठाई है, क्योंकि यह वर्गीकरण उभयनिष्ठ आधार लेकर चलता है। एक ओर हीगेल का कहना है कि 'सिम्बॉलिक' वर्ग के अन्तर्गत वास्तुकला, 'क्लासिकल' वर्ग के अन्तर्गत मूर्तिकला और रोमांटिक वर्ग के अन्तर्गत चित्र, संगीत एवं काव्यकलाएँ आती हैं, जबकि दूसरी ओर इनकी यह स्थापना है कि वास्तुकला (जो पूर्वोक्त वर्गीकरण के अनुसार 'सिम्बॉलिक' कला है) अपनी विकसित दशा में क्लासिकल और रोमांटिक भी हो सकती है। इसी तरह अन्य कलाएँ भी अपने विकसित बोध के अनुसार उक्त तीनों दशाओं से गुज़र सकती हैं। अतः वर्गीकरण के आधार की उभयनिष्ठता के कारण हीगेल का सम्पूर्ण वर्गीकरण ही अस्पष्ट लगता है। आलोचकों की धारणा है कि हीगेल द्वारा स्थापित वर्गीकरण का उक्त आधार ऐतिहासिक दृष्टि और दार्शनिक विश्लेषण की संकर सृष्टि है। जिन विचारकों ने हीगेल की इस स्थापना को शंका की

1. G.W. F. Hegel, *The Philosophy of Fine Art,* translated by F. P. B. Osmaston, London, Volume I, 1920, pp. 108-109
2. Hegel, *The Philosophy of Fine Art,* translated by Osmaston, London, 1920. Volume II, pp. 3-5
3. Hegel, *The Philosophy of Fine Art,* Volume III, p. 217

आँखों से देखा है, उनमें शेस्लर, हर्टमान और सिमरमान प्रमुख हैं।[1] सौन्दर्यविवेचन की दृष्टि से हीगेल के उपर्युक्त मन्तव्यों का निष्कर्ष यह है कि इन्होंने सौन्दर्य के प्रति दार्शनिक धरातल पर बहुत ही सूक्ष्म धारणाएँ व्यक्त की हैं। इनकी दृष्टि में सौन्दर्य प्रत्यय-जगत् की एक आत्मनिष्ठ विभूति है।

हीगेल के बाद पाश्चात्य सौन्दर्यशास्त्र के आधुनिक स्वरूप को प्रभावित करनेवाले विचारकों में क्रोचे का बड़ा ही महत्त्व है। अभिव्यंजनावाद के माध्यम से क्रोचे ने पाश्चात्य सौन्दर्यशास्त्र को विकास का एक नया आस्पद प्रदान किया है। इस प्रसंग में क्रोचे के अभिव्यंजनावाद को तनिक विस्तार से समझ लेना हमारे लिए आवश्यक है, क्योंकि हिन्दी आलोचना में इसके विषय में बहुत भ्रान्तियाँ रही हैं।

क्रोचे के अनुसार आत्मा की दो क्रियाएँ हैं—विचारात्मक और व्यवहारात्मक। व्यवहारात्मक क्रिया कर्मप्रधान (ज्ञानप्रधान नहीं) होती है और इसका ऋजु सम्बन्ध लौकिक योगक्षेम अथवा समाज के द्वारा स्वीकृत नैतिक मानदंडों से रहता है। इसलिए यह व्यवहारात्मक क्रिया दो प्रकार की होती है—आर्थिक और नैतिक। इन क्रियाओं से सौन्दर्य-सृजन का कोई सीधा सम्बन्ध नहीं है। सौन्दर्यसृजन का सम्बन्ध आत्मा की विचारात्मक (थ्योरिटिक) क्रिया के रूप से है। इस विचारात्मक क्रिया से ज्ञान के दो रूप निष्पन्न होते हैं—सहज ज्ञान (इंट्यूशन) और तर्कात्मक ज्ञान (लॉजिकल नॉलेज)। इन दोनों में सहजज्ञान से ही सौन्दर्यसृजन अथवा कला का निर्माण होता है। सहजज्ञान से बिम्बों की प्राप्ति होती है, जिनकी अभिव्यक्ति से सौन्दर्य का विधान या कला का आविर्भाव होता है। दूसरी ओर तर्कात्मक ज्ञान से विचार-बोध (कन्सेप्ट) की उपलब्धि होती है, जिससे दर्शन, विज्ञान इत्यादि का प्रवर्तन होता है। क्रोचे के इस सिद्धान्त को निम्नलिखित तालिका से अच्छी तरह समझा जा सकता है—

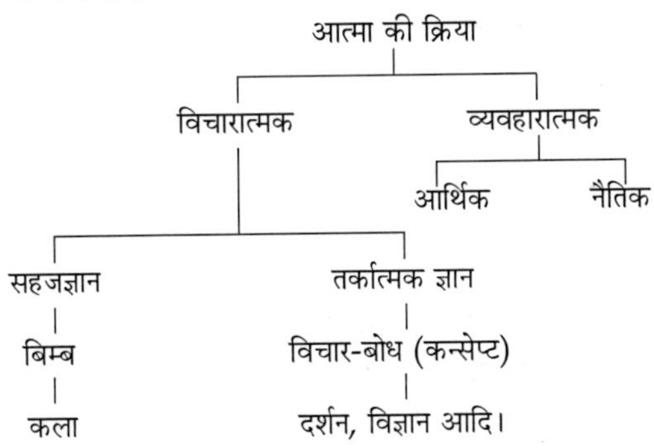

1. बोसांके ने हीगेल के वर्गीकरण के दोहरे आधार के पक्ष में 'फैक्ट्स दैट सपोर्ट द डबल बेसिस' उपशीर्षक के अन्तर्गत कुछ तर्क दिए हैं। *हिस्ट्री ऑव एस्थेटिक,* बर्नार्ड बोसांके, जार्ज एलेन एंड अन्विन, 1949, पृ. 350-352

क्रोचे ने सौन्दर्यानुप्राणित कला-सृजन में सहजज्ञान को प्राथमिकता दी है। किन्तु, इन्होंने सहजज्ञान और बुद्धि में वैर-भाव नहीं माना है। इनका स्पष्ट कथन है—'इंट्यूशन इज ब्लाइंड; इंटेलेक्ट लेंड्स हर आईज'। अत: इनका सहजज्ञान साधारण अर्थों से विशिष्ट है। इस सहजज्ञान में वस्तु-प्रत्यय और बिम्ब की प्रतीति का अन्तरहीन ऐक्य विद्यमान रहता है। इसलिए सहजज्ञान के द्वारा किसी सौन्दर्यात्मक कलाकृति में देश अथवा काल का नहीं, विशिष्टता अथवा व्यक्ति-सत्ता का उद्घाटन होता है।

क्रोचे के सौन्दर्यशास्त्र का दूसरा सूत्र सहजज्ञान और अभिव्यक्ति से सम्बन्धित है, जिसके अनुसार इन दोनों में एकात्म सम्बन्ध है। अभिव्यक्ति के बिना सहजज्ञान पूर्ण नहीं हो सकता। पहले के अभाव में दूसरा अनुभूत रह जाता है। इस तरह क्रोचे ने सहजज्ञान और अभिव्यक्ति में अविनाभाव सम्बन्ध माना है। इन्होंने कला-दर्शन में अभिव्यक्ति को इतना अधिक महत्त्व दिया है कि इनके अनुसार अभिव्यक्ति के आधार पर ही सुन्दर और कुरूप का निर्णय होना चाहिए। अर्थात्, सहजज्ञान की सफल अभिव्यक्ति ही 'सुन्दर' है और सहजज्ञान की अपूर्ण अभिव्यक्ति 'कुरूप' है। इस सुन्दर या असुन्दर (कुरूप) का सम्बन्ध मनुष्य की वीक्षामूलक वृत्ति से है। क्रोचे ने मनुष्य में, सामान्यत:, चार प्रकार की वृत्तियों को स्वीकार किया है—वीक्षामूलक वृत्ति, तर्कवृत्ति, व्यवहारात्मक वृत्ति और योगक्षेममूलक वृत्ति। सहजानुभूति और अभिव्यक्ति अथवा सौन्दर्य-भावना और कलासृजन वीक्षामूलक वृत्ति के अन्तर्गत आते हैं। अत: क्रोचे ने अभिव्यंजना का निकटतम सम्बन्ध सौन्दर्य की भावना से उत्पन्न आनुषंगिक आनन्द के साथ माना है। इस तरह क्रोचे के अनुसार सहजज्ञान और अभिव्यक्ति में अविनाभाव सम्बन्ध है। किन्तु, विश्लेषण करने पर यह मान्यता उचित प्रतीत नहीं होती है, क्योंकि सहजज्ञान एक अन्तर्मुख भावन है—व्यक्ति की अन्तस्थ मनोदशा है और अभिव्यक्ति एक बहिर्मुख क्रिया है। स्वयं क्रोचे ने कलाओं की अविभाज्यता को सिद्ध करने के लिए अभिव्यक्ति को 'एक्टिविटी' कहा है। इसलिए मेरे विचार से सहजज्ञान और अभिव्यक्ति में बहुत अन्तर है। सहजज्ञान के लिए जहाँ हृदय की ग्राहिका-शक्ति और संवेदनशीलता ही पर्याप्त हैं, वहाँ अभिव्यक्ति शक्ति-सापेक्ष, समय-सापेक्ष और दीक्षा-सापेक्ष होने के साथ ही व्युत्पत्ति और अभ्यास के अधीन है। इसलिए अभिव्यक्ति का गुण सामान्य जन नहीं, कलाकार की विशेषता है।

इस प्रसंग में क्रोचे के समर्थकों का तर्क यह है कि मनुष्य का अन्त:करण उतने ही सहजज्ञान की प्राप्ति करता है, जितने की अभिव्यक्ति उसकी शक्ति के अन्तर्गत है। दूसरी बात यह है कि हमारे भाव और मनोराग जब विकसित होकर सहजज्ञान का रूप ग्रहण करते हैं, तब उनकी अभिव्यक्ति केवल शब्दाश्रित ही नहीं होती, बल्कि सहजज्ञान भावक के इंगितों अथवा अन्य चेष्टाओं से भी अपने को अभिव्यक्त करता है। अर्थात्, सहजज्ञान कभी भी अभिव्यक्तिहीन नहीं होता और

इसके अभिव्यंजन में 'सैकेंड लॉ ऑव थर्मोडिनैमिक्स' जैसा कोई नियम नहीं लागू होता जिसके अनुसार सहजज्ञान के कुछ अंश को अभिव्यंजना के समय अवर, हीन या अनावश्यक होने के कारण छोड़ दिया जाना चाहिए अथवा उसे स्वयं ही छूट जाना चाहिए। इस तरह सहजज्ञान का एकमात्र लक्षण है—अभिव्यक्ति। जिसकी अभिव्यक्ति नहीं होती, वह संवेदन या और कुछ हो सकता है, लेकिन सहजज्ञान नहीं।[1]

इस स्थल पर पहुँचकर दो विचारणीय प्रश्न उपस्थित होते हैं—1. क्या सहजज्ञान में विचारतत्त्व (कन्सेप्ट) की आंशिक स्थिति भी नहीं रहती है? और 2. क्या सहजज्ञान की सभी अभिव्यक्तियाँ सुन्दर तथा कलात्मक ही होती हैं अथवा कलात्मक अभिव्यंजना कुछ लक्षण-विशिष्ट होती है? जहाँ तक पहले प्रश्न का सम्बन्ध है, इस मान्यता को स्वीकार करना बहुत कठिन है कि सहजज्ञान में विचार-बोध का अत्यन्ताभाव रहता है। क्योंकि विचार-तत्त्व का आत्यन्तिक अभाव रहने पर सहजज्ञान ही निरर्थक हो जाएगा। क्रोचे ने इस आपत्ति से आंशिक बचाव के लिए इतना स्वीकार किया है कि यदि कभी नन्दतिक या कलात्मक सहजज्ञान में विचार-तत्त्व का समावेश भी होता है, तो वे विचार अपना गुण-धर्म खोकर, रूपान्तरित होकर सहज ज्ञान का अंश बन जाते हैं। किन्तु, यहीं क्रोचे की इस स्वीकृति से यह निष्पन्न हो जाता है कि ऐसे ही विचार-बोध संकलित सहजज्ञान कला-वरेण्य होते होंगे और अन्य प्रकार के सहजज्ञान की तुलना में गुण-विशिष्ट भी। अत: क्रोचे की उक्त स्वीकृति को अपने तर्क का आधार बनाते हुए एस. सी. सेनगुप्त[2] ने यह प्रतिपादित किया है कि सहजज्ञान में भी विचार-तत्त्व की विद्यमानता रहती है। यदि कुछ क्षणों के लिए यह स्वीकार भी कर लिया जाए कि सहजज्ञान में विचार-तत्त्व की विद्यमानता नहीं रहती है और न उसके कलात्मक प्रेषण के लिए सहजज्ञान में उपचारवक्रता लाने की आवश्यकता होती है, तब भी यह प्रश्न विचारणीय रह जाता है कि उस सहजज्ञान से व्युत्पन्न बिम्बों को सौन्दर्यविधान या कला-सृजन के समय क्रम और चयन देने में विचार या तर्क-बुद्धि की आवश्यकता का कैसे निषेध किया जा सकता है? सौन्दर्य के सर्वोत्तम निदर्शन काव्यकला में ही बिम्ब-विधान के अन्तर्गत हम जो चित्रात्मक उत्प्लवन ('पिक्टोरियल लीप') पाते हैं और उसमें पुन: सभी बिम्बों का एक ही मुख्यार्थ की ओर जो अनुधावन पाते हैं, वह विचार अथवा तर्कात्मक ज्ञान के सहयोग के बिना किस प्रकार सम्भव है? अत: यह स्पष्ट प्रतीत होता है कि सौन्दर्य-प्रधान कलाओं के विधान-पक्ष में लय, अनुपात इत्यादि की सुरक्षा के लिए तर्कात्मक ज्ञान की सजगता आवश्यक है।

---

1. Croce, *Aesthetic,* translated by Anslie Douglas, p. 13
2. S. C. Sengupta, *Towards a Theory of the Imagination,* Oxford University Press, 1959, p. 82

अब दूसरा प्रश्न यह है कि क्या सहजज्ञान की सभी अभिव्यक्तियाँ सौन्दर्यविधान या कला के अन्तर्गत आती हैं? यहाँ पहली बात यह है कि कुछ कारणों के उपस्थित रहने पर, जैसे—धन संवेग (कैथेक्सिम) की उपस्थिति में या जड़ीकरण (फिक्सेशन) की अवस्था में सहजज्ञान की सचाई और तीव्रता के रहते भी सहजज्ञान की सम्यक् अभिव्यक्ति सम्भव नहीं है। दूसरी बात यह है कि यदि सहजज्ञान की ईमानदार अभिव्यक्ति भी हो, तो वह सर्वदा और सर्वथा सौन्दर्य-विधान के अन्तर्गत नहीं आ सकती। उदाहरण के लिए, जब आर्किमेडिज ने जान की बाजी पर निरन्तर चिन्तन से जलीय ऊर्द्ध्वाधर सिद्धान्त को निकाला, तब उसने अपनी सफलता के आशु आनन्द की सहज अनुभूति को व्यक्त करने के लिए जिस 'यूरेका' शब्द का प्रयोग किया, वह एक शब्द उस सहजज्ञान की अभिव्यक्ति को ढोने में अक्षम नहीं रहा होगा। किन्तु, इस अभिव्यक्ति को हम कभी भी लनार्द दा विंशी की 'मोनालिसा' या रैफ़ेल के महान चित्र 'मैडोना' जैसे सौन्दर्य-विधान का महत्त्व नहीं दे सकते।

फलस्वरूप, कुछ विचारक सामान्य सहजज्ञान और कलात्मक सहजज्ञान में पर्याप्त अन्तर मानते हैं। उनका मन्तव्य है कि सौन्दर्य-विधान या कला सहजज्ञान की अभिव्यक्ति है, किन्तु सहजज्ञान की सभी अभिव्यक्तियाँ सर्वथा और सर्वदा कला नहीं हैं, क्योंकि नन्दतिक या कलात्मक सहजज्ञान इतर सहजज्ञान से भिन्न होता है। अत: ऐसे विचारक सहजज्ञान के दो भेद मानते हैं—कलात्मक सहज ज्ञान और घनीभूत सहजज्ञान (इंटेन्सिव इंट्यूशन)।[1] किन्तु, क्रोचे इस दो-टूक विभाजन को अनावश्यक मानते हैं, क्योंकि इनके अनुसार कलात्मक सहजज्ञान अधिक विस्तृत अथवा अधिक संकुल हो सकता है, लेकिन इन्द्रियबोध तथा मानसिक अनुभवों पर आधारित रहने के कारण साधारण सहजज्ञान और कलात्मक सहजज्ञान की प्रकृति में कोई वास्तविक अन्तर नहीं रहता है। (तथाकथित) कलात्मक सहजज्ञान में केवल विस्तार की अधिकता रहती है, अर्थात् इसमें अनेक प्रकार के मनोवेग, संवेग और प्रभाव की संकुल विद्यमानता रहती है। इसी तर्क के आधार पर क्रोचे ने उन विचारकों का भी प्रत्याख्यान किया है, जो सौन्दर्य-विधान को साधारण सहजज्ञान न मानकर 'एन इंट्यूशन ऑव एन इंट्यूशन' कहते हैं। इसी क्रम में क्रोचे का दूसरा उल्लेख्य मन्तव्य यह है कि उत्कृष्ट सौन्दर्य-विधान का सम्बन्ध सहजज्ञान के उस पक्ष से है, जिसमें प्रभाव और संवेदन (इम्प्रेशन एंड सेन्सेशन) संचित रहते हैं। अत: उत्कृष्ट सौन्दर्य-विधान अभिव्यक्ति की अभिव्यक्ति न होकर प्रभावों की अभिव्यक्ति हुआ करता है।

क्रोचे के सौन्दर्य-सिद्धान्त और सहजज्ञान की विवेचना में काण्ट के सहजज्ञान की चर्चा अपेक्षित है, क्योंकि उसने अपने प्रबन्ध में काण्ट की मान्यताओं का विस्तारपूर्वक विवेचन किया है। उसकी एकाध उक्ति से तो यह स्पष्ट पता चलता है

1. Jacques Maritain, *Creative Intuition in Art and Poetry,* pp. 83-84

कि वह अपने सौन्दर्यशास्त्रीय सिद्धान्तों के स्थापन में काण्ट से अत्यधिक प्रभावित था।[1] काण्ट ने सहजज्ञान को ऐसा ऐन्द्रिय ज्ञान माना है, जो वस्तु के गोचर प्रत्यक्ष या संवेद्य सम्पर्क पर निर्भर रहता है।[2] साथ ही यह ज्ञान वस्तु-प्रत्यक्ष के उपरान्त की बौद्धिक प्रतिक्रिया का ऐसा पूर्ववर्ती है, जो देश-काल-सापेक्ष है।[3] तदुपरान्त काण्ट की यह अडिग धारणा है कि विचारबोध (कन्सेप्ट) से रहित सहजज्ञान अन्धा होता है। इसके विपरीत क्रोचे की यह मान्यता है कि सहजज्ञान का बुद्धि से पृथक् एक स्वतंत्र अस्तित्व है। अत: विचार-बोध से उसकी विद्यमानता का अनिवार्य अथवा अविनाभाव सम्बन्ध नहीं है। इतना ही नहीं, उसका मत है कि जब सहजज्ञान में विचार-बोध का समावेश होता है, तब विचार-तत्त्व स्वतंत्र अस्तित्व खोकर सहजज्ञान में अन्तर्हित हो जाता है। काण्ट के विपरीत क्रोचे की दूसरी स्थापना यह है कि कलागत सहजज्ञान देश-काल की सापेक्षता तथा अन्य अचिर सम्बन्धों से परे हुआ करता है। तीसरी बात यह है कि क्रोचे सहजज्ञान को ऐन्द्रियज्ञान नहीं मानते हैं। उनके अनुसार केवल वही ऐन्द्रियज्ञान सहजज्ञान बन सकता है, जो आत्मचैतन्य से अभिव्यक्तिगत सम्बन्ध रखता हो।

क्रोचे की सौन्दर्यशास्त्रीय मान्यताओं के उपर्युक्त विश्लेषण से यह निष्कर्ष निकलता है कि अभिव्यक्ति की पूर्णता ही सौन्दर्य है। इसी से यह बात निष्पन्न होती है कि जहाँ अभिव्यक्ति अपूर्ण रहती है, वहाँ कुरूप का अवतरण हो जाता है। इस तरह क्रोचे ने अभिव्यक्ति की पूर्णता और अपूर्णता को ही सुन्दर और कुरूप का कारण माना है। दूसरी बात यह है कि क्रोचे ने सौन्दर्य का सम्बन्ध मुख्यत: मनुष्य की वीक्षामूलक वृत्ति के साथ जोड़ा है। इस स्थापना के विश्लेषण से हमें रोमांटिक कविताओं में प्राप्त सौन्दर्य के चाक्षुष विधान की प्रधानता पर एक आलोक मिलता है, जिसका उपयोग प्रस्तुत शोध-प्रबन्ध के द्वितीय खंड में छायावादी कविता की सौन्दर्य-चेतना और कल्पना-विधान के विवेचन में किया जाएगा। इस तरह आधुनिक सौन्दर्यशास्त्रियों में क्रोचे सर्वाधिक महत्त्वपूर्ण हैं, जिनके अनुसार सफल अभिव्यक्ति ही सौन्दर्य है।

क्रोचे के इस स्वच्छन्द अभिव्यक्तिवाद के ठीक विपरीत रूपविधानवादियों का सिद्धान्त (फॉर्मलिज्म) है, जिनके अनुसार कला-सृष्टि के लिए किसी सहजानुभूति

1. Croce, *Aesthetic,* translated by Anslie Douglas, p. 272
2. काण्ट ने सौन्दर्यानुभूति में भी बहिर्वस्तु या गोचर प्रत्यक्ष को आंशिक महत्त्व दिया है। इस सम्बन्ध में काण्ट के मत का सारमर्म उपस्थित करते हुए डॉ. दासगुप्त ने लिखा है—"काण्टेर मतेर सारमर्म एई जे जेखानें आमादेर अन्तर्जगत कोनो बहिर्वस्तुर मध्ये अन्तर्जगतेर नियमेर साम्येर परिचय पाय ओ सेई वस्तुटिके निजेर अनुभूतिधारार सहित एकान्वये युक्त बलिया परिचय लाभ करे सेई परिचयेर आनन्दई सौन्दर्येर आनन्द।" —दासगुप्त, *सौन्दर्य-तत्त्व,* पृ. 132
3. Norman Kemp Smith, *A Commentary to Kant's Critique of Pure Reason,* pp. 263-270

अथवा अन्त:प्रज्ञा की आवश्यकता नहीं है। इनके अनुसार आवश्यकता है—कुछ निश्चित नियमों के अनुसरण की। इन नियमों के अनुसरण से ही सौन्दर्य की पर्याप्त सृष्टि हो सकती है। इस रूपविधानवादी सिद्धान्त के दो प्रख्यात उद्‌भावक हैं—डेन्मॉन रॉस और जे. हैम्बिज। रॉस के अनसार बिन्दु, रेखा, कोण, छाया ज्यामितिक आकृतियों और वर्णच्छटाओं की (अनेक निश्चित नियमों की व्यवस्थित) सहायता से विभिन्न प्रयुक्तियों (डिज़ाइन) का निर्माण हो सकता है, जो कला-सृष्टि के लिए अलम् है। इस दृष्टि से रॉस ने 'सेट पैलेट'[1] पर बहुत बल दिया है। इस 'सेट पैलेट' में 'वैल्यू' और 'इंटेन्सिटी' के अनुसार अड़तालीस प्रकार की रंग-व्यवस्थाएँ हैं, जिनमें से किसी एक का अनुसरण करने पर सौन्दर्य की सृष्टि हो सकती है। इसी सिद्धान्त को रॉस ने किंचित् विस्तार से उपस्थित किया है। संक्षेप में, इसकी मूलभूत मान्यताएँ दो हैं—प्रयुक्तियों की विधि और 'सेट पैलेट'। किन्तु, रॉस के इस सिद्धान्त से अंशत: सहमत होना भी सम्भव नहीं है। कारण, इस सिद्धान्त में काल की उपेक्षा है। सौन्दर्यबोध की गतिशीलता और उसकी सतत सूक्ष्मगामी विकासमान प्रवृत्ति के कारण रंग तथा रेखाओं के प्रति मनुष्य की रुचि बदलती रहती है, जिसकी स्वीकृति के लिए रॉस के सिद्धान्त में कोई गुंजाइश नहीं है। दूसरी बात यह है कि एक ही रंग और रेखाकृति से विभिन्न व्यक्ति अपनी नेत्र-रचना की भिन्नता अथवा शारीरिक प्रत्यर्थता (रेस्पॉन्स) के अन्तर के कारण अलग-अलग प्रकार-स्तर की संवेदना और संवेग प्राप्त कर सकते हैं। यह भिन्नता भी रॉस के सिद्धान्त को खंडित करती है। तीसरी बात यह है कि व्यक्तिगत रुचि-संस्कारों और आसंगों के कारण भी एक रंग से व्युत्पन्न भावना अथवा संवेग में व्यक्ति-भेद से अन्तर हो सकता है। अर्थात् व्यक्ति-भेद के कारण एक रंग से भिन्न-भिन्न अथवा विविध संवेग उत्पन्न हो सकते हैं। इसलिए उपर्युक्त विश्लेषण से यह स्पष्टत: सिद्ध हो जाता है कि रॉस का सिद्धान्त सौन्दर्यशास्त्र की दृष्टि से कोई विशेष महत्त्व नहीं रखता है।

रूपविधानवादियों के बीच दूसरा अतिवादी सिद्धान्त जे. हैम्बिज का है, जो 'डिनेमिक सिमेट्री' के नाम से प्रसिद्ध है। जिस तरह रॉस ने अपने सिद्धान्त में 'डिज़ाइन' पर बल दिया है, उसी तरह हैम्बिज ने अपने सिद्धान्त में 'पैटर्न' पर। हैम्बिज के सिद्धान्त की दो मूलभूत मान्यताएँ हैं—'पैटर्न', विशेषकर, 'फ्लैट पैटर्न' और 'रेक्टैंगल'। इन दोनों—'पैटर्न' और 'रेक्टैंगल'—को किसी कलाकृति में समानुपातिक बनाने के लिए हैम्बिज ने अनेक गणित-सूत्र दिए हैं। संक्षेप में, यह कहा जा सकता है कि हैम्बिज का सिद्धान्त सौन्दर्यशास्त्र की दृष्टि से विशेष महत्त्वपूर्ण नहीं है, क्योंकि इस पर भी वे सभी आपत्तियाँ लागू होती हैं, जो रॉस के सिद्धान्त पर। यदि हैम्बिज और रॉस के सिद्धान्तों को हम स्वीकार कर लें, तब तो कलाकार के लिए यह अनावश्यक है कि वह कला-सृष्टि के निमित्त आत्मचेतना को द्राक्षासव की तरह पिघलाए।

1. Set Pallete

आधुनिक सौन्दर्यशास्त्र का एक और सिद्धान्त है—'थ्योरी ऑव इम्पेथी',[1] जिसे हम समानुभूति का सिद्धान्त कह सकते हैं। इस सिद्धान्त को अनेक सौन्दर्यशास्त्रियों ने अपने-अपने ढंग से समृद्ध किया है। फलस्वरूप यह सिद्धान्त इतना लचकीला हो गया है कि कभी-कभी पहली नज़र में अनबूझ-सा प्रतीत होने लगता है। समानुभूति का सिद्धान्त हमारे प्रत्यक्षीकरण की गतिशील प्रत्यर्थताओं (मोटर रेस्पॉन्सेज़) पर आधारित है। इस प्रत्यक्षीकरण की गतिशील प्रत्यर्थता में हमारी पूर्वानुभूतियों का महत्त्वपूर्ण योग रहता है। पूर्वानुभूतियों की सापेक्षिकता में ही हमारा कोई प्रत्यक्षीकरण सार्थक होता है। यदि हम कौए को देखकर कहते हैं कि यह पक्षी बहुत काला है, तो हमारे इस कथन का आधार मात्र उस कौए का प्रत्यक्ष नहीं है, बल्कि इस 'प्रत्यक्ष' के पूर्व अनेक पक्षियों और काले रंग के पदार्थों तथा प्राणियों के प्रत्यक्ष की अनुभूतियाँ भी उसमें सम्मिलित हैं। उन पूर्वानुभूतियों के सापेक्ष सन्दर्भ में ही हमारा यह कथन सम्भव और सार्थक हो पाता है कि कौआ बहुत काला है।

समानुभूति के सिद्धान्त पर विल्हेल्म वोरिंगेर ने अपने प्रसिद्ध प्रबन्ध 'एब्स्ट्रैक्शन एंड इम्पैथी' में विस्तारपूर्वक विचार किया है। इनके अनुसार समानुभूति का अधिक सम्बन्ध रूपात्मक कलाओं या आकृतिमूलक कलाओं (प्लास्टिक आर्ट्स) के साथ है, श्रव्य और अमूर्त कलाओं से कम। कारण यह है कि समानुभूति के सिद्धान्त के अनुसार कलानुभूति सदैव एक वस्तुसम्पृक्त अनुभूति होती है, और

---

1. जर्मन सौन्दर्यशास्त्रियों के इस प्रिय सिद्धान्त की व्याख्या करते हुए T. E. Hulme ने लिखा है—

"The source of the pleasure felt by the spectator before the products of art...is a feeling of increased vitality, a process which German writers on aesthetics call empathy (Einfuhlung)...in general terms, we can say that any work of art we find beautiful is an objectification of our own pleasure in activity, and our own vitality. The worth of a line or form consists in the value of the life which it contains for us."... T.E. Hulme. *Speculations,* edited by Herbert Read, Routledge & Kegan Paul Ltd., London, 1960, pp. 84-85

कुछ विचारकों ने 'थ्योरी ऑव इम्पैथी' की समता कला में भावनाओं के वस्तुनिष्ठीकरण वाले सिद्धान्त के साथ स्थापित की है। जैसे प्रवासजीवन चौधरी ने कला में भावनाओं के वस्तुनिष्ठीकरण पर विचार करते हुए लिखा है—

"...theory of objectification of feelings is more or less like that of Empathy (of Lipps and Volkelt) in which internal feelings are said to be projected or read into external objects which really excite the feelings so that feelings, as embodied in some sensuous form, may be said to be objectified. These theories bring out a fundamental principle involved in aesthetic experience, viz. fixation of feeling in some sensuous medium and thus making it an object of apprehension."—Dr. Pravasjiwan Chaudhury, *Studies in Comparative Aesthetics,* Viswa Bharti, Santiniketan, 1953, p. 19

यह जानी हुई बात है कि आकृतिमूलक या रूपात्मक कलाओं में वस्तु-सम्पृक्तता अधिक रहती है। अत: लिप्स ने समानुभूति-सम्बन्धी अपनी धारणाओं के अनुसार यह मान्यता प्रस्तुत की है—"Aesthetic enjoyment is objectified self enjoyment."[1] विल्हेल्म वोरिंगेर ने भी लिप्स की समानुभूति-सम्बन्धी धारणाओं का ही विशेष उल्लेख किया है। लिप्स की प्रधान धारणा यह है कि समानुभूति के दो प्रकार होते हैं—भावात्मक समानुभूति और अभावात्मक समानुभूति। तदनन्तर, लिप्स की दूसरी मान्यता यह है कि कला का सम्बन्ध भावात्मक समानुभूति से रहता है। अर्थात्, भावात्मक समानुभूति से ही कलासृजन या कलानुभूति की प्रेरणा मिलती है।[2]

समानुभूति के सिद्धान्त का दूसरा पक्ष हमारे शरीरस्थ संचरण, चेता और संवाहिनी नाड़ियों की गति तथा भावक की मांसपेशियों के विकार से सम्बन्धित है। इसका आशय यह है कि जब हम किसी वस्तु अथवा प्राणी को आलम्बन रूप में स्वीकार करते हैं, तब उससे हमें किसी-न-किसी प्रकार के भाव, भावना अथवा संवेग की प्राप्ति होती है। किन्तु, यह प्राप्ति आश्रय के मन:प्रदेश-मात्र तक ही सीमित नहीं रहती, बल्कि उसकी शारीरिक व्याप्ति भी होती है, जिसे भारतीय काव्यशास्त्र अनुभाव, व्यभिचारी अथवा संचारी के अन्तर्गत स्वीकार करता है। अर्थात् किसी वस्तु को देखकर उसी के अनुरूप हमारे शरीर में भी गति और विकार पैदा होते हैं। अत: समानुभूति-सिद्धान्त के अनुसार कला की सफलता इसमें है कि वह 'निबद्ध वस्तु' से हमारे शरीर में उस संचार को भर दे, जो संचार 'मूल वस्तु' के वास्तविक प्रत्यक्ष से जगता है। उदाहरणार्थ, किसी प्रलम्ब-प्रच्छाय वट-वृक्ष का वह चित्र सफल माना जाएगा, जो हम में वैसा ही नेत्र-विस्फार, उपराम की भावना, श्रान्त पेशियों में ढीलापन अथवा प्ररोह की संकुलता के दर्शन से (उत्पन्न विस्मय के कारण) नाड़ियों में स्फीति भर दे, जैसा कि वस्तुत: विशाल वटवृक्ष के दर्शन से हुआ करता है।

1. सन्तायना ने भी सौन्दर्यानुभूति में वस्तुनिष्ठता को महत्त्व दिया है, किन्तु सन्तायना की वस्तुनिष्ठता लिप्स की वस्तुनिष्ठता से भिन्न है, कारण सन्तायना की वस्तुनिष्ठता आनन्द की वस्तुनिष्ठता है, जबकि लिप्स की वस्तुनिष्ठता 'आत्मानन्द' की वस्तुनिष्ठता है। "...beauty is constituted by the objectification of pleasure. It is pleasure objectified."—George Santayana, *The Sense of Beauty,* New York,1955, p. 52
2. विल्हेल्म वोरिंगेर ने लिप्स की इस मान्यता का विश्लेषण करते हुए लिखा है—

   "Apperceptive activity becomes aesthetic enjoyment in the case of positive empathy, in the case of the unision of my natural tendencies to self-activation with the activity demanded of me by the sensuous object. In relation to the work of art also, it is this positive empathy alone which comes into question" —Wilhelm Worringer, *Abstraction and Empathy*, translated by Michael Bullock, London, 1953, p. 7

समानुभूति सिद्धान्त के इस पक्ष पर विशेष बल देनेवालों में थियोडोर लिप्स[1] और 'इनर मिमिक्री' के सिद्धान्त को तूल देनेवाले विचारक कार्ल ग्रूज उल्लेखनीय हैं। संक्षेप में समानुभूति के सिद्धान्त का यही स्वरूप है। किन्तु इस प्रसंग में हमें इतना स्वीकार करना पड़ता है कि यह सिद्धान्त कलाभावन में 'शारीरिक विकार' और सौन्दर्य के आकलन में स्पार्शिक मूल्य को आवश्यकता से अधिक महत्त्व देता है।

तदुपरान्त आधुनिक सौन्दर्यशास्त्र का एक महत्त्वपूर्ण सिद्धान्त है—'थ्योरी ऑव साइकिकल डिस्टेन्स', जिसके मूल भाव को हिन्दी में अच्छी तरह व्यक्त करने के लिए हम 'तटस्थ भावन का सिद्धान्त' कह सकते हैं।[2] इस सिद्धान्त के उद्‌भावक हैं—ई. बुल्लो। यहाँ 'तटस्थता' का आशय 'आंशिक अनासक्ति' से है। आसक्त भावन भ्रान्त फल देता है, क्योंकि आसक्ति के क्षणों में भावक की चेतना व्यक्तिगत कुशल-क्षेम और वासना से इस प्रकार मुद्रित हो जाती है कि वस्तु का वस्तुगत मूल्य कुछ भी नहीं रह पाता। और, यह जानी हुई बात है कि उपयोगिता तथा स्वार्थादि के बन्धनों में आबद्ध रहने पर न 'सौन्दर्य' का सृजन हो सकता है और न सृष्ट सौन्दर्य का समुचित भावन। अत: कला के क्षेत्र में उचित 'भावन' के लिए 'आंशिक अनासक्ति' आवश्यक है। सौन्दर्य-भावन में इस आंशिक अनासक्ति की अवस्था को हम 'तन्मनस्कता' कह सकते हैं। सौन्दर्य-भावन की दूसरी स्थिति आसक्ति की हो सकती है जिसमें सहृदय-चित्त कलाकृति में लीन हो जाता है। इसे हम 'तन्मयता' की अवस्था कह सकते हैं। किन्तु, भावक के लीन हो जाने अथवा आत्यन्तिकरूपेण तन्मय हो जाने के कारण कृति-विशेष का मूल्यांकन नहीं हो सकता; कारण, समुचित मूल्यांकन के लिए तटस्थता चाहिए—एक अनुपेक्षणीय पार्थक्य। पुन: इस 'तन्मयता' के विपरीत एक पार्यन्तिक स्थिति हो सकती है, जिसमें भावक 'वस्तु' अथवा 'कृति' से एकदम अनासक्त हो। इसे हम अन्यमनस्कता की अवस्था कह सकते हैं। इस अवस्था में सहृदयता के अभाव के कारण न तो निबद्ध सौन्दर्य का अभिशंसन हो सकता है और न हार्दिकता अथवा 'सहअनुभूति' के अभाव

1. कुछ विचारकों, जैसे—डॉ. रामानन्द तिवारी शास्त्री का कहना है कि लिप्स का समानुभूति का सिद्धान्त स्पष्ट रूप से मनोवैज्ञानिक और व्यक्तिवादी है। उसमें किसी अध्यात्म का आधार अथवा आग्रह नहीं है। किसी सीमा तक यह समानुभूति हमारे सामान्य व्यवहार का एक साधारण तथ्य है। किसी वस्तु अथवा व्यक्ति में हमारी रुचि तीव्र होती है, तो हम प्राय: उनके साथ अपने को तद्रूप कर देते हैं तथा उसी के समान अनुभव और व्यवहार करने लगते हैं। —डॉ. रामानन्द तिवारी शास्त्री, *सत्यं शिवं सुन्दरम्*, राजस्थान वि. वि. द्वारा पी-एच. डी. की उपाधि के लिए स्वीकृत शोध-प्रबन्ध, 1957, पृ. 71
2. 'साइकिकल डिस्टेन्स' एक प्रकार का मानसिक सन्तुलन है, जो कला-भावन के लिए आवश्यक है। इसलिए John Dewey ने साइकिकल डिस्टेन्स को 'साइकिकल' बैलेन्स' कहा—
John Dewey, *Art As Experience,* George Allen & Unwin Ltd. London. 1934, p. 258

के कारण कलाकार के दृष्टिकोण का ग्रहण ही। अत: कला-भावन में कृति और सहृदय के बीच कुछ ऐसा पार्थक्य[1] होना चाहिए, जो आवेग-संवेग को संयमित रख सके और मूल्य-दृष्टि को सुरक्षित भी। अर्थात् 'थ्योरी ऑव साइकिकल डिस्टेन्स' कला-भावन में 'मध्यम मार्ग' का विश्वासी है और तन्मयता, अन्यमनस्कता तथा तन्मनस्कता के बीच 'अन्तिम' का पक्षपाती है। इसलिए इस सिद्धान्त को 'तन्मनस्कता का सिद्धान्त' कहना अधिक अच्छा लगता है। तन्मनस्कता को हम तन्मयता और अन्यमनस्कता के बीच की कला-वरेण्य स्थिति कह सकते हैं।[2] ई. बुल्लो के अलावा लाँगमान और मुन्स्टरबर्ग ने इस सिद्धान्त की ऐसी व्याख्या की है, जो शुक्लजी के इस काव्य-सिद्धान्त से मेल खाती है कि कविता (कला) के द्वारा स्वार्थ के क्षुद्र बन्धन टूट जाते हैं और व्यक्ति लोक-सत्ता में लीन हो जाता है। इस धारणा को आगे बढ़ाते हुए उक्त विद्वानों ने नन्दतिक अभिशंसन अथवा कलासृष्टि के लिए निर्वैयक्तीकरण और हृदय की मुक्तावस्था को उसी प्रकार आवश्यक बतलाया है, जिस प्रकार, क्रमशः, टी. एस. इलियट ने और आचार्य शुक्ल ने।

इसी प्रकार आधुनिक सौन्दर्यशास्त्र में अनेक सिद्धान्तों की स्थापना की गई है, जिसमें अन्विति-सिद्धान्त, सोद्देश्यता और कल्पनाशील जीवन की पृथकता का सिद्धान्त तथा सन्तुलन-सिद्धान्त महत्त्वपूर्ण हैं। किन्तु, ये सभी सिद्धान्त पूर्वविवेचित सिद्धान्तों के ही उच्छिष्ट हैं, अत: इनका विस्तृत विवेचन आवश्यक नहीं है।

इस विवेचन के उपरान्त प्रायोगिक सौन्दर्यशास्त्र (एक्सपेरिमेंटल एस्थेटिक्स) की उपलब्धियों पर भी विचार कर लेना उचित है, क्योंकि मनोविज्ञान की सहायता

1. जार्ज सन्तायना ने भी सौन्दर्य-भावन से प्राप्त होनेवाली आनन्दानुभूति के लिए एक प्रकार के पार्थक्य या अनासक्ति को आवश्यक माना है—"Every real pleasure is in one sense disinterested."—George Santayana, *The Sense of Beauty,* Dover Publication, Inc. New York, 1955, p. 39
2. सौन्दर्यशास्त्र के भारतीय लेखकों के बीच डॉ. प्रवासजीवन चौधरी ने उक्त सिद्धान्त की मनोविज्ञानोत्तर अर्थवत्ता (metapsychical significance) का निर्देश करते हुए इसका सम्बन्ध भारतीय सौन्दर्यशास्त्र से जोड़ना चाहा है। श्री चौधरी ने इस प्रसंग में अभिनवगुप्त के विचारों की अधिक चर्चा की है। इनका निष्कर्ष है कि पाश्चात्य सौन्दर्यशास्त्र में 'थ्योरी ऑव साइकिकल डिस्टेन्स' का विवेचन भले ही नवीन हो, किन्तु, सिद्धान्त या तत्त्व की दृष्टि से वह भारतीय सौन्दर्यशास्त्र में, विशेषकर, अभिनवगुप्त के निरूपणों में विद्यमान है। द्रष्टव्य— Dr. Pravasjivan Chaudhury, *Studies in Comparative Aesthetics,* Visva Bharati, Santiniketan, 1953, pp. 35-40. आनन्दप्रकाश दीक्षित ने भी अपने शोध-प्रबन्ध में श्री जोग, डॉ. बाटवे और काका कालेलकर की चर्चा करते हुए जिस ताटस्थ्य-सिद्धान्त का विश्लेषण किया है, वह बहुत दूर तक 'थ्योरी ऑव साइकिकल डिस्टेन्स' का ही परिवर्तित रूप है। द्रष्टव्य—आनन्दप्रकाश दीक्षित, *रस-सिद्धान्त : स्वरूपविश्लेषण,* राजकमल प्रकाशन, दिल्ली, 1960, पृ. 154-157। निष्कर्ष यह है कि भारतीय सौन्दर्यशास्त्र में भी 'थ्योरी ऑव साइकिकल डिस्टेन्स' तात्त्विक दृष्टि से किसी-न-किसी रूप में अवश्य विद्यमान रहा है।

से इसने सौन्दर्यानुचिन्तन के लिए कुछ नूतन आलोक प्रस्तुत किया है। प्रायोगिक सौन्दर्यशास्त्र का उद्देश्य सौन्दर्य का वैज्ञानिक विश्लेषण है, क्योंकि अब तक सौन्दर्य का विवेचन, अधिकतर, भावुक भाषा में ही होता रहा है। प्रायोगिक सौन्दर्यशास्त्र का प्रारम्भ जी. टी. फ़ेकनर ने किया, किन्तु इसका कुछ व्यवस्थित रूप बहुत बाद में अध्येताओं के समक्ष उपस्थित हुआ। प्रायोगिक सौन्दर्यशास्त्र नन्दतिक संस्थिति और सौन्दर्यानुभूति को एक प्रकार की संवेगावस्था मानकर उसका मनोवैज्ञानिक अध्ययन प्रस्तुत करता है। उदाहरणार्थ, जेम्स-लैंग सिद्धान्त के अनुसार सौन्दर्यानुभूति वह दशा है, जिसमें ('विसेरल' और 'सोमेटिक रिसेप्टर्स' से प्राप्त) अनेक प्रकार के संवेदन एक साथ जगकर और परस्पर मिश्रित होकर व्यक्ति के तन-मन को संवेग-संकुल बना देते हैं। इस प्रसंग में यह भी ध्यातव्य है कि प्रायोगिक मनोविज्ञान के अनुसार कभी-कभी 'सुन्दर' रुचि-निर्भर होता है अर्थात्, कौन वस्तु सुन्दर है—यह द्रष्टा की रुचि पर निर्भर करता है। इस तथ्य को हम दो दृष्टियों से समझ सकते हैं। पहली बात यह है कि किसी वस्तु के प्रति व्यक्ति की प्रत्यर्थता (रेस्पॉन्स) उसके आसंग, संगीत, वातावरण और अभ्यास पर निर्भर करती है। इसलिए एक ही वस्तु के प्रति विभिन्न आसंग, संगति, वातावरण और अभ्यास में पले हुए व्यक्तियों की प्रत्यर्थताएँ भी भिन्न होती हैं। व्यक्ति की यह प्रत्यर्थता ही वस्तु के प्रति नन्दतिक आकर्षण अथवा सौन्दर्यानुभूति पैदा करती है। इसलिए यह सिद्ध होता है कि 'सुन्दर-असुन्दर' की परख व्यक्ति के उस रुचि-परिवेश पर निर्भर करती है, जो आसंग, संगति, वातावरण और अभ्यास की सापेक्षता में उसकी प्रत्यर्थता का नियमन करता है। अर्थात् कौन वस्तु सुन्दर है—यह द्रष्टा की प्रत्यर्थता की प्रणाली पर निर्भर करता है। दूसरी बात यह है कि व्यक्ति के संवेग मूलत: दो प्रकार के होते हैं—भावात्मक संवेग (पॉजिटिव इमोशन्स) और अभावात्मक संवेग (नेगेटिव इमोशन्स)। भावात्मक संवेग हम उस संवेग को कहते हैं, जिसमें उद्दीपन (स्टिमुलस) के प्रति स्वीकृति का भाव अर्थात् आकर्षण रहता है और अभावात्मक संवेग हम उसे कहते हैं, जिसमें उद्दीपन के प्रति अस्वीकृति का भाव अर्थात् विकर्षण रहता है। यह स्पष्ट है कि सौन्दर्यानुभति का सम्बन्ध मुख्यत: हमारे भावात्मक संवेगों से रहता है। किन्तु, यह निश्चित नहीं है कि किसी एक वस्तु के प्रति सभी व्यक्तियों का समान भावात्मक संवेग अथवा अभावात्मक संवेग जगे। अत: इस दृष्टि से यह भी सिद्ध होता है कि 'सुन्दर-असुन्दर' का निर्णय व्यक्ति-सापेक्ष होता है। पुन: प्रायोगिक सौन्दर्यशास्त्र इन्द्रियों और चेता नाड़ियों के वर्गीकरण के आधार पर भी सौन्दर्य-भावन को समझने की चेष्टा करता है। इन इन्द्रियों और संवेगवाहिनी नाड़ियों के तीन वर्ग माने गये हैं—'नॉसीसेप्टर्स', 'वेनेसेप्टर्स' और 'न्यूट्रोसेप्टर्स'। प्रथम वर्ग से पीड़ादायिनी अनुभूतियाँ—जैसे ठंडक, कड़वापन, भूख, दुर्गन्ध, इत्यादि—प्राप्त होती हैं, दूसरे वर्ग से सुखदायिनी अनभूतियाँ—जैसे, मिठास, सुगन्ध, सुस्वादु, तृप्ति इत्यादि—प्राप्त होती हैं और तीसरे

वर्ग से शेष सभी प्रकार की अनुभूतियाँ प्राप्त होती हैं। सौन्दर्यानुभूति का सम्बन्ध दूसरे वर्ग में आनेवाली इन्द्रियों और संवेगवाहिनी नाड़ियों से है।

प्रायोगिक सौन्दर्यशास्त्र की दृष्टिभंगी और उपलब्धियों के ये कुछ नमूने हैं, जिनके आधार पर इतना निष्कर्ष निकाला जा सकता है कि प्रायोगिक सौन्दर्यशास्त्र का स्वरूप अभी सुनिश्चित नहीं हो सका है और उसकी विधाएँ कला-जगत् के लिए अधिक उपयोगी नहीं हैं। प्रायोगिक सौन्दर्यशास्त्र को समृद्ध करनेवाले विचारकों में मार्टिन, वैलेंटाइन और मिल्टन एच. बर्ड उल्लेखनीय महत्त्व के अधिकारी हैं। संक्षेप में, प्रायोगिक सौन्दर्यशास्त्र के अनुसार 'सौन्दर्य' के सम्बन्ध में निम्नलिखित निष्कर्ष निकाले जा सकते हैं :

1. सौन्दर्य का अपने-आपमें कोई पृथक् अस्तित्व नहीं होता है ।
2. सौन्दर्य का सत्य, शिव और नैतिकता से कोई अनिवार्य अथवा ॠजु सम्बन्ध नहीं रहता है।
3. यह आवश्यक नहीं है कि 'सुन्दर' सर्वदा सत्य हो, प्राकृतिक हो अथवा प्रकृति का अनुकरण हो।
4. कोई भी रूप सर्वत्र, सर्वदा और सर्वथा निश्चितरूपेण 'सुन्दरतम' नहीं कहा जा सकता, कारण, यह आवश्यक नहीं है कि कोई एक वस्तु सबको सुन्दर प्रतीत हो।
5. सन्तुलन सौन्दर्य का एक महत्त्वपूर्ण तत्त्व है, किन्तु सौन्दर्य की सृष्टि सन्तुलन के बिना भी सम्भव है।
6. संगति (हार्मनी) सौन्दर्य के लिए वांछनीय है, आवश्यक है; किन्तु कौन सी वस्तु संगतिपूर्ण है—यह निर्णय व्यक्तिगत रुचि की बात है।
7. सौन्दर्य-विधान में रंग-परिज्ञान का महत्त्वपूर्ण स्थान है; क्योंकि रंग का प्रभाव परिस्थिति-भेद और व्यक्ति-भेद से बदलता रहता है। वर्ण-बोध पर वय और मन:स्थिति का भी प्रभाव पड़ता है।[1]

अन्ततोगत्वा, हमें यह स्वीकार करना पड़ता है कि प्रायोगिक सौन्दर्यशास्त्र की सीमाएँ अत्यन्त स्पष्ट हैं, क्योंकि जिस प्रयोग-विधि और जैसी प्रयोगशाला को प्रायोगिक सौन्दर्यशास्त्र तूल देता है, उस प्रयोग से अथवा वैसी प्रयोगशाला में न तो सौन्दर्य की कलात्मक सृष्टि होती है और न सृष्ट कलात्मक सौन्दर्य का भावन ही। फिर भी प्रायोगिक सौन्दर्यशास्त्र की यह उपलब्धि अत्यन्त महत्त्वपूर्ण है कि सुन्दर-असुन्दर का निर्णय अथवा सौन्दर्य-भावन व्यक्ति को अपनी-अपनी प्रत्यर्थता की प्रणाली, नेत्र-रचना और शरीर-निर्माण पर निर्भर करता है। जीव-विज्ञान भी इस स्थापना का समर्थन करता है। मानव क्या, मानवेतर प्राणियों पर भी यह बात चरितार्थ होती है। उदाहरण के लिए, क्यों कुछ जीवधारियों को प्रकाश

1. मिल्टन एच. बर्ड, *ए स्टडी इन एस्थेटिक्स*, पृ. 28-29

सुन्दर लगता है और कुछ जीवधारियों को अन्धकार? क्यों पागल पतंगा दीपक की लौ के सौन्दर्य से आकृष्ट होकर उस पर मर मिटता है, क्यों स्नेही चातक चाँदी की किरण-मंजूषा चन्दा की ओर सदा उन्मुख रहता है और क्यों 'टर्गर प्रेसर' से झुकनेवाला पीताभ सूर्यमुखी दिनकर का आलोक-वरण कर उसके पीछे फ़िदा रहता है—संध्या के आते ही विरह में नतग्रीव हो जाता है; किन्तु ठीक इसके विपरीत क्यों उलूक को प्रकाश का सौन्दर्य आकृष्ट नहीं करता और क्यों जोंक को छाया ही प्रिय होती है?[1] इसका उत्तर जीव-विज्ञान के अनुसार शरीर-रचना तथा आवश्यकताओं की भिन्नता है। किरण-संवेदना की दृष्टि से जीव प्रायः दो प्रकार के होते हैं—'पॉज़िटिवली हेलियोट्रॉपिक' और 'निगेटिवली हेलियोट्रॉपिक'।[2] प्रथम कोटि में वे प्राणी आते हैं, जिन्हें प्रकाश अथवा सूर्य की किरणें सुन्दर लगती हैं, जैसे—पतंगा, चातक इत्यादि और दूसरी कोटि में वे प्राणी आते हैं, जिन्हें प्रकाश अथवा सूर्य की किरणें असुन्दर या विकर्षक लगती हैं, जैसे—उल्लू, चाली इत्यादि। इसी भिन्नता के आधार पर इन प्राणियों की सौन्दर्य-चेतना के अन्य आयाम और पक्ष भी निर्भर रहते हैं। सारांश यह है कि प्राणी की सौन्दर्य-चेतना का बहुत बड़ा अंश उसकी शरीर-रचना और इन्द्रियों (सेन्स-आर्गन्स) के 'प्रकार' से निर्मित तथा नियंत्रित होता है।[3] इसी तरह मनुष्यों में भी नेत्र-मस्तिष्क सम्बन्ध की विशेषता के कारण सौन्दर्य के प्रति उनकी प्रत्यर्थता में पर्याप्त अन्तर आ जाता है। बात यह है कि मानव-मस्तिष्क के मुख्यतः तीन भाग हैं—'सेरेब्रम', 'सेरेब्रल' और 'ऑप्टिक थैल्मस'। 'सेरेब्रल' और 'सेरेब्रम' के अन्तर्गत मस्तिष्क का वह अंश आता है, जो अतीत और वंशानुगत संस्कारों को सुरक्षित रखता है। इसलिए मस्तिष्क के इस अंश का मनुष्य की सौन्दर्य-चेतना से कोई ऋजुसम्बन्ध नहीं है। किन्तु, मस्तिष्क का वह अंश, जो 'ऑप्टिक थैल्मस' कहलाता है, मनुष्य की सौन्दर्य-चेतना से निकट सम्बन्ध रखता है। कारण, 'ऑप्टिक थैल्मस' ही मस्तिष्क का वह अंश है, जो कुछ तन्तुओं को नेत्रों की ओर भेजता है; फलस्वरूप किसी वस्तु (आलम्बन अथवा उद्दीपन) के प्रत्यक्षीकरण के उपरान्त नेत्रों की अनुकूल अथवा प्रतिकूल प्रतिक्रियाओं को वह मस्तिष्क के निर्णय-क्षेत्र तक पहुँचाता है। अतः जिस व्यक्ति का 'ऑप्टिक थैल्मस' जितना ही सक्रिय, सजग और समर्थ होता है, उसकी सौन्दर्य-चेतना उतनी ही प्रखर होती है।

---

1. महाकवि बिहारी के अनुसार इसका उत्तर है रुचि-भेद—
   समै समै सुन्दर सबै, रूप कुरूप न कोय।
   जाकी रुचि जेति जितै, तित तेतो सुन्दर होय॥
   —*बिहारी-सतसई*, दोहा संख्या 722, साहित्य-सेवा-सदन, बनारस, षष्ठ संस्करण।
2. 'हेलियो' ग्रीक शब्द है, जिसका अर्थ होता है सूर्य।
3. *एन इंट्रोडक्शन टु बायलॉजी*, हैटफ़ील्ड, आक्सफ़ोर्ड, 1948, पृ. 15

जीववैज्ञानिक दृष्टिकोण से यह ध्यातव्य है कि मानवेतर प्राणी-जगत् में भी सौन्दर्य-चेतना का क्रमशः विकास हो रहा है। सौन्दर्य-चेतना और प्रेम के विषय में जीव-विज्ञान यह मानता है कि सौन्दर्य और प्रेम सामाजिक संस्कार हैं, अतः ये केवल बहुकोषी (मल्टीसेलुलर) प्राणियों में पाए जाते हैं, क्योंकि एककोषी (युनिसेलुलर) प्राणियों में सौन्दर्य और प्रेम की आधारभूत भावना—सामाजिकता—ही नहीं रहती है। किन्तु, अब एककोषी प्राणियों में भी सामाजिकता की आकांक्षा के कारण बहुकोषी होने की प्रवृत्ति, अतः, सौन्दर्य-प्रिय और प्रेमी होने की वृत्ति पाई जाती है। उदाहरणार्थ, हम एक जलीय घास—'वॉलवॉक्स'—को देख सकते हैं। यह 'वॉलवॉक्स' मूलतः एककोषी है, किन्तु अब शनैः-शनैः सामाजिक भावना के उदय के कारण यह लाखों-लाख की संख्या में बहुकोषी प्राणियों की तरह उपनिवेश बनाकर एक जगह रहता है, जिसे वनस्पतिशास्त्री 'वॉलवॉक्स कॉलोनी' कहते हैं। वह विकास 'मेटाबॉलिज्म' के अन्तर्गत सामाजिक प्रवृत्ति के उदय को प्रकट करता है, जिसकी अगली परिणति सौन्दर्य-चेतना और प्रेम-भावना के विकास में होगी। अर्थात्, भविष्य में मानवेतर प्राणियों के बीच सौन्दर्य-चेतना का और भी विस्तार होगा, जिसके वैज्ञानिक अध्ययन से सौन्दर्यशास्त्र को कुछ नूतन आलोक मिलेगा।[1]

किन्तु, सौन्दर्यशास्त्र का यह मनोवैज्ञानिक अथवा जीववैज्ञानिक दृष्टिकोण कला-चिन्तन के लिए बहुत उपयोगी नहीं सिद्ध हो सकता। कला चिन्तन के लिए सौन्दर्य के प्रति भारतीय दृष्टिकोण ही सर्वोत्तम प्रतीत होता है। इस दृष्टिकोण के अनुसार सौन्दर्य और आनन्द सहगामी हैं। जहाँ सौन्दर्य है, वहाँ आनन्द अवश्य ही रहता है। इसलिए सौन्दर्य-भावना में स्वाभाविक एकाग्रता रहती है। उसमें किसी प्रकार की मानसिक चंचलता अथवा विघ्न नहीं रहता है। सम्भवतः, इसी कारण पंचपगेश शास्त्री ने सौन्दर्यानुभूति को अभिनवगुप्त के शब्दों में 'वीतविघ्ना प्रतीतिः' कहा है।[2] सौन्दर्य की ऐसी प्रतीति में सात प्रकार के विघ्न माने गए हैं—

1. चार्ल्स डार्विन ने भी मानवेतर प्राणियों की मानसिक शक्ति के विवेचन-क्रम में यह स्वीकार किया है कि मानवेतर प्राणियों में भी सौन्दर्य-चेतना रहती है। किन्तु, डार्विन ने मानवेतर प्राणियों की सौन्दर्य-चेतना के सम्बन्ध में जितनी बातें कही हैं, वे मुख्यतः यौन संवेदना पर निर्भर हैं। अतः हम इतना ही मान सकते हैं कि मानवेतर प्राणियों में भी इन्द्रियग्राह्य रूप अथवा ध्वनि के यौन अभिशंसन की क्षमता रहती है, किन्तु, मनुष्य ने सांस्कृतिकता एवं सामाजिकता से उद्भूत उन्नयन के द्वारा सौन्दर्य-चेतना को जो अतीन्द्रिय और उन्मेषपूर्ण धरातल दिया है, उसका मानवेतर प्राणियों में नितान्त अभाव है। इस तरह डार्विन ने सौन्दर्य-चेतना को यौन संवेदना तक सीमित करते हुए ही मानवेतर प्राणि-जगत्सम्बन्धी अपनी मान्यता प्रस्तुत की है। अनेक पर्यवेक्षणों के आधार पर इन्होंने यह निष्कर्ष निकाला है कि एक असंस्कृत मनुष्य की सौन्दर्य-चेतना जिस धरातल की होगी, वैसी ही सौन्दर्य-चेतना प्रायः सभी मानवेतर प्राणियों में एक जैव संस्कार के रूप में विद्यमान रहती है। —चार्ल्स डार्विन, *द डिसेंट ऑव मैन,* वेट्स एंड को., लन्दन, 1936, पृ. 102-03
2. पंचपगेश शास्त्री, *फिलासफी ऑव एस्थेटिक प्लेजर,* अनामलय यूनिवर्सिटी, 1940

1. प्रतिपत्तावयोग्यता सम्भावना विरह: (अर्थ न समझ पाने की अयोग्यता)।
2. स्वगतत्वनियमेन देशकाल विशेषावेश: (देश और काल की आत्मगत सीमाएँ)।
3. परगतत्वनियमेन देशकाल विशेषावेश: (देश और काल की वस्तुगत सीमाएँ)।
4. निज सुखादि विवशी भाव: (अपने सुखादि भावों से ही ग्रस्त)।
5. प्रतीत्युपाय वैकल्यं स्फुटत्वावभाव: (उपचित अनुभूति पैदा करने के लिए आवश्यक उद्दीपन का अभाव)।
6. अप्रधानता
7. संशययोग।[1]

सचमुच 'वीतविघ्ना प्रतीति:' ही उत्कृष्ट सौन्दर्यानुभूति हो सकती है। इसी 'वीतविघ्ना प्रतीति:' को आचार्य रामचन्द्र शुक्ल ने 'अन्तस्सत्ता की तदाकारपरिणति' के रूप में स्वीकार किया है। सौन्दर्यानुभूति का विवेचन करते हुए इन्होंने लिखा है कि "कुछ रूप-रंग की वस्तुएँ ऐसी होती हैं, जो हमारे मन में आते ही थोड़ी देर के लिए हमारी सत्ता पर ऐसा अधिकार कर लेती हैं कि उसका ज्ञान ही हवा हो जाता है और हम उन वस्तुओं की भावना के रूप में ही परिणत हो जाते हैं। हमारी अन्त:सत्ता की यही तदाकार-परिणति सौन्दर्य की अनुभूति है।"

सौन्दर्यानुभूति के सम्बन्ध में कालिदास ने भी (एफ. डब्ल्यू. रकस्टल की तरह विकलता (उत्सुकता) का प्रश्न उठाया है। रकस्टल का कथन है कि सौन्दर्यानुभूति की अवस्था बाह्य प्रभावों के कारण 'आत्मा की विकल दशा' (एजिटेटेड स्टेट ऑन द सोल) होती है। इसी तरह कालिदास का भी विश्वास है कि सौन्दर्यानुभूति में सर्वदा—आलम्बन के प्रत्यक्ष अथवा परोक्ष रहने पर—विकलता का अंश विद्यमान रहता है। उदाहरणार्थ, हम प्रथम स्थिति को इन पंक्तियों में देख सकते हैं—

रम्याणि वीक्ष्य मधुरांश्च निशम्य शब्दान
पर्युत्सुकी भवति यत् सुखितोऽपि जन्तु:।

(अभिज्ञान शाकुन्तलम्, अंक 5)

और, दूसरी स्थिति को हम 'विक्रमोर्वशीयम्' नाटक के अन्तर्गत पुरूरवा की इस उक्ति में ढूँढ़ सकते हैं—

त्वया विना सोऽपि समुत्सुको भवेत,
सखीजनस्ते किमुतार्द्रसौहृद:।

1. इन सात विघ्नों का विवेचन डॉ. राकेश गुप्त ने *साइकोलॉजिकल स्टडीज़ इन रस*, अलीगढ़, प्रथम संस्करण में और डॉ. के. सी. पांडेय ने *कॉम्पेरेटिव एस्थेटिक्स* नामक ग्रन्थ में भी किया है।

इतना ही नहीं, कालिदास की एक और मान्यता पाश्चात्य वस्तुनिष्ठ सौन्दर्यशास्त्रियों से साम्य रखती है। वस्तुनिष्ठ सौन्दर्यशास्त्रियों का कहना है कि सौन्दर्य वस्तु में है, द्रष्टा के मन में नहीं। अतः जो वस्तु सुन्दर है, वह सर्वत्र सुन्दर है। कालिदास ने भी इसे एकाधिक बार स्वीकार किया है कि सौन्दर्य (सुन्दर वस्तु) सर्वदा मनोज्ञ (रमणीय और सुन्दर) होता है,[1] उसे किसी अभिविन्यसन अथवा प्रसाधन की आवश्यकता नहीं होती। इसलिए इन्हें रुक्ष वल्कल में सिमटी कोमलांगी अच्छी लगती है और पिचपिच सेंवार में लिपटी कमलिनी भी आकर्षक लगती है—

इयमधिक मनोज्ञा वल्कलेनापि तन्वी।
किमिवहि मधुराणां मंडनं नाकृतीनाम्॥ (अभिज्ञान शाकुन्तलम्)

और

यथाप्रसिद्धैर्मधुरं शिरोरुहैः जटाभिरप्येवमभूत्तदाननं।
न षटपदश्रेणिभिरेव पंकजं सशैब्लासंगमपि प्रकशते॥ (कुमारसम्भव)

इसी तरह प्रयास करने पर भारतीय सौन्दर्य-चिन्तन में अनेक ऐसे स्थल मिल सकते हैं, जो पाश्चात्य सौन्दर्यशास्त्र की आधुनिकतम उपलब्धियों से आश्चर्यजनक साम्य रखते हों, कारण, भारतीय सौन्दर्य-चिन्तन की यह एक महत्त्वपूर्ण विशेषता है कि उसमें प्रायः सभी आधुनिक एवं अत्याधुनिक विचारणाओं के बीज सुरक्षित हैं। उदाहरण के लिए, आधुनिक सौन्दर्य-चिन्तन में अत्यधिक विचारित क्रोचे का नूतन अभिव्यंजनावाद बुद्धघोष के कला-सिद्धान्त से साम्य रखता है। बुद्धघोष ने बहुत पूर्व यह उद्‌भावना की थी कि चित्त का सहजज्ञान ही सौन्दर्य-विधान या कला में अभिव्यक्त होता है; बिम्ब, प्रतीक, रंग इत्यादि जैसी चीजें उस सहजज्ञान के व्यक्तीकरण में केवल माध्यम का काम करती हैं। इस प्रकार की समग्र अभिव्यक्ति चित्त की स्वयम्भू क्रिया का वस्तुनिष्ठ प्रक्षेपण है। अतः बुद्धघोष के अनुसार, जैसा कि दासगुप्त का मन्तव्य है, सौन्दर्य-विधान या कला बाह्य न होकर आन्तर है और

1. हिन्दी के कुछ रीतिकालीन कवियों की भी यह धारणा रही है कि 'सुन्दर' की रमणीयता न वर्द्धमान निकटता से घटती है और न निरन्तर भोग से छीजती है, बल्कि सुन्दर वस्तु अपने अघट सौन्दर्य के कारण सौन्दर्य-द्रष्टा के लिए हर क्षण नवीन होती जाती है। मुसकान की मिठाई खाने वाले मतिराम ने एक बाँकी अदा के साथ इस तथ्य को व्यक्त किया है—

कुंदन को रंग फीको लगै, झलकै अति अंगनि चारु गोराई।
आँखिन में अरसानि, चितौन में मंजु विलासनि की सरसाई॥
को बिनु मोल बिकात नहीं, मतिराम लहै मुसकान मिठाई।
ज्यौं ज्यों निहारिए नेरे ह्वै नैननि, त्यों त्यों खरी निकरै सी निकाई॥

मतिराम ही नहीं, विसासी सुजान से छले गए घनानन्द की भी यही उक्ति है—

रावरे रूप की रीति अनूप नयो नयो लागत ज्यों ज्यों निहारिये।
त्यों इन आँखिनि वान अनोखी अघानि कहुँ नहिं आन तिहारिये॥

उसका नित्य सम्बन्ध आन्तरिक सहजज्ञान की सृजनात्मक चेतना के साथ निर्भर है।[1] इतना ही नहीं, दासगुप्त का यह भी कहना है कि बुद्धघोष ही नहीं, हेमचन्द्र और भट्टतोत ने भी सहजज्ञान (क्रोचे का 'इंट्यूशन') को अत्यधिक महत्त्व दिया है तथा उसे शिव का तृतीय नेत्र माना है, जिसके कारण कवि अतीत और वर्तमान के अलावा भविष्य को भी जानकर क्रान्तदर्शी कहलाता है।

इस प्रसंग में यह भी ध्यातव्य है कि देश और काल के आधार पर सौन्दर्य के मूल्य एवं मान बदलते रहते हैं, अर्थात् कालकृत और देशकृत भेदों से सौन्दर्य-दृष्टि बदलती रहती है, जैसे, भारतीय दृष्टि के अनुसार सौन्दर्य सर्वथा और सर्वदा अन्तरंग है। इसी भारतीय विशेषता को स्वामी विवेकानन्द ने एशियाव्यापी प्राच्य प्रवृत्ति कहा है। उदाहरण के लिए श्री हरिवंशसिंह शास्त्री ने शांकर अद्वैत सिद्धान्त के आधार पर सौन्दर्य की परिभाषा प्रस्तुत की है—"स्थूल या सूक्ष्म जगत् में आत्मा की अभिव्यक्ति ही सौन्दर्य है।" इस प्रसंग में इन्होंने हीगेल के शिष्य विशर को अपना आदर्श माना है। इन्होंने अपने दृष्टिकोण का स्पष्टीकरण करते हुए लिखा है कि "जब कभी हमारी बुद्धि निष्काम होगी, तभी हमें सौन्दर्य-बोध होगा, क्योंकि उस समय हमारी दृष्टि वस्तुओं के नाम-रूप पर, बाहरी बनावट पर नहीं पड़ती, प्रत्युत उस नाम-रूप के आधार पर, उस परब्रह्म पर पड़ती है, जिसमें ये सब नाम-रूप कल्पित हैं एवं जो हमारा अपना स्वरूप है।" इतना ही नहीं, सौन्दर्य के 'अन्तरंग' गुण को प्रधानता देने के कारण इन्होंने सौन्दर्यानुभूति और सौन्दर्याभिव्यक्ति का सम्बन्ध सम्प्रज्ञात समाधि की अवस्था से जोड़ा है। इनके अनुसार सम्प्रज्ञात समाधि के अन्तर्गत सवितर्क योग, सविचार योग और आनन्दयोग की अवस्था में सौन्दर्यानुभव होता है तथा सम्प्रज्ञात समाधि की अन्तिम अवस्था—अस्मिता योग—में सौन्दर्याभिव्यक्ति होती है। इस तरह शास्त्रीजी ने सौन्दर्यज आनन्द को निष्काम आनन्द सिद्ध करते हुए सौन्दर्य-बोध को ऋतम्भरा प्रज्ञा से सम्बन्धित माना है।[2] दूसरे, भारतीय कला में सौन्दर्य को प्रायः रहस्यमय माना गया है, जिसके सर्वोत्तम उदाहरण सन्त अथवा सूफी साहित्य और युगनद्ध मुद्रा की मैथुनी मूर्तियाँ हैं। इसलिए जेम्स कजिन्स ने उचित ही कहा है कि जहाँ हीगेल ने वैचारिक दृष्टि से ललितकलाओं को विश्व-जीवन की अनुभूति के लिए सम्पर्क-साधन (मीन्स ऑव पोलराइज़ेशन) कहा है, वहाँ भारतीय दृष्टि कभी-कभी योग-साधना अथवा यौगिक चिन्तन को कला का लक्ष्य मान लेती है।[3] वस्तुतः साधारणीकरण का मधुमती भूमिका से सम्बन्ध जोड़ना इसी दृष्टि का द्योतक है।

---

1. दासगुप्त, *फंडामेंटल्स ऑव इंडियन आर्ट,* पृ. 93
2. हरिवंशसिंह शास्त्री, *सौन्दर्य-विज्ञान,* काशी विद्यापीठ 1936, क्रमशः पृ. संख्या 56, 118, 122-123
3. जेम्स एच. कजिन्स, *द फिलासफी ऑव ब्यूटीफुल,* पृ. 35

सौन्दर्य-विवेचन में 'कुरूप' की चर्चा अत्यावश्यक है, क्योंकि कला के 'कुरूप' में भी सौन्दर्य रहता है।[1] पाश्चात्य सौन्दर्य-चिन्तन में अरस्तू के काल से कुरूप के सम्बन्ध में विमर्श होता रहा है और दिनानुदिन उसे अधिक व्यापकता प्रदान की जाती रही है। अरस्तू ने तो कुरूप में हास्यास्पद की भी गिनती की है, जिसके उदाहरणस्वरूप उन्होंने कैरिकेचर' (विडम्बन) को प्रस्तुत किया है। कुरूप के सम्बन्ध में उनकी मुख्य धारणा यह है कि अनुकरण के माध्यम से कला में प्रवेश पाने के कारण वह कुरूप सुन्दर, अतः, सुखद हो जाता है। किन्तु, लेसिंग ने कुरूप को काव्य में केवल 'कौमिक' या भयानक के प्रत्यक्षीकरण का साधन माना है। उसे अरस्तू की यह स्थापना स्वीकार नहीं है कि दुखद (जिसका धर्म है कुरूप होना) भी अनुकरण के द्वारा सहृदय-चित्त के लिए सुखद बन सकता है। इस सम्बन्ध में हीगेल ने, अंशतः, स्पष्ट बात कही है। इनके अनुसार कुरूप में कुछ-न-कुछ विकृति (डिस्टॉर्शन) अवश्य रहती है, जैसे कुरूप-चर्चा में 'कैरिकेचर' का उदाहरण देते हुए इन्होंने चरित्र-चित्रण की विकृति को निर्दिष्ट किया है। रोज़ेन्क्रां ने और भी स्पष्टता के साथ यह मन्तव्य व्यक्त किया है कि कुरूपता सौन्दर्य का भावात्मक निषेध (पॉज़िटिव निगेशन) है।

मेरी दृष्टि में सौन्दर्य के साथ कुरूपता का निरन्तर वैपरीत्य है। सौन्दर्य का विपरीतार्थक अथवा प्रतीप असौन्दर्य नहीं, बल्कि कुरूपता है। कुरूपता भी हमारी

1. कला में एक ऐसी शक्ति रहती है, जिसके द्वारा वह सामान्य जगत् की तथाकथित कुरूप वस्तु को भी सुन्दर बना देती है। चित्रकला की दृष्टि से एक आसन्न-प्रसवा गदही का चित्र उतना ही महत्त्वपूर्ण और कलात्मक हो सकता है (बशर्ते चित्रकार की तूलिका का उसे वास्तविक पारस स्पर्श प्राप्त हुआ हो) जितना अम्बपाली या अकीको कोजिमा और मेरिना जुलोगा जैसी विश्व-सुन्दरी का चित्र। कला के इस राज़ को स्पष्ट करने में मौलाना शिवली की ये पंक्तियाँ सहायक सिद्ध हो सकती हैं—"मुहाकात का असली कमाल यह है कि असल के मुताबिक हो। यानी जिस चीज का बयान किया जाए, इस तरह किया जाए कि खुद वह शै मुजस्सम होकर सामने आ जाए। शायरी का असली मकसद तबीयत का इम्बेसात है। किसी चीज़ की असली तस्वीर खींचना खुद तबीयत में इम्बेसात पैदा करता है (वह शै अच्छी है या बुरी है—इससे बहस नहीं) मसलन छिपकली एक बदसूरत जानवर है जिसको देखकर नफरत होती है, लेकिन अगर एक उस्ताद मुसव्विर छिपकली की ऐसी तस्वीर खींच दे कि बाल बराबर फर्क न हो तो उसको देखने से खामखाह लुत्फ आएगा। इसकी यही वजह है कि नकल का असल के मुताबिक होना खुद एक मुअस्सर चीज़ है। अब अगर वे चीजें, जिनकी मुहाकात मकसूद है, खुद भी दिलावेज़ और लुत्फ-अंगेज़ हो, तो मुहाकात का असर बहुत बढ़ जाएगा।—शेरूलअजम, ले. मौलाना शिबली नोमानी, मआरिफ प्रेस आजमगढ़, 1923, जिल्द चहारूम, पृ. 15-16। इस तरह स्पष्ट है कि सौन्दर्यशास्त्रीय दृष्टि से कुरूप भी सौन्दर्य का एक अंग या प्रकार है। जब सामान्य लौकिक दृष्टि से घोषित कुरूप को कलाकार कला-जगत् में प्रतिष्ठित कर सौन्दर्य का अंग बना देता है, तब उसकी गणना, जैसाकि A.C. Bradley और S. Alexander ने कहा है, 'difficult beauty' में होने लगती है। द्रष्टव्य—

—S. Alexander, *Beauty and Other Forms of Value,* 1933, p. 164

सौन्दर्य-चेतना से सम्बन्धित है। व्यपदेश-निर्धारण की दृष्टि से हम यह कह सकते हैं कि कुरूपता उस वस्तु में है, जो चाक्षुष, श्रावण अथवा अन्य ऐन्द्रिय प्रत्यक्ष के उपरान्त आश्रय की बोध-वृत्ति या इन्द्रियों को अरुचिकर प्रतीत होती है। किन्तु यह अरुचिकरता भावदशा-सापेक्ष है और इस भाव-दशा के परिवर्तन में देश, काल एवं परिस्थिति संघ रूप में अथवा पृथक्-पृथक् भी सक्षम हैं। संसर्ग-सम्पर्क अथवा पूज्य भाव के आरोपण से कुरूप भी आकर्षक बन जाता है या उसकी अरुचिकरता घट जाती है। पुन: विशिष्ट आन्तरिक गुण के कारण कुरूपवर्जना का भाव बदल जाता है। उदाहरण के लिए, स्वर-लालित्य के कारण काली कोयल और पांडित्य के कारण अष्टावक्र स्मरणीय हैं। जो हो, कुरूप को कला में अवश्य स्थान मिलना चाहिए, क्योंकि पूर्णता अपूर्णता से श्रेयस्कर है, और, यदि कला कुरूपता के प्रति अडिग वर्जना का भाव रखेगी, तो उसकी पूर्णता अवश्यमेव विघटित होगी। दूसरी बात यह है कि सुन्दर और कुरूप एक-दूसरे के मूल्यों एवं सीमाओं का निर्धारण करते हैं। शायद, इसीलिए वाल्मीकि ने राम के सौन्दर्य को अधिक प्रभविष्णु एवं शूर्पणखा की कुरूपता को अधिक विकर्षक बनाने के लिए सौन्दर्य और कुरूपता का समानान्तर वर्णन किया है—

सुमुखं दुर्मुखी रामं वृत्तमध्यं महोदरी।
विशालाक्षं विरूपाक्षी सुकेशं ताम्रमूर्धजा॥
प्रीतिरूपं विरूपा सा सुस्वरं भैरवस्वरा।
तरुणं दारुणं वृद्धा दक्षिणं वामभाषिणी॥

(वाल्मीकि रामायण)

सारांश यह है कि कुरूपता के प्रति शिथिलता हमारी सौन्दर्य-चेतना के लिए अशोभन है और कुरूपता के प्रति तीव्र प्रतिक्रिया हमारी सौन्दर्य-चेतना के लिए शुभंकर है।

सौन्दर्य-विवेचन में उदात्त की चर्चा भी अपेक्षित है।[1] उदात्त (सब्लाइम) वह सौन्दर्य है, जो आश्रय को पहले पराभूत और तदनन्तर आकर्षित करता है। जैसे, गरजते हुए सागर को देखकर तटस्थ व्यक्ति पहले भयंकरता से आक्रान्त होकर या विस्मय भाव से हक्का-बक्का हो जाता है, किन्तु, तत्पश्चात् उसकी विशालता से अभिभूत होकर वह चिति-स्फीत हो जाता है। अत: उदात्त-भावन में पहले घात,

1. पाश्चात्य सौन्दर्यशास्त्र के इतिहास में उदात्त के विवेचन की दृष्टि से अठारहवीं शताब्दी बहुत महत्त्वपूर्ण है। अठारहवीं शताब्दी में सौन्दर्य-चेतना के साथ उदात्त पर विचार करनेवाले चिन्तकों की एक लम्बी शृंखला मिलती है, जिनकी मान्यताओं का आलोचनात्मक आकलन हिप्ले ने अपने प्रबन्ध में कालानुक्रम से किया है।—Walter John Hipple, *The Beautiful, The Sublime and the Picturesque in Eighteenth Century,* British Aesthetic Theory, Carbondale, 1957

तदुपरान्त आह्लादन है। इस पूर्वावस्था के कारण ही कुछ विचारक उदात्त और सुन्दर को सकोटिक नहीं मानते हैं। कभी-कभी कुरूप भी अपनी विशालता और लोकातिशयता के कारण उदात्त बन जाता है।[1] सुन्दर और उदात्त में दूसरा अन्तर यह है कि सुन्दर जहाँ रुचि-बोध से सम्बन्धित है, वहाँ उदात्त बुद्धि-संवेग (इमोशन ऑव इंटेलिजेन्स) से। तीसरी बात यह है कि सुन्दर के लिए सर्वदा आकृतिविधान आवश्यक है, जबकि उदात्त के लिए आकृतिहीनता और विकृति समरूप श्रेयस्कर हैं। चौथा अन्तर यह है कि उदात्त सुन्दर की अपेक्षा अधिक आत्मनिष्ठ है, फलतः उसमें आश्रय पक्ष की दृष्टि से मानस-चाप (मेंटल प्रेशर) अधिक है। कभी-कभी 'उदात्त' वस्तु-विशेष में पूर्णता का ऐसा भीमकाय अथवा विराट् निदर्शन प्रस्तुत करता है कि उसके आस्वादन, चर्वण या ग्रहण में आश्रय की इन्द्रियाँ असमर्थ सिद्ध होती हैं, और यदाकदा वह प्रकृति की शक्ति-सत्ता का ऐसा विस्फोटक विभ्राट् उपस्थित करता है कि आश्रय की धारणा-शक्ति विखंडित हो जाती है। इसलिए कुछ लोग उदात्त को 'सौन्दर्य का विस्तार' ('एक्सटेन्शन ऑव ब्यूटी') कहते हैं।

हीगेल के अनुसार उदात्त सौन्दर्य का दौवारिक है, जो प्रतीकात्मक कला-विभाग (सिम्बॉलिक आर्ट-फॉर्म) के अन्तर्गत आता है। जब 'असीम' दृश्य जगत् की वस्तु-विशेष में अपनी अभिव्यक्ति चाहता है, किन्तु चाहकर भी न अभिव्यक्त हो पाता है और न पुनःप्रत्यक्षित, तब वह वृथा प्रयत्न वस्तु-समेत उदात्त बन जाता है, अर्थात्, 'उदात्त' वस्तु-विशेष में असीम की अपूर्ण अभिव्यक्ति है। उदात्त का दूसरा लक्षण यह है कि वह ससीम-निस्सीम का बोधक होता है। प्रत्यक्षीकरण के उपरान्त उदात्त, एक ओर, मानव-हृदय पर अपनी असीमता का रोब गाँठता है और, दूसरी ओर, मानव-चित्त को उसकी संकोची ससीमता का बोध देता है। किन्तु, उदात्त की विशेषता यह है कि इस ससीमता अथवा हीनता की अनुभूति के क्षणों में भी मानव-चित्त पहले की अपेक्षा महानता के किंचित् ऊँचे धरातल पर पहुँच जाता है।

कुछ आत्मनिष्ठ विचारक उत्कृष्ट संवेग की सशक्त अनुभूति को उदात्त कहते हैं। इस दृष्टि से उदात्त उन्मेषपूर्ण संवेग की चूड़ान्त घनीभूत अवस्था है। अतः प्रकृति की विराटता और आध्यात्मिक शक्ति की पराव्याप्ति उदात्त की भावना के सर्वोत्तम उद्दीपन हैं।

कला के सभी निदर्शनों में उदात्त का समावेश नहीं हो सकता। वही कला उदात्त का उचित अधिकरण बन सकती है, जिसमें पर्याप्त विस्तार या भावन के स्तम्भन की शक्ति विद्यमान हो; क्योंकि उत्कृष्ट संवेग को उत्कृष्टता के परिपाक की प्राप्ति एवं घनीभूत अवस्था को 'तर' से 'तम' तक ले जाने के लिए एक विलम्बित एवं सुपुष्ट काल-खंड की आवश्यकता होती है। इसलिए कला के उदात्त में नहीं, उदात्त कला में 'मैग्निच्युड' की आत्यन्तिक आवश्यकता रहती है। इस दृष्टि से दृश्य

1. उदाहरणार्थ, शिलर इसी मत के समर्थक थे।

कलाओं की अपेक्षा कालिक कलाओं (टाइम्स आर्ट्स)—जैसे, संगीत और काव्य में उदात्त का आधान सरल हुआ करता है।

'उदात्त' ललितकला और उपयोगी कला का विशिष्ट विभाजक गुण है। हम देख चुके हैं कि लालित्य और उपयोगिता के आधार पर ललितकला एवं उपयोगी कला का दो टूक विभाजन तर्कसम्मत नहीं है, क्योंकि उपयोगिता में भी लालित्य रहता है और लालित्य की भी उपयोगिता होती है। किन्तु, हम उदात्त के आधार पर (यद्यपि इसकी सर्वत्र उपस्थिति नहीं रहती) ललितकला के अन्तर को अधिक स्पष्ट कर सकते हैं। उपयोगी कलाओं, विशेषकर औद्योगिक कलाओं में उदात्त का समावेश या उसका आधार कभी नहीं हो सकता है। उपयोगी कला और औद्योगिक कला अन्य दृष्टियों से—पूर्णता, संघटन अथवा सचाई की दृष्टि से—ललितकलाओं के साथ 'सम' पर खड़ी हो सकती हैं, किन्तु उदात्त की दृष्टि से वे सर्वथा पंगु हैं।

परिमाण अथवा आकृति-विस्तार से सम्बन्धित होने के कारण कुछ विचारक उदात्त के कई स्तर मानते हैं। जैसे, प्रो. ब्रैड्ले ने 'द सब्लाइम'[1] शीर्षक निबन्ध में परिमाण, मात्रा अथवा आकृति-विस्तार के भेद से सौन्दर्य की पाँच अवस्थाओं को स्वीकार किया है और उदात्त को उनमें सर्वोत्तम माना है। वे पाँच अवस्थाएँ इस प्रकार हैं—रंजक (प्रेटी), लावण्यमय (ग्रेसफुल), सुन्दर (ब्यूटीफुल), कमाल (ग्रेंड) और उदात्त (सब्लाइम)।[2] 'ललित लघु' उदात्त का पंक्तिबद्ध विपरीतान्त है, जो सुखद और रंजक हुआ करता है, किन्तु किसी उत्कृष्ट तथा गम्भीर भाव को जगाने में अक्षम रहता है। इस ललित लघु के भावन या चर्वण में इन्द्रियाँ सक्रिय रहती हैं। किन्तु इसके विपरीत 'उदात्त' इन्द्रियों से परे अर्थात् अतीन्द्रिय हुआ करता है। यह इतना महान् होता है कि इन्द्रियाँ इसे ग्रहण नहीं कर पातीं। इन्द्रियग्राह्य न

1. A. C. Bradley, *Oxford Lectures on Poetry*, Macmillan & Co., London, 1950
2. 'सब्लाइम' के लिए महिम सौन्दर्य, भव्य या भावोत्कर्ष का भी प्रयोग किया जाता है। आनन्दशंकर बापू भाई ध्रुव ने 'सब्लाइम' के लिए गीता का 'ऊर्जित' शब्द प्रयुक्त किया है। इन्होंने गुर्जर भाषा के कवि श्री अरदेशर फरामजी खबरदार के अभिनन्दन-ग्रन्थ में 'सुन्दर और भव्य' शीर्षक एक लेख लिखा है, जिसमें इन्होंने 'ऊर्जित' शब्द की चर्चा की है। इस लेख का हिन्दी भाषान्तर 'जागरण' पत्रिका के मधुसंचय शीर्षक स्तम्भ में उपस्थित किया गया है, जिसकी कुछ महत्त्वपूर्ण पंक्तियाँ इस प्रकार हैं—"सुन्दर और भव्य" (sublime) को गीता में श्रीमत् और ऊर्जित शब्दों से व्यक्त किया गया है। श्रीमत् और ऊर्जित—यद्यपि ये दोनों एक-दूसरे से भिन्न ही रूप हैं, तथापि इनका समन्वय इनके अधिष्ठानभूत परमात्मा में होता है। परमात्मा की विभूति-रूप कवि की प्रतिभा में भी ये सामान्याधिकरण्य प्राप्त करते हैं। हमारी द्वैत दृष्टि में ये दोनों भिन्न-भिन्न रूप में भासित होते हैं। एक का तत्त्व समान, प्रमाणबद्ध और मनोहर होता है—दूसरे का विषम, विशाल और अप्रमेयतायुक्त होता है। एक का उदाहरण सुन्दर गुलाब का फूल और दूसरे का भव्य एवं विशाल वटवृक्ष।...एक का उदाहरण संध्या और दूसरे का नगाधिराज के ऊपर से गिरता हुआ गंगा का प्रपात। कलाशास्त्र का उदाहरण लें, तो एक →

होने के कारण ही उदात्त क्षण-स्थायी होता है, क्योंकि किसी भाव-दशा का ठहराव इन्द्रियों की संजोने की शक्ति पर निर्भर रहा करता है। शेष अवस्थाएँ—लावण्यमय, सुन्दर और कमाल—इन्द्रियों के साथ ताल-मेल रखती हैं, अत: इन्द्रियरंजक होती हैं। अर्थात्, इन अवस्थाओं में आश्रय की इन्द्रियों और आलम्बन के बीच पूर्ण रागात्मक निर्वाह रहता है।

कुछ विचारक कलाकार की शैली में भी उदात्त की विद्यमानता स्वीकार करते हैं। अर्थात्, असामान्य अभिव्यक्ति का कमाल या चमत्कार उदात्त का सृजन कर सकता है। जैसे, लोंजाइनस पाटवपूर्ण वाग्मिता में उदात्त की सम्भावना को मानते हैं। इनके अनुसार कलाकार की शैली उदात्त हो सकती है और उदात्त शैली के साक्षात्कार से आत्मा का उन्नयन तथा उत्तोलन हो सकता है।[1] अपनी इस मान्यता को स्थापित करते हुए इन्होंने उदात्त शैली के पाँच नियामक तत्त्वों को निर्दिष्ट किया है—1. चिन्तन की गरिमा, 2. आवेगों का स्फूर्त और उत्तेजित निर्वाह, 3. वाक्यालंकारों (फिगर्स ऑव स्पीच) का सुष्ठ प्रयोग, 4. शब्द-चयन, सादृश्यविधान एवं अलंकार-योजना तथा 5. स्थापत्य-कौशल का महिमामंडित प्रयोग। इन पाँच तत्त्वों में से प्रथम दो, लोंजाइनस के अनुसार, उदात्त के अन्तरंग तत्त्व हैं, शेष तीन बहिरंग। डॉ. नगेन्द्र ने इन दो तत्त्वों के लिए 'उदात्त विचार और प्रेरणा-प्रसूत भव्य आवेग' का प्रयोग किया है और इन दो में भी आवेग की मुख्यता को प्रतिपादित किया है। "भव्य आवेग से अभिप्राय ऐसे आवेग का है, जिससे हमारी आत्मा जैसे अपने-आप ही ऊपर उठकर गर्व से उच्चाकाश में विचरण करने लगती है तथा हर्ष और उल्लास से परिपूर्ण हो उठती है। इसी प्रकार का आवेग उदात्त की सृष्टि करता है। इसके विपरीत कुछ ऐसे भी आवेग होते हैं, जो औदात्य से बहुत दूर हैं और जो निम्नतर कोटि के हैं, जैसे, दया, शोक, भय, आदि...। इस प्रकार के भाव उदात्त की सृष्टि में सर्वथा असमर्थ ही नहीं, वरन् बाधक भी होते हैं।"[2]

→ का उदाहरण वंशीधर श्रीकृष्ण और दूसरे का ऊर्जस्वी मुद्रा से नृत्य करने वाले नटराज। —*जागरण,* (साहित्यिक पाक्षिक पत्र) वर्ष, अंक 1, 11 फरवरी, 1932, पुस्तक मन्दिर, काशी, पृ. 21

1. "When a passage is pregnant in suggestion, when it is hard, may impossible, to distract the attention from it, and when it takes a strong and lasting hold on the memory, then we may be sure that we have lighted on the true sublime." —Longinus, *On The Sublime,* translated by H. L. Havel, Every Man's Library, No. 901

2. डॉ. नगेन्द्र, *काव्य में उदात्त तत्त्व,* भूमिका-भाग, पृ. 10-11, राजपाल एंड सन्ज़, दिल्ली, 1958। हिन्दी के कुछ अन्य लेखकों ने भी लोंजाइनस के द्वारा निरूपित 'सब्लाइम' पर छिटपुट विचार किया है। जैसे, कन्हैयालाल सहल ने 'लांजीनस और भावोत्कर्ष' शीर्षक निबन्ध में लोंजाइनस की उदात्त-सम्बन्धी स्थापनाओं का सार-संक्षेप प्रस्तुत किया है और तुलनात्मक→

उदात्त की विचित्रता यह है कि वह विशाल होकर भी सूक्ष्म में समाहित हो सकता है, अर्थात् उसकी भूमिकाएँ बहुवर्णी हैं। अत: उसके कई प्रकार माने जाते हैं; जैसे—सूक्ष्मोदात्त, श्रेयोदात्त, परोदात्त, विस्तारोदात्त इत्यादि।[1]

इस प्रसंग में यह भी विचारणीय है कि 'सौन्दर्यानुभूति की अवस्था' क्या है? आइ. ए. रिचर्ड्स ने 'प्रिन्सिपुल्स ऑव लिटरेरी क्रिटिसिज्म' में यह मत व्यक्त किया है कि मन की कोई ऐसी विशिष्ट दशा नहीं है, जिसे हम सौन्दर्यानुभूति की अवस्था (एस्थेटिक स्टेट) के नाम से अभिहित कर सकते हैं।[2] वास्तविकता यह है कि मानव-मन अत्यधिक संवेदनशील और सक्रिय है। उसके पास क्षण-क्षण बदलनेवाली दशाओं और अनुभूतियों की एक संकुल शृंखला है। ये अनेक किस्म की दशाएँ एवं अनुभूतियाँ क्रमबद्ध या सुलझी हुई न होकर विशृंखल रहती हैं। इनके परिवर्तन का कारण स्थिति और परिस्थिति में हेरफेर है। अर्थात्, प्रश्न यह है कि देश, काल एवं परिस्थिति के संघात से बदलनेवाली आश्रय की बहुवर्णी मनोदशाओं और अनुभूतियों के बीच सामान्य ढंग से वह दशा या अनुभूति भी आ जाती है, जिसे हम सौन्दर्यानुभूति की अवस्था कहते हैं अथवा उसके कुछ विशिष्ट लक्षण होते हैं? जीव-विज्ञान के अनुसार हमारे ऐन्द्रिय ज्ञान और संवेदन मूलत: दो प्रकार के हैं—'प्रोटोपैथिक' और 'एपिक्रिटिक'। ये दोनों त्वक्चेतना के साधन और आधार हैं। 'प्रोटोपैथिक' संवेदन जीव की प्राथमिक वृत्तियों से सम्बन्धित है और 'एपिक्रिटिक' संवेदन का सम्बन्ध उसकी चयनशील (डिस्क्रिमिनेटिंग) वृत्ति से है। इसलिए हेड और रिवर्स ने यह निष्कर्ष निकाला है कि हमारे चेतन जीवन का सम्बन्ध द्वितीय (एपिक्रिटिक) से है और उपचेतन का प्रथम (प्रोटोपैथिक) से। इस दृष्टिकोण से सोचने पर सौन्दर्यानुभूति का सम्बन्ध 'एपिक्रिटिक' संवेदन के ही साथ हो सकता है, क्योंकि वह हमारे चयन और उन्नत संवेदन पर निर्भर करती

→ दृष्टि से यह संकेतित किया है कि लोंजाइनस के आनन्दातिरेक तथा मम्मट के 'विगलित वेद्यान्तर' में बहुत-कुछ साम्य दिखलायी पड़ता है। 'प्रो. कन्हैयालाल सहल, 'लांजिनस और भावोत्कर्ष' शीर्षक निबन्ध, *साहित्य-सन्देश,* आगरा, अगस्त, 1950. पृ. 49-50। यहाँ यह ध्यातव्य है कि संस्कृत काव्यशास्त्र में रस विवेचन के प्रसंग में भी 'उदात्त' शब्द का व्यवहार किया गया है। जैसे, भोज ने शृंगारप्रकाश में 'उद्धत रस' के प्रतिपक्ष में 'उदात्त रस' का उपस्थापन किया है। भोज के शृंगारप्रकाश पर कार्य करनेवाले विद्वानों, यथा डॉ. राघवन और अभयकुमार गुह ने उदात्त शब्द पर रस-विवेचन की दृष्टि से थोड़ा विचार किया है।

1. उदात्त के सैद्धान्तिक पक्ष पर रस-दृष्टि से विचार के लिए द्रष्टव्य—जगदीश पांडेय, *उदात्त : सिद्धान्त और शिल्पन,* अर्चना प्रकाशन, आरा, 1964, पृ. 13-18
2. साधारणत: सौन्दर्यशास्त्रियों ने सौन्दर्यानुभूति की अवस्था में इन चार प्रकार के उपादानों को स्वीकार किया है—ह्लादांश, ज्ञानांश, संस्कारांश और व्यापारांश। कुछ सौन्दर्यशास्त्री ज्ञानांश को अधिक महत्त्व देते हैं, तो कुछ ह्लादांश और संस्कारांश को। आधुनिक सौन्दर्यशास्त्री, अधिकतर, व्यापार और अभिव्यक्ति को महत्त्व देते हैं।

है। किन्तु, वही प्रश्न पुनः सामने आता है—क्या इस कोटि में भी सौन्दर्यानुभूति लक्षणविशिष्ट है? इस प्रश्न का नकारात्मक उत्तर देते हुए रिचर्ड्स ने लिखा है कि सौन्दर्यानुभूति अन्य अनुभूतियों के साथ गाढ़ सादृश्य रखती है। अन्तर है विकास की मात्रा में। अर्थात् किसी सामान्य अनुभूति का विकसित रूप ही सौन्दर्यानुभूति है, फलतः उनमें प्रकार-भिन्नता नहीं है। उदाहरणार्थ, कविता पढ़ने या संगीत सुनने के समय हम उससे भिन्न कदापि कोई काम नहीं करते, जो हम दर्शक-दीर्घा में जाते अथवा सुबह में पोशाक पहनते समय करते हैं।

किन्तु, दूसरी कोटि के विचारकों का मत है कि सौन्दर्यानुभूति अन्य अनुभूतियों से विशिष्ट है, क्योंकि सौन्दर्यानुभूति का आविर्भाव दो ही स्थितियों में होता है—सौन्दर्य-सृष्टि में और सुन्दर के अवलोकन या प्रशंसन में। इस विशिष्टता के पक्ष में रोज़र फ्राय का एक तर्क यह है कि सौन्दर्यानुभति सर्वथा और सर्वदा आनन्दोन्मुख होती है, जबकि अन्य अनुभूतियों का आनन्द से अविनाभाव सम्बन्ध नहीं है। वस्तुतः यह स्वीकार्य सत्य है कि सौन्दर्यानुभूति का, अगर आनन्द से वर्तमान सम्बन्ध न भी हो, तो आगमिष्यत् सम्बन्ध अवश्य ही रहता है। इसलिए आनन्दकुमार स्वामी ने सौन्दर्यानुभूति को 'प्रज्ञानघन आनन्दमयी' अवस्था के रूप में स्वीकार किया है।[1] पुनः सौन्दर्य से प्राप्त आनन्दानुभूति और अन्य सुखों में अन्तर है। अन्य सुखों में इन्द्रियानुभूति ही सीमा बन जाती है, किन्तु सौन्दर्यप्रदत्त आनन्दानुभूति में इन्द्रियाँ अधिकरण मात्र रहती हैं, उसकी सीमा नहीं बनती।[2] फिर भी हम, जैसा कि कश्मीरी शैव दर्शन और विशेषकर अभिनवगुप्त की मान्यता है, सौन्दर्यानन्द को ब्रह्मानन्द नहीं कह सकते, क्योंकि सौन्दर्यानन्द ब्रह्मानन्द से भिन्न कोटि का होता है। ब्रह्मानन्द की स्थिति में 'प्रज्ञा' स्थिर हो जाती है, जो स्थिरता किसी प्रकार के सृजन-कार्य में अक्षम सिद्ध होती है। अतः यदि सौन्दर्यानन्द ब्रह्मानन्द की कोटि का हो जाए, तो कलाकार प्रज्ञा की स्थिरता के कारण कला-सृजन में असमर्थ हो जाएगा। अर्थात्, सौन्दर्यानन्द ब्रह्मानन्द की तुलना में निम्न स्थिति का होता है।

इस विश्लेषण के उपरान्त यह मत उचित प्रतीत होता है कि सौन्दर्यानुभूति कुछ अर्थों में विशिष्ट होती है। एक तो सौन्दर्यानुभूति की अवस्था भावक के घन संवेग (कैथेक्सिस)[3] की दशा होती है। दूसरे सौन्दर्यानुभूति में चमत्कार (संस्कृत काव्यशास्त्र

---

1. आनन्द के. कुमारस्वामी, *द ट्रान्सफॉर्मेशन ऑव नेचर इन आर्ट*, डोवर पब्लिकेशन्स, न्यूयार्क, 1956 पृ. 51
2. George Santayana, *The Sense of Beauty,* Dover Publications, New York, p. 36. इसलिए सन्तायना ने सौन्दर्य का सम्बन्ध 'रीम ऑद इसेन्स' से माना है और उसे एक 'इंट्रिंज़िक वैल्यू' के रूप में स्वीकार किया है।—Irving Singer, *Santayana's Aesthetics : A Critical Introduction,* Cambridge, 1957, pp. 69-74
3. 'एक्यूमुलेशन ऑव मेंटल एनर्जी ऑन सम पर्टिकुलर आइडिया, मेमोरी ऑर लाइन ऑव थॉट ऑर एक्शन'—जेम्स ड्रेवर, *ए डिक्शनरी ऑव साइकालॉजी,* पेंग्विन बुक्स, 1956, पृ. 34

के प्रयुक्त अर्थ में) की अनिवार्य उपस्थिति रहती है। तीसरे सौन्दर्यानुभूति की उपपन्न प्रक्रिया के विधायक तत्त्व अनेक, किन्तु क्रमबद्ध होते हैं। जैसे, वस्तु-प्रत्यक्ष, उसका मानस-चित्रांकन, इन दोनों का एक विधान में ग्रथन, इस समीकृत रूप के प्रति आश्रय के मन का प्रतिसंवेदन और सौन्दर्यास्वादन की लब्धि। वस्तुत:, सौन्दर्यानुभूति और उसकी अभिव्यक्ति, दोनों की प्रक्रियाएँ बहुत उलझी हुई हैं।[1] भारतीय विचारकों में अभिनवगुप्त ने सौन्दर्यानुभूति को सार्वभौम माना है। इनके अनुसार सौन्दर्यानुभूति देश, काल और कारण-कार्य की सारिणी से परे है, अत: सौन्दर्यानुभूति के क्षणों में भावक दैनन्दिन जीवन की सांसारिकता से कुछ समय के लिए ऊपर उठ जाता है। अभिनवगुप्त ने इस बात पर एकाधिक बार बल दिया है कि सौन्दर्यानुभूति की अवस्था में मनुष्य कारण-कार्य-नियम के द्वारा संचालित संसार से पृथक् हो जाता है। यह पार्थक्य जितना ही सशक्त होता है, सौन्दर्यानुभूति उतनी ही विशिष्ट होती है। इस दृष्टि से अभिनवगुप्त भट्ट लोल्लट और शंकुक से दूर तथा भट्टनायक के निकट पड़ते हैं, क्योंकि भट्टनायक की तरह ही अभिनवगुप्त का दृष्टिकोण है कि सौन्दर्यानुभूति (जिसे भारतीय काव्यशास्त्र में प्राय: रसानुभूति कहा जाता है) व्यक्ति की वह नन्दतिक चेतना (एस्थेटिक कांशसनेस) है, जो बाह्य विघ्नों, घातों अथवा प्रभावों से मुक्त रहती है। इस नन्दतिक चेतना का कोई बाह्य उद्‌देश्य भी नहीं होता है। यह मनुष्य की प्रयोजनहीन दशा है।[2]

इस विश्लेषण के उपरान्त भी सौन्दर्यानुभूति को समझने के लिए कलानुभूति की परख आवश्यक है। प्रथमत: कलानुभूति एक ऐसी सुखद अनुभूति है, जो सत्यमिथ्या के विधि-निषेधों से किंचित् ऊपर है। प्रवृत्ति की दृष्टि से यह अनुभूति चयनशील होती है, क्योंकि इसका सम्बन्ध आलम्बन के सम्पूर्ण परिसर से न होकर उसके संवेद्य अंश तक सीमित रहता है। अत: कलानुभूति वस्तु-विशेष के

---

1. रामस्वामी शास्त्री, द *इंडियन कॉन्सेप्ट ऑव द ब्यूटीफुल,* पृ. 5
2. किन्तु, ऐसा कहकर भी अभिनवगुप्त ने सौन्दर्यानुभूति को जीवन-विलक्षण नहीं माना है। इसलिए अभिनवगुप्त की उक्त मान्यता पर टिप्पणी देते हुए ग्नोली ने लिखा है—

   "In aesthetic experience, however, the feelings and facts of everyday life, even if they are transfigured, are always present. In respect of its proper and irreducible character, therefore, which distinguishes it from any form of ordinary consciousness, aesthetic experience is not of a discursive order. On the other hand, as regards its content—which is nothing but ordinary life purified and freed from every individual relationship—aesthetic consciousness is no different from any other form of discursive consciousness. Art is not absence of life—every element of life appears in aesthetic experience—but it is life itself, pacified and detached from all passions."

   —Raniero Gnoli, *The Aesthetic Experience According to Abhinav Gupta*, Series Orientale Roma, XI, 1956, Introduction, pp. XXIV-XXV

संवेद्य अंशों के चयन पर जीवित रहती है और सुखद, अतः, रसात्मक होती है। भारतीय दृष्टि से भी कला का आशु अथवा समीपी मूल्य विशिष्ट सुख (आनन्द) ही माना गया है।

अभिज्ञान की दृष्टि से निर्वैयक्तिकता का अभ्युदय कलानुभूति का सर्वोपरि लक्षण है। सामान्य अनुभूतियों में मनुष्य अपने व्यक्तित्व और वैयक्तिकता की परिधि से आबद्ध रहता है, किन्तु कलानुभूति के क्षणों में वह इन सीमाओं से ऊपर उठ जाता है। अत: कलानुभूति एक विशिष्ट संवित् है, जो भावक में सत्वोद्रेक पैदा करती है।

काल की दृष्टि से कलानुभूति क्षणिक होती है और उसका सातत्य उद्दीपनसापेक्ष होता है। अधिक सुस्थ कथन यह होगा कि कलानुभूति की अवधि विभावों की विभावनशील उपस्थिति के ठहराव पर निर्भर करती है।

पुन: निर्वैयक्तिकता से सम्पृक्त होने के कारण कलानुभूति स्वनिष्ठ और स्वयंसाध्य होती है तथा चरम मूल्य रखती है।[1] साथ ही निर्वैयक्तिक और चरम होने होने से कलानुभूति में यथार्थ के साथ आदर्श का अल्पाधिक समावेश अवश्य रहता है। इसीलिए कला सत्य-मिथ्या या यथार्थ-आदर्श की धूप-छाँही में प्राय: निर्विघ्न रहती है।

दूसरी बात यह है कि कलानुभूति की दो मुख्य किस्में हैं—उपज्ञात और प्रेरित। उपज्ञात कलानुभूति का सम्बन्ध कारयित्री प्रतिभा से, अतः, सहृदय से है। प्रथम कला-सृष्टि के क्षणों की अनुभूति है और द्वितीय कला-दर्शन के क्षणों की। कलानुभूति ही विकास और उपचिति की मात्रा के अनुसार हृदय-संवाद, तन्मयीभवन् योग्यता और रसानुभव की अवस्थाओं में बदलती रहती है। दूसरे प्रकार की कलानुभूति भोगीकरण-प्रधान होती है, जबकि उपज्ञात कलानुभूति में भोग से अधिक महत्त्व इन तीन कार्यों का रहता है—अनुभूति का निबिड़ीकरण, अनुभूति का मार्जन और अनुभूति की व्याख्या।

कलानुभूति के और दो प्रकार स्पष्ट हैं—सहज और संकुल। शैशवावस्था और किशोर वय की कलानुभूति अथवा प्रौढ़ व्यक्ति की भी ('फिक्सेशन' से उद्भूत) शिशु अथवा कैशोर कलानुभूति 'सहज' होती है। इसके विपरीत जो व्यक्ति जितना ही परिपक्व-बुद्धि और आवेष्टनों के प्रति सजग होता है, उसकी कलानुभूति उतनी ही 'संकुल' होती है।

प्रस्तुत अध्याय के सम्पूर्ण विवेचन का निष्कर्ष संक्षेप में इस प्रकार उपस्थित किया जा सकता है—

1. सौन्दर्य काव्य एवं अन्य कलाओं का अपरिहार्य (साथ ही प्रधान) तत्त्व है।

---

1. प्रो. एम. हिरियन्ना, *आर्ट एक्सपिरियेन्स,* मैसूर काव्यालय पब्लिशर्स, पृ. 27

2. सौन्दर्य-सृजन और सौन्दर्य-भावन में स्रष्टा और सहृदय की स्वाद-रुचि का सापेक्षिक महत्त्व है, क्योंकि स्रष्टा (कलाकार) या सहृदय की स्वाद-रुचि उसके आसंग, परिवेश और अभ्यास पर निर्भर करती है।
3. कुछ विचारक सौन्दर्य को वस्तुनिष्ठ और कुछ विचारक सौन्दर्य को आत्मनिष्ठ कहते हैं। किन्तु, इसे निर्विवाद मान लेना चाहिए कि सौन्दर्य-बोध का सम्बन्ध अंशतः ऐन्द्रिय प्रत्यक्ष से अवश्य है। साथ ही, सौन्दर्य के ग्रहण में अन्तःकरण का योग अपेक्षित है।
4. सौन्दर्य-चेतना का बहुत ही ऋजु सम्बन्ध हमारे भावात्मक संवेगों के साथ है।
5. प्रायोगिक सौन्दर्यशास्त्र में विवेचित सौन्दर्य के साथ काव्य एवं अन्य ललितकलाओं का कोई सीधा सम्बन्ध नहीं है।
6. प्राणियों की सौन्दर्य-चेतना कुछ दूर तक उनकी शरीर-रचना और इन्द्रियों के 'प्रकार' से नियंत्रित रहती है।
7. कला-चिन्तन की दृष्टि से सौन्दर्य के प्रति भारतीय दृष्टिकोण ही—सर्वोत्तम प्रतीत होता है, क्योंकि इसमें आध्यात्मिक वृत्ति, आन्तरिकता और प्रकृतिप्रेम को प्रचुर महत्त्व दिया गया है।
8. 'उदात्त' सौन्दर्य का चरम रूप है।
9. सौन्दर्यानुभूति का आनन्द से अनिवार्य सम्बन्ध है।
10. सौन्दर्यानुभूति जब सृजन की ओर सक्रिय होती है, तब वह कलानुभूति बन जाती है।

तृतीय अध्याय

कल्पना

ललित कला के प्रमुख तत्त्वों में रचना की दृष्टि से कल्पना का सर्वोपरि स्थान है। कल्पना ही वह तत्त्व है, जिससे कलाकार को नूतन सृजन और अभिनव रूप-व्यापार-विधान की शक्ति प्राप्त होती है। संक्षेप में हम कह सकते हैं कि कल्पना कलाकार की सृजन-शक्ति है। व्युत्पत्ति (√ क्लृप्+अन+आ) की दृष्टि से भी कल्पना का शाब्दिक अर्थ 'सृष्टि करना' ही है। 'इमेज' से बना 'इमाजिनेशन' शब्द अंग्रेजी में इसी कल्पना का पर्याय है। नटाल्स स्टैंडर्ड डिक्शनरी में 'इमाजिनेशन' की अच्छी परिभाषा की गई है।[1] किन्तु, इसका अन्तिम अंश 'एन अनसॉलिड और फैन्सीफुल ओपिनियन' अपने प्रारम्भिक अंश 'द स्ट्रिक्टली पोयेटिक ऑर क्रियेटिव फैकल्टी' का विरोधी है। अत: इस अर्थापन में स्वतोव्याघात दोष है। इस गड़बड़ी का एक सबल कारण यह है कि 'इमाजिनेशन' शब्द के प्राय: दो अर्थ प्रचलित हैं। लित्रे (Littre) ने इन दो अर्थों को इस प्रकार स्पष्ट किया है—1. 'ए फैकल्टी दैट वी हैव ऑव रिकॉलिंग विविड्ली, एंड ऑव सीइंग, सो टु स्पीक, आब्जेक्ट्स दैट आर नो लौंगर बिफोर आवर आइज।' 2. 'पर्टिकुलरली इन लिट्रेचर एंड द फाइन आर्ट्स, द फैकल्टी ऑव इन्वेंटिग, ऑव कन्सीविंग, ज्वायंड टु द टेलेंट ऑव रेंडरिंग कन्सेप्शन्स इन ए लाइवली मैनर।' इस दूसरे अर्थ में प्रयुक्त कल्पना को लित्रे ने 'क्रियेटिव इमाजिनेशन' कहा है।[2] अन्य विचारकों ने भी कल्पना के दो अर्थों को स्वीकार किया है। एक अर्थ में कल्पना वस्तुसन्निकर्ष के सामान्य प्रभावों को सुरक्षित रखती है और दूसरे अर्थ में कल्पना वस्तु-सन्निकर्ष के मानसिक प्रभावों से निर्मित बिम्बों को संगृहीत कर उन्हें सहस्रों प्रकार के संयोजन प्रदान करती है। इस

---

1. "द स्ट्रिक्टली पोयेटिक ऑर क्रियेटिव फैकल्टी ऐज़ एक्ज़िबिटेट इन द विविड कन्सेप्शन्स एंड कॉम्बिनेशन्स, मोर स्पेशली ऑव द फ़ाइन आर्ट्स; इमेज इन द माइंड; आइडिया, कंट्राइवेन्स ऑर डिवाइस; एन अनसॉलिड ऑर फ़ैन्सीफुल ओपिनियन।"
2. De E. Littre, Par A. Beaujean, *Dictionnaire De La Langue Francaise,* Librairie Hachette Et. C. Paris, 1918, p. 571

दूसरे अर्थ की कल्पना ही कला-वरेण्य होती है। वेब्स्टर ने भी कल्पना का द्विविध अर्थापन किया है। इनके अनुसार कल्पना का एक अर्थ यह है कि कल्पना एक चित्रविधायिनी शक्ति है। इस कल्पना-शक्ति के द्वारा व्यक्ति पूर्वप्रत्यक्षित वस्तुओं अथवा पूर्वानुभूत प्रत्ययों या भाव-स्थितियों का पुनर्भावन करता है। दूसरे अर्थ में कल्पना एक पुनरुत्पादक या पुनः प्रत्यक्षाधायक शक्ति है, जिसके द्वारा व्यक्ति अपने अनुभव अथवा अनुमान से प्राप्त सामग्रियों का नवीन संयोजन, क्रम या रूप-विधान प्रस्तुत करता है। इसी संकुल कल्पना को, सामान्यतः कला-आलोचना में मूर्तविधायिनी शक्ति या सृजनात्मक शक्ति ('प्लास्टिक ऑर क्रियेटिव पावर') कहते हैं।[1] इस दूसरे अर्थ के आधार पर हम कह सकते हैं कि कल्पना एक ऐसी मानसिक शक्ति है, जिसके द्वारा हम अप्रत्यक्ष वस्तुओं के बिम्बों को प्रत्यक्ष करते हैं और इन बिम्बों को संयोजित, परिवर्तित अथवा परिवर्द्धित कर एक कलात्मक रूप प्रदान करते हैं। अतः कला के अन्तर्गत आलम्बन-विधान, उद्दीपन-योजना और व्यापार-विधान में इस कल्पना-शक्ति का प्रचुर महत्त्व है। इस तरह कला-सृष्टि में कल्पना के तीन विशिष्ट कार्य हैं—1. अप्रत्यक्ष वस्तुओं के बिम्बों का मानसिक पुनराह्वान, 2. इन बिम्बों का पुनः प्रत्यक्ष, और 3. इन बिम्बों के समीकरण से कला-सृष्टि में योगदान।

उक्त विवेचन के उपरान्त भी कल्पना की परिभाषा, प्रक्रिया अथवा स्वरूप के विषय में कोई एक दृष्टिकोण सर्वथा पूर्ण नहीं प्रतीत होता है। स्पीयरमैन ने भी सृजनक्षम मनःशक्ति अर्थात् कल्पना के समुचित विश्लेषण के लिए अनेक प्रचलित सिद्धान्तों, जैसे—बिम्ब-सिद्धान्त, संयोजन-सिद्धान्त, 'गेस्टाल्ट' सिद्धान्त तथा मनोविश्लेषण-सिद्धान्त—का परीक्षण किया है और निष्कर्ष रूप में यह घोषित किया है कि ये सभी सिद्धान्त सृजनक्षम मनःशक्ति अर्थात् कल्पना के राज को स्पष्ट करने में सर्वथा असमर्थ हैं।[2]

आधुनिक सौन्दर्यशास्त्र, मनोविज्ञान और जीवविज्ञान के अध्येताओं ने कल्पना पर विविध दृष्टि से चिन्तन-मनन किया है। यद्यपि ज्ञान की इन सभी शाखाओं के समवेत अध्ययन से कल्पना पर कुछ नई रोशनी पड़ी है तथा उसके कई इतःपूर्व अनुद्घाटित आयाम हमारे सामने प्रकट हुए हैं, तथापि मनोविज्ञान अथवा जीवविज्ञान की 'कल्पना' हमारी विवेच्य 'कल्पना' से भिन्न है। अतः विवेच्य कल्पना, अर्थात, सौन्दर्यशास्त्र की कल्पना को स्पष्ट करने के लिए हम शेष दो विषयों की कल्पनाओं पर भी चलदृष्टि से विचार करेंगे।

---

1. *Webster's New World Dictionary of the American Language,* College Edition, The World Publishing Company, Cleveland and New York, 1958, p. 725
2. सी. स्पीयरमैन, *क्रियेटिव माइंड,* निस्बेट एंड को., 1930, अध्याय 2, पृ. 6-12

मनोविज्ञान की कल्पना कला-साहित्य की कल्पना से भिन्न है। मनोविज्ञान की कल्पना में पात्र, स्थान, और आसंग और गुण-निबन्धन का चरम महत्त्व रहता है। जैसे, पर्वत के आसंग से स्वर्ण-लुब्ध होने के बाद स्वर्ण-पर्वत अथवा 'एल्डोरेडो' की कल्पना कर लेना मनोविज्ञान की विवेच्य कल्पना है। इस तरह मनोवैज्ञानिकों के अनुसार कल्पना के मुख्य भेद इस प्रकार हैं—दृष्टि-कल्पना, ध्वनि-कल्पना, स्पर्श-कल्पना, घ्राण-कल्पना, क्रिया-कल्पना और रस-कल्पना।[1]

दृष्टि-कल्पना का सबसे निकट सम्बन्ध स्मृति के साथ है। इस कल्पना में प्रत्यभिज्ञान की प्रचुर क्षमता होती है। कला का वर्ण-बोध, रूप-परिज्ञान और मूर्तविधान बहुत अंशों में इसी कल्पना पर निर्भर रहते हैं। इसी प्रकार ध्वनि-कल्पना श्रुत स्वर-लहरी को आनुपूर्वी रूप में दोहराने में समर्थ होती है। इसमें एक प्रकार की संरक्षण-शक्ति रहती है। संगीतकला में इस कल्पना से पुष्कल सहायता ली जाती है। यों तो काव्य-कला के ध्वनि-प्रतीक भी इसी कल्पना के उपजीवी होते हैं। स्पर्श-कल्पना के सहारे स्पार्शिक बिम्बों का विधान सरल हो जाता है। अधिक मूर्त आधारवाली कलाओं के कलाकार इस कल्पना से उपादानों की काट-छाँट और उनके अभिज्ञान में अधिक काम लेते हैं। इसी तरह क्रिया-कल्पना कला के उन निदर्शनों में प्रचुर महत्त्व रखती है, जिनमें स्मृति अथवा संस्मरण के सहारे बिम्ब-विधान प्रस्तुत किया जाता है। सारांश यह है कि अतीत से सम्बन्धित कलात्मक सन्दर्भ क्रिया-कल्पना से सहायता लेते हैं, क्योंकि इनमें आश्रय और आलम्बन के पारस्परिक व्यवहार, क्रिया और प्रतिक्रिया को स्मृति के सहारे दोहराया जाता है। इसलिए क्रिया-कल्पना पर निर्भर बिम्ब-विधान प्राय: गतिशील होते हैं। उपर्युक्त छह कल्पनाओं में घ्राण-कल्पना का भी कम महत्त्व नहीं है। कट्टर प्रतीकवादियों ने कला में जिस 'पर्फ्यूम' को आवश्यक-सा माना, वह गन्ध-बोध इसी कल्पना पर निर्भर है। हमारे संस्कृत कवियों की भी घ्राण-कल्पना बहुत तीव्र थी। हल के नासे से सद्य:कर्षित भूमि की सोंधी गन्ध और 'आषाढ़सिक्त: क्षितिवाष्प गन्ध:' को वे कला में लाना न भूल सके थे। इसी प्रकार रस-कल्पना से भी कलाकार अप्रस्तुत योजना में गुणमूलक साम्य उपस्थित करने के लिए भोग्य वस्तुओं के स्वाद-बोध

1. मनोविज्ञान की दृष्टि से कल्पना पर विचार करनेवाले चिन्तकों में सार्त्र का नाम उल्लेखनीय महत्त्व का अधिकारी है। सार्त्र ने अपने विवेच्य विषय को चार खण्डों में विभाजित कर 'इमेज', 'पोर्टेट', 'साइन', 'सिम्बल' इत्यादि पर गम्भीर विमर्श करते हुए यह प्रतिपादित किया है कि कल्पना और चैतन्य या बोध में अविनाभाव सम्बन्ध है। चैतन्य या बोध के बिना कल्पना का आविर्भाव नहीं हो सकता और कल्पना के बिना चैतन्य' या बोध की स्थिति ही सम्भव नहीं हो सकती। अत: जहाँ चैतन्य होगा, वहाँ कल्पना अवश्य रहेगी और जहाँ कल्पना होगी, वहाँ चैतन्य की पूर्वस्थिति अनिवार्य है।—Sartre, *The Psychology of Imagination,* London, p. 211

से काम लेता है। इन्द्रिय-बोध पर निर्भर इन कल्पना-प्रकारों के अलावा मनोविज्ञान सृजनात्मक पक्ष की दृष्टि से कल्पना के मुख्य तीन भेद मानता है—निष्क्रिय तथा सक्रिय कल्पना,धारणात्मक तथा रचनात्मक कल्पना और बौद्धिक, व्यावहारिक तथा सौन्दर्यपरक कल्पना। इन सभी प्रकार की कल्पनाओं में ये पाँच गुण मात्रा-भेद से उपस्थित रहते हैं—सार-ग्रहण, समाहार, संग्रह, स्मरण तथा समंजस संयोजन।

मनोवैज्ञानिकों का कहना है कि भिन्न-भिन्न अवसरों पर कल्पना की क्रियाएँ या उपक्रियाएँ परिवर्तित होती रहती हैं, इसलिए कल्पना का स्वरूप बहुत संकुल होता है। मनोविज्ञान की दृष्टि में कल्पना की प्रमुख उपक्रियाएँ इस प्रकार हैं—विस्तार, लघिमा, परस्थापन, संयोगीकरण और पृथक्करण। हम जहाँ कल्पना में किसी वस्तु को उसकी वास्तविकता से अधिक विस्तार देते हैं, वहाँ विस्तार की क्रिया मिलती है। जैसे—रामकाव्य में सुरसा राक्षसी का मुख-विस्तार या कुम्भकर्ण की योजनविनिन्दक मूँछों की लम्बाई इस विस्तार के उदाहरण हैं। आधुनिक काव्य में भी अश्रु-सागर, रक्त-सरिता या किसी की आँखों के आकाश में कवि के अनजान खग का खो जाना, इत्यादि जैसी उक्तियों में हमें कल्पना के विस्तार का ही कमाल मिलता है। अत: हम कह सकते हैं कि कला-सृजन के क्षेत्र में कल्पना की इस विस्तार-शक्ति से कलाकार को अतिशयगर्भ अप्रस्तुत-योजना उपस्थित करने में सहायता मिलती है। ठीक इसके विपरीत लघिमा[1] की उपक्रिया में कल्पित वस्तु को खूब घटाकर उपस्थित करने से विगत अनुभूति को नया रूप मिल जाता है। इस प्रकार की कल्पना दूर की कौड़ी लाने अथवा ऊहात्मक उक्तियों को प्रस्तुत करने में बहुत सहायक होती है। 'घटप्रतिभटस्तनी' नायिकाओं की भिंड़-सी कमर या मुष्टिमेय कटि के वर्णन में कवियों ने प्राय: इसी लघिमा का सहारा लिया है। बिहारी के कुछ दोहे तो इस कल्पना का पार्यन्तिक उदाहरण प्रस्तुत करते हैं—

करी विरह ऐसी तऊ, गैल न छाड़त नीचु।
दीने हू चसमा चखनि, चाहे लहै न मीचु॥[2]

अथवा

1. लघिमा और महिमा (विस्तार) कल्पना की दो प्रकृष्ट शक्तियाँ हैं। इन्हें हम कल्पना की आकुंचन-शक्ति और प्रसारिका शक्ति भी कह सकते हैं। कभी कलाकार छोटे पदार्थ को भी अपनी कल्पना से दिगन्त विस्तार में व्याप्त चित्रित कर देता है और कभी महान् वस्तु को भी सूच्यग्र पर स्थित बना देता है। अत: कलाकार की कल्पना में एक प्रकार से 'अणोरणीयान् महतो महीयान्' के तत्त्व विराजमान हैं। शायद, इसीलिए प्राचीनों ने ब्रह्म को कवि और कवि को ब्रह्म कहने की उदारता दिखलायी थी । वस्तुत: मनुष्य के पास कल्पना के अलावा कोई दूसरी शक्ति नहीं है, जिसमें 'उपचयापचय' की इतनी बड़ी क्षमता हो।
2. लाला भगवानदीन, *बिहारी-बोधिनी,* साहित्य-सेवा-सदन, बनारस, षष्ठ संस्करण, पृ. 118

लगी अनलगी सी जु विधि, करी खरी कटि छीन।
किए मनो वाही कसरि कुच नितम्ब अति पीन॥ [1]

तदनन्तर, परस्थापन (सब्स्टीच्यूशन) की उपक्रिया से गुजरनेवाली कल्पना में प्राप्त अनुभूतियों अथवा उनके आलम्बनों में गुण-विपर्यय किया जाता है या उन पर किसी नवीन धर्म का आरोप किया जाता है। कल्पना की इस उपक्रिया से अधिकतर रूपकों की योजना की जाती है। कमलनयन, चन्द्रमुख, निर्झरकेश इत्यादि जैसी कल्पनाओं में यही परस्थापन विद्यमान रहता है। संयोगीकरण-प्रधान कल्पनाओं के प्रयोग से कलाकृति में औत्सुक्य, विस्मय और औदात्य जगाने की शक्ति आती है। इस कल्पना की प्रचुरता हमें विशेषकर मूर्तिकला (मुख्यत: देवताओं की कल्पित मूर्तियों) में मिलती है, जहाँ विविध प्रकार की विशेषताओं, शक्तियों, एवं शारीरिक अवयवों को एक साथ मिला दिया जाता है। नरसिंह, नागकन्या, अर्द्धनारीश्वर, टायरेसिया, स्फिंक्स, इत्यादि की कल्पना में यह संयोगीकरण की उपक्रिया ही विद्यमान है। ठीक इस उपक्रिया के विपरीत कल्पना में पृथक्करण की भी प्रवृत्ति पाई जाती है, जिसके अनुसार अनेक विगत अनुभूतियों अथवा उनके आलम्बनों को अनेक भागों में बाँटकर कुछ को विलुप्त कर दिया जाता है और कुछ भागों में नवीन विशिष्ट गुणों का समावेश कर दिया जाता है। इस प्रकार की कल्पना का प्रयोग पौराणिक कथाओं अथवा तिलस्मी और ऐयारी की कथाओं में अधिक किया जाता है। कबन्ध, बर्बरीक या टैटेशिया की कल्पना को हम इसी कोटि में गिन सकते हैं।

कुछ मनोवैज्ञानिकों ने कल्पना का भेद-निरूपण करते समय कल्पना के दो प्रमुख प्रकारों—पुनर्निमायक (रिप्रोडक्टिव) कल्पना और रचनात्मक (क्रियेटिव) कल्पना—का उल्लेख किया है। पुनर्निमायक कल्पना में विगत घटनाओं अथवा प्राप्त अनुभूतियों को स्मृति से उद्‌बुद्ध कर मानसिक बिम्बों में बदला जाता है और उनका कलात्मक प्रेषण किया जाता है। यह कल्पना अधिकतर स्मृति-निर्भर होती है। वड्‌र्सवर्थ की 'डैफोडिल्स' विषयक कविता पुनर्निमायक कल्पना का एक सुन्दर उदाहरण है। तदनन्तर, रचनात्मक कल्पना पूर्वानुभूत वस्तुओं का नवीन रूपों में सृजन करती है। यह कल्पना अपेक्षाकृत अधिक कलावरेण्य होती है। इसी कल्पना को हम नूतन निर्माणक्षम नवनवोन्मेषशालिनी प्रतिभा कह सकते हैं। विश्लेषण की दृष्टि से इसके दो उपभेद किए जाते हैं—नन्दतिक रचनात्मक कल्पना (एस्थेटिक क्रियेटिव इमाजिनेशन) और व्यावहारिक रचनात्मक कल्पना (प्रैक्टिकल क्रियेटिव इमाजिनेशन)। नन्दतिक रचनात्मक कल्पना के द्वारा कला-जगत् में नई कृतियों, प्रयुक्तियों और ललित प्रवृत्तियों का प्रसार होता है। यह नन्दतिक रचनात्मक कल्पना ही सौन्दर्यशास्त्र का विवेच्य विषय है, क्योंकि व्यावहारिक रचनात्मक कल्पना

---

1. लाला भगवानदीन, *बिहारी-बोधिनी,* साहित्य-सेवा-सदन, बनारस, षष्ठ संस्करण, पृ. 47

का क्षेत्र दैनन्दिन शिष्टाचार या वैज्ञानिक-प्राविधिक अन्वेषणों का क्षेत्र है। इसलिए कला-चर्चा में कल्पना से नन्दतिक रचनात्मक कल्पना का ही आशय ग्रहण किया जाता है, जिसमें कलाकार अपनी अनुभूतियों में आवश्यक चयन और वर्जन करके सहृदय की प्रत्यर्थता को आकृष्ट करनेवाले बिम्बों या अप्रस्तुतों का विधान करता है। कैथेरिन पैट्रिक ने कुछ प्रयोगों के द्वारा इस कल्पना की चार प्रमुख अवस्थाओं का निरूपण किया है—उपक्रमण (प्रिपेरेशन), गर्भीकरण (इन्क्यूवेशन), विकिरण (इल्यूमिनेशन) और आवृत्ति या परीक्षण। कैथेरिन पैट्रिक के अनुसार प्रत्येक कलाकार को किसी भी कलाकृति का सृजन करते समय कल्पना की उक्त अवस्थाओं से गुजरना पड़ता है।

तनिक विस्तार में हम अधुनातन मनोवैज्ञानिकों के द्वारा कल्पना पर किए गए विचार को समझने की चेष्टा करेंगे। अधुनातन मनोवैज्ञानिकों, उदाहरणार्थ फ्रैंक बैरोन ने रचनात्मक कल्पना का मौलिकता के साथ घनिष्ठ सम्बन्ध माना है।[1] जहाँ रचनात्मक कल्पना रहती है, वहाँ मौलिकता भी रहती है और जहाँ मौलिकता रहती है, वहाँ रचनात्मक कल्पना अवश्य रहती है, अर्थात् रचनात्मक कल्पना के बिना मौलिकता की धारणा सम्भव नहीं है। वस्तुत: भावना के क्षेत्र में जो कल्पना है, चिन्तन के क्षेत्र में वही मौलिकता है। जब कल्पना भाव के क्षेत्र से निकलकर चिन्तन-जगत् में प्रविष्ट होती है, तब वह मौलिकता बन जाती है। इस तरह कल्पना और मौलिकता में मात्र अधिकरण-भेद है। अत: इस रचनात्मक कल्पना की आवश्यकता कलाकार और वैज्ञानिक—दोनों को पड़ती है। मनोवैज्ञानिकों के अनुसार कल्पनाशील और मौलिक व्यक्ति अव्यवस्था और संकुलता को अधिक पसन्द करता है, क्योंकि अव्यवस्थित और संकुल वस्तुओं, रेखाओं, रंगों अथवा कलात्मक उपादानों को ही एक नवीन संयोजन प्रदान कर शोभात्मक बनाया जा सकता है। अत: कल्पनाशील व्यक्ति उस सतही असन्तुलन और अपूर्णता को अधिक पसन्द करता है, जिसके अन्तराल में अखंड पूर्णता और सन्तुलन छिपे रहते हैं। फलस्वरूप, कल्पनाशील कलाकार प्राय: मौलिक चिन्तक की तरह स्वतंत्र निर्णय वाला व्यक्ति होता है।[2] मनोवैज्ञानिक दृष्टि से कल्पनाशील व्यक्तियों में कुछ विशेष लक्षण पाए जाते हैं। जैसे—1. इनमें सामान्य जनों से अधिक पर्यवेक्षणप्रियता रहती है, 2. इनमें प्रत्येक

1. *साइंटिफिक अमेरिकन,* वाल्यूम 199, नम्बर 3, सितम्बर 1958 में फ्रैंक बैरोन लिखित 'द साइकालाजी ऑव इमाजिनेशन' शीर्षक लेख।
2. प्रो. सोलोमन आश (Solomon Asch) ने इस स्थापना को अनेक मनोवैज्ञानिक प्रयोगों के द्वारा प्रमाणित किया है। सोलोमन आश के ये प्रयोग 'आश एक्सपेरिमेंट' के नाम से मनोविज्ञान-जगत् में प्रसिद्ध हैं। इसी 'आश प्रयोग' को और भी नए तरीकों पर आगे बढ़ाकर सदर्न कैलिफोर्निया विश्वविद्यालय के जे. पी. ग्विलफोर्ड ने भी यह सिद्ध किया है कि कल्पनाशीलता अथवा मौलिक चिन्तन का स्वतंत्र निर्णय (इंडिपेंडेंट जजमेंट) के साथ घनिष्ठ सम्बन्ध रहता है।

वस्तु, विभाजन अथवा धारणा के किसी एक खंड सत्य को अन्य की अपेक्षा ज्वलन्त रूप में उभारकर रखने की प्रवृत्ति होती है, 3. इन्हें अनदेखे को देखने और उसके अभिज्ञान को प्रस्तुत करने में विशेष आनन्द मिलता है, 4. इनकी वृत्तियों में स्वार्थ की सद्य तुष्टि के बदले सांस्कृतिक शील की ओर विशेष झुकाव रहता है, 5. इनके पास अनेक विचारों को एक साथ धारण करने और उनके तुलनात्मक अवगाहन से किसी बृहत् समन्वय को पाने की विशेष शक्ति रहती है, 6. इन्हें अचेतन या अवचेतन में दबी हुई कुंठाओं और दमित वासनाओं को पुचकारने में विशेष आनन्द मिलता है, इत्यादि। इस प्रकार मनोवैज्ञानिकों ने जिस दृष्टि से कल्पना और कल्पनाशील व्यक्तियों पर प्रयोग-समर्थित विचार किया है, वह सौन्दर्यशास्त्रीय अध्ययन के लिए आंशिक उपयोग ही रखता है।

मनोवैज्ञानिकों की तरह जीववैज्ञानिकों और शरीरशास्त्रियों ने कल्पना पर विचार करने की चेष्टा की है, क्योंकि विज्ञान-जगत् में भी कल्पना का विशिष्ट महत्त्व है। बात यह है कि कला और विज्ञान—दोनों में बुद्धि और कल्पना की आवश्यकता है। जिस तरह कल्पना का धनी, किन्तु बुद्धि का दरिद्र कलाकार प्रथम पंक्ति का अधिकारी नहीं हो सकता, उसी तरह बुद्धि का समृद्ध, किन्तु कल्पना का अकिंचन वैज्ञानिक भी प्रथम कोटि में गण्य नहीं बन सकता। इसीलिए जिस युग में कल्पना और बुद्धि का समन्वय रहता है, उसी में महान् कलाकार या महान् वैज्ञानिक को पैदा करने की क्षमता रहती है। कलाकार और वैज्ञानिक को इसलिए भी कल्पना की आवश्यकता होती है कि कल्पना में अदृश्य को दृश्य बनाने की एक अद्भुत शक्ति रहती है। कला में कल्पना के विनियोग से अप्रस्तुतों तथा नूतन वस्तु-व्यापार-विधानों का निर्माण होता है और विज्ञान में कल्पना के द्वारा आनुमानिक पूर्वमान्यताओं (हाइपोथेसिस) और नवान्वेषण (इन्नोवेशन)का अवतरण होता है।

जीववैज्ञानिकों और शरीरशास्त्रियों ने कल्पना को मस्तिष्क से ही सम्बद्ध माना है। जैसे, जॉन सी. इक्लेस की मान्यता है कि रचनात्मक कल्पना मस्तिष्क की क्रिया से उत्पन्न होती है। इनके अनुसार कल्पना मानसिक अनुभूतियों की वह सर्वोपरि सतह है, जो ऐन्द्रिय अनुभूति, मानसिक बिम्ब, स्मृति और मनोविभ्रम की अनेक निम्नवर्तिनी सतहों पर निर्भर रहती है। अतः मस्तिष्क की क्रिया से सम्बद्ध होने के कारण कल्पना का अनिवार्य सम्बन्ध प्रमस्तिष्क बाह्यक (सेरेब्रल कोर्टेक्स) के साथ रहता है। इस बाह्यक (कोर्टेक्स) के अन्तर्गत बहुत से चेताकोश (न्यूरोन्स) रहते हैं और इनकी अनेक परतें होती हैं। ये सम्बन्धक चेताकोश (न्यूरोन्स) बहुत ही संकुल होते हैं और इनकी संख्या भी शताधिक होती है। किन्तु, इन चेताकोशों में इतनी घनिष्ठता रहती है कि इनसे बने बाह्यक (कोर्टेक्स) को हम, अन्ततोगत्वा, अन्तर्ग्रथित क्रिया की एक इकाई कह सकते हैं। सारांश यह है कि ऐसे चेताकोशों और बाह्यकों से बना हुआ मानव-मस्तिष्क मनुष्य द्वारा निर्मित किसी भी मशीन

(विद्युतगणक जैसे यंत्र) से अधिक संकुल होता है। यह उलझन इस बात से और भी बढ़ जाती है कि बाह्यक में ग्रथित रहनेवाले अनेक चेताकोशों में से प्रत्येक चेताकोश अपने-आपमें स्वतंत्र एक जीवन्त इकाई है। यह चेताकोश केन्द्र-शरीर से सम्बद्ध अनेक चेतालोमीय तन्तुओं (डेंड्राइट फाइबर्स) के सहारे अन्य अनेक कोशों (सेल्स) से प्रेरणा (इम्पल्स) प्राप्त करता है और प्राप्त प्रेरणाओं को अन्य कोशों तक वैसे ही कृश तन्तुओं या लांगूलों (स्लैंडर फाइबर्स या एक्सन-Axon) के सहारे प्रेषित करता है। इस तरह कोश पृथक् रहकर भी परस्पर सम्बद्ध रहते हैं।[1] अर्थात्, इन कोशों में निश्चितरूपेण पारस्परिक संगति और सामाजिकता रहती है। अत: इनमें प्रेरणा की लयात्मक तरंगों का प्रतिध्वनन चलता रहता है। बाह्यक के अन्तर्गत पड़नेवाला एक चेताकोश केवल समीपी चेताकोश को ही अपनी प्रेरणा से तरंगित नहीं करता, बल्कि बाह्यक के अन्तर्गत अन्य दूरवर्ती चेताकोशों को भी वह समान रूप से तरंगित करता है। इस तरह कोई भी हल्की-से-हल्की प्रेरणा सम्पूर्ण मस्तिष्क को आन्दोलित कर देती है। वैज्ञानिकों ने वैद्युत-मस्तिष्कीय बिन्दुरेख (इलेक्ट्रो एन्सेफेलोग्राफी) के सहारे इसकी सचाई का परीक्षण किया है। इन तथ्यों के आधार पर कल्पना की जीववैज्ञानिक व्याख्या करनेवाले विद्वानों की धारणा है कि साधारण ऐन्द्रिय अनुभूतियाँ ही कल्पना के लिए कच्चा माल तैयार करती हैं, क्योंकि प्रत्येक इन्द्रिय अपनी प्रतिक्रिया, प्रत्यर्थता अथवा अनुभूति का संवाद बाह्यक के पास, अत: मस्तिष्क के पास भेजा करती है।

मस्तिष्क में एक ऐसी शक्ति है, जिसके सहारे वह पूर्वानुभूत ऐन्द्रिय संवेदनों और अनुभूतियों को फिर से बुला लेता है, जिसे हम सामान्यत: 'स्मृति' कहते हैं। अनुभूतियों के इस पुनरावर्तन अथवा पुनराह्वान (अर्थात् स्मृति) की एक जैव पद्धति होती है, जिसके सहारे हम मानसिक चित्रों(इमेज) को पाते हैं, जो कल्पना का सरलतम धरातल है। इस तरह हम कह सकते हैं कि स्मृति किसी-न-किसी रूप में बाह्यक के पूर्वाघात-विशेष पर निर्भर करती है। यहाँ यह भी स्मरणीय है कि प्रत्येक पूर्वानुभूत इन्द्रियानुभूति कुछ काल के बाद स्मृति के क्षेत्र में नहीं आ

---

1. "Connections between cells are established by the synapses, specialized Junctions, where the cell-membranes are separated by cleft only 200 angstrom units across. At these synapses the transmitting cell secrets highly specific chemical substance whose high speed reaction carries the signal from one cell to the next...the neuron is characteristically an 'allor-nothing' relay. An impulse arriving across a synapse produces a very small and transient electrical effect, equivalent to .001 volt and lasting 01 to 02 second. It requires an excitation of about 10 times this voltage to cause the neuron to fire its discharge." —John C. Eccles, *The Physiology of Imagination,* Scientific American, September 1958, p. 141

सकती। प्रायोगिक परीक्षण से यह सिद्ध किया गया है कि वही इन्द्रियानुभूति स्मृत हो सकती है, जिसका मस्तिष्कीय आघात या झटका या वैद्युत संक्षोभ (सेरेब्रल ट्रॉमा ऑर कान्क्यूसन ऑर इलैक्ट्रिक शॉक) कम-से-कम बीस मिनट तक ठहरता हो। जिस तरह स्मृति की भारतीय व्याख्या में यह माना जाता है कि स्मृति के लिए संस्कारों को उद्‌बुद्ध करनेवाली परिस्थितियों अथवा वस्तुओं की आवश्यकता है, उसी तरह ये वैज्ञानिक भी मानते हैं कि स्मृति को जगाने के लिए बाह्यक पर अंकित प्रभावों या संस्कारलेखों (कोर्टेक्स एन्ग्राम्स) को आन्दोलित अथवा उद्‌बुद्ध करने की ज़रूरत होती है। इसलिए एक स्मृति को जगाने में सहस्त्रों चेताकोशों को एक साथ सक्रिय होना पड़ता है। इन्हीं चेताकोशों की सन्तुलित, किन्तु घनी सक्रियता के कारण कुछ स्मृतियाँ इतनी बलिष्ठ हो जाती हैं कि वे जीवन-संगिनी बन जाती हैं।

उक्त वैज्ञानिकों के अनुसार कल्पना, स्मृति पर निर्भर रहने के कारण, मानस-चित्रों की पुनः अनुभूति है। इन मानस-चित्रों में साहचर्य और सहगामिता का एक विशिष्ट गुण रहता है। अतः ये मानस-चित्र विवर्तशील होने के साथ ही उद्‌बोधात्मक (इवोकेटिव) होते हैं; अर्थात्, एक मानस-चित्र दूसरे मानस-चित्र को पैदा करता है, फिर दूसरा मानस-चित्र तीसरे को...एवं प्रकारेण यह सृजन का चक्र चलायमान हो जाता है। इसी मानसिक चित्रविधान का एक विशिष्ट रूप कल्पना है। यह कल्पना मस्तिष्क को एक ऐसा प्रकाश देती है, जिससे विज्ञान के क्षेत्र में आनुमानिक पूर्वमान्यता (हाइपोथेसिस) की उपलब्धि होती है। इस प्रकाश अथवा कल्पना में एक आकस्मिकता रहती है, जिसका कमाल हम डार्विन के विकासवाद-सिद्धान्त या हैमिल्टन के समीकरणों (इक्वेशन्स) की स्थापना में पाते हैं। इस सृजन-चमत्कार या कल्पना को भी अचेतन अथवा उपचेतन से चेतन मन तक पहुँचाना बाह्यक पर अंकित प्रभावों या संस्कार-लेखों का ही कार्य है। जब बाह्यक पर अंकित संस्कार-लेख कल्पना को चेतन मन तक पहुँचा देते हैं, तब हम उस कल्पना का विचार-दृष्टि से मूल्यांकन करते हैं, उसके औचित्य-अनौचित्य का विचार करते हैं। जिस तरह काव्य के क्षेत्र में हम बाँझ कल्पना को नहीं, उस कल्पना को महत्त्व देते हैं, जिसका आरोहण बिम्ब-विधान तक हो सके; उसी तरह विज्ञान के क्षेत्र में भी वह रचनात्मक कल्पना फलद और सफल मानी जाती है, जो प्रयोग के निकष पर खरी उतरनेवाली आनुमानिक पूर्वमान्यताओं का आविर्भाव कर सके।

जीववैज्ञानिकों ने इस पर भी विचार किया है कि किस तरह का मस्तिष्क कल्पना के लिए विशेष समर्थ होता है। इनकी धारणा यह है कि जिस मस्तिष्कधारी के पास चेताकोशों की पर्याप्त संख्या रहती है, साथ ही जिसके सभी चेताकोश चेतोपागमिक (साइनैप्टिक) योजना-सूत्रों से परस्पर सम्यक्‌रूपेण सुसम्बद्ध रहते हैं, उसी के पास रचनात्मक कल्पना करने की शक्ति रहती है। किन्तु चेताकोशों की संख्या और सक्रियता के आधार पर किसी मस्तिष्क को कल्पनाशील घोषित करना

निरापद नहीं है, क्योंकि शिम्पनजी के मस्तिष्क में भी मनुष्य के मस्तिष्क की तरह 80 प्रतिशत चेताकोश होते हैं, किन्तु उसमें रचनात्मक कल्पना का अत्यन्ताभाव रहता है। तथापि जीववैज्ञानिकों की धारणा है कि मानव क्या, मानवेतर प्राणियों में भी कल्पना की शक्ति रहती है और उनका मानस भी कल्पना की तरंगों से दोलायित होता है।[1]

इन वैज्ञानिकों की तरह कुछ अन्य विद्वानों ने भी अर्द्धवैज्ञानिक पद्धति से कल्पना पर विचार किया है। यह विचार-पद्धति एक विचित्र सम्मिश्रण है, जिसमें तत्त्ववाद और पदार्थविज्ञान को मिला दिया गया है। इस कोटि के विचारकों में आर्थर लॉवेल का एक विशिष्ट स्थान है। इन्होंने भारतीय तत्त्ववाद और पाश्चात्य पदार्थविज्ञान की तत्कालीन नव्यतम मान्यताओं के सामान्य आधार पर कल्पनासम्बन्धी विचारणाओं के लिए एक नूतन क्षितिज उपस्थित किया।[2] कल्पना के सम्बन्ध में इनकी दो मुख्य स्थापनाएँ हैं। एक यह कि कल्पना मानसिक बिम्ब-विधान की क्षमता है। यह मानसिक बिम्ब-विधान की क्षमता केवल कला-सृजन के लिए ही महत्त्वपूर्ण नहीं है, बल्कि दार्शनिक और बौद्धिक चिन्तन के लिए भी, अर्थात् मानसिक बिम्ब-विधान की क्षमता (कल्पना) न केवल कवियों और कलाकारों के लिए अपेक्षित है, बल्कि दार्शनिकों और चिन्तकों के लिए भी।

आर्थर लॉवेल[3] की दूसरी मान्यता यह है कि कल्पना ईथर की त्वरा का एक विशिष्ट रूप है। कारण, ईथर ही वह तत्त्व है, जिससे कल्पना-प्रसूत बिम्ब निर्मित होते हैं। आर्थर लॉवेल ने इस ईथर को 'आकल्ट साइंस' की प्राचीन शब्दावली में 'आस्ट्रल लाइट' या आकाश भी कहा है। लॉवेल की तरह इमर्सन ने भी मनोबिम्बों को ईथर-निर्मित (लिटरली मेड ऑव द फ़ाइन सब्स्टान्स ऑव द ईथर) माना है। किन्तु आर्थर लॉवेल और इमर्सन की यह स्थापना अभी निश्चित और सर्वसम्मत नहीं मानी जा सकती; कारण, आधुनिक विज्ञान ने (भले ही) 'कॉस्मिक ईथर' के अस्तित्व को स्वीकार कर लिया है, किन्तु उस ईथर से मनोबिम्बों का क्या सम्बन्ध है—यह अद्यावधि विचारणीय है तथा नवीन और व्यवस्थित शोध की अपेक्षा करता है। आर्थर लॉवेल के विरुद्ध इस शंका को तनिक विस्तार में समझने की आवश्यकता है।

पदार्थविज्ञान में ईथर पर व्यवस्थित विचारणा का प्रारम्भ 'प्रकाश' (लाइट) के सिद्धान्तों के निरूपण के साथ हुआ। पहले न्यूटन ने 'एमीसन थ्योरी' की स्थापना की, जिसके अनुसार प्रकाश के कण अत्यन्त तीव्रता के साथ सरल रेखा में निरन्तर

---

1. Charles Darwin, *The Descent of Man*, London, 1936, p. 82
2. *इमाजिनेशन एंड इट्स वंडर्स,* आर्थर लॉवेल, निकोल्स एंड को., 23 ऑक्सफ़ोर्ड स्ट्रीट, लन्दन, 1899 ई.।
3. Arther Lowell, *Imagination And Its Wonders*, Nichols and Co., London, 1899, p. 16

आगे बढ़ते हैं। न्यूटन के अनुसार इसी प्रकार प्रकाश का प्रसार होता है। किन्तु हाइजेन्स ने एक दूसरे सिद्धान्त की स्थापना की, जो 'अनड्युलेटरी थ्योरी ऑव लाइट' अथवा 'वेभ थ्योरी ऑव लाइट' के नाम से प्रसिद्ध है। इस सिद्धान्त के अनुसार प्रकाश तरंगों में बढ़ता है और उसके बढ़ने का माध्यम है 'ईथर'। यहाँ यह स्मरणीय है कि हाइजेन्स ने ही सर्वप्रथम ईथर की धारणा को पदार्थ-विज्ञान के क्षेत्र में सुव्यवस्थित ढंग से उपस्थित किया। किन्तु न्यूटन की सर्वग्रासी सर्वप्रियता के कारण हाइजेन्स का उक्त सिद्धान्त कम प्रचारित हो सका। तथापि परवर्ती प्रयोगों ने न्यूटन के सिद्धान्त को अपूर्ण और भ्रान्त सिद्ध कर दिया। फलस्वरूप, वैज्ञानिकों की दृष्टि पुनः हाइजेन्स के प्रकाश-सम्बन्धी तरंग-सिद्धान्त की ओर गई और ईथर पर बहुत ही व्यवस्थित विचार-विमर्श का प्रारम्भ हुआ। हाइजेन्स की ईथर बाली धारणा को (किंचित मतभेदों और संशोधनों के साथ) तूल देकर विचार करनेवाले वैज्ञानिकों में यंग और फ्रैनेल उल्लेखनीय महत्त्व के अधिकारी हैं। तत्पश्चात् मैक्सवेल[1] और हर्ज ने ईथर को मानते हुए हाइजेन्स के तरंग-सिद्धान्त का इस अर्थ में विरोध किया कि तरंग यांत्रिक नहीं है, वह वैद्युतिक और चुम्बकीय हुआ करती है। इस प्रकार मैक्सवेल और हर्ज के बाद विज्ञान-जगत् में ईथर का महत्त्व बहुत विघटित हो गया। कारण, अन्य प्रमुख वैज्ञानिकों—माइकेल्सन हाइजेनबर्ग, आइन्स्टाइन, लुइडीब्रोई इत्यादि–ने ईथर को गौण दृष्टि से देखा। अतः अत्याधुनिक काल में ईथर की धारणा गौण नहीं, उपेक्षित हो गई है। आज के वैज्ञानिक ईथर को 'सुपरफ्लुअस' मानते हैं और एतावत्व-प्रिय विज्ञान में 'सुपरफ्लुअस' का क्या महत्त्व हो सकता है—यह सर्वविदित है। इसलिए हम आधुनिक विज्ञान की अधुनातन मान्यताओं के आलोक में आर्थर लॉवेल की कल्पनासम्बन्धी ईथरवादी धारणा को अधिक समीचीन और पूर्णतः वैज्ञानिक नहीं मान सकते हैं।

कल्पना की तरह ही सौन्दर्यशास्त्र के अन्य तत्त्वों—संवेग, सौन्दर्य इत्यादि पर उन्नीसवीं शताब्दी के उत्तरार्द्ध के सौन्दर्यशास्त्रियों ने भी शरीरविज्ञान तथा पदार्थविज्ञान की दृष्टि से सोचने का प्रयत्न किया था, जिसके समवेत रूप को हम एक प्रकार का 'फिजियोलाजिकल एस्थेटिक्स' अथवा 'फिजिकल एस्थेटिक्स' (दैहिक सौन्दर्यशास्त्र या भौतिक सौन्दर्यशास्त्र) कह सकते हैं।[2] पदार्थ-विज्ञानवादी सौन्दर्यशास्त्रियों ने

1. मैक्सवेल के सिद्धान्त की आलोचनात्मक जानकारी के लिए द्रष्टव्य—अलबर्ट आइन्स्टाइन, *आपेक्षिकता का अभिप्राय,* अनु. डॉ. देवीदास रघुनाथ भवालकर तथा डॉ. निहालकरण सेठी, प्रकाशन शाखा, उत्तर प्रदेश, 1960, पृष्ठ संख्या 26-27, 38, 47, 93, 101, 128, 133, 151
2. सौन्दर्यशास्त्र के क्षेत्र में शरीरविज्ञान-सम्बन्धी दृष्टिकोण की चर्चा करनेवाले भारतीय विचारकों में अवनीन्द्रनाथ ठाकुर और अहमद सिद्दीक़ मजनू उल्लेखनीय महत्त्व के अधिकारी हैं। अवनीन्द्रनाथ ठाकुर ने 'शिल्प ओ देहतत्व' शीर्षक अध्याय में शरीरविज्ञान के अनुसार कला की दैहिक व्याख्या प्रस्तुत की है। (द्रष्टव्य—अवनीन्द्रनाथ ठाकुर, *वागेश्वरी शिल्प प्रबन्धावली,*→

अपनी विवेचना में विशेषकर दृग्विषय-विज्ञान (ऑप्टिक्स) और ध्वनि-विज्ञान (एकुस्टिक्स) को आधार बनाया था। इसी तरह सौन्दर्यशास्त्रीय तत्त्वों की दैहिक व्याख्या करनेवाले विचारकों ने विभिन्न अंगों एवं नाड़ी-संस्थाओं—प्रधानतः प्रमस्तिष्क रज्जु-चेतासंहति के अग्रभागीय पारिणाहिक अंगों (टर्मिनल पेरिफेरिक आर्गेन्स ऑव द सेरेब्रोस्पाइनल नर्वस सिस्टम)—के आधार पर सौन्दर्यशास्त्र के विभिन्न तत्त्वों को विवेचित करने का प्रयास किया। किन्तु यहाँ हम इसकी अधिक चर्चा न कर कल्पना, संवेग इत्यादि पर कलाशास्त्रीय दृष्टि से ही विचार करने का प्रयास करेंगे; कारण, कला और विज्ञान की कल्पना एवं अन्य तत्त्वों में पर्याप्त अन्तर है। जैसे, कलाकार की कल्पना भावनाओं के सहारे उद्बुद्ध होती है, जबकि वैज्ञानिक की कल्पना किसी व्यावहारिक उपयोगिता अथवा भौतिक कार्य की पूर्णता के उद्देश्य से उबुद्ध होती है। इसलिए वैज्ञानिक की कल्पना पर तर्कसंकुल बुद्धि का निर्मम अंकुश रहता है।

इस विवेचन के उपरान्त कल्पना के अनेक प्रचलित अर्थों को समझ लेना हमारे लिए आवश्यक है। कल्पना के मुख्यतः छह अर्थ या प्रयोजन प्रचलित हैं—

1. जीवन्त चित्र-विधान, विशेषकर, दृश्य अथवा गोचर प्रत्यक्षीकरण से सम्बन्धित।
2. अलंकृत भाषा का प्रयोग, जिसमें प्रकृष्ट प्रेक्षणों से काम लिया गया हो।
3. दूसरे की मनःस्थिति का सहानुभूतिपूर्ण कथन। इस प्रकार की कल्पना भाव-सम्प्रेषण की आवश्यकता से उद्भूत होती है।
4. सादृश्य-विधान या अप्रस्तुत योजना, अर्थात् ऐसी वस्तुओं में पारस्पर्य-स्थापन या सम्बन्ध-निबन्धन करना, जो सामान्यतः नहीं मिलता हो।
5. उदाहरणों का संचयन। इस प्रकार की कल्पना विज्ञान के लिए उपयोगी है। इसे हम किसी दृश्य या वस्तु के प्रति अपनी क्रमबद्ध अनुभूतियों को एक क्रम से और एक निश्चित उद्देश्य के लिए अनुशासन में बाँधना कह सकते हैं। इसमें अनुभूतियों का याथातथ्य रहता है। कला की शिल्पीय उपलब्धियाँ भी इसी प्रकार की कल्पना के फल हैं।
6. कल्पना वह केन्द्रणशील और जादूभरी शक्ति है, जो विरोधी अतिवादों या कोटिवादों (एक्स्ट्रीपिज्म) के बीच सन्तुलन उपस्थित करती है और

→ कलकत्ता विश्वविद्यालय प्रकाशन, 1941, पृ. 101-115) तदनन्तर, मजनू गोरखपुरी ने यद्यपि शरीरविज्ञान या जीवविज्ञान की दृष्टि से सौन्दर्यशास्त्र पर विचार करना असंगत माना है, तथापि इन्होंने अपनी पुस्तक के प्राक्कथन में डार्विन का खंडन करते समय शरीरविज्ञान और जीवविज्ञान की आवश्यक चर्चा की है। (द्रष्टव्य—अहमद सिद्दीक़ मजनू, एम. ए., *तारीखे जमालियात,* अंजुमन तरक्किए उर्दू, अलीगढ़, द्वितीय संस्करण, जनवरी 1959, पृ. 15)

परिचित अथवा प्राचीन वस्तुओं में भी असाधारण भाव-बोध के कारण नवीनता का आधान करती है।[1]

आधुनिक काव्यालोचन अथवा सौन्दर्यशास्त्र में कल्पना का प्रयोग लगभग इसी अर्थ में होता है। कल्पना का यह अर्थादेश सर्वप्रथम कॉलरिज ने बायग्राफिया लिटरैरिया में प्रस्तुत किया, किन्तु, यहाँ हम कॉलरिज अथवा उसके पूर्ववर्ती और परवर्ती कल्पना के पाश्चात्य व्याख्याताओं की विवेचना करने के पहले यह देखना चाहेंगे कि भारतवर्ष के प्राचीन काव्यशास्त्रियों ने कल्पना पर कुछ विचार किया है अथवा नहीं। कल्पना के प्रसंग में हिन्दी के आधुनिक विचारकों ने पाश्चात्य विवेचनों का ही पूर्णतः अथवा आंशिक अनुगमन किया है। अतः भारतीय मनीषा की तलस्पर्शिनी मौलिकता से लाभ उठाने के लिए यह आवश्यक है कि हम प्राचीन काव्यशास्त्रियों के उन मन्तव्यों का अवगाहन करें, जिनमें कल्पना से सम्बन्धित विचारणाओं के लिए हमें उपर्युक्त चिन्तामणि मिल सके।

प्राचीन काव्यशास्त्र और संस्कृत साहित्य में 'कल्पना' शब्द के अनेक प्रयोग मिलते हैं, किन्तु सर्वथा भिन्न अर्थ में। यहाँ कल्पना का अधिकतर प्रयोग मिथ्याज्ञान या मिथ्या रचना के लिए हुआ है। संस्कृत साहित्य में कहीं-कहीं 'कल्पना' का व्यवहार सिद्धि और हाथी को सजाने के अर्थ में भी हुआ है। श्रीहर्ष के 'नैषधचरित' में श्रद्धालु संकल्पित कल्पनायाम्' में कल्पना शब्द का प्रयोग सिद्धि के अर्थ में है।[2] इसी प्रकार 'अमरकोष' की रामाश्रयी टीका में 'स्तोकसत्या' को कल्पना का पर्याय माना गया है। इतना ही नहीं, भामह ने 'काव्यालंकार' के पंचम परिच्छेद में (प्रत्यक्ष कल्पनापोढं सतोऽर्थादिति केचन। कल्पनां नामजात्यदियोजनां प्रतिजानते।), धर्मकीर्ति ने 'न्यायबिन्दु' में (कल्पनापोढम् भ्रान्तं प्रत्यक्षम्) और आर्यदेव ने 'चित्तशुद्धिप्रकरण' नामक पुस्तक में,(जिसका उल्लेख एस. एन. दासगुप्त ने भारतीय दर्शन का इतिहास' नामक ग्रन्थ के प्रथम भाग में 'मीमांसादर्शन' के अन्तर्गत किया है,) 'कल्पना' शब्द का प्रयोग किया है। किन्तु इनमें से एक भी प्रयोग कल्पना के आधुनिक अर्थ के समतुल्य नहीं है। लेकिन आधुनिक सौन्दर्यशास्त्र में कल्पना का प्रयोग जिस (शास्त्रीय) अर्थ में किया जाता है, उस अर्थ को अभिप्रेत करने के लिए प्राचीन काव्यशास्त्रियों ने एक दूसरे शब्द का प्रयोग किया है। वह शब्द है 'प्रतिभा'। डॉ. श्यामसुन्दरदास, आचार्य रामचन्द्र शुक्ल प्रति विद्वानों ने भी ऐसा ही

1. आइ. ए. रिचर्ड्स, *प्रिन्सिपल्स ऑव लिटररी क्रिटिसिज्म,* राउटलेज एंड केगन पॉल, लन्दन, 1955, पृ. 238-242
2. श्रीहर्ष ने एक और स्थल पर कल्पना शब्द का प्रयोग किया है—

मदन्यदानं प्रति कल्पना या वेदस्त्वदीये हृदि तावदेषां।
निशोऽपि सोमेतरकान्तशङ्‌ कामोङ्कारमग्रेसरमस्य कुर्याः ॥

—*नैषधचरित,* अनु., ऋषीश्वरनाथ भट्ट, पृ. 65

मत प्रस्तुत किया है।[1] अतः आधुनिक सौन्दर्यशास्त्र या पाश्चात्य कला-चिन्ता की कल्पना को हम भारतीय काव्यशास्त्र की प्रतिभा' कह सकते हैं। इस प्रतिभा' का (अपूर्ण) अंग्रेज़ी पर्यायवाची है—'जिनियस'। तथापि अनेक आंग्ल आलोचकों ने भी प्रतिभा (जिनियस) को कल्पना के अर्थ में स्वीकार किया है।[2] इसलिए भारतीय काव्यशास्त्र के प्रतिभा-निरूपण पर कुछ विस्तृत विचार करने से हमें कल्पना पर तात्त्विक चिन्तन के लिए अवश्य ही आंशिक आलोक मिलेगा।

प्राचीन आचार्यों ने काव्य-हेतु के प्रसंग में प्रतिभा[3] का तर्कपुष्ट विश्लेषण किया है। भामह ने काव्यहेतुओं में प्रतिभा को सर्वश्रेष्ठ स्थान प्रदान किया है। इनके अनुसार, प्रतिभा के बिना काव्य-रचना की तो बात दूर रही, काव्य का आस्वादन तक (गुरु-उपदेश के बाद भी) नहीं हो सकता—

गुरुपदेशादध्यतुं शास्त्रं जडधियोऽप्यलम्।
काव्यं तु जाएते जातु कस्यचित् प्रतिभावतः ॥[4]

इस तरह इन्होंने प्रतिभा को ही काव्य का एकमात्र कारण माना है और इसका अत्यन्त आत्मनिष्ठ स्वरूप निर्धारित किया है। प्रतिभा के स्वरूप-निर्धारण की दृष्टि से इन्हीं की परम्परा में आनेवाले ध्वनिवादी आचार्यों ने प्रतिभा की वैसी व्याख्या की है, जो आधुनिक काव्यालोचन की 'कल्पना' से पर्याप्त साम्य रखती है। भामह के बाद दंडी ने प्रतिभा के महत्त्व को संकुचित कर दिया। इन्होंने प्रतिभा के साथ ही शास्त्रज्ञान तथा अभ्यास को काव्य-साधक हेतुओं में स्थान दिया है। इनके अनुसार केवल प्रतिभा से काव्य की स्फूर्ति नहीं हो सकती। प्रतिभा पर विचार करनेवाले

---

1. आनन्दकुमार स्वामी ने भी कल्पना (इमाजिनेशन) को 'प्रतिभा' के ही अर्थ में स्वीकार किया है। द्रष्टव्य—द ट्रॉन्सफार्मेशन ऑव नेचर इन आर्ट, लेखक आनन्दकुमार स्वामी, न्यूयार्क, 1956। दार्शनिक दृष्टि के कुछ विद्वान् 'कल्पना' का साम्य दिङ्नाग और धर्मकीर्ति (कल्पनापोढमभ्रान्तं प्रत्यक्षम्) द्वारा अभिहित 'मानस प्रत्यक्ष' के साथ बिठाते हैं। मानस-प्रत्यक्ष एक प्रकार का प्रत्यक्षीकरण है। इसका स्थान संवेदना और बुद्धि के बीच में बतलाया जाता है। दिङ्नाग ने बोध के दो प्रकारों को स्वीकार किया है—प्रत्यक्ष-बोध और कल्पना-बोध। द्रष्टव्य—Jwala Prasad, *History of Indian Epistemology*, published by Munshi Ram Manohar Lal, pp. 205-207. निश्चय ही दिङ्नाग का यह कल्पना-बोध काव्यशास्त्र या सौन्दर्यशास्त्र की विवेच्य कल्पना से नितान्त भिन्न है।
2. उदाहरणार्थ इमर्सन ने 'एसे ऑन पोइट्री एंड इमाजिनेशन' शीर्षक निबन्ध में 'प्रतिभा '(जिनियस) को कल्पना का समानार्थक माना है।
3. 'प्रतिभा' के मनोवैज्ञानिक विश्लेषण की संक्षिप्त जानकारी के लिए द्रष्टव्य—*साइको एनालिसिस एंड लिटररी क्रिटिसिज्म,* के. अहमद, अजन्ता प्रेस, पटना में संगृहीत 'जिनियस एंड ल्यूनेसी' तथा साइकोएनालिटिक स्टडी ऑव इंडिविजुअल जिनियस' शीर्षक लेख।
4. भामह, *काव्यालंकार,* 1-5

आचार्यों में दंडी ने भामह के विपरीत (काव्य हेतु) प्रतिभा की वस्तुनिष्ठ व्याख्या की है। यहाँ यह स्पष्ट कर देना आवश्यक है कि दंडी की 'प्रतिभा' से पाश्चात्य अथवा आधुनिक काव्यालोचन की कल्पना' का कोई साम्य नहीं है।[1] साथ ही हम कह सकते हैं कि दंडी का प्रतिभा-विवेचन भामह का प्रतिपक्ष है। वामन ने भी दंडी के ही विचारों का अनुगमन किया है। यद्यपि इन्होंने प्रतिभा अथवा प्रतिमान को कवित्व का बीज कहा, तथापि इन्होंने प्रतिभा के साथ ही काव्य-स्फूर्ति के लिए गुरु-सेवा, शास्त्र-ज्ञान, अवधान (चित्त की एकाग्रता) इत्यादि को अनिवार्य माना है। प्रतिभा के प्रति वस्तुपरक दृष्टिकोण रखने के कारण इन्होंने लोक-ज्ञान और विद्या को पहले स्थान दिया है तथा प्रतिभा का तीसरे काव्यांग प्रकीर्ण के अन्तर्गत उल्लेख किया है। इस तरह वामन प्रतिभा की आत्मपरक व्याख्या करनेवाले उन आचार्यों की परम्परा से दूर मालूम पड़ते हैं, जिनके प्रतिभा-निरूपण से आधुनिक काव्यालोचन की कल्पना का मेल है। डॉ. नगेन्द्र का तो कथन है कि वामन ने 'प्रतिभा को वांछित गौरव नहीं दिया है।[2] तदनन्तर, रुद्रट ने 'प्रतिभा' के स्थान पर 'शक्ति' का प्रयोग किया है और 'शक्ति' को काव्य का प्रधान हेतु माना है।[3] रुद्रट ने इस 'शक्ति' के दो भेदों का उल्लेख किया है—सहजा और उत्पाद्या। सहजा स्वाभाविक शक्ति है और उत्पाद्या व्युत्पत्तिलभ्य।[4] कुल मिलाकर रुद्रट ने शक्ति अर्थात् प्रतिभा के साथ व्युत्पत्ति और अभ्यास को भी महत्त्व दिया है और इन्होंने स्वीकार किया है कि केवल समाहित चित्त में प्रतिभा का उन्मेष होता है तथा इसी उन्मेष के उपरान्त अभिधेय अर्थ रमणीय शब्दावली में अभिव्यक्त हो पाता है। महिमभट्ट ने भी प्रतिभा के सम्बन्ध में कुछ

---

1. दंडी ने काव्य-हेतु के प्रसंग में 'प्रतिभा' का इस प्रकार उल्लेख किया है—

नैसर्गिकी च प्रतिभा श्रुतं च बहुनिर्मलम्।
अमन्दश्चाभियोगोस्या: कारणं काव्य संपद:॥
न विद्यते यद्यपि पूर्ववासना
गुणानुबन्धि प्रतिभानमद्भुतम्।
श्रुतेन यत्नेन च वागुपासिता
ध्रुवं करोत्येव कमप्यनुग्रहम्॥

—*काव्यादर्श,* 1-103 और 1-104

2. हिन्दी काव्यालंकार सूत्र, सम्पादक, डॉ. नगेन्द्र, आत्माराम एंड सन्स, 1954, भूमिका, पृ. 18
3. *मनसि सदा सुसमाधिनि, विस्फुरणमनेकथामिधेयस्य।*
अक्लिष्टानि पदानि च विभान्ति, यस्यामसौ शक्ति:।

—*काव्यालंकार,* 1।15

4. *प्रतिभेत्यपरैरूदिता सहजोत्पाद्या च सा द्विधा भवति।*
पुंसा सह जातत्वादनयोस्तु ज्यायसी सहजा॥
स्वरयासौ संस्कारे परमपरं मृगयते यतो हेतुम्।
उत्पाद्यो तु कथंचिद् व्युत्पत्या जन्यते परया॥

—*काव्यालंकार,* 1। 16 और 1। 17

ऐसा ही मत व्यक्त किया है।[1] इसके बाद आनन्दवर्द्धन ने प्रतिभा और व्युत्पत्ति के बीच प्रतिभा को ही विशेष महत्त्व दिया है। इन्होंने भामह की परम्परा के निकट आकर घोषित किया है कि प्रतिभा महाकवियों का 'अलोक-सामान्य गुण' है। यह मान्यता 'प्रतिभा' को आधुनिक काव्यालोचन की 'कल्पना' के पास ले आती है, जिसका विवेचन हम आगे चलकर करेंगे।

प्रतिभा पर विचार करनेवाले आचार्यों में राजशेखर अत्यन्त महत्त्वपूर्ण हैं। इनके अनुसार प्रतिभा कवि के हृदय में काव्य की सामग्री को प्रतिभासित करती है। इसे प्रमाणित करने के लिए राजशेखर ने मेधाविद्र, कुमारवास आदि जन्मान्ध कवियों का उल्लेख किया है। इससे ऐसा प्रकट होता है कि राजशेखर भी भामह की तरह प्रतिभा का आत्मनिष्ठ और स्वयंविधायक रूप स्वीकार करते हों। किन्तु बात ऐसी नहीं है। राजशेखर ने भामह और दंडी, दोनों की परम्परा का समन्वय उपस्थित किया है। इनका मत है कि प्रतिभा और व्युत्पत्ति में लावण्य तथा रूप-सौन्दर्य जैसा सम्बन्ध है, अर्थात् प्रतिभा और व्युत्पत्ति दोनों संयुक्त रूप से काव्य-रचना में उपकारिणी होती हैं—"प्रतिभा व्युत्पत्ति-मिथः समवेते श्रेयस्यौ।" तथापि राजशेखर ने प्रतिभा को व्युत्पत्ति से अधिक महत्त्व दिया है। इन्होंने प्रतिभा की मूर्तिविधायिनी शक्ति को स्वीकार करते हुए लिखा है कि "जिसमें प्रतिभा नहीं है, उसके लिए प्रत्यक्ष दीखते हुए भी अनेक पदार्थ परोक्ष-से मालूम पड़ते हैं और प्रतिभासम्पन्न व्यत्ति के लिए अनेक अप्रत्यक्ष पदार्थ भी प्रत्यक्ष-से प्रतीत होते हैं।" राजशेखर की 'प्रतिभा' का यह पक्ष आधुनिक काव्यालोचन की 'कल्पना' से अत्यन्त साम्य रखता है, क्योंकि कल्पना में भी अदृश्य अथवा अदृष्ट को दृश्य अथवा दृष्ट रूप में उपस्थित करने की शक्ति होती है। काव्य में वर्णित कल्पवृक्ष, राजहंस, नन्दनकानन, स्वर्ग-वर्णन, तिलस्मी और ऐयारी उड़ानें, तालतटवासी कवि का समुद्र-वर्णन इत्यादि इसी प्रतिभा अर्थात् कल्पना-शक्ति के उदाहरण हैं। राजशेखर ने भी अप्रत्यक्ष देशान्तर, द्वीपान्तर एवं कथा-पुरुषों के प्रत्यक्षोपम सजीव वर्णन को इसी मूर्तिविधायिनी और अदृश्य-गोचरकारिणी प्रतिभा का परिणाम माना है। इनके पूर्ववर्ती आचार्यों ने प्रायः कवि-प्रतिभा अर्थात् रचनात्मक कल्पना पर ही विचार किया था, किन्तु, इन्होंने उस भावयित्री प्रतिभा अर्थात् ग्राहिका कल्पना पर भी विचार किया है, जो भावक, पाठक अथवा आलोचक के पास रहती है। इसी भावयित्री प्रतिभा या ग्राहिका कल्पना के द्वारा पाठक-आलोचक की रससंवेदना काव्य-निबद्ध रस-दशा तक पहुँच पाती है।

---

1. महिमभट्ट के अनुसार प्रतिभा प्रज्ञा का एक ऐसा विशेष रूप है, जिसके द्वारा कवि शब्द-अर्थ के वास्तविक स्वरूप का साक्षात्कार करता है और जिसका सहसा उन्मेष केवल समाहित चित्त की अवस्था में होता है—

रसानुगुण शब्दार्थ चिन्तास्तमितं चेतसः।
क्षणं स्वरूपस्पर्शोत्था प्रज्ञे व प्रतिभा कवेः॥

इस तरह राजशेखर ने प्रतिभा (कल्पना) के एक महत्त्वपूर्ण पक्ष को, जो प्राचीन काव्यशास्त्र में उपेक्षित-सा था, प्रथम बार प्रकाश में लाने का प्रयास किया है। इस प्रसंग में यह भी ध्यातव्य है कि प्रतिभा-विवेचन में राजशेखर द्वारा निरूपित सारस्वत कवि की सहज[1] कारयित्री 'प्रतिभा' कालरिज, क्रोचे एवं अन्य अनेक आधुनिक विचारकों की बिम्बविधायिनी 'कल्पना' से पृथुल साम्य रखती है।

राजशेखर की तरह भट्टतोत द्वारा निरूपित प्रतिभा भी आधुनिक काव्यालोचन की 'कल्पना' से बहुत साम्य रखती है। इन्होंने कहा है कि नए-नए अर्थों का उन्मीलन करनेवाली प्रज्ञा ही प्रतिभा है—'प्रज्ञा नवनवोन्मेषशालिनी प्रतिभा मता'। इस तरह कल्पना में जो नूतन निर्माण की आवर्तक क्षमता होती है, उसे भट्टतोत का 'नवनवोन्मेष' बहुत अच्छी तरह व्यंजित करता है। किन्तु कुछ प्राचीन आचार्यों ने प्रतिभा का विवेचन इस प्रकार किया है कि उससे हमें कल्पना के सन्दर्भ में कोई तथ्य-प्राप्ति नहीं होती है। जैसे, कुन्तक का कहना है कि पूर्वजन्म तथा इस जन्म के संस्कार के परिपाक से पुष्ट होनेवाली विशिष्ट कवित्व-शक्ति ही प्रतिभा है—'प्राक्तनाद्यतन संस्कार-परिपाक प्रौढा प्रतिभा काचिदेव कविशक्तिः'।[2] आलोचकों का कथन है कि प्रतिभा-विवेचन में कुन्तक ने रसवाद और अलंकारवाद का मध्यवर्ती पथ ग्रहण किया है। अतः प्रतिभा के सम्बन्ध में इनका दृष्टिकोण समन्वयवादी है। तदनन्तर, प्राचीन काव्यशास्त्र के अनन्य मनीषी आचार्य अभिनवगुप्त का प्रतिभा-विवेचन हमारे सामने आता है। इन्होंने प्रतिभा को अपूर्ववस्तु निर्माण-क्षमा प्रज्ञा के अर्थ में स्वीकार किया है। इन्होंने भी प्रतिभा को ऐसा व्यापार माना है, जिससे कारणकलाप के बिना ही अपूर्ववस्तु का निर्माण होता है—'अपूर्व यद् वस्तु प्रथयति विना कारणकलाम्'।[3]

---

1. राजशेखर के अनुसार प्रतिभा दो प्रकार की होती है—कारयित्री और भावयित्री। कारयित्री प्रतिभा कवि की उपकारक होती है। यह तीन प्रकार की मानी गई है—सहजा, आहार्या और औपदेशिकी। पूर्वजन्म के संस्कारों से प्राप्त जन्मजात प्रतिभा सहजा, शास्त्र एवं काव्यों के अभ्यास से उत्पन्न प्रतिभा आहार्या तथा मंत्र-तंत्र, देवता, गुरु आदि के वरदान या उपदेश से प्राप्त प्रतिभा औपदेशिकी कही जाती है। सहजा कारयित्री प्रतिभा जन्मजात होने के कारण इस जन्म के अल्प संस्कार से ही उद्बुद्ध हो जाती है। आहार्या कारयित्री प्रतिभा के लिए अधिक संस्कार या अभ्यास की आवश्यकता होती है। औपदेशिकी प्रतिभा इसी जन्म के उपदेश, वरदान आदि से प्राप्त होती है।...इस प्रकार ऊपर कही हुई तीन प्रकार की कारयित्री प्रतिभा से सम्पन्न कवि भी क्रमशः तीन प्रकार के होते हैं—सारस्वत, आभ्यासिक और औपदेशिक।—*काव्य-मीमांसा,* अनु. केदारनाथ शर्मा सारस्वत, बिहार राष्ट्रभाषा परिषद्, पटना, 1954, पृ. 29
2. कुन्तक के अनुसार अम्लान प्रतिभा के द्वारा ही शब्द और अर्थ में नवीन चमत्कार प्रस्फुटित होता है—

   अम्लान प्रतिभोद्भिन्न नवशब्दार्थबन्धुरः।
   अयत्नविहित्स्वल्पमनोहारि विभूषणः॥

   —*हिन्दी वक्रोक्ति जीवित,* आत्माराम एंड सन्स, 1955, पृ. 104
3. *ध्वन्यालोक लोचन,* चौखम्बा संस्कृत सिरीज, 1940, पृ. 1 (मंगल श्लोक)।

यह प्रतिभा भी शिव में सतत विश्राम करनेवाली परा प्रतिभा की भाँति विलक्षण विश्व का उन्मीलन करती है। अभिनवगुप्त ने प्रतिभा को वामन के 'जन्मान्तरागत संस्कार विशेष: कश्चित्' की तरह एक प्राक्तन संस्कार माना है—'अनादि प्राक्तन संस्कार प्रतिभानमय:।' इस प्रसंग में यह स्मरणीय है कि भट्टतोत ने और विशेषकर अभिनवगुप्त ने (कल्पना के अर्थ में) प्रतिभा की सर्वाधिक सटीक व्याख्या प्रस्तुत की है। हम जानते हैं कि कल्पना सामान्यत: मानसिक रूप-सृष्टि की शक्ति के अर्थ में प्रयुक्त होती है। अभिनवगुप्त ने भी स्पष्टत: प्रतिभा को नवनवरूपविधायिनी मानसिक शक्ति के अर्थ में स्वीकार किया है—'प्रतिभा अपूर्व वस्तुनिर्माणक्षमा प्रज्ञा।'[1] इस तरह कल्पना में मानसिक रूप-विधान, बिम्ब-विधान अथवा मूर्तविधान की जो शक्ति होती है, जिसे कालरिज ने 'एजेम्प्लास्टिक पावर' कहा है, उसे प्रतिभा-विवेचन में प्रतिष्ठित करने का श्रेय अभिनवगुप्त को ही है। संक्षेप में, अभिनवगुप्त का मन्तव्य यह है कि रसात्मक परिवेश में (तष्या: विशेषो रसावेश वैशद्य सौन्दर्य काव्यनिर्माणक्षमत्वम्) नए-नए रूपों की सृष्टि करनेवाली प्रज्ञा ही प्रतिभा है। इतना ही नहीं, अभिनवगुप्त ने जहाँ 'शक्ति' को प्रतिभा रूप में स्वीकार करते हुए यह लिखा है—'शक्ति: प्रतिमानं वर्णनीय वस्तु-विषयनूतनोल्लेखशालित्वम्'[2]—वहाँ इन्होंने प्रतिभा को कल्पना के और भी निकट ला दिया है। कारण, कल्पना में भी प्रस्तुत विषय को एक नूतन परिवेश और संयोजन देकर नवीन तथा अभिराम अवर्ण्य अथवा अप्रस्तुत के सृजन की क्षमता रहती है।[3] अन्तर यह है कि ध्वनिवादी आचार्यों ने प्रतिभा-विवेचन में आध्यात्मिक रहस्य की बहुत झलक देखी है, जो कल्पना के आधुनिक निरूपण से मेल नहीं खाती। तथापि, आध्यात्मिक तत्त्व-रहस्य की झलक के रहने पर भी हम ध्वनिवादियों की 'प्रतिभा' और कालरिज की 'कल्पना' (प्राइमरी इमाजिनेशन) में प्रचुर साम्य पाते हैं, क्योंकि कालरिज ने तो 'कल्पना' में ससीम के बीच असीम की झलक देखी थी। इतना ही नहीं, ब्लेक[4] और शैली ने कल्पना

---

1. *ध्वन्यालोक लोचन,* चौखम्बा संस्कृत सिरीज, 1940, पृ. 92 (मंगल श्लोक)।
2. *ध्वन्यालोक लोचन,* पृ. 317, तृतीय उद्योत, चौखम्बा संस्कृत सिरीज, 1940
3. इसलिए डॉ. सत्यव्रतसिंह का यह कथन कुछ उचित प्रतीत होता है कि 'काव्य में रस-ध्वनि तत्त्व के द्रष्टा आचार्यों की प्रतिभा-सम्बन्धी धारणा अपने-आपमें इतनी पूर्ण है कि पाश्चात्य काव्यालोचकों की कवि-कल्पना (पोयेटिक इमाजिनेशन) सम्बन्धी सभी विश्लेषण-दृष्टियाँ इसमें समा जाती हैं और तब भी इसके लिए यही कहा जा सकता है कि यह इन सब कल्पनाओं से परे किन्तु इन सब कल्पनाओं का अक्षय स्रोत है।'—*हिन्दी काव्यप्रकाश,* चौखम्बा विद्याभवन, काशी, 1955, भूमिका, पृ. 14
4. रोमांटिक कवियों के बीच विलियम ब्लेक ने कल्पना की इस स्वर्गीयता में अपने विश्वास को बहुत ही उत्साह के साथ व्यक्त किया है—"दिस वर्ल्ड ऑव इमाजिनेशन इज द वर्ल्ड ऑव इटर्निटी...दिस वर्ल्ड ऑव इमाजिनेशन इज इनफिनाइट एंड इटर्नल..." इस तरह ब्लेक ने कल्पना-जगत् को एक 'ट्रान्सल्यूनर पैरेडाइज' माना है। रोमांटिक कवियों में कीट्स और→

को स्वर्गीय विभूति के रूप में स्वीकार किया था। अतः अध्यात्मतत्त्व से उपेत ध्वनिवादियों की 'प्रतिभा' रोमांटिक कवियों की 'कल्पना' से बहुत साम्य रखती है।

अभिनवगुप्त के बाद जिन दो आचार्यों—मम्मट और पंडितराज जगन्नाथ ने प्रतिभा पर विचार किया है, उनके निरूपण से हमें कल्पना के सन्दर्भ में कोई तथ्य नहीं मिलता है। मम्मट ने काव्य हेतुओं में प्रतिभा अथवा शक्ति के साथ ही निपुणता तथा अभ्यास का उल्लेख किया है। पूर्ववर्ती आचार्यों ने जिसे 'व्युत्पत्ति' कहकर पुकारा है, उसे ही मम्मट ने निपुणता से अभिहित किया है। मम्मट की उक्ति इस प्रकार है—

शक्तिर्निपुणता लोकशास्त्रकाव्याद्यवेक्षणात्।
काव्यज्ञ-शिक्षयाभ्यास इति हेतुस्तदुद्भवे॥

—*काव्य प्रकाश,* 1।13

इस उक्ति को दृष्टिगत रखते हुए कुछ आलोचकों का यह कथन है कि "मम्मटाचार्य ने शक्ति, निपुणता तथा अभ्यास—इन तीनों को काव्य का स्वतंत्र रूप से अलग-अलग कारण न मानकर सम्मिलित रूप से ही कारण माना है। इसीलिए इस सुप्रसिद्ध कारिका में 'हेतु' शब्द का एकवचन में प्रयोग किया है, बहुवचन में नहीं (हेतुर्न तु हेतवः)।"[1] यहाँ यह ध्यातव्य है कि मम्मट ने काव्यहेतु में 'शक्ति' का उल्लेख किया है, किन्तु, यह शक्ति प्रतिभा से बहुत भिन्न नहीं है। साथ ही, यह भी स्पष्ट है कि मम्मट के प्रतिभा-निरूपण से कल्पना-तत्त्व पर हमें कोई प्रकाश नहीं मिलता है। तदनन्तर, प्राचीन काव्यशास्त्रियों के बीच सबसे अन्त में हमारे सामने पंडितराज जगन्नाथ आते हैं। इनका कहना है कि काव्य का कारण कवि में विद्यमान केवल 'प्रतिभा' है, जो काव्य-निर्माण के लिए अनुकूल शब्दार्थों की उपस्थिति में रहती है।[2] इन्होंने हेमचन्द्र की तरह प्रतिभा के दो भेद माने हैं—जन्मजात और कारणजात। इन्हें ही क्रमशः सहजा और औपाधिकी भी कहा गया है। यह सहजा प्रतिभा ही वह मानसिक शक्ति है, जिसे हम आधुनिक काव्यालोचन की 'कल्पना' के अर्थ में स्वीकार कर सकते हैं। संस्कृत काव्यशास्त्र के आचार्यों के बीच सम्भवतः पंडितराज जगन्नाथ अन्तिम आचार्य हैं, जिन्होंने

→ शैली ने भी कल्पना के इस पक्ष को महत्त्व दिया है। हिन्दी के छायावादी कवि पन्त का मन्तव्य भी इसी कोटि का है—"मैं कल्पना के सत्य को सबसे बड़ा सत्य मानता हूँ और उसे ईश्वरीय प्रतिभा का अंश भी मानता हूँ।"—(*आधुनिक कवि,* पृ. 39)। वस्तुतः काव्य को रहस्यात्मक महिमा प्रदान करनेवाले तत्त्वों में कल्पना का उल्लेख्य स्थान है, क्योंकि कवि रहस्यगर्भित तथ्यों को कल्पना के द्वारा ही वपुमान्, मधु-स्निग्ध और चर्वणासुलभ बनाता है।

1. बलदेव उपाध्याय, *संस्कृत आलोचना,* पृ. 27
2. "*तस्य च करणं कविगता केवला प्रतिभा।*
   सा च काव्यघटनानुकूल शब्दार्थोपस्थितिः।"

प्रतिभा के सम्बन्ध में कुछ व्यवस्थित विचार किया है। इनके बाद ऐसे विषयों पर विचार करनेवाले आचार्यों की परम्परा छीज-सी गई। प्रतिभा-विवेचन की दृष्टि से पंडितराज (प्रतिभा को काव्य का मुख्य कारण माननेवाले) भामह की परम्परा में आते हैं। किन्तु, पंडितराज ने प्रतिभा को नवनवोन्मेषशालिनी अथवा अपूर्ववस्तुनिर्माणक्षमा प्रज्ञा न मानकर उसे शब्दार्थ तक सीमित कर दिया है—' 'सा' (प्रतिभा) च काव्यघटनानुकूल शब्दार्थोपस्थितिः।' पुनः इन्होंने प्रतिभा-विवेचन के क्रम में प्रतिभा का अवरोध करनेवाले तंत्र-मंत्रादि प्रतिबन्धक कारणों का उल्लेख किया है, जिससे अन्धविश्वास की अवतारणा हो गई है।[1] इस प्रकार हम कह सकते हैं कि 'कल्पना' पर विचार करने की दृष्टि से पंडितराज जगन्नाथ के प्रतिभा-विवेचन में हमें कोई विशिष्ट सामग्री नहीं मिलती है।

प्रतिभा और कल्पना की उपर्युक्त विवेचना का संक्षिप्त निष्कर्ष यह है कि संस्कृत काव्यशास्त्र की प्रतिभा को यदि आधुनिक कलाशास्त्र में विवेचित 'कल्पना' का पर्याय अथवा समानार्थी माना जाए, तो हमें यह स्वीकार करना होगा कि भामह तथा उनकी परम्परा में आनेवाले आचार्यों द्वारा निरूपित प्रतिभा से ही कल्पना का साम्य है। भामह के काव्य-हेतुवाद के प्रतिपक्ष को लेकर चलनेवाले दंडी अथवा उनकी परम्परा में आनेवाले आचार्यों द्वारा निरूपित प्रतिभा से ही कल्पना का कोई साम्य नहीं है। कारण, आधुनिक काव्यालोचन की मूर्तविधायिनी कल्पना का व्युत्पत्ति और अभ्यास से कोई तात्त्विक सम्बन्ध नहीं दिखाई पड़ता है। भामह के मत से समीप पड़नेवाले भट्टतोत ने प्रतिभा की जो परिभाषा दी है—'प्रज्ञा नवनवोन्मेषशालिनी प्रतिभा मता'—वह कल्पना के निकट है। और, भट्टतोत से प्रभावित अभिनवगुप्त ने प्रतिभा का जो स्वरूप निर्धारित किया है, वह कालरिज की कल्पना के सर्वाधिक निकट पड़ता है; क्योंकि 'अपूर्व वस्तुनिर्माणक्षमा' होने के कारण इस प्रतिभा में भी 'कल्पना' की प्रमुख और प्रसिद्ध मूर्तविधायिनी शक्ति (एजेम्यलास्टिक पावर) का सम्यक् आधान हो गया है।[2]

---

1. "प्रतिवादिना मंत्रादिभिः कृते कतिपय दिवसव्यापिनि वाक्स्तम्भे विहितानेक प्रबन्धस्यापि कवेः काव्यानुदयस्य दर्शनात।"—*रसगंगाधर,* चौखम्बा विद्याभवन, काशी, 1955, पृ. 33
2. प्राचीन काव्यशास्त्र की प्रतिभा और आधुनिक काव्यालोचन की कल्पना के सम्बन्ध में डॉ. नगेन्द्र का भी कुछ ऐसा ही मत है—"संस्कृत काव्यशास्त्र में जिसे अभिनवगुप्त ने कवि-प्रतिभा कहा है, उसका विवेचन पाश्चात्य आलोचनाशास्त्र तथा मनोविज्ञान में कल्पना के प्रसंग में किया गया है। पाश्चात्य आलोचनाशास्त्र में कॉलरिज और इधर रिचर्ड्स ने कल्पना का विशद विवेचन किया है...(पाश्चात्य आलोचनाशास्त्र के अनुसार) व्यक्त प्रतिक्रियाओं को पूर्ण अनुभूतियों में मूर्तित करना कवि-कल्पना अथवा सृजनशील कल्पना का मूल धर्म है।...काण्ट ने इसे उत्पादनशील कल्पना और क्रोचे ने सहजानुभूति कहा है। इन दोनों शक्तियों का मूलधर्म एक ही है—जीवन के सम्पर्क से मानव-चेतना में उत्पन्न अरूप झंकृतियों को रूप देना। भारतीय आचार्यों की→

प्रतिभा और कल्पना के इस तुलनात्मक विवेचन में यह भी स्मरणीय है कि पाश्चात्य कला-चिन्तन में कल्पना जहाँ एक मानसिक शक्ति के रूप में विवेचित हुई है, वहाँ भारतीय काव्य-सिद्धान्त में प्रतिभा के दो रूपों—प्रख्या और उपाख्या को आत्मा की शक्ति के रूप में भी स्वीकार किया गया है।

अब हम पाश्चात्य, विशेषकर आंग्ल साहित्य में निरूपित कल्पना पर विचार करेंगे। यों तो कालरिज के कल्पना-सिद्धान्त पर ही हम मुख्यत: विचार करेंगे, क्योंकि कल्पना का तात्त्विक विवेचन हमारा अभिप्रेत विषय है न कि कल्पनासिद्धान्त का क्रमिक अथवा ऐतिहासिक विकास; तथापि हम कल्पना की तात्त्विक विवेचना की अनुकूल पृष्ठिका प्रस्तुत करने के लिए कालरिज के कुछ पूर्ववर्ती और परवर्ती विचारकों की संक्षिप्त आनुक्रमिक चर्चा करेंगे।

प्रारम्भिक विचारकों में प्लेटो ने कल्पना के विषय में कोई चिन्तन-गर्भ या सौन्दर्यशास्त्र के लिए उपयोगी स्थापना नहीं प्रस्तुत की है। नैतिकता के प्रबल पक्षधर प्लेटो ने असत्य को कल्पना का आधार माना है। इन्होंने कल्पना के लिए प्राय: 'फैंटेसिया' शब्द का व्यवहार किया है। इस तरह इनके अनुसार कल्पना एक अवर अलीक सर्जन का साधन है।[1] तदनन्तर, अरस्तू ने यह दृष्टिकोण व्यक्त किया कि कल्पना विचारों को सुसंगठित रूप देती है और कल्पना के बिना मनुष्य किसी धारणा को धारण नहीं कर सकता। इसी दिशा में सोचते हुए अरस्तू-स्कूल के मध्यकालीन विचारकों ने यह स्वीकार किया कि कल्पना, तर्क और स्मृति परस्पर सम्बद्ध हैं तथा तर्क के द्वारा कल्पना का नियमन होता है। इसके अलावा मध्यकालीन विचारक कुछ नई बात नहीं कह सके, कारण, उनकी अधिक शक्ति कल्पना और 'फैंटेसी' के अन्तर अथवा पार्थक्य को समझाने में खर्च हो गई। और, इस सम्पूर्ण पार्थक्य-निरूपण से यह फलितार्थ निकाला गया कि कल्पना से अधिक सम्बन्ध कवि का

→शब्दावली में भी प्रकारान्तर से इन्हीं तथ्यों की अभिव्यक्ति है : समाहित चित्त में शब्द-अर्थ के वास्तविक स्वरूप का प्रतिभासन सहजानुभूति ही है, जो मूलत: अभिव्यंजना से अभिन्न है। और यही अस्तव्यस्त संवेदनों का समंजन अथवा अरूप झंकृतियों को रूप देना है। समाहित चित्त में विशृंखलता व्यवस्थित हो जाती है—अनेकता एकाग्र हो जाती है, तभी विशृंखल संवेदन समंजित होकर मूर्छित हो उठते हैं और तभी शब्द-अर्थ का सच्चा स्वरूप प्रतिभासित हो जाता है। जिस शक्ति के द्वारा यह सब संघटित होता है, वही काण्ट की सृजनशील कल्पना है, वही क्रोचे की सहजानुभूति है और वही अभिनवगुप्त की काव्यनिर्माणक्षमा प्रतिमा है।"—*भारतीय काव्यशास्त्र की भूमिका*, डॉ. नगेन्द्र, ओरियंटल बुक डिपो, दिल्ली, 1955, पृ. 231-232। 'प्रतिभा' और 'कल्पना' पर प्रो. डी. एस. शर्मा ने भी इसी दृष्टि से विचार किया है। —प्रो. डी. एस. शर्मा, एम. ए., *लिटररी क्रिटिसिज़्म इन संस्कृत एंड इंग्लिश,* (ए पेपर रेड बाय द राइटर ऑन द सिक्स्थ फाउंडेशन डे ऑव द कुप्पूस्वामी शास्त्री रिसर्च इन्स्टीच्यूट इन 1950, संस्कृत कॉलेज, मलयपुर, मद्रास।)

1. दृष्टव्य—*रिपब्लिक* में 'मिथ' का प्रसंग और 'सिम्पोजियम'।

है और फ़ैंटेसी[1] से निकट सम्बन्ध संगीतज्ञ, गणितज्ञ तथा वास्तुकार का है। कुछ विचारकों ने तो प्लेटो की नैतिकतावादी धारणा को पुनरुज्जीवित करते हुए कल्पना को अत्यन्त निकृष्ट सिद्ध किया। जैसे, हॉब्स की दृष्टि में कल्पना एक ध्वंसात्मक शक्ति है तथा जागतिक प्रेय की क्रीतदासी है। इन्होंने कल्पना को 'डिकेयिग सेन्स' कहा है। अत: यह स्पष्ट है कि इन विचारकों का कल्पना-सिद्धान्त नन्दतिक दृष्टि से कितना हीन था। दूसरी ओर काण्ट और हीगेल-जैसे दार्शनिकों ने भी कल्पना पर दार्शनिक दृष्टि से विचार किया। काण्ट के अनुसार कल्पना बोध-जगत् और प्रत्यय-जगत् के बीच संयोजन-सूत्र का काम करती है। इन्होंने 'क्रिटीक ऑव प्योर रिजन' में कल्पना को मन की संस्थिति-विशेष ('एटिच्युड ऑव माइंड') के रूप में स्वीकार किया है। आगे चलकर इन्होंने कल्पना, समन्वय ('सिन्थेसिस') और विचार चित्र ('स्केमटा') के विश्लेषण के प्रसंग में कल्पना के स्वरूप को स्पष्ट करते हुए दो महत्त्वपूर्ण बातें कही हैं—1. कल्पना आत्मा की अन्ध, किन्तु अपरित्याज्य क्रिया है। और, 2. कल्पना वह शक्ति है, जो उस अप्रस्तुत वस्तु को भी, जिसका गोचर प्रत्यक्ष या संवेद्य सम्पर्क प्राप्त नहीं है, सहजानुभूति का अंग बना देती है।[2] तदनन्तर, काण्ट ने विनियोग की दृष्टि से कल्पना के दो स्वरूपों को उपस्थित किया है—पुनरुत्पादक स्वरूप और उत्पादक स्वरूप। पुनरुत्पादक कल्पना ऐन्द्रिय अथवा वस्तु-बोध-निर्भर अनुभूतिपरक सहजानुभूति ('एम्पिरिकल इंट्यूशन') को बिम्बों में परिवर्तित करती है। कल्पना की इस बिम्बविधायक प्रक्रिया में आसंगों ('एसोसियेशन') का महत्त्वपूर्ण स्थान रहता है। इसलिए काण्ट ने कल्पना को, कुछ सीमा तक, प्रत्यक्ष का अंश भी माना है। किन्तु, कल्पना में, जैसा ऊपर कहा गया है, केवल पुनरुत्पादन की शक्ति ही नहीं रहती है, वह अपने विनियोग में बोध और प्रभावों ('सेन्स एंड इम्प्रेसन') का संयोजन भी वस्तुओं के बिम्ब-विधान के निमित्त करती है। इसलिए पुनरुत्पादक कल्पना में प्रभावों की ग्रहण-शक्ति के अलावा सृजनक्षमता की आवश्यकता होती है, जिसे हम कल्पना की 'समन्वय-शक्ति' कह सकते हैं। हम आगे चलकर देखेंगे कि काण्ट की इस पुनरुत्पादक कल्पना को ही कॉलरिज ने 'प्राइमरी इमाजिनेशन' कहा है। बहुत गहराई में देखने पर दोनों के बीच कुछ दृष्टिभेद भी प्रतीत होता है। जैसे, काण्ट के अनुसार पुनरुत्पादक कल्पना

1. 'फ़ैंटेसी' को हम कल्पना की उन्मुक्त क्रीड़ा कह सकते हैं। किन्तु, वाद्यसंगीत के विधानविवेचन में 'फ़ैंटेसी' शब्द का प्रयोग एक दूसरे अर्थ में भी होता है। —डड्ले फैरिसी, *द ह्यूमैनिटीज,* पृ. 411। कभी-कभी 'फ़ैंटेसी' से भी कलासृष्टि होती है। ऐसी कलासृष्टि में 'कौतुक' की प्रधानता रहती है। यदि 'स्वशब्दवाच्यत्व दोष' को भूलकर देखा जाए तो बर्चफील्ड (Burchfield) की चित्र-कृति 'ऑटग्नल फ़ैंटेसी' में 'फ़ैंटेसी' का सारा कौतुक विद्यमान है। दृष्टव्य—जेम्स थोमस फ्लेक्सनर, *द पॉकेट हिस्ट्री ऑव अमेरिकन पेंटिंग,* न्यूयार्क, 1950 में प्लेट संख्या, 42
2. नार्मन केम्प स्मिथ, *कमेंटरी टू काण्ट्स क्रिटीक ऑव प्योर रीजन,* पृ. 112, 165, 182

ऐन्द्रिय प्रत्यक्ष पर निर्भर अमूर्त सहजानुभूतियों को अभिज्ञेय और सम्बन्ध-निबन्धक विधानों में बाँधकर बोधगम्य बनाती है; किन्तु, कॉलरिज 'प्राइमरी इमाजिनेशन' को प्रत्यक्ष बोध से भिन्न कोई दूसरी शक्ति नहीं मानते हैं। इनके अनुसार 'प्राइमरी इमाजिनेशन' का क्षेत्र प्रत्यक्ष-बोध के अन्तर्गत है। अन्तर है इनके विधायकत्व में। अब काण्ट की उत्पादक कल्पना पर भी विचार कर लेना आवश्यक है। यह उत्पादक कल्पना एक ऐसी अयास और आत्मनिर्भर शक्ति है, जो सहजानुभूति को विचारचित्र बना देती है, क्योंकि सहजानुभूतियाँ निराकार चिन्तन हुआ करती हैं। इस प्रसंग में काण्ट ने बिम्ब और विचार-चित्र के अन्तर को स्पष्ट करने की चेष्टा की है। इनके अनुसार बिम्ब भावनाओं से वेष्टित प्रत्यक्ष है और कल्पना की अनिवार्य एवं लघुतम इकाई भी। इन्हीं इकाइयों के संयोजन अथवा समीकरण से कल्पना को अन्विति मिलती है। इसके विपरीत विचारचित्र धारणात्मक (कन्सेप्चुअल) हुआ करता है और भावनाओं से इसका कोई सम्बन्ध नहीं रहता। सच पूछा जाए तो विचार-चित्र एक प्रकार से धारणाओं का बौद्धिक भावानयन है। इसीलिए काण्ट ने विचार-चित्र को 'डायग्राम्स ऑव आइडियाज़' कहा है। जिस प्रकार बिम्ब कल्पना की अनिवार्य और लघुतम इकाई है, उसी प्रकार विचार-चित्र विश्लेषणात्मक या सैद्धान्तिक चिन्तन की लघुतम इकाई है। संक्षेप में, बिम्ब पुनरुत्पादक कल्पना से बनते हैं और सर्वत्र 'विशेष' होते हैं, जबकि विचार-चित्र उत्पादक कल्पना से निष्पन्न होते हैं और सर्वदा 'सामान्य' रहते हैं। निष्कर्ष रूप में हम कह सकते हैं कि कल्पना के प्रति काण्ट का सम्पूर्ण दृष्टिकोण दार्शनिक है।[1] अतः इन्होंने इस सन्दर्भ में कला-चिन्तन को कोई सुविचारित रमणीयता देने की कोशिश नहीं की है। फलस्वरूप, इनकी कल्पना, बिम्ब और विचार-चित्र सम्बन्धी मान्यताओं को हम कला के व्यापक तत्त्व-निरूपण या सिद्धान्त के रूप में स्वीकार नहीं कर सकते। उदाहरणार्थ, कला के क्षेत्र में जितने भी बिम्ब आते हैं, उनमें प्रत्यक्षीकरण के साथ ही भावोद्वेलन के वहन की क्षमता अवश्य रहती है, किन्तु, काण्ट की दृष्टि में बिम्बों के लिए प्रत्यक्षीकरण की प्रचुरता ही अलम् है। इस तरह काण्ट ने कल्पना को विचारणा ('आइडियेशन') के अत्यन्त समीप ला दिया है। दूसरी बात यह है कि इन्होंने कल्पना को एक ऐसी बिम्बविधायक शक्ति के रूप में स्वीकार किया है, जिसका मुख्य लक्षण मन को उन पदार्थों का बोध देना है, जो वस्तुतः इन्द्रियग्राह्य नहीं हैं अथवा जिनका ऐन्द्रिय प्रत्यक्ष मन को नहीं मिल सका है। किन्तु कला का

---

1. E. J. Furlong जैसे कुछ अत्याधुनिक पाश्चात्य विचारकों ने भी ह्यूम और काण्ट की परम्परा का अनुसरण कर कल्पना पर प्रधानतः दार्शनिक दृष्टिकोण से विचार किया है और कल्पना के प्रति सौन्दर्यशास्त्रीय दृष्टिकोण को नितान्त उपेक्षित स्थान दिया है। दृष्टव्य—E. J. Furlong, *Imagination,* Professor of Moral Philosophy in the University of Dublin, New York, 1961

कल्पना के इस इन्द्रियातीत पक्ष से कम सम्बन्ध है और कलान्तर्गत कल्पना का विवेचन स्वप्न, छायाभास, आसंग, प्रातीतिक बिम्ब (आइडियेटिक इमेजरी)[1] इत्यादि को दृष्टिगत रखकर किया जाता है। तीसरी बात यह है कि काण्ट ने सम्पूर्ण ज्ञान को विषय और विषयी के माध्यम से समझने की चेष्टा की है। इन्होंने ज्ञान को 'इदम्' के प्रति 'अहम्' की सजगता के रूप में स्वीकार किया है। किन्तु, इन दो आधारों पर जब ये यथार्थ ग्रहण और तर्कात्मक ग्रहण ('रियल अंडरस्टैंडिग' और 'लॉजिकल अंडरस्टैंडिंग) के नाम से ज्ञान का दो टूक विभाजन नहीं कर सके, तब इन्होंने इन दोनों के मध्य में पड़नेवाली स्थिति को, जो ऐन्द्रिय और अतीन्द्रिय—दोनों क्रियाओं का उपलक्ष्य हो सकती है, 'कल्पना' के नाम से अभिहित कर दिया। इस तरह इनकी कल्पना यथार्थ ग्रहण और तर्कात्मक ग्रहण के बीच की मध्यस्थ कड़ी है, जो सौन्दर्यशास्त्र की दृष्टि से विशेष उपयोगी नहीं है।[2]

उक्त आलोचना केवल काण्ट के ही कल्पना-निरूपण पर लागू नहीं होती, बल्कि यह तो एडिसन के पूर्ववर्ती प्राय: सभी विचारकों के कल्पना-सिद्धान्त की सीमा है। प्लेटो के प्रसंग में भी हम इस सीमा का संकेत कर चुके हैं। हमने देखा कि कला-चिन्तना के प्रारम्भिक विचारों ने सामान्यत: प्रतीति ('एपीयरेन्स') और यथार्थ ('रियलिटी') के भेद को दृष्टिगत रखते हुए कल्पना पर विचार किया है। इस दृष्टि से कल्पना एक ऐसी शक्ति प्रतीत होती है, जो किसी पदार्थ के सम्पृक्त आधार के बिना भी बिम्बों का विधान कर सकती है। अर्थात् कल्पना निराधार सृजन की क्षमता है। प्लेटो ऐसे दार्शनिक ने भी कल्पना के प्रति ऐसा ही दृष्टिकोण रखा था।

यह सीमा तो एडिसन के कल्पना-निरूपण के बाद समाप्त हुई। इसके पूर्व कल्पना के तथाकथित दार्शनिक स्वरूप पर ही विचार होता रहा था और उसका काव्यगत अथवा कलात्मक महत्त्व उपेक्षित-सा था। इस अभाव की पूर्ति एडिसन ने की। सर्वप्रथम, इन्होंने 'ऑन द प्लेजर्स ऑव द इमाजिनेशन' शीर्षक निबन्ध में कल्पना के काव्यगत मूल्य की व्याख्या की तथा कल्पना का सम्बन्ध बिम्ब-विधान और रसग्राहकता से जोड़ा। इन्होंने तर्क और स्मृति की तुलना में कल्पना को सर्वोपरि मानते हुए यह सिद्ध किया कि रचनात्मक शक्ति की दृष्टि से कल्पना सर्वाधिक समृद्ध है। इनकी दूसरी मान्यता यह रही कि कल्पना का अधिकांश सम्बन्ध उन बिम्बों

1. प्रातीतिक बिम्ब को कालरिज ने 'ऑप्टिकल स्पेक्ट्रा' कहा है।
2. डी. जी. जेम्स, *सेप्टिसिज्म एंड पोयेट्री,* ज्यॉर्ज एलेन एंड अनविन, लन्दन, 1960, पृ. 18-24। कॉलरिज ने अर्थग्रहण ('अंडरस्टैंडिग') और कल्पना के भेद को स्पष्ट करते हुए लिखा है कि मन का किसी एक बिम्ब पर स्थिर अथवा एकनिष्ठ हो जाना अर्थग्रहण है। शायद, काण्ट ने इसे ही 'इंटेलेक्चुअल सिन्थेसिस' कहा है। लेकिन जब मन किसी एक बिम्ब पर स्थिर न होकर दो या अनेक बिम्बों के बीच दोलाचल स्थिति में रहता है और अन्तत: किसी एक को स्वायत्त नहीं कर सकता, तब मन की इस अवस्था को हम कल्पना की दशा कहते हैं। निश्चय ही कॉलरिज की इस स्थापना में काण्ट की अपेक्षा अधिक स्पष्टता है।

से है, जिनका श्रेय सामान्यतः हमारी दृष्टि (चाक्षुष व्यापार) को है। इनकी तीसरी महत्त्वपूर्ण मान्यता यह है कि चाक्षुष व्यापारों से निर्मित, सम्बद्ध अथवा प्रभावित इस कल्पना का अधिकरण सम्पूर्ण प्रकृति और ललितकला है। इस क्रम में इनकी एक ध्यातव्य विशेषता यह रही कि इन्होंने कल्पना और तन्निर्मित बिम्बों का सम्बन्ध 'एसोसिएशनल साइकॉलॉजी' से माना तथा कल्पना के अन्तर्भूत तत्त्वों में स्मृति और आसंग को महत्त्वपूर्ण स्थान दिया। साथ ही, इन्होंने कल्पना से मिलनेवाले आनन्द (जो कलात्मक अनुकरण से प्राप्त आनन्द के साथ सादृश्य रखता है) के दो प्रकारों का निरूपण किया—'प्राइमरी प्लेजर' और 'सेकेंडरी प्लेजर'। इनके अनुसार कल्पना का प्राथमिक आनन्द हमें वहाँ मिलता है, जहाँ हम प्राकृतिक वस्तुओं के वास्तविक प्रत्यक्ष से साधारण अनुभूतियाँ प्राप्त करते हैं और कल्पना का द्वितीय आनन्द हमें वहाँ मिलता है, जहाँ हम प्रत्यक्षीकृत प्राकृतिक वस्तुओं के (कलात्मक अनुकरण द्वारा प्रस्तुत किए गए) तादृश पुनः प्रत्यक्षाधायक प्रतिरूपों का अवलोकन करते हैं। इस तरह एडिसन द्वारा निरूपित कल्पना के द्वितीय आनन्द और कलात्मक अनुकरण से उपलब्ध होनेवाले आनन्द में कोई विशिष्ट पार्थक्य या तात्त्विक अन्तर नहीं दीख पड़ता है। हाँ, यह बात अवश्य उल्लेखनीय है कि एडिसन ने कल्पना के द्वितीय आनन्द (जिसे इन्होंने प्राथमिक आनन्द की तुलना में श्रेष्ठ स्वीकार किया है) का चाक्षुष प्रत्यक्ष, चाक्षुष संवेग और चाक्षुष बिम्ब से विशेष घनिष्ठ सम्बन्ध माना है। इस चाक्षुष सम्बन्ध की घनिष्ठता सचमुच विचारणीय है, क्योंकि किसी भी कलाकार की कल्पना की श्रेष्ठता का निर्णय कल्पना में समाविष्ट ऐन्द्रिय तत्त्वों की मात्रा से ही हो सकता है। जिस कल्पना में ऐन्द्रिय तत्त्व जितना ही अधिक होता है, वह कल्पना उतनी ही उत्कृष्ट होती है। कल्पना का जादू यही है कि सामान्यतः इन्द्रियगम्य रूप में दुःखद प्रतीत होनेवाली वस्तुएँ भी कल्पना के स्पर्श से नन्दतिक सुख देनेवाली बन जाती हैं। जैसे, स्विनबर्न की इस पंक्ति में—'एंड सोर्ड लाइक वाज द साउंड ऑव द आइरन विंड'—तलवार और लोहा भी कलात्मक बन गए हैं। अतः एडिसन ने कल्पना की ऐन्द्रियता, विशेषकर उसके चाक्षुष पक्ष पर बल देकर चिन्तन के लिए एक समृद्ध दिशा दी है। किन्तु, निष्कर्षात्मक टिप्पणी देते हुए इतना कह देना आवश्यक है कि एडिसन ने कल्पना पर 'स्पेक्टेटर' (विशेषकर जून और जुलाई, 1712 ई. के अंक) में जितने लेख लिखे थे, वे एक शीर्षक पर होते हुए भी फुटकर रूप में लिखे गए थे। इसलिए उनमें एकसूत्रता का ऐसा अभाव है कि इनका दृष्टिकोण यत्र-तत्र कुछ उलझ-सा गया है। पुनः हम जहाँ यह कह सकते हैं कि एडिसन ने ही सर्वप्रथम कल्पना पर साहित्यिक दृष्टि से व्यवस्थित विचार किया, वहाँ हमें यह भी स्वीकार करना चाहिए कि एडिसन के कल्पना-सिद्धान्त पर हॉब्स और लॉक की उन दार्शनिक विचारणाओं का पर्याप्त प्रभाव है, जिन्हें साधारणतः 'सेन्सेशनलिज्म' के अन्तर्गत स्वीकार किया जाता है।

एडिसन के बाद कल्पना के तात्त्विक विचारकों में कॉलरिज का अत्यन्त महत्त्वपूर्ण स्थान है। किन्तु, कॉलरिज के कुछ समकालीनों, यथा वड्र्सवर्थ, ब्लेक, शैली, कीट्स इत्यादि ने भी कल्पना पर कुछ चलदृष्टियाँ प्रस्तुत की हैं।[1] अत: इनकी संक्षिप्त चर्चा के उपरान्त हम कॉलरिज के कल्पना-सिद्धान्त की विस्तृत विवेचना करेंगे।

ब्लेक के अनुसार सहजानुभूति-सम्पन्न अन्तर्मुख व्यक्तियों की कल्पना-शक्ति अधिक समृद्ध होती है।[2] ऐसे व्यक्तियों की अन्तर्मुख सहजानुभूति (इंट्रोवर्टेड इंट्यूशन) को ब्लेक ने 'डब्ल व्हिजन' कहा है, क्योंकि सहजानुभूति-सम्पन्न अन्तर्मुख व्यक्ति के पास वस्तु-जगत् के अलावे एक भाव-जगत् भी रहता है।[3] इस तरह ब्लेक ने कल्पना के प्रसंग में सहजानुभूतिक अन्तर्मुखीनता को अतिशय महत्त्व दिया है। इनका तो यहाँ तक कहना है कि वस्तु-जगत् की बाह्य वस्तुएँ कल्पना-शक्ति को कुंठित कर

---

1. सभी रोमांटिक कवि—ब्लेक, कॉलरिज', वड्र्सवर्थ, शैली और कीट्स—अन्य मान्यताओं में मतान्तर रखते हुए भी कल्पना को मुख्यता देने में एकमत हैं। अठारहवीं शताब्दी के पूर्व कविता में कल्पना को यह महत्त्व प्राप्त नहीं था। पोप, जान्सन, ड्राइडन इत्यादि ने अगर कल्पना का क्वचित् प्रयोग किया भी था, तो अत्यन्त सीमित अर्थ में। रोमांटिक युग, तत्त्वत:, कल्पना के सीमाहीन स्फुरण और उसकी आत्यन्तिक स्वीकृति का काल है। पूर्ववर्ती युग में कल्पना के बदले न्याय-भावना (जजमेंट) से नियंत्रित 'फैन्सी' का स्थान मिला था। फलस्वरूप, तत्कालीन कवि नवीन भाव-लोक के सृजन की अपेक्षा जागतिक परिचिति और तत्सम्बन्धित दृष्टि-चैतन्य को ही अधिक संवेदनशील बनाकर प्रस्तुत किया करता था। अत: वह अदृश्य और परात्पर के उद्घाटन की अपेक्षा गोचर और अनुभूत तथ्यों का विधिवत् भाष्य प्रस्तुत करने के कारण स्रष्टा की जगह व्याख्याता की कोटि में ही रह जाता था। उसका उद्देश्य जीवन के विगोपित रहस्यों का अनावरण अथवा मूल्यांकन न होकर जीवन के नात्यल्प परिचित क्षणों को यथाशक्य सत्य एवं सुन्दर बनाकर उपस्थित करना था। किन्तु, रोमांटिक कवियों के लिए इन सबसे ऊपर कल्पना का चूड़ान्त महत्त्व था। रोमांटिक कवियों का कल्पना में यह निष्कम्प विश्वास समकालीन जीवन-दर्शन के उदग्र व्यक्ति-बोध का एक फलितांश था। ये व्यक्तिवादी कवि कल्पना की अकृत शक्ति के ऐसे विश्वासी थे, जो इसके तिरस्कार को जीवन और जगत् की अस्वीकृति मानते थे। यह कल्पना उन्हें सृजन की अभिनव स्फूर्ति देकर स्रष्टा बना सकी और इनके सृष्ट को अप्रत्याशित शक्तिवन्त। अत: इन्होंने कल्पना के सहारे नवीन मनोजगत् की रचना कर कविता की पारम्परीण प्रयुक्तियों और प्रयोगों को खुली चुनौती दी। रोमांटिक कवियों की कल्पना के प्रति इस महत्त्व-दृष्टि के पीछे तत्त्व-दर्शन की पृथुल मान्यताएँ और उनकी प्रतिक्रियाएँ थीं।

   —सी. एम. बाउरा, द *रोमांटिक इमेजिनेशन* (द चार्ल्स इलियट नॉर्टन लेक्चर्स)
2. द्रष्टव्य—*पोयेट्री एंड प्रोज ऑव 0,* सम्पादक, ज्योफेरी केयनीज, लन्दन, प्रथम संस्करण।
3. ब्लेक ने एक जगह लिखा है—

   For double the vision my eyes do see,
   And a double vision is always with me.
   With my inward eyes, 'its an old man grey,
   With my outward, a thistle across my way.

   —*Letter to Butts*

देती हैं। सम्भवत: इसी कारण ब्लेक और वड्र्सवर्थ की कल्पना सम्बन्धी मान्यताओं में हमें अन्तर प्रतीत होता है। वड्र्सवर्थ ने प्रकृति को कल्पना के लिए उपकारी माना है और ब्लेक ने अपकारी, क्योंकि प्रकृति सहजानुभूतिक और वस्तुगत—दोनों प्रकार के सत्यों पर एक पर्दा डाल देती है, फलस्वरूप प्रकृति की मध्यस्थता से एक अवरोध पैदा होता है। अत: ब्लेक के अनुसार कल्पना शक्ति की समृद्धि के लिए सहजानुभूति चाहिए; प्रकृति हमें कल्पना नहीं कुछ प्रतीक भर दे सकती है। इस दृष्टिभेद के कारण हम पाते हैं कि जहाँ वड्सवर्थ ने कवि के लिए पर्यवेक्षण और वर्णन ('ऑब्जर्वेशन एंड डेस्क्रिप्शन') को महत्त्वपूर्ण माना है, वहाँ ब्लेक ने केवल कल्पना ('इमाजिनेशन : द डिवाइन विजन') को। निष्कर्ष रूप में हम कह सकते हैं कि ब्लेक ने कल्पना को बहुत ही बृहत् अर्थ में एक आध्यात्मिक विभावन माना है[1] और एक अनन्त सत्य के रूप में कल्पना की स्थापना की है। इस प्रकार कल्पना के प्रति ब्लेक का दृष्टिकोण पूर्णत: आत्मनिष्ठ और रहस्यात्मक है। इनके अनुसार कल्पना एक ऐसी प्रातिभ शक्ति है, जिसके सहारे मनुष्य बिना तर्क और इन्द्रियबोध की सहायता के 'उस' अनन्त आध्यात्मिक सत्य तक पहुँच सकता है। अत: इन्होंने कल्पना को एक आध्यात्मिक संवेदन[2] के रूप में स्वीकार करते हुए यह माना है कि सम्पूर्ण प्रकृति कल्पना के अलावा और कुछ नहीं है।

अन्य रोमांटिक कवियों ने भी कल्पना पर अपने विचार व्यक्त किए हैं। जैसे, वड्र्सवर्थ ने वासना के साथ कल्पना का सम्बन्ध जोड़ते हुए कल्पना की सर्वात्मवादी व्याख्या प्रस्तुत की है, क्योंकि वड्र्सवर्थ के लिए सम्पूर्ण प्रकृति एक जीवित सत्ता थी। इसी प्रकार शैली ने कल्पना को एक विराट शक्ति के रूप में ग्रहण करते हुए कल्पना के अतीन्द्रिय रूप-व्यापार की पर्याप्त व्याख्या की। कीट्स ने तो कल्पना को सत्य का हरकारा ही घोषित कर दिया। इन्होंने कल्पना की तुलना आदम के सपने से की है। इनके अनुसार कल्पना का सर्वाधिक महत्त्वपूर्ण कार्य है—सत्य का उद्घाटन। किन्तु, यहाँ हम इन सबों की चर्चा समाप्त कर कॉलरिज के कल्पना-सिद्धान्त पर विस्तृत विचार करेंगे, क्योंकि कॉलरिज ने कल्पना-सम्बन्धी विचारणाओं को एक नवीन दिशा दी और सर्वप्रथम, कल्पना के नन्दतिक बोध-पक्ष का ऐसा तात्त्विक

1. W. P.Witcut, *Blake : A Psychological Study*, London, 1946, Chapter, The Nature of Imagination', pp. 16-22
2. ब्लेक द्वारा निरूपित कल्पना की आध्यामिकता को निर्दिष्ट करते हुए M. B. Yeats ने लिखा है—"He (Milliam Blake) had learned from Jacob Boehme and from old alchemist writers that imagination was the first emanation of divinity, 'the body of God', ('the Divine member' and he drew the deduction, which they did not draw, that the imaginative arts were therefore the greatest of Divine revelation...."—M. B. Yeats, *Essays and Introductions,* London, 1961, p. 112

उद्घाटन किया, जो आगे चलकर सौन्दर्यशास्त्र के लिए महत्त्वपूर्ण उपजीव्य सिद्ध हुआ। कॉलरिज ने यह मत व्यक्त किया कि कल्पना भावानयन की एक विधि है, जो प्राय: संहतिमूलक और संश्लेषणप्रधान हुआ करती है। इसलिए कल्पना जीवन में चिन्तन और क्रिया के बीच एक रागात्मक आन्दोलन प्रस्तुत करती रहती है। कलाओं में यही कल्पना परिवृत्ति की आश्रयगत अनुभूति को पाठक, दर्शक, श्रोता अथवा सहृदय तक संक्रमित या प्रेषित करने का साधन और माध्यम बनाती है। अत: कल्पना को कला के सर्वोपरि मूल्यों का मूल अधिकरण मानना चाहिए। कॉलरिज ने यह विचार भी व्यक्त किया कि कल्पना केवल कवियों की स्वायत्त वस्तु नहीं है। यह तो सामान्य ज्ञान की सहचरी है। यह अल्पांश में शब्द-रंक अकवियों के पास भी रहती है। इस तरह कल्पना सामान्य बोधात्मक अनुभूतियों का विस्तार है। काण्ट ने भी कल्पना की संश्लेषण-वृत्ति में बोध की अवस्थिति को स्वीकार किया है। किन्तु, हम देख चुके हैं कि काण्ट अपने चिन्तन-क्रम में कल्पना के कलात्मक पक्ष को उद्घाटित करने में किस प्रकार असमर्थ सिद्ध हुए।

कॉलरिज का कल्पना-सिद्धान्त 'बायग्राफिया लिटरारिया' के तेरहवें परिच्छेद में मिलता है,[1] जिससे यह पता चलता है कि इनका 'प्राइमरी इमाजिनेशन[2] गेस्टाल्ट साइकालॉजी' के अनुरूप है ; क्योंकि उसमें विश्लेषण नहीं संश्लेषण और अन्तर्ग्रथन की प्रधानता है। इस 'प्राइमरी इमाजिनेशन' का सम्बन्ध सम्पूर्ण मानव-प्रत्यक्ष से है जबकि 'सेकेंडरी इमाजिनेशन' का सम्बन्ध मनुष्य की चेतन इच्छा ('कॅन्शस बिल') से है। इस प्रकार कॉलरिज ने कल्पना को मनुष्य की उस सर्वोत्कृष्ट शक्ति के रूप में स्वीकार किया है, जो मनुष्य को उसकी सम्पूर्णता में क्रियमाण बना देती है। अत: हम कह सकते हैं कि कॉलरिज ने एक कलाकार-दार्शनिक की भूमिका में रहकर कल्पना की सौन्दर्यशास्त्रीय और आस्तिक व्याख्या की है।

---

1. "द इमाजिनेशन दैन...फिक्स्ड एंड डेड।" इस अवतरण के हिन्दी अनुवाद के लिए दृष्टव्य—*पाश्चात्य काव्यशास्त्र की परम्परा,* सम्पादक डॉ. सावित्री सिन्हा, दिल्ली, पृ. 166।—"मेरे विचार में कल्पना या तो मुख्य होती है या गौण। मुख्य कल्पना तो मेरे अनुसार समस्त मानवीय ज्ञान की जीवन्त शक्ति और प्रमुख माध्यम होती है; वह असीम में होनेवाली अनन्त सृजन-प्रक्रिया की ससीम मन में आकृति होती है। गौण कल्पना को मैं मुख्य कल्पना की छायामात्र समझता हूँ, सचेतन संकल्प-शक्ति के साथ उसका सहअस्तित्व होता है, परन्तु फिर भी माध्यम का प्रकार वह वैसी ही होती है जैसी मुख्य कल्पना—अन्तर होता है मात्रा का और क्रिया-विधि का। पुन: सृजन के निमित्त उसका तिरोधान, विकिरण, विघटन होता है, जहाँ वह प्रक्रिया असम्भव होती है वहाँ भी आदर्शीकरण तथा एकीकरण का प्रयत्न तो होता ही है। वह मूलत: सजीव होती है—वैसे ही जैसे (वस्तुओं के रूप में) सभी वस्तुएँ मूलत: अचल और निर्जीव होती हैं।"
2. काण्ट ने *क्रिटीक ऑव प्योर रीजन* में जिसे 'रिप्रोडक्टिव इमाजिनेशन' कहा है, उसे ही कॉलरिज ने 'प्राइमरी इमाजिनेशन' के नाम से अभिहित किया है।

कॉलरिज की कल्पना-सम्बन्धी प्रारम्भिक विचारणाओं पर डैविड हर्टले की दार्शनिक मान्यताओं का—विशेषकर आसंग-सिद्धान्त—'थ्योरी ऑव एसोसिएशन' का प्रचुर प्रभाव है, जिसे कॉलरिज ने आगे चलकर काण्ट से प्रभावित होने के कारण लगभग छोड़ दिया। प्रारम्भ में कॉलरिज पर हर्टले का यह प्रभाव इतना मुखर था कि कॉलरिज ने अपने प्रथम पुत्र का नाम भी हर्टले रखा था।[1] किन्तु, कुछ काल पश्चात् जब कॉलरिज ने मनन और निदिध्यासन के सहारे दार्शनिक चिन्तन की गहराइयों में प्रवेश किया, तब इन्होंने हर्टले के प्रभाव से मुक्ति पा ली। इसलिए कॉलरिज के उत्तरकालीन दार्शनिक ऊहापोह और निर्वचन में काण्ट, फिख्ते और शेलिंग का सीधा प्रभाव पाते हैं। कुल मिलाकर कॉलरिज अपनी उत्तरकालीन विवेचनाओं में हमारे समक्ष एक आदर्शवादी आध्यात्मिक विचारक के रूप में आते हैं।[2] यों तो काव्य, कला और कल्पना के सम्बन्ध में इनके विचार यत्र-तत्र और छिटपुट मिलते हैं, जिनमें से कुछ स्वतोव्याघात दोष से पीड़ित हैं, तथापि इनके ग्रन्थों, लेखों, भाषणों, पत्रों, इत्यादि के आधार पर एक निश्चित नैतिक दृष्टिकोण का संकेत मिलता है। यह अवश्य है कि तत्त्व-चिन्तन ('मेटाफिजिक्स') से अतिशय प्रभावित रहने के कारण इनके विचारों में भौतिक ऊर्जा का अभाव है, जिससे इनकी मान्यताएँ कभी-कभी अस्पष्ट प्रतीत होती हैं।

कॉलरिज ने आनन्द को (सत्य को नहीं) काव्य का आशु प्रयोजन माना है। यह आनन्द काव्य के खंड तथा सम्पूर्ण में एकरस अनुस्यूत रहता है और काव्यनिबद्ध सौन्दर्य से उत्थित होता है। पुनः तत्त्व-चिन्तन से अत्यधिक प्रभावित रहने के कारण इन्होंने काव्योपलब्ध आनन्द को एक प्रकार का बौद्धिक आनन्द ('इंटेलेक्चुअल प्लेजर') माना है। काव्य में इस आनन्द का आगम प्रतिवादों के समन्वय या एकीकरण ('यूनियन ऑव ऑपाजिट्स') से होता है। प्रतिवादों के समन्वयन वाले सिद्धान्त के निरूपण में कॉलरिज पर पायथागोरस के संहतिसिद्धान्त ('पायथागोरियन डॉक्ट्रिन ऑव हार्मनी') का प्रभाव परिलक्षित होता है। इस तत्त्व-चिन्तक दृष्टि की

1. कॉलरिज, *बायग्राफिया लिटरारिया*, सम्पादक अर्नेस्ट रीज, जे. एम. डेंट एंड सन्स, लिमिटेड, लन्दन, 1939, पृ. 94
2. कॉलरिज ने कल्पना के क्षेत्र को 'The holy jungle of transcen-dental metaphysics' कहा है। कॉलरिज की इस आध्यात्मिकता से अनेक विचारक असहमत हैं, किन्तु, असहमत होकर भी वे कॉलरिज के कल्पना-सिद्धान्त का पूर्णतः खंडन नहीं कर सके हैं। उदाहरणार्थ, J. L. Lowes ने कॉलरिज की आध्यात्मिकता के प्रति असहमति की घोषणा करके भी अपनी सम्पूर्ण पुस्तक में कॉलरिज के कल्पना-सिद्धान्त की विवृति की है और अन्त में यह स्वीकार किया है कि ग्रन्थ लिखते समय उसके अन्तर्मन में सर्वदा कॉलरिज का कल्पना-सिद्धान्त विराजमान रहा है।—John Livingston Lowes, *The Road to Xandu* (A Study in the Ways of Imagination) second revised edition, Constable, London 1951, p. 434

प्रधानता के कारण कॉलरिज ने बुद्धि पर्यवसायी संवेग अथवा आवेग को अनियंत्रित संवेग अथवा आवेग की तुलना में सार्वत्रिक वरिष्ठता प्रदान की है। इनके अनुसार 'कल्पना' के द्वारा ही प्रतिवादों के बीच समन्वयन या एकीकरण स्थापित किया जाता है। इस वाद-प्रतिवाद-समन्वय या विरोधि-समागम को स्थापित करने की क्षमता ही कल्पना की प्रकृष्ट शक्ति है।[1]

उपांत्य निष्कर्ष के रूप में हम कॉलरिज की कल्पना-सम्बन्धी तीन विशिष्ट मान्यताओं को उपस्थित कर सकते हैं। प्रथमतः कल्पना किसी भी निश्चित विधान से परे है। कोई कवि या कलाकार कल्पना के लिए एक निश्चित विधान, प्रकार या स्थापत्य निरूपित नहीं कर सकता है। द्वितीयतः कल्पना में जो ऐक्य-सृजन या विरोधि-समागम को स्थापित करने की शक्ति है, वह तर्कनिष्ठ अथवा प्रणालीबद्ध न होकर सहजानुभूतिक अन्तर्दृष्टि के अधीन है। तृतीयतः यह कल्पनान्तर्गत सहजानुभूतिक अन्तर्दृष्टि ही काव्यनिबद्ध वस्तु अथवा पात्र की अनन्वयता या विशिष्टता को व्यंजनागर्भ बनाती है।

उक्त मान्यताओं की वैचारिक पीठिका प्रस्तुत करते हुए कॉलरिज ने कहा है कि मनुष्य की सम्पूर्ण विचारणाओं के दो आधार हैं—एक आधार है बाह्य जगत् या आवेष्टन (जिसे कॉलरिज ने 'नेचर' की संज्ञा दी है) और दूसरा आधार है वह आत्मनिष्ठ शक्ति, जिसे कॉलरिज ने 'सैल्फ' या 'इंटेलिजेन्स' का नाम दिया है। कल्पना का काम इन दो आधारों के बीच (कला को माध्यम के रूप में गृहीत

---

1. कॉलरिज ने इस तथ्य को व्यक्त करते समय एक बहुत बड़े वाक्य का मंडान बाँधा है। द्रष्टव्य—कॉलरिज, *बायग्राफिया लिटरारिया,* संपादक, अर्नेस्ट रीज, जे. एम. डेंट एंड सन्स, लन्दन, 1939, पृ. 166। इसमें कॉलरिज ने कल्पना के क्रियापक्ष को स्पष्ट करते हुए यह बतलाया है कि कल्पना किस प्रकार द्रष्टा और दृश्य (सब्जेक्ट एंड आब्जेक्ट) के परस्पर विरोधी गुणों में सन्तुलन, संहति या समीकरण उपस्थित करती है। इनके उपरिनिर्दिष्ट लम्बे वाक्य को हम निम्नलिखित सरलीकृत तालिका से अच्छी तरह समझ सकते हैं। कल्पना द्रष्टा और दृश्य के इन पारस्परिक विरोधी गुणों—

(द्रष्टा या अहम् के गुण)	(दृश्य या इदम् के गुण)
'सेमनेस'	'डिफरेन्स'
'जेनरल'	'कंक्रीट'
'आइडिया'	'इमेज'
'रिप्रेजेंटेटिव'	'इंडिविजुअल'
'फैमिलियरिटी'	'नॉवेल्टी'
'ऑर्डर'	'इमोशन'
'जजमेंट'	'एन्थ्यूजिएज्म'
'आर्टिफिसियल'	'नैचुरल'

के बीच सन्तुलन, संहति अथवा समागम प्रस्तुत करती है। इस प्रकार कल्पना में सर्वत्र एक तात्त्विक, किन्तु, संवेद्य विभज्यवचनीयता विद्यमान रहती है।

करते हुए) विनमयशील मध्यस्थता या दौत्य करना है। अर्थात् कल्पना इदम् और अहम—अथवा आवेष्टन और भावक या बाह्य जगत् और आत्म-जगत् के बीच एक सहृदय दूती का कार्य करती है। इस तरह आवेष्टन से सम्बन्ध रखने के कारण ही कल्पना में ऐन्द्रिय प्रत्यक्ष का महत्त्वपूर्ण योग रहता है। इसलिए कॉलरिज का 'प्राइमरी इमाजिनेशन' (प्रथम कल्पना) प्रत्यक्ष (पर्सेप्शन) का ही नामान्तर है। अत: इसे हम प्रत्यक्ष बोधाश्रित कल्पना भी कह सकते हैं। फलस्वरूप यह निष्पन्न होता कि कॉलरिज का 'सेकेंडरी इमाजिनेशन' (द्वितीय कल्पना) ही 'इमाजिनेशन प्रॉपर' है। 'प्राइमरी' कल्पना तो मात्र ऐन्द्रिय प्रत्यक्ष से सम्बन्धित होने के कारण मुख्यत:, विज्ञान का उपजीव्य है। अत: काव्य एवं अन्य कलाओं का सम्बन्ध कॉलरिज की 'सेकेंडरी' कल्पना से है, क्योंकि 'प्राइमरी' कल्पना का सम्बन्ध इन्द्रियगोचर जगत् के यथातथ्य रूप अथवा प्रारम्भिक प्रभाव-संवेदनों से है, जब कि 'सेकेंडरी' कल्पना इन्द्रिय-गोचर जगत् के प्रत्यक्षों एवं प्रभाव-संवेदनों को एक मानसिक धरातल पर विश्लिष्ट और संश्लिष्ट कर एक अर्थ तथा निर्वचन प्रदान करती है।[1] इस तरह 'प्राइमरी' कल्पना प्रत्यक्ष मात्र है, जो सभी प्रकार के ज्ञान में उपस्थित रहती है। किन्तु, 'सेकेंडरी' कल्पना अर्थात् काव्योचित कल्पना अपने मूल में इस प्रत्यक्ष को स्वीकार करने के कारण 'प्राइमरी' कल्पना से किंचित् साम्य रखने पर भी उससे मात्रा (डिग्री) में भिन्न है। कॉलरिज ने आगे चलकर याह भी सिद्ध किया है कि इन दोनों कल्पनाओं की प्रक्रिया-पद्धति ('मोड ऑव ऑपरेशन') में भी अन्तर है। इस प्रकार इन दो प्रकार की कल्पनाओं के बीच कॉलरिज का पार्थक्य निरूपण स्वतोव्याघात दोष से पीड़ित मालूम पड़ता है, क्योंकि एक ओर यह कहा गया है कि 'प्राइमरी' कल्पना और 'सेकेंडरी' कल्पना के बीच 'काइंड ऑव इट्स एजेन्सी' में पूर्ण सादृश्य है और दूसरी ओर यह कहा गया कि उक्त प्रकार की दोनों कल्पनाओं के बीच 'मोड ऑव इट्स ऑपरेशन' में एकदम अन्तर है। अत: यह प्रश्न विचारणीय हो जाता है कि 'काइंड ऑव इट्स एजेन्सी' और 'मोड ऑव इट्स ऑपरेशन' में क्या कोई तात्त्विक अन्तर है? तनिक गहराई में जाने पर कॉलरिज के कथन से ही स्पष्ट होता है कि इनकी दृष्टि में 'प्राइमरी' कल्पना और 'सेकेंडरी' कल्पना के बीच एक स्पष्ट अन्तर है, जिसे किसी कारणवश ठीक से अभिव्यक्ति नहीं मिल सकी। अन्तर यह है कि 'सेकेंडरी' कल्पना अर्थात् काव्योचित कल्पना में एक ध्वंसात्मक

1. यहाँ यह ध्यातव्य है कि कॉलरिज द्वारा निर्दिष्ट 'सेकेंडरी' कल्पना ही संस्कृत काव्यशास्त्र में निरूपित कवि-प्रतिभा है। हम काण्ट, कॉलरिज और संस्कृत काव्यशास्त्र के कल्पना सम्बन्धी पारिभाषिक शब्दों की तुलना करते हुए कह सकते हैं कि काण्ट का Productive Imagination कॉलरिज के लिए Primary Imagination है और यह संस्कृत काव्यशास्त्र के सविकल्पक प्रत्यक्ष से अभिन्न है। इसी तरह काण्ट का Aesthetic Imagination कॉलरिज के Secondary Imagination से प्रभूत साम्य रखता है, जिसके अर्थ को हम संस्कृत काव्यशास्त्र की 'कवि-प्रतिभा' से व्यक्त कर सकते हैं।

पक्ष (डैस्ट्रक्टिव साइड) रहता है,[1] जो 'प्राइमरी' कल्पना में नहीं रहता है। इस तरह 'प्राइमरी' कल्पना में केवल निर्माण है, जब कि 'सेकेंडरी' कल्पना में कलाकार की चेतन इच्छा (कॅन्शस बिल) के सहयोग से सर्वप्रथम (प्राप्त प्रत्यक्षों के बीच) ध्वंस आता है; और तब उन ध्वंसावशेषों के समीकरण से एक नूतन निर्माण होता है। अर्थात्, 'सेकेंडरी' कल्पना दैनन्दिन प्रत्यक्षों को तोड़कर जोड़ती है। जोड़ने के पहले यह तोड़ना या निर्माण के पहले यह ध्वंस ही 'सेकेंडरी' कल्पना का विशिष्ट और विभाजक लक्षण है। निष्कर्ष यह निकला कि प्रत्यक्षों को तोड़ने के कारण 'सेकेंडरी' कल्पना 'प्राइमरी' कल्पना से 'मोड ऑव आपरेशन' में भिन्न है और जानकर तोड़े गए प्रत्यक्षों को स्वेच्छया जोड़ने के कारण 'सेकेंडरी' कल्पना 'प्राइमरी' कल्पना से 'काइंड ऑव इट्स एजेन्सी' में पूर्णतः समान है। यद्यपि हमें यह मानना होगा कि 'प्राइमरी' कल्पना के समान 'निर्माण' ही मूलतः 'सेकेंडरी' कल्पना का उद्देश्य है, 'ध्वंस' तो उसका आंशिक हेतुभूत मध्यवर्ती है। 'सेकेंडरी' कल्पना अर्थात् काव्योचित कल्पना 'ध्वंस' की डगर से गुजरकर 'निर्माण' के राजपथ पर पहुँचती है। इस 'निर्माण' में 'नवीनता से उत्पन्न रमणीयता' (चार्म ऑव नॉवेल्टी) रहती है। अतः 'प्राइमरी' और 'सेकेंडरी' कल्पना के इसी भेद को हम शब्दान्तर से दूसरी तरह भी व्यक्त कर सकते हैं। 'प्राइमरी' कल्पना के द्वारा हम परिचित प्रत्यक्षों के सहारे परिचित जगत् में ही रहते हैं, जबकि 'सेकेंडरी' कल्पना के द्वारा हम परिचित प्रत्यक्षों के सहारे किसी रमणीय अपरिचित जगत में पहुँच जाते हैं। इस प्रकार 'प्राइमरी' कल्पना का सम्बन्ध हमारे व्यावहारिक जीवन से अधिक है और 'सेकेंडरी' कल्पना का सम्बन्ध हमारे मानसिक अथवा चिन्तनात्मक (कॉन्टेम्प्लेटिव) जीवन से अधिक है।

तुलनात्मक दृष्टि से देखने पर ऐसा लगता है कि कॉलरिज की कल्पना-सम्बन्धी विचारणाओं पर प्लेटो, प्लोटाइनस और पेटर स्टेरी के भी विचार का प्रभाव पड़ा हैं, यद्यपि कॉलरिज की मौलिकता पर किसी प्रकार की शंका नहीं की जा सकती; क्योंकि इन्होंने कल्पना को न तो ड्राइडन की तरह 'अन्वेषण' (इन्वेन्शन) के अर्थ में लिया है, न एडिसन अथवा बर्गसां की तरह, क्रमशः मानसिक चित्र-चय अथवा 'अवास्तविक' के प्रतीति-चिन्तन के ही अर्थ में। कॉलरिज के पूर्ववर्ती विचारकों में मुरेटोरी ने भी कल्पना पर समर्थ विचार किया है,[2] किन्तु, कॉलरिज ने इनकी तुलना में नई जमीन काटी है। कॉलरिज की सबसे बड़ी विशेषता यह है कि इन्होंने कल्पना और 'फैन्सी' के पार्थक्य को युक्तियुक्त ढंग से स्वीकार किया है। हालाँकि इनका यह पार्थक्य-निरूपण प्रोफेसर लोस-जैसे विद्वानों को मान्य नहीं है।[3] इनकी उक्त

1. 'इट डिजॉल्व्स, डिफ्युजेज, डिस्सिपेट्स, इन ऑर्डर टु रिक्रियेट।'
2. आई. ए. रिचर्ड्स, *कॉलरिज आन इमाजिनेशन,* केगन पाल, लन्दन, 1934, पृ. 29-31
3. प्रो. लिविंग्स्टन लोस, *द रोड टु झंडू* (Xandu), पृ. 103

मान्यता से असहमति रखनेवाले विचारकों, जैसे लोस या एवरक्राम्बी का यह मत है कि 'फ़ैन्सी' और कल्पना में कोई तात्त्विक भेद नहीं, केवल मात्रा-भेद है, जो विवक्षित संवेग की शक्ति और गुणात्मकता के न्यूनाधिक्य पर निर्भर करता है अर्थात् फ़ैन्सी' कल्पना का ही एक 'अलीक प्रयोग' है। एफ. आर. लीविस ने भी कॉलरिज द्वारा प्रस्तुत किए गए कल्पना और फ़ैन्सी के पार्थक्य-निरूपण को कुछ अस्पष्ट माना है। इनका कहना है कि कॉलरिज ने सिद्धान्ततः जिस पार्थक्य को निरूपित किया है, उसे वे व्यावहारिक विनियोग नहीं दे सके हैं।[1] फ़ैन्सी और कल्पना पर हम आगे चलकर विस्तार से विचार करेंगे, अतः इस चर्चा को अभी यहाँ समाप्त कर देना उचित है। कॉलरिज के कल्पना-सिद्धान्त को स्पष्टता के साथ समझने के लिए हमें वस्तु और भावक के भावात्मक एकीकरण, जिसे कॉलरिज ने 'कोलेसेन्स ऑव एन ऑब्जेक्ट विद ए सब्जेक्ट' कहा है, पर भी विचार कर लेना चाहिए। यह भावात्मक एकीकरण बहुलांश में भावक, द्रष्टा या प्रमाता की उस ग्राहिका शक्ति पर निर्भर करता है, जिसका कार्य दृश्य वस्तु के छिपे अर्थ-बोध ('इनर सेन्स') को स्वीकार करना है। इस अर्थ-बोध को ग्रहण करने के पूर्व भावक का तीन-चार प्रकार की मनःस्थितियों से गुजरना पड़ता है—प्रथम सन्निकर्ष का संवेदन-सुख, प्राप्त संवेदनों अथवा प्रभावों का मानसिक प्रसार, प्राप्त मानसिक बिम्बों का किसी धारणा अथवा विचारणा से संयोग, इत्यादि। इतनी विभिन्न मनःस्थितियों से गुजरने की अनिवार्य आवश्यकता के कारण ही विभिन्न व्यक्तियों में निहित अर्थ-बोध को ग्रहण करने की अलग-अलग क्षमता रहती है। कॉलरिज ने कल्पना के प्रसंग में उस घनीभूत भावात्मक अर्थ-बोध को वरीयता प्रदान की है, जो प्रमाता और प्रमेय के पार्थक्य को मिटाकर दोनों को एक कर देता है।[2] इस तरह कॉलरिज उन आत्मनिष्ठ

1. द *इम्पॉर्टेंस ऑव स्क्रुटिनी*, एडिटेड बाय एरिक बेंट्ले, जार्ज डब्ल्यू स्टेबार्ट, पब्लिशर, इन्ज. न्यूयार्क, 1948, पृ. 81। फिर भी अनेक आधुनिक विचारक कॉलरिज द्वारा स्थापित कल्पना और फ़ैसी के पार्थक्य को स्पष्टरूपेण स्वीकार करते हैं। उदाहरणार्थ, डॉ. देवराज ने (कॉलरिज के निर्दिष्ट संकेतों को ग्रहण करते हुए) फ़ैंसी और कल्पना के अन्तर को इस प्रकार उपस्थित किया है—"हमारे मत में वैचित्र्यमूलक या खामखयाली कल्पना (फ़ैंसी) तथा यथार्थ कल्पना (इमाजिनेशन) का अन्तर इस प्रकार है। जहाँ द्वितीय कोटि की कल्पना (इमाजिनेशन) बाह्य अथवा आन्तरिक वास्तविकता का पुनर्गठन स्वयं यथार्थ के नियमों के अनुसार करती है, वहाँ प्रथम कोटि की कल्पना (फ़ैंसी) यथार्थ के तत्त्वों को अनियंत्रित स्वच्छन्दता से एकत्रित कर डालती है। "टॉल्स्टाय का 'एना केरीनिना' उपन्यास यथार्थ कल्पना की सृष्टि है, जबकि 'अलिफ-लैला', वैचित्र्यमूलक कल्पना (1सी) की।"—डॉ. देवराज, *संस्कृति का दार्शनिक विवेचन*, प्रकाशन ब्यूरो, उत्तर प्रदेश, 1957, पृ. 231
2. इस प्रसंग में अनेक आलोचक कॉलरिज के ऊपर शेलिंग का निविड़ प्रभाव स्वीकार करते हैं।—विलियम के. विम्सैट एंड क्लीन्थ ब्रुक्स, *लिटररी क्रिटिसिज्म : ए शार्ट हिस्ट्री*, अल्फ्रेड ए. नाफ, न्यूयार्क, 1959, पृ. 395

विचारकों की कोटि में आते हैं, जो बाह्य वस्तु को भी दृष्टा की आत्म-चेतना का प्रक्षेपण आरोपण या विस्तार माना करते हैं।

अब कॉलरिज की कल्पना-सम्बन्धी मान्यताओं को हम यथासम्भव संक्षेप में इस प्रकार रख सकते हैं—कल्पना ज्ञान (सभी प्रकार के ज्ञान) के लिए एक आवश्यक, अपरिहार्य और प्राथमिक तत्त्व है। कोई भी ज्ञान अपने प्राथमिक रूप में कल्पना से मुक्त नहीं हो सकता। अत: कल्पना पर आश्रित कलाकार के कार्यकलाप सामान्य जनों की मानसिक दैनिन्दनी या कार्यों की तुलना में विलक्षण नहीं हैं। जिस तरह सामान्य जीवन में वस्तुओं का प्रत्यक्ष हमें भाव-संचालित करता है, उसी तरह कवि भी उन्हीं वस्तु-प्रत्यक्षों से संचालित होकर वस्तु-जगत् या अपनी परिवृत्ति का स्थूल ज्ञान प्राप्त करता है। अत: लोगों की यह धारणा भ्रान्त है कि कवि कल्पना जैसी किसी विलक्षण उन्मादना के वशीभूत होने के कारण एक विलक्षण प्राणी होता है और वह आजीवन अनेक विभ्रमों तथा भ्रान्तियों का शिकार रहता है। किन्तु, वास्तविकता यह है कि जीवन और जगत् का सामान्य, वास्तविक और प्राथमिक ज्ञान ही कलाकार की कल्पना के लिए आधारशिला का काम करता है। अत: कल्पना की उपस्थिति के कारण काव्य को जीवन से दूर या पृथक् नहीं मानना चाहिए। सारांश यह है कि दैनिक जीवन के समान वस्तु-प्रत्यक्ष का मानसिक विस्तार ही कवि की कल्पना है। यह सूत्र कॉलरिज की कल्पना सम्बन्धी समग्र मान्यताओं की रीढ़ है। उसी सूत्र के आधार पर कॉलरिज ने यह सिद्ध किया है कि जीवन तथा जगत् के प्रति मनुष्य की सभी सचेत प्रत्यर्थताओं और प्रत्यक्ष में कल्पना की सर्वव्यापी और सार्वत्रिक उपस्थिति रहती है। अत: कविता की अवमानना करना या कल्पना को ठुकराना जीवन-जगत् के दैनन्दिन वस्तु-प्रत्यक्षों की उपेक्षा करना है और कल्पना के द्वारा हमें अपने अनुभूति-प्रवण जीवन में जो एक प्रकार का सांगीतिक आनन्द-बोध ('सेन्स ऑव म्यूजिकल डिलाइट') मिलता है, उससे अपने को वंचित करना है। सम्भवत:, वस्तु-प्रत्यक्षों के बीच कल्पना की इसी सार्वत्रिक विद्यामानता के कारण कॉलरिज ने कल्पना को 'प्राइमरी एजेंट ऑव ऑल पर्सेप्शन' कहा है।[1]

कॉलरिज के बाद भी अनेक आलोचकों और चिन्तकों ने कल्पना पर विचार किया है, जिनमें रस्किन, फ्रायड, युंग, बड्ले और आई. ए. रिचड्र्स उल्लेखनीय हैं, किन्तु हम इनकी अलग-अलग चर्चा न कर (कारण, यह हमारी प्रयोजन-सिद्धि

---

1. सभी प्रत्यक्षों (पर्सेप्शन) में कल्पना की इस सार्वत्रिक विद्यमानता के प्रति काण्ट ने भी ऐसी ही धारणा व्यक्त की है।—*सेप्टिसिज्म एंड पोयेट्री,* डी. जी. जेम्स, जार्ज एलेन एंड अन्विन, लन्दन, 1960, पृ. 33-34। साथ ही, प्रत्यक्ष (पर्सेप्शन) की दार्शनिक विवेचना के लिए द्रष्टव्य—जी. डब्ल्यू. एफ. हीगेल, *द फेनोमेनोलॉजी ऑव माइंड,* अनु. जे. वी. बेली (Baillie), जार्ज एलेन एंड अन्विन, लन्दन, 1955, में (पर्सेप्शन) शीर्षक निबन्ध, पृ. 162-178

के लिए आवश्यक नहीं है) इनकी कल्पना-सम्बन्धी मान्यताओं के समवेत रूप को संक्षेप में प्रस्तुत करेंगे।

आधुनिक कला-विचारकों ने कल्पना के साथ अनुभूति पर विशेष बल दिया है। इनकी दृष्टि में अनुभूति-वेष्टित कल्पना ही वरेण्य होती है। दूसरी बात यह है कि आधुनिक कला-चिन्तकों, जैसे आई. ए. रिचड्‌र्स इत्यादि ने मनोवैज्ञानिक दृष्टि को प्राथमिकता देते हुए कल्पना के ऐन्द्रिय बोध को विशेष महत्त्व दिया है। तीसरे, आधुनिक विचारक बिम्ब-विधान का सम्पूर्ण श्रेय कल्पना को देते हैं। चौथी बात यह कि इनकी दृष्टि से भाषा और अभिव्यक्ति की जितनी बारीकियाँ हैं, सभी कल्पना के फल हैं। कल्पना के ही सहारे कवि भाषा और शब्दों में नए अर्थ भरता है।[1] अत: इन विचारकों के दृष्टिकोण से सहमत होकर सोचने पर भारतीय काव्यशास्त्र में बहुधा विचारित वाग्-वैदग्ध्य, वक्रोक्ति, चमत्कार-सृष्टि इत्यादि इस कल्पना के ही परिणाम सिद्ध होते हैं। इस प्रकार आधुनिक विचारक कथोत्थ अथवा उत्पाद्य प्रसंगों के निर्माण से लेकर बिम्ब-विधान, प्रतीक-चयन और रूपकसृष्टि तक में कल्पना को ही शीर्षस्थान देते हैं।[2]

इस क्रम में हिन्दी के आधुनिक आलोचकों के कल्पना-विवेचन पर विचार कर लेना उचित प्रतीत होता है, क्योंकि इनमें से अधिकांश ने पाश्चात्य, विशेषकर आंग्ल विचारकों का ही अनुगमन किया है। हाँ, शुक्लजी ऐसे एकाध मनीषी हैं, जिन्होंने पश्चिम की बातों को ज्यों-का-त्यों नहीं रख दिया, बल्कि उन्हें पचाकर और समीकृत कर अपने मौलिक चिन्तन के सहयोग से एक नया रूप भी दिया। यों, श्यामसुन्दरदासजी ने भी कल्पना पर विचार किया है किन्तु, इनका चिन्तन गल्प के उदाहरण-जैसा है और उसे अभिव्यक्त करने की भाषा-शैली अशास्त्रीय है। इन्होंने कल्पना का स्वरूप स्पष्ट करते हुए लिखा है—"दार्शनिकों ने सब प्रकार के ज्ञान की पाँच अवस्थाएँ मानी हैं : परिज्ञान, स्मरण, कल्पना, विचार और सहजज्ञान। सबसे पहले हमें बाह्य पदार्थों का ज्ञान अपनी ज्ञानेन्द्रियों के द्वारा होता है। जब हम किसी मनुष्य के सामने आते हैं, तब हमारे नेत्रों के द्वारा उसका प्रतिबिम्ब हमारे मन पर पड़ता है। इस प्रकार के ज्ञान को परिज्ञान कहते हैं। यदि हमने उस मनुष्य को ध्यान से देखा है, तो पीछे से आवश्यकता पड़ने पर स्मरण-शक्ति की सहायता से उस मनुष्य के रूपादि का कुछ ध्यान कर सकते

---

1. "प्रोजेक्शन ऑव मीनिंग इन टुवड्‌र्स इज इटसेल्फ एन इमाजिनेटिव प्रासेस।"—आई. ए. रिचड्‌र्स, *कॉलरिज ऑन इमाजिनेशन*, पृ. 86
2. कुछ आधुनिक विचारक कल्पना को एक ऐसी रचनात्मक शक्ति के रूप में स्वीकार करते हैं, जिसके द्वारा सामाजिक अभ्युदय और लोक-मंगल की आशु सिद्धि होती है। उदाहरण के लिए द्रष्टव्य—चार्ल्स मार्गन, *रिफ्लेक्शन्स इन ए मिरर* (सेकेंड सीरीज), मैकमिलन एंड को., लन्दन, 1946 में संगृहीत 'क्रियेटिव इमाजिनेशन' शीर्षक निबन्ध, पृ. 75-97

हैं। मान लीजिए कि उक्त मनुष्य एक अंग्रेज है। हमने एक संन्यासी को भी देखा है और हमें उस संन्यासी के रूप, आकार तथा उसके वस्त्रों के रंग का स्मरण है। अब हम चाहें तो अपने मन में उस अंग्रेज का सूट-बूट छीनकर उसे संन्यासी का गेरुआ वस्त्र पहना सकते हैं और तब हमारी मानसिक दृष्टि के सामने एक अंग्रेज संन्यासी का चित्र उपस्थित हो जाता है।...मन की एक विशेष क्रिया से स्मरणशक्ति द्वारा संचित अनुभवों को विभक्त कर और फिर उनके पृथक्-पृथक् भागों को इच्छानुसार जोड़कर हमारे मन ने एक नवीन व्यक्ति की रचना कर ली, जिसका अस्तित्व बाह्य-जगत् में नहीं है। मन की इस क्रिया को कल्पना कहते हैं।"[1] निश्चय ही, कल्पना के स्वरूप का यह स्पष्टीकरण अव्याप्तिग्रस्त है, क्योंकि उक्त उदाहरणशील विश्लेषण में जो कुछ कहा गया है, वह कल्पना की एक-दो खंडवृत्ति है (जैसे—परस्थापन या संयोगीकरण) कल्पना का समग्र रूप नहीं। पुनः श्यामसुन्दरदासजी ने 'साहित्यालोचन' के अन्तर्गत 'कवि-कल्पना' शीर्षक उपखंड में जहाँ कल्पना के महत्त्व, कल्पना की सत्यता, कल्पना-शक्ति से सौन्दर्यलालसा के उद्दीपन, कल्पना और प्रकृति तथा कल्पना में ज्ञान के समंजन, इत्यादि पर विचार किया है, वहाँ चिन्तन से अधिक लेखक का कवित्व ही फूट पड़ा है।[2] अत: श्यामसुन्दरदासजी के विवेचन से हमें कल्पना के विचार-विश्लेषण के निमित्त कोई तात्त्विक प्रकाश नहीं मिलता है।

यह तात्त्विक प्रकाश हिन्दी आलोचकों के बीच शुक्लजी के कल्पना-निरूपण से सर्वाधिक मिल पाता है। अत: यहाँ हम शुक्लजी के कल्पना-सिद्धान्त पर तनिक

---

1. मन और कल्पना के सम्बन्ध में भारतीय दार्शनिकों की दृष्टि से आज और भी विचार-विमर्श की अपेक्षा है। जब त्रिगुणात्मक मन में निसर्ग-चंचल गुणों का न्यूनाधिक्य होता है, तब कल्पना की अनेक भूमिकाओं का आविर्भाव होता है। अत: मन सम्बन्धी भारतीय ज्ञान के विशिष्ट अध्येताओं को चाहिए कि वे मन और कल्पना की सापेक्षता पर विस्तृत विचार करें, जिससे यह स्पष्ट हो जाय कि विभिन्न प्रत्यक्ष-वृत्तियों—प्रमाण, विपर्यय, विकल्प, निद्रा, स्मृति इत्यादि के आधार पर निरूपित मन के विभिन्न प्रकारों—क्षिप्त, मूढ़, विक्षिप्त, एकाग्र और निरुद्ध—से तथा मधुमती, मधुप्रतोका, विशोका, संस्कारशेषा इत्यादि मन की विभिन्न अवस्थाओं से कल्पना का क्या सम्बन्ध है।
2. दो-तीन उदाहरण देखिए : (क) "विज्ञान में जो बुद्धि है, दर्शन में जो दृष्टि है, वही कविता में कल्पना है।" (ख) "कल्पना सत्य होनी चाहिए और यह सत्य की साधना बड़ी ही दुस्साध्य है। प्रकृति की विस्तृत, दुर्गम निधि से सत्य कल्पना के रत्न चुन लेना और चुनकर कविता में इस भाँति सजा देना कि वह लोक-हृदय का हार बन जाए, साधारण कवियों का काम नहीं है।" (ग) संसार के कवियों ने अपनी प्रतिभा की स्वतंत्र गति से मनुष्य की भिन्न-भिन्न रुचि के लिए सामग्री एकत्र की है और भाँति-भाँति से उसकी सौन्दर्य-लालसा को उद्दीप्त किया है तथा उसकी कल्पना शक्ति को वास्तविक जीवन का अलंकार बना दिया है।"

— श्यामसुन्दरदास, *साहित्यालोचन*, इंडियन प्रेस, प्रयाग, संवत् 2008, पृ. 103-105

विस्तार में विचार करने की चेष्टा करेंगे। शुक्लजी के अनुसार काव्य का सारा रूप-विधान कल्पना पर निर्भर रहता है। इस कल्पना का आविर्भाव प्रकृति तथा मन के पारस्परिक सम्बन्धों से होता है।[1] किन्तु, शुक्लजी ने इन परिप्रेक्ष्यों के अलावे कल्पना पर रस-दृष्टि से भी विचार किया कि रसनिष्पत्ति में कल्पना का योग क्या है, क्योंकि ये आमूलचूल रसवादी थे। इन्होंने 'काव्य में रहस्यवाद' शीर्षक निबन्ध में लिखा है—"विलायती साहित्य में कल्पना की धूम देखकर कुछ लोग कहते हैं कि 'वाक्यं रसात्मकं काव्यम्' में कल्पना-पक्ष बिल्कुल छूट गया है। पर जो लोग रसपद्धति को जानते हैं, वे आधुनिक मनोविज्ञान द्वारा निरूपित भाव के स्वरूप से भी परिचित हैं। वह एक वृत्ति-चक्र है, जिसके अन्तर्गत प्रत्यय, अनुभूति, इच्छा, गति या प्रकृति और शरीर-धर्म आते हैं। इस प्रकार स्पष्ट है कि काव्य के सम्पूर्ण विभाव और अनुभाव कल्पना द्वारा ही योजित होते हैं। दूसरी ध्यातव्य बात यह है कि शुक्लजी ने काव्य के उपादानों में भाव को छोड़कर शेष सभी को कल्पना की सीमा के अन्तर्गत माना है। किन्तु, एक अवस्था में इन दोनों-भाव और कल्पना-का भी समीकरण होता है। इसे संकेतित करते हुए शुक्लजी ने लिखा है कि रसकाल में दोनों (भाव और कल्पना) का युगपत अन्योन्याश्रित व्यापार होता है।[2] तदन्तर, इन्होंने कल्पना के दो मुख्य प्रकारों का निरूपण किया है—विधायक कल्पना और ग्राहक कल्पना। अनुभाव और विभाव दोनों पक्षों के विधान के लिए भी और सम्यक् ग्रहण के लिए भी कल्पना-शक्ति अपेक्षित है। विधान के लिए कवि में 'विधायक कल्पना' अपेक्षित होती है और सम्यक् ग्रहण के लिए पाठक या श्रोता में 'ग्राहक कल्पना'।[3] आगे इन्होंने कवि और पाठक की कल्पना के मात्रा-भेद और स्वरूप-भेद को स्पष्ट करते हुए लिखा है, "श्रोता या पाठक में यह सहृदयता या भावुकता अधिक अपेक्षित होती है; कल्पना-क्रिया कम। कवि की विधायक कल्पना रस की तैयार सामग्री उनके सामने रख देती है। कवि-धर्म में कल्पना की बहुत आवश्यकता होती है, पर यह कल्पना विशेष प्रकार की होती है। इसकी क्रिया कवि की भावुकता के अनुरूप होती है। कवि अपनी भावुकता की तुष्टि के लिए ही कल्पना को रूप-विधान में प्रवृत्त करता है।"[4] पुनः शुक्लजी ने कल्पना के स्वरूप को और भी स्पष्ट करने के लिए भाव एवं अनुभूति की चर्चा करते हुए लिखा है, "जब भाव की उमंग ही कल्पना को प्रेरित करती है, तब कवि का मूल गुण भावुकता अर्थात् अनुभूति की तीव्रता है।

---

1. "इमाजिनेशन कम्स फ्रॉम द माइंड्स रेस्पॉन्स टु नेचर।"— आई. ए. रिचर्ड्स, *कॉलरिज ऑन इमाजिनेशन*, पृ. 127
2. रामचन्द्र शुक्ला, *चिन्तामणि*, भाग 2, 'काव्य में रहस्यवाद' शीर्षक निबन्ध, पृ. 113
3. वही, भाग 2, पृ. 89
4. वही, पृ. 103-104

कल्पना उसकी सहयोगिनी है। पर ऐसी सहयोगिनी है, जिसके बिना कवि अपनी अनुभूति को दूसरे तक पहुँचा ही नहीं सकता। अनुभूति को दूसरे तक पहुँचाना ही कवि-कर्म है। अतः हम कह सकते हैं कि कल्पना और भावुकता कवि के लिए दोनों अनिवार्य हैं। भावुक जब कल्पना-सम्पन्न और भाषा पर अधिकार रखनेवाला होता है, तभी कवि होता है।"[1]

शुक्लजी की कल्पना-सम्बन्धी मुख्य मान्यताओं को हम निम्नलिखित खंडों में विभक्त कर उपस्थित कर सकते हैं :

(क) शुक्लजी ने काव्योचित कल्पना के लिए वासना का योग अनिवार्य माना है। "वासना की सहकारिणी होकर जब कल्पना काम करती है, तभी वह काव्योचित कल्पना होती है। वासना-कल्पना के सहयोग से भावों के विषय भी प्रत्यक्ष किए जाते हैं और भाव भी व्यक्त किए जाते हैं। सच्चे काव्य में प्रत्यक्षीकरण के लिए इन दोनों का संयोग परम आवश्यक है।"[2]

(ख) शुक्लजी के अनुसार कल्पना का प्रधान कर्मक्षेत्र रस का आधार खड़ा करनेवाला विभावन-व्यापार है। इन्होंने स्पष्ट लिखा है कि "रस का आधार खड़ा करनेवाला जो विभावन-व्यापार है, कल्पना का प्रधान कर्मक्षेत्र वही है।"[3]

(ग) शुक्लजी की दृष्टि में कल्पना के महत्त्व का प्रमुख कारण यह है कि "काव्य शब्द-व्यापार है। वह शब्द-संकेतों के द्वारा ही अन्तस् में वस्तुओं और व्यापारों का मूर्तविधान करने का प्रयत्न करता है। अतः जहाँ तक काव्य की प्रक्रिया का सम्बन्ध है, वहाँ तक रूप और व्यापार कल्पित ही होते हैं। कवि जिन वस्तुओं और व्यापारों का वर्णन करने बैठता है, वे उस समय उसके सामने नहीं होते, कल्पना में ही होते हैं। पाठक या श्रोता अपनी कल्पना द्वारा ही उनका मानस साक्षात्कार करके उनके आलम्बन से अनेक प्रकार के रसानुभव करता है।"[4]

(घ) शुक्लजी ने काव्यान्तर्गत रूप-विधान के तीन प्रकार माने हैं (प्रत्यक्ष रूप-विधान, स्मृत रूप-विधान और सम्भावित या कल्पित रूप-विधान), किन्तु इन्होंने 'कल्पित रूप-विधान' के अन्तर्गत ही कल्पना पर मुख्यतः विचार किया है। इसके अनुसार इस कल्पित रूप-विधान के दो प्रकार हैं—प्रस्तुत रूप-विधान और अप्रस्तुत रूप-विधान।[5] यह प्रस्तुत रूप-विधान प्राचीन आचार्यों का विभाव पक्ष ही है, जिसके अन्तर्गत आलम्बन और उद्दीपन-दोनों आते हैं। अतः शुक्लजी ने भारतीय काव्य-दृष्टि के प्रस्तोता की भूमिका में आकर भी कल्पित रूप-विधान पर विचार किया

1. रामचन्द्र शुक्ला, *चिन्तामणि,* भाग 2, 'काव्य में रहस्यवाद' शीर्षक निबन्ध, पृ. 104
2. *रसमीमांसा,* रामचन्द्र शुक्ल, पृ. 90-91, काशी नागरी प्रचारिणी सभा, संवत् 2006
3. वही, पृ. 105
4. वही, पृ. 263
5. वही, पृ. 301

है।[1] सम्भवत: भारतीय काव्य-दृष्टि के प्रति आग्रह रखने के कारण ही शुक्लजी ने पाश्चात्य विचारकों की तरह कल्पना का सम्बन्ध केवल काव्य के बोधपक्ष से नहीं माना है, बल्कि उसके भाव-पक्ष से भी।[2]

(च) शुक्लजी के अनुसार कल्पना के गण्य कार्य ये हैं—काव्यवस्तु का रूपविधान करना, अनुभाव कहे जानेवाले व्यापारों और चेष्टाओं का संयोजन करना, अप्रस्तुतों की योजना करना तथा लक्षणा और व्यंजना की सहायता से भाषा-शैली को अधिक व्यंजक एवं मार्मिक बनाना। इस प्रकार शुक्लजी की दृष्टि में कल्पना रसावयवों का निर्माण और अप्रस्तुतों की योजना कर भावोत्कर्ष अथवा रस-संचार में सहायता पहुँचाती है।

(छ) निष्कर्षात्मक बात यह है कि कल्पना के प्रति शुक्लजी का दृष्टिकोण वस्तुनिष्ठ है। इसलिए हम इनकी कल्पना-सम्बन्धी विचारणाओं में प्रत्यक्षाश्रित वस्तुपरकता पाते हैं। इन्होंने इस प्रत्यक्षाश्रित वस्तुपरकता की विवृति करते हुए लिखा है कि "प्रत्यक्ष रूप-विधान के उपादान से ही कल्पित रूप-विधान होता है। जन्मान्ध अपने मन में स्पष्ट रूप-विधान नहीं कर सकते। जिस प्रकार प्रत्यक्ष अनुभूति से कलानुभूति को एकदम अलग कहने की चाल योरप में चली, उसी प्रकार प्रत्यक्ष रूप-विधान से कल्पित रूप-विधान को असम्बद्ध घोषित करने की रूढ़ि प्रतिष्ठित हुई। 'कल्पना' की एक निराली दुनिया कही जाने लगी और कवि लोग दूसरी सृष्टि बनानेवाले विश्वामित्र हुए। पर थोड़ा विचार करने पर यह उक्ति स्तुतिपरक ही ठहरती है। सारे वर्ण और सारी रूपरेखाएँ, जिनसे कल्पित मूर्तिविधान होता है, बाह्य-जगत के प्रत्यक्ष बोध से प्राप्त हुई हैं।...ऐसी दशा में यह कहना कि प्रत्यक्ष रूप-विधान से कवि के काल्पनिक रूपविधान का कोई सम्बन्ध नहीं, बात बनाना ही माना जाएगा।"[3]

इस तरह प्रत्यक्षाश्रित वस्तुपरकता पर अधिक बल देने का अर्थ यह है कि शुक्लजी कल्पना का आधार इन्द्रिय-बोध को मानते हैं। फलस्वरूप, पश्चिम

---

1. रामचन्द्र शुक्ल, *रसमीमांसा,* पृ. 303, काशी नागरी प्रचारिणी सभा, संवत् 2006
2. "कल्पना काव्य का बोधपक्ष है। कल्पना में आई हुई रूप-व्यापार-योजना का कवि या श्रोता को अन्त:साक्षात्कार या बोध होता है। पर इस बोधपक्ष के अतिरिक्त काव्य का भावपक्ष भी है। कल्पना को रूप-योजना के लिए प्रेरित करनेवाले और कल्पना में आई हुई वस्तुओं में श्रोता या पाठक को रमाने वाले रति, करुणा, क्रोध, उत्साह, आश्चर्य इत्यादि भाव या मनोविकार होते हैं। इसी से भारतीय दृष्टि ने भावपक्ष को प्रधानता दी और रस के सिद्धान्त की प्रतिष्ठा की। पर पश्चिम में 'कल्पना' 'कल्पना' की पुकार के सामने धीरे-धीरे समीक्षकों का ध्यान भावपक्ष से हट गया और बोधपक्ष ही पर भिड़ गया।"— रामचन्द्र शुक्ल, *रसमीमांसा,* नागरी प्रचारिणी सभा, काशी, संवत् 2006. पृ. 308
3. रामचन्द्र शुक्ल, *रसमीमांसा,* काशी नागरी प्रचारिणी सभा, संवत् 2006, पृ. 299-300

के जिन विचारकों ने इन्द्रिय-बोध से परे कल्पना का स्वतंत्र अस्तित्व माना है, शुक्लजी ने उनका खंडन किया है।[1] अत: स्पष्ट है कि इन्होंने कल्पना पर लौकिकता, इन्द्रियबोध और प्रत्यक्ष की दृष्टि से ही विचार किया है।[2]

हिन्दी आलोचना में, प्राय: कल्पना-सम्बन्धी सिद्धान्तों को लेकर आचार्य शुक्ल की तुलना एडिसन के साथ की जाती है और इन दोनों के बीच कुछ साम्य तथा कुछ वैषम्य को ढूँढ़ा जाता है। डॉ. रामविलास शर्मा ने इन दोनों की कल्पना सम्बन्धी मान्यताओं के अन्तर को निरूपित करते हुए लिखा है कि "...शुक्लजी दो तरह का रूप-विधान बतलाते हैं। एक तो प्रत्यक्ष देखी हुई वस्तुओं का ज्यों का त्यों प्रतिबिम्ब होता है, दूसरा इनके आधार पर खड़ा किया हुआ नया वस्तु व्यापार-विधान होता है। पहला रूप-विधान स्मृति है, दूसरा कल्पना। एडिसन ने स्मृति को भी कल्पना का नाम दिया है। शुक्लजी ने वह स्थापना अमान्य ठहरा दी है। इसके सिवा प्रत्यक्ष या स्मरण द्वारा जागरित वास्तविक अनुभूति भी विशेष दशाओं में रसानुभूति की कोटि में आ सकती है—यह स्थापना एडिसन के चिन्तन से बहुत दूर है।"[3] किन्तु, इसका यह आशय नहीं है कि एडिसन और शुक्लजी में केवल मतभेद या वैषम्य ही है। डॉ. रामविलास शर्मा भी स्वीकार करते हैं कि शुक्लजी अंग्रेजी आलोचकों के बीच एडिसन से ही सर्वाधिक निकट पड़ते हैं,[4] यद्यपि यह निकटता शुक्लजी की सीमा नहीं बन सकी। कारण, कल्पना से सम्बन्धित जिस प्रश्न का कोई समाधान

---

1. शुक्लजी के इस खंडन के सम्बन्ध में डॉ. रामविलास शर्मा का कहना है कि "उनका (शुक्लजी का) प्रत्यक्ष विरोध क्रोचे-जैसे भाववादियों से है, अप्रत्यक्ष विरोध कॉलरिज जैसे भाववादियों से भी है, जिन्होंने कल्पना को शाश्वत और निरपेक्ष चेतना का पर्याय मान लिया था और मनुष्य की व्यावहारिक कल्पना को उसी परम चेतना का अंश मान लिया था।"—*आचार्य रामचन्द्र शुक्ल और हिन्दी आलोचना,* डॉ. रामविलास शर्मा, विनोद पुस्तक मन्दिर, आगरा, संवत् 2012, पृ. 248
2. "शुक्लजी कल्पना का आधार लौकिक मानते हैं। उनकी दृष्टि से संसार-सागर की रूप तरंगों से ही कल्पना का निर्माण होता है। इसीलिए उन्होंने कल्पना की लोकोत्तर, अलौकिक अथवा इलहामी व्याख्या का खंडन किया है।"—*आचार्य शुक्ल के समीक्षा सिद्धान्त,* डॉ. रामलाल सिंह, संवत् 2015, वाराणसी, पृ. 242
3. *आचार्य रामचन्द्र शुक्ल और हिन्दी आलोचना,* डॉ. रामविलास शर्मा, विनोद पुस्तक मन्दिर, आगरा, संवत् 2012, पृ. 249
4. डॉ. रामलालसिंह ने भी शुक्लजी पर एडिसन के प्रभाव तथा विचार-साम्य को स्वीकार किया है। "अभिनव परम्परावादियों में शुक्लजी ने एडिसन का गम्भीर अध्ययन किया था। उसके कल्पना-सिद्धान्त तथा कल्पनानन्द अथवा काव्यानन्द के विभिन्न स्वरूपों से वे बहुत दूर तक प्रभावित थे।...दोनों आचार्य वस्तुवादी सिद्धान्त के समर्थन में, काव्यानन्द को लौकिक तथा सार्वभौम मानने में, कल्पनानन्द या काव्यानन्द के स्वरूप की व्याप्ति के निर्धारण में, कल्पनानन्द की विशेषताओं के निरूपण में, काव्य-रचना तथा काव्यास्वादन में कल्पना के महत्त्व की स्वीकृति में, प्रकृति में, प्रकृति के प्रत्यक्ष दर्शन तथा आलम्बन के वर्णन में स्वतंत्र कोटि का काव्यानन्द मानने में, काव्यगत न्याय, मर्यादा आदि के समर्थन में तथा वर्णन में संश्लिष्टता-→

एडिसन नहीं दे सके थे, शुक्लजी ने एक तीक्ष्ण-धी समीक्षक की तरह उसका भी हल निकाला। इन्होंने कल्पना का सम्बन्ध भावानुभूति से जोड़ा और उसे रस-सिद्धान्त के आलोक में एक नई परिणति दी।

शुक्लजी की इस चर्चा को समाप्त करने के पूर्व यह कह देना आवश्यक है कि शुक्लजी हिन्दी आलोचना में कल्पना के प्रारम्भिक विचारक थे। अत: कल्पना की सीमारेखाओं के निर्धारण और उसके सामान्य स्वरूप के विश्लेषण में ही इनकी पर्याप्त शक्ति व्यय हो गई, फलस्वरूप कल्पना के विविध भेद अथवा प्रकारों के निर्धारण पर इनकी सम्यक दृष्टि नहीं पड़ सकी। सम्भवत: शुक्लजी इसके प्रति सचेष्ट भी नहीं हो सके थे। इसलिए कल्पना सम्बन्धी इनकी सम्पूर्ण विचारणाओं में कल्पना के साथ विशेषण की तरह प्रयुक्त कुछ शब्दों को ही प्रकारबोधक रूप में ग्रहण कर सन्तोष मान लेना पड़ता है। पुनः, ऐसे विशेषण भी प्रकार-निर्धारण की दृष्टि से हमें बहुत दूर ले जाने में अक्षम हैं। विधायक कल्पना और ग्राहक कल्पना, जो कल्पना के स्थूलतम भेद हैं, के अलावे शुक्लजी ने केवल स्मृत्याभास कल्पना और अनुमानाश्रित प्रत्यभिज्ञानरूपा कल्पना का पुन:-पुन: उल्लेख किया है, और एकाध बार सावयव कल्पना तथा विभाव-विधायक कल्पना का भी। इस तरह इनकी विचारणाओं का अधिकांश सम्बन्ध कल्पना के स्वरूप पक्ष से ही है। दूसरी ध्यातव्य बात यह है कि इन्होंने कल्पना पर केवल काव्य (उसमें भी विशेषकर कविता) की दृष्टि से विचार किया है, सम्पूर्ण ललितकलाओं के विस्तृत सन्दर्भ में नहीं। अत: कल्पना को ललितकला का एक प्रमुख तत्त्व मानकर उसका सौन्दर्यशास्त्रीय अध्ययन प्रस्तुत करते समय हमें शुक्लजी के कल्पना-सिद्धान्त से आंशिक प्रकाश ही मिल पाता है।

शुक्लोत्तर हिन्दी आलोचकों तथा साहित्यकारों ने भी प्रसंगवश (आलोच्य विषय के प्रसंग में) कल्पना पर विचार किया है, जिसमें मौलिकता का प्राय: अभाव-सा मिलता है। इन विचारकों ने या तो शुक्लजी के कल्पना-सिद्धान्त की शब्द-भेद से आवृत्ति की है या कॉलरिज के कल्पना-निरूपण की छाया ग्रहण की है अथवा शुक्लजी और कॉलरिज के निरूपणों को एक साथ मिला-जुलाकर उपस्थित कर दिया है।[1] अत: शुक्लोत्तर हिन्दी आलोचना में कल्पना पर तात्त्विक विचार की दृष्टि से कोई नवीन या उल्लेख्य सामग्री नहीं मिलती है।

→सिद्धान्त के समर्थन में बहुत दूर तक साम्य रखते हैं।"—डॉ. रामलालसिंह, *आचार्य शुक्ल के समीक्षा-सिद्धान्त,* कर्मभूमि प्रकाशन मन्दिर, वाराणसी, पृ. 449

1. जैसे, कॉलरिज और शुक्लजी के निरूपणों का यह मिला-जुला रूप हम डॉ. देवराज के कल्पना-विचार में देख सकते हैं। डॉ. देवराज कल्पना को अनुभव-निरपेक्ष कोई मानसिक व्यापार नहीं मानते हैं। इनके अनुसार कल्पना बुद्धि का एक सक्रिय पहलू है और इसके विस्तृत तथा व्यापृत होने का क्षेत्र अनुभूति-सापेक्ष है। कल्पना का विवेचन करते हुए इन्होंने→

अब हम उपर्युक्त उल्लेख्य विचारकों के कल्पना-सिद्धान्तों के सर्वेक्षण के बाद और कल्पना की निजी तात्त्विक समीक्षा के पूर्व एक बहुधा विचारित प्रश्न का विवेचन प्रस्तुत करेंगे। वह है—कल्पना और 'फ़ैंसी'[1] का स्वरूप-भेद, पार्थक्य निरूपण तथा व्यपदेश-निर्धारण। इस प्रश्न के सम्बन्ध में हमें बहुत भिन्न मान्यताएँ मिलती हैं। कुछ विचारक 'फ़ैंसी' को कल्पना का निम्न, कृश या अल्प रूप मानते हैं, कुछ विचारक 'फ़ैंसी' को कल्पना से श्रेष्ठ मानते हैं और कुछ विचारक दोनों को एक ही अर्थ का द्योतन करनेवाला पर्यायवाची मानते हैं। किन्तु, अधिक मान्यता इसी पक्ष को मिल सकी है कि 'फ़ैंसी' कल्पना का एक अवर या निम्न रूप है, अर्थात् 'फ़ैंसी' उपकल्पना या अतिकल्पना है। अत: हम सर्वाधिक मान्य इसी पक्ष को लेकर अपनी विवेचना प्रारम्भ करेंगे और शेष दो पक्षों की प्रसंगानुसार यथास्थान संक्षिप्त चर्चा कर देंगे।

कॉलरिज ने ही, सर्वप्रथम, 'फ़ैंसी' की व्यवस्थित परिभाषा दी है।[2] इनके द्वारा निरूपित 'फ़ैंसी' को हम एक प्रकार की नेतिमूलक अर्हता ('निगेटिव कैपेबिलिटी')

→लिखा है—"मानसशास्त्री प्राय: स्मृति और कल्पना का एक साथ वर्णन करते हैं। दोनों में समानता है और भेद भी। स्मृति और कल्पना दोनों में अतीत अनुभवों की आवृत्ति होती है। भेद यही है कि जहाँ स्मृति में (1) यह चेतना रहती है कि स्मृत अनुभव पहले कभी ज्ञान का विषय हुए थे; और (2) अनुभवों का प्राय: वही क्रम या संगठन होता है जो उनके प्रथम ग्रहण के समय था, वहाँ कल्पनागत आवृत्ति में 'पूर्वानुभव' की चेतना नहीं होती तथा अनुभूत तत्त्वों का क्रम या संगठन भी बदल जाता है। संक्षेप में, कल्पना का काम अनुभूत तत्त्वों को नए ढंग से संगठित करके नई समष्टियों (Wholes) में ढालना है।"

—डॉ. देवराज, *छायावाद का पतन,* प्रथम संस्करण, पृ. 83

1. आनन्दकुमार स्वामी ने 'फ़ैंसी' के लिए 'वासना' शब्द का प्रयोग किया है। देखिए—*द ट्रान्सफॉर्मेशन ऑव आर्ट,* आनन्दकुमार स्वामी, डोवर पब्लिकेशन्स, 1956, पृ. 45। हिन्दी में 'फ़ैंसी' के लिए 'ललित कल्पना', 'अतिकल्पना' या 'उपकल्पना' शब्द का व्यवहार मिलता है। किन्तु, हम अगले विवेचनों के आधार पर पाएँगे कि ये शब्द 'फ़ैंसी' के पूरे अर्थ को नहीं ढो पाते हैं।
2. यहाँ यह स्मरणीय है कि 'फ़ैंसी' को काण्ट ने एक प्रकार का उपलक्षित संयोजन 'फिगरेटिव सिन्थेसिस' कहा है। इतालियन में 'फ़ैंसी' के लिए 'Imaginazzione' शब्द का व्यवहार होता है और कल्पना के लिए 'fantasia' का। अठारहवीं शताब्दी की आलोचना में प्राय: ये शब्द पर्यायवाची की तरह प्रयुक्त होते थे। प्लेटो ने 'रिपब्लिक' में 'फैंटेसिया' की कड़ी आलोचना की है। इनके अनुसार 'फैंटेसिया' आत्मा के निम्न स्तर की वह वृत्ति है, जो भ्रम और इलहामों की सृष्टि करती है तथा मनुष्य की तर्कशील रुचि को खंडित कर उसे संवेग का पुंज बना देती है। अरस्तू ने 'फैंटेसी' की कुछ अधिक सुविचारित व्याख्या प्रस्तुत करने की चेष्टा की है। इन्होंने 'फैंटेसी' को संवेदन, सम्मति, स्मृति और बुद्धि का उपकारी माना है। इनके अनुसार 'फैंटेसी' चिन्तन को आकृति प्रदान करनेवाली सर्वोत्तम शक्ति है। कोई भी विचार 'फैंटसी' की सहायता के बिना निर्मित नहीं हो सकता। किन्तु, अरस्तू भी प्लेटो की→

कह सकते हैं।[1] नेतिमूलक अर्हता का अर्थ मनुष्य की वह क्षमता है, जिसके सहारे वह तथ्यों और तर्कों का आश्रय लिए बिना ही कुछ काल के लिए अनेक अनिश्चयों, रहस्यमय इलहामों और सन्देहों के बीच रम सकता है। सचमुच, 'फ़ैंसी' ऐसे दूरस्थ और असदृश बिम्बों या वस्तुओं को एक समीकरण अथवा संयोजन में लाती है, जिनमें धर्म-साम्य, गुण-साम्य या रूप-साम्य की दृष्टि से अनुकूलता या पारस्पर्य का अंश अत्यन्त कम रहता है। अत: 'फ़ैंसी' को एक प्रकार से 'जक्स्टापोजीशन ऑव अनरिलेटेड ऑब्जेक्ट्स' भी कहा जाता है।[2] साथ ही 'फ़ैंसी' से निर्मित बिम्बों में प्राय: तर्क और इच्छा-शक्ति ('च्वायस एंड विल') की प्रधानता रहती है, किन्तु, यह विनियोजित तर्कशक्ति अत्यन्त अन्तर्मुख और कौतुकपूर्ण होती है। दूसरी ओर कल्पना एक ऐसी सृष्टि है, जिसमें अनेक बिम्बों का समीकरण नहीं होता, बल्कि एक बिम्ब ही प्रधान रहकर अनेक सम्बद्ध बिम्बों की सृष्टि करता है। अर्थात्, कल्पना द्वारा निर्मित बिम्ब-विधान में अनेकता का वैविध्य नहीं, उसकी अन्तरंग एकता यानी साम्य की प्रधानता रहती है। कल्पना द्वारा निर्मित बिम्ब-विधान की दूसरी

→तरह, 'फैंटेसी' का सम्बन्ध कुछ अंशों में आत्मा के निम्न स्तरों से मानते थे। तदनन्तर, लोंजाइनस और क्विंटिलियन ने 'फैंटेसी' को मनोवेग (पैसन) से सम्बन्धित माना। तब कुछ दिनों के बाद 'फैंटेसी' में नवीन अर्थागम हुआ और उसका पर्याय 'imaginatio' शब्द बन गया। मध्यकाल तक ये दोनों शब्द साहित्य में पर्याय की तरह व्यवहृत होते रहे। मध्यकाल के बाद 'fantasia' और 'imaginatio' में यह अन्तर माना गया कि पहले में संयोजक या उत्पादक शक्ति प्रधान है—और दूसरे में पुनरुत्पादक प्रक्रिया। 'फ़ैंटेसिया' (Fantasia) शब्द पाश्चात्य संगीतशास्त्र में भी एक विशिष्ट अर्थ में प्रचलित है, जो कल्पना-विवेचन के प्रसंग में आनेवाली 'फैंटेसिया' से भिन्न है, किन्तु संगीतशास्त्र की 'फैंटेसिया' में भी आश्चर्य, कौतूहल और मुक्त भाव की विद्यमानता रहती है। Leonard G. Ratner ने 'फैंटेसिया' के स्वरूप को स्पष्ट करते हुए लिखा है—"The fantasia is...a piece. It appeals to sense of the improvisatory; the element of surprise is cultivated; the music seems to wander freely without balance of phrase or well-defined candences. The figures in a fantasia are brilliant; the harmony is boldly exploratory."—Leonard G. Ratner, *Music—The Listner's Art,* New York, 1957, p. 213

1. 'फ़ैंसी' को परिभाषित करते हुए कॉलरिज ने 'बायग्राफिया लिटरारिया' के तेरहवें परिच्छेद में लिखा है—"Fancy...has no other counters to play with, but fixities and definiteness. The fancy is indeed no other than a mode of memory emancipated from the order of time and space; while it is blended with, and modified by that empirical, phenomena of the will, which we express by the word 'Choice'. But equally with the ordinary memory the fancy must receive all its materials readymade from the law of association."—*Biographia Literaria,* Coleridge, London, 1939, p. 160
2. आलोचना में व्यावहारिक ढंग से 'फ़ैंसी' की विवृति के लिए द्रष्टव्य—जे. आर. काल्डवेल, *जॉन कीट्स'स फ़ैंसी,* कार्नेल युनिवर्सिटी प्रेस, 1955

विशेषता यह है कि उसमें स्मृति का अंश, अतः वस्तु-बोध अवश्य विद्यमान रहता है। तीसरी विशेषता यह है कि कल्पना से बने बिम्ब 'फ़ैंसी' से निर्मित बिम्बों की तरह खाका (डाइग्राम) मात्र नहीं होते, बल्कि भावाक्षिप्त या भावनाविष्ट ('रिचली टोंड विद फीलिंग') हुआ करते हैं। चौथी विशेषता यह है कि कल्पना मानव-मन की अनेक स्थितियों को चेतना के 'एक क्षण' में केन्द्रित और मूर्तिमान कर देती है। इसलिए कल्पना अपनी उड़ान में भी केन्द्रगामिता को नहीं भूलती है। अतः मूर्तिविधान,[1] केन्द्रगामी संयोजन[2] और समीकरण, कॉलरिज के अनुसार, कल्पना के विभाजक लक्षण हैं। फलस्वरूप कल्पना के बिम्ब जहाँ इकहरे, विशिष्ट और आशु होते हैं, वहाँ 'फ़ैंसी' के बिम्ब स्थिर और चाकचिक्य से भरे होते हैं। पुनः कल्पना में दो तत्त्वों की आत्यन्तिक आवश्यकता रहती है—भावना एवं स्मृति की। किन्तु, 'फ़ैंसी' में स्मृति का अंश नगण्य रहता है और भावना रहती भी है, तो आवेशयुक्त एवं तत्पर नहीं, शिथिल और निर्बल। इसलिए 'फ़ैंसी' सर्वत्र नन्दतिक बोध की निम्न अवस्थाओं से सम्बन्धित रहती है। इसमें लावण्य रहता है और यह अधिक-से-अधिक रंजक अथवा 'सुन्दर' की कोटि तक पहुँच सकती है, किन्तु, इससे कभी भी 'उदात्त' की सृष्टि नहीं हो सकती। तदनन्तर, 'फ़ैंसी' में वस्तुबोध नहीं के बराबर रहता है। इसे ही (कल्पना को नहीं) हम प्लेटो की 'फैंटेसिया' कह सकते हैं, जिसे उन्होंने सत्य का विलोम माना था। इस प्रकार वस्तुबोध की कमी के साथ ही 'फ़ैंसी' में स्थिरता, निश्चय तथा देश-काल के बन्धनों का अभाव रहता

1. कॉलरिज ने कल्पना को 'एजेम्प्लास्टिक पावर' कहा है। 'एजेम्प्लास्टिक' शब्द 'eisenoplasy' से बना है, जिसका अर्थ होता है 'को-आडुनेशन' अर्थात् एकीकरण—'द फैकल्टी दैट फॉर्म्स द मेनी इन टु वन।' इसलिए विरोधि-समागम (रिकॉन्सीलियेशन ऑव आपोजिट्स') को भी कल्पना का एक गुण माना जाता है। वस्तुतः कल्पना दो या अनेक दूरस्थ वस्तुओं के बीच सायास बुद्धि के सहारे अथवा अनायास ही सांस्थिक ऐक्य स्थापित कर देनेवाली एक विचित्र संग्रथनशील जादूभरी शक्ति है।
2. कॉलरिज की कल्पना-सम्बन्धी विचारणाओं में दो शब्दों –'कोऑडुनेटिंग फैकल्टी' और 'एसीमिलेशन' की आवृत्तिमूलक प्रधानता है। ये दोनों शब्द कॉलरिज के द्वारा विशिष्ट और पारिभाषिक अर्थ में प्रयुक्त किए गए हैं। कॉलरिज के इन दोनों विशिष्ट और पारिभाषिक शब्दों पर फ्रैंक कर्मोड ने एक बड़ी अच्छी टिप्पणी दी है—"Coleridge's terminology for the imagination—as Mr. M. H. Abrams, who has made a thorough study of it, points out,—is biological in favour. The imagination 'assimilates', it is the 'co-odunating faculty'—this term refers to what is now called 'symbiosis'. It 'generates and produces a form of its own.' 'It is astonishing', says Mr. Abrams, how much of Coleridge's critical writing is couched in terms that are metaphorical for art and literal for a plant; if Plato's dialectic is a wilderness of mirrors, Coleridge's is a very jungle of vegitation."—Frank Kermode, *Romantic Image,* London, 1957, p. 93

है। इसके अलावे कल्पना में बोध के साथ प्रतिबोध भी रहता है, जबकि 'फ़ैंसी' में केवल बोध। 'बोध' का अर्थ होता है इन्द्रियों के माध्यम से प्राप्त होनेवाला वस्तु-विषय का ज्ञान तथा 'प्रतिबोध' का अर्थ होता है, वस्तु-विषय का वह ज्ञान जो आत्मा को इन्द्रियों की सहायता से नहीं, बुद्धि की वृत्तियों के माध्यम से प्राप्त होता है। इसीलिए 'केनोपनिषद्' में कहा गया है—'प्रतिबोध विदितं मतममृतत्वं हि विन्दते।'[1] सारांश यह है कि 'फ़ैंसी' में केवल अव्यवस्थित उड़नशीलता रहती है बौद्धिक सन्तुलन नहीं।

किन्तु कुछ विचारक, जिनमें हॉब्स प्रमुख हैं, 'फ़ैंसी' और 'इमाजिनेशन' (कल्पना)—दोनों शब्दों को पर्यायवाची मानते हैं। हॉब्स का कथन है कि 'फ़ैंसी' भी कल्पना की तरह संश्लेषणात्मक है, इसलिए ये दोनों परस्पर भिन्न नहीं हैं। इसी तरह ड्राइडेन ने भी 'फ़ैंसी' और कल्पना में कोई विशेष अन्तर नहीं माना है। ड्राइडेन की 'फ़ैंसी' तो कॉलरिज के 'इमाजिनेशन' का पर्याय मालूम पड़ती है। कॉलरिज ने 'फ़ैंसी' को उस देशकाल-मुक्त स्मृति के रूप में स्वीकार किया है, जिसमें व्यक्ति का यथेच्छाचार साहचर्य या आसंग के तत्त्वों से प्रधान रहता है। अत: 'फ़ैंसी' काव्योपयुक्त नहीं होती है और कल्पना की अपेक्षा हीन कोटि की होती है।[2] किन्तु, ड्राइडेन ने 'फ़ैंसी' को ही काव्योपयुक्त कल्पना के रूप में स्वीकार किया है, 'इमाजिनेशन' तो इतना अनगढ़, वन्य और अनियंत्रित होता है कि उससे काव्य की रचना नहीं हो सकती। इतना ही नहीं, ड्राइडेन के अनुसार 'फ़ैंसी' से ही काव्य को जीवन्त संस्पर्श प्राप्त होता है।

वेब्स्टर ने कल्पना और 'फ़ैंसी' को एक ही सृजनात्मक शक्ति के दो भिन्न प्रयोगों के रूप में स्वीकार किया है। किन्तु, ड्राइडेन के विपरीत इनके अनुसार कल्पना 'फ़ैंसी' की तुलना में एक उच्च स्तर की शक्ति है।[3] वड्र्सवर्थ ने भी कल्पना

---

1. *केनोपनिषद्*, उपनिषद्-भाष्य सानुवाद, खंड-1, गीताप्रेस गोरखपुर, नवम संस्करण, पृ. 78
2. टी. ई. ह्यूम ने भी 'फ़ैंसी' के सम्बन्ध में ऐसा ही मत व्यक्त किया है। इन्होंने 'फ़ैंसी' के स्वरूप को स्पष्ट करते हुए लिखा है—"When the analogy has not enough connection with the thing described to be quite parallel with it, where it overlays the thing it described and there is a certain excess, there you have the play of fancy—that I grant is inferior to imagination."—T. E. Hulme, *Speculations,* Routledge and Kegan Paul, London, p. 137-138. प्रसिद्ध दार्शनिक हीगेल ने भी कल्पना को 'creative' और 'फ़ैंसी' को 'passive' मानते हुए यह धारणा व्यक्त की है कि कल्पना 'फ़ैंसी' की तुलना में श्रेष्ठ है और वह कलाकार की सर्वोत्कृष्ट शक्ति (the most conspicuous faculty) है। —Hegel, *The Philosophy of Fine Art,* translated by Osmaston, London, 1920, p. 381
3. वेब्स्टर ने अपनी स्थापना को स्पष्ट करते हुए लिखा है—"Imagination is the higher exercise of the two, and has strong emotion as its actuating and formative cause; whilst fancy moves on a lighter wing, it is governed by laws of association which are more remote, and sometimes arbitrary or capricious."

और 'फ़ैंसी' के भेद को स्पष्ट करने की चेष्टा की है। इन्होंने 'टु द स्काइलार्क' शीर्षक कविता को 'फ़ैंसी' का उदाहरण माना है और 'टु द कक्कू' शीर्षक कविता को कल्पना का; किन्तु, बात स्पष्ट नहीं हो सकी है। मेरी दृष्टि से यह बात तभी स्पष्ट हो सकेगी, जब हम कल्पना और 'फ़ैंसी' के अन्य दो समानधर्मा तत्त्वों 'हैल्यूसिनेशन' और 'विट' से इनका पार्थक्य समझ लेंगे।

सामान्य जन को कभी-कभी कल्पना और प्रतीति-भ्रम (हैल्यूसिनेशन) के अन्तर को समझने में कठिनाई हो जाती है। मौके-बेमौके प्रतीति-भ्रम से गुजरने वाले शेली इत्यादि जैसे कवियों की कहानी भी इस कठिनाई को कठिनतर बना देती है। किन्तु, कल्पना और प्रतीति-भ्रम का अन्तर बहुत ही स्पष्ट है। प्रतीतिभ्रम को बाह्य प्रतीति[1] भी कहते हैं। इसका संकेत यह है कि जब कल्पना-प्रसूत बिम्ब मानसिक न रहकर नेत्रों के समक्ष वस्तु-प्रत्यक्ष बन जाए, तब उसे प्रतीतिभ्रम कहते हैं। जैसे, नाखून भरे चार पाँव, क्षीण कटि और अयाल का मानसिक अंकन 'सिंह' की कल्पना है, किन्तु, कमरे में बैठे-बैठे 'सिंह दौड़ा जी। जान गई, रे बाप!' कहते हुए सिर पर पैर रखकर भाग खड़ा होना प्रतीति-भ्रम है।[2]

इसी तरह कल्पना और 'फ़ैंसी' के सन्दर्भ में प्राय: 'विट' की चर्चा की जाती है और यह माना जाता है कि कल्पना तथा 'फ़ैंसी' में 'विट' का तत्त्व अवश्य रहता है। हमें इतनी बात मान्य है कि विट' में भी एकाधिक दूरवर्ती वस्तुओं में सादृश्य, निकटता या औपम्यमूलकता की स्थापना की जाती है, किन्तु, 'विट' में उक्तिवक्रता, अवरेब और प्रत्युत्पन्न-मतित्व की प्रधानता रहती है। 'विट' के कई व्याख्याताओं, जैसे ड्राइडेन इत्यादि ने 'विट' को कल्पना के समान ही एक काव्योपयुक्त प्रकृष्ट शक्ति के रूप में स्वीकार किया है, लेकिन मेरी दृष्टि में 'विट' का साम्य 'फ़ैंसी' से ही स्थापित किया जा सकता है; कल्पना के साथ 'विट' की तुलना का कोई प्रश्न ही नहीं उठना चाहिए।

इस अल्प पृष्ठिका के उपरान्त अब हम कल्पना और 'फ़ैंसी' के पार्थक्यनिरूपण में प्रवृत्त होंगे तथा कॉलरिज की एतद्सम्बन्धित मान्यताओं को अपने विश्लेषण की आधार शिला के रूप में ग्रहण करेंगे। जैसा कि हम पहले भी उल्लेख कर चुके हैं, कॉलरिज के अनुसार 'फ़ैंसी' एक प्रकार की ऐसी आसंग-निर्भर स्मृति है, जो देश-काल की धारणा एवं नियंत्रण-क्रम से मुक्त होने के साथ ही इच्छा और अभीप्सा (विल एंड च्वायस) से संशोधित होती है। इस तरह 'फ़ैंसी' को हम 'सूडो इमाजिनेशन' कह सकते हैं। 'फ़ैंसी' की दूसरी विशेषता यह है कि इसमें किसी

1. "...hallucinations are essentially the same thing as images, only pushed to a fuller degree of sensuousness."—C. Spearman, *Creative Mind,* p. 139
2. 'Exteriorite'.

खंड-दृष्टि या वैयक्तिक रुचि के आधार पर दो या दो से अधिक ऐसे असदृश्य बिम्बों का संयोजन या सम्मिलन रहता है, जो स्वभावतया परस्पर कोई सम्बन्ध नहीं रखते हैं। 'फ़ैंसी' की इस विशेषता और कल्पना की वरीयता के प्रति कॉलरिज बहुत सचेत थे। सम्भवतः, इसीलिए इन्होंने कल्पना का 'आइजेनोप्लासी'[1] से सम्बन्ध दिखाते समय 'कैटोप्ट्रिक'[2] या 'मैटोप्ट्रिक' 'फैंटेसी' से 'आइजेनोप्लासी' के पार्थक्य को स्पष्टतया सूचित कर दिया है। पुनः यह भी विचारणीय है कि 'फ़ैंसी' के संयोजन में केवल 'संग्रह' रहता है, जबकि कल्पना के संयोजन में 'मिश्रण' की अधिकता तथा इस 'मिश्रण' के सहारे किसी नवीन 'सृजन' की आकांक्षा रहती है। इसलिए 'फ़ैंसी' में स्मृति-निर्भर उपादानों का एक बहुरंगी वैविध्य रहता है।

इस प्रकार कॉलरिज ने कल्पना और 'फ़ैंसी' में एक निश्चित पार्थक्य माना है।[3] इन्होंने इन दोनों की, क्रमशः, 'डेलिरियम' और 'मैनिया' से तुलना की है। विस्तार से सोचने पर ऐसा लगता है कि कल्पना में विभिन्न पदार्थों, उपमानों, प्रतिकृतियों, धारणाओं का एक ऐसा विलयनशील सम्मिश्रण अथवा संयोजन रहता है, जिसमें सभी अपना पृथक्-पृथक् अस्तित्व खोकर प्रपाणक रस की तरह मिल जाते हैं और अयुतसिद्धावयव बनकर सर्वथा एक नूतन सृजन का रूप धारण कर लेते हैं। किन्तु, 'फ़ैंसी' में आयोजित विभिन्न सदृश प्रतिकृतियाँ, धारणाएँ, पदार्थ अथवा उपमान एक स्थान पर इकट्ठे तो होते हैं परन्तु सभी अपना विलग-विलग अस्तित्व सुरक्षित रखते हैं तथा नूतन सृजन के बदले किसी चमत्कारपूर्ण सम्भावना की विस्मिय छटा भर पैदा करते हैं। अतः कल्पना में जहाँ विलयन और सृजन की प्रधानता होती है, वहाँ 'फ़ैंसी' में संग्राहकता और सम्भावना मात्र रहती है। फलस्वरूप, कविगण जहाँ वस्तु-चित्रण अथवा मानसमूर्ताभिधान के सन्दर्भ में उत्प्रेक्षा, दृष्टान्त, उदाहरण, सम्भावना, विशेषकोन्मीलित या रूपक का मंडान बाँधते हैं, वहाँ कल्पना से अधिक वे 'फ़ैंसी' का ही सहारा लिया करते हैं। हम कुछ उदाहरणों के द्वारा 'फ़ैंसी' को पर्याप्त यथातथ्य के साथ समझने की चेष्टा करेंगे। गोस्वामी तुलसीदास ने 'रामचरितमानस' में विवाह-प्रसंग के अन्तर्गत दो स्थिति-चित्रों को मानसमूर्ताभिधान के रूप में उपस्थित किया है—

1. Eisenoplasy.
2. Relating to reflection.
3. "Repeated medications led me first to suspect,—(and a more intimate analysis of the human faculties, their appropriate marks, functions and effects matured my conjecture into full conviction)—that fancy and imagination were two distinct and widely different faculties, instead of being, according to the general belief, either two names with one meaning, or, at furthest, the lower and higher degree of one and the same power."—*Biographia Literaria,* London, 1939, p. 45

सोहत जनु जुग जलज सनाला
ससिहि सभीत देत जयमाला।

और

अमिय पराग जलज भरि नीके
ससिहिं भूष अहि लोभ अमी के।

पहले चित्र में सीता राम को जयमाला पहना रही हैं और दूसरे चित्र में राम सीता को सिन्दूर दे रहे हैं। इन दोनों स्थिति-चित्रों को प्रस्तुत करने में महाकवि ने 'फ़ैंसी' का ही सहारा लिया है, क्योंकि प्रथम चित्र में आए हुए सनाल जलज और शशि केवल एकत्र ही हो सके हैं, तदात्म और तद्रूप नहीं। पुन: दूसरे चित्र में आए हुए जलज, शशि और अहि एकत्र होकर भी अपनी पृथकता नहीं खो सके हैं। वास्तविक जगत् में भी कमल, चाँद और साँप का कोई निकट सम्बन्ध नहीं रहने से इन पंक्तियों को पढ़ने के उपरान्त हमारे मन में केवल एक 'सम्भावना' जगती है। इसी तरह 'कामायनी' में प्रसादजी ने जहाँ श्रद्धा की दृष्टिरंजना मूर्ति को शब्दों के द्वारा उरेहने की चेष्टा की है, वहाँ 'फ़ैंसी' का ही सहारा लिया गया है—

नील परिधान बीच सुकुमार
खुल रहा मृदुल अधखिला अंग
खिला हो ज्यों बिजली का फूल
मेघ-वन बीच गुलाबी रंग।[1]

क्योंकि इन पंक्तियों में भी मानसमूर्ताभिधान के क्रम में आए हुए मेघ और वन एवं बिजली और फूल एक जगह एकत्र भर हो सके हैं, परस्पर विलीन नहीं हो सके हैं। उन्हें पढ़ने के बाद सहृदय-चित्त में एक दूरवर्ती सम्भावना अवश्य जगती है कि यदि बिजली का फूल हो, तो वह कितना सुन्दर होगा। इसी प्रकार प्रसादजी ने आँसू में भी एक अनामा सुन्दरी की लावण्यमयी तनिमा की अनन्वयता को व्यक्त करने के लिए 'फ़ैंसी' का सहारा लिया है—

चंचला स्नान कर आवे
चन्द्रिका पर्व में जैसी
उस पावन तन की शोभा
आलोक मधुर थी ऐसी।[2]

भला, चंचला और चन्द्रिका में समागम कैसा। चंचला के रहने पर चन्द्रिका नहीं छिटक सकती और चन्द्रिका के रहने पर चंचला कभी कौंध नहीं सकती। अत:

1. जयशंकर प्रसाद, *कामायनी,* भारती भंडार, प्रयाग, संवत् 2009, पृ. 46
2. जयशंकर प्रसाद, *आँसू,* भारती भंडार, प्रयाग, पृ. 24

यहाँ शोभा की सम्पूर्ण अनन्वयता एक असाधारण 'सम्भावना' से व्यक्त की गई है, जो 'फ़ैंसी' का विभाजक लक्षण है। इस तरह 'फ़ैंसी' में दो या दो से अधिक असदृश तथा लोक-जीवन में पर्याप्त पार्थक्य रखनेवाली धारणाओं, प्रतिकृतियों अथवा वस्तुओं को एकत्र या संग्रहीत कर एक 'सम्भावना' का संकेत किया जाता है, न कि इनके प्रपाणक रसवत् मिश्रण से कोई नवीन सृजन। कॉलरिज ने 'फ़ैंसी' की विवृति में जो उदाहरण प्रस्तुत किया है—

फुल जेंटली नाउ शी टेक्स हिम बाय द हैंड,
ए लिली प्रिजंड एन ए गोल[1] आव स्नो,
ऑर आइवरी इन एन अलबास्टर बैंड;
सो ह्वाइट ए फ्रेंड एनगट्र्स सो ह्वाइट ए फो।

(वेनस एंड एडोनिस)

उससे भी इसी धारणा का समर्थन होता है। यहाँ एडोनिस तथा वेनस के हाथों की श्वेतिमा-सुकोमलता के मानसमूर्ताभिधान के लिए क्रमश: 'लिली' और 'गोल ऑव स्नो' अथवा 'आइवरी' या 'अलबास्टर बैंड' को प्रस्तुत किया गया है। किन्तु यहाँ ये सारी चीजें इकट्ठी भर हो सकी हैं, कारण, 'लिली' और 'स्नो' अथवा 'आइवरी' और 'अलबास्टर' जैसे मिस्री (मिस्र देश का) श्वेत-पाषाण को परस्पर क्या लेना-देना है। अत: ऐसे असदृश पदार्थों के एकत्रीकरण से कवि हमारे सामने एक चमत्कारपूर्ण सम्भावना भर पैदा कर सका है। किन्तु, (ठीक इसके विपरीत जहाँ प्रसाद ने श्रद्धा और मनु के पाणिग्रहण (हाथ मिलाने) का वर्णन प्रस्तुत किया है, वहाँ हमें कल्पना का सुन्दर विनियोग मिलता है—

जलदागम मारुत से कम्पित,
पल्लव सदृश हथेली,
श्रद्धा की धीरे से मनु ने
अपने कर में ले ली।[2]

कारण, यहाँ श्रद्धा के कोमल करों का दृश्य-विधान प्रस्तुत करने के लिए कवि ने असदृश पदार्थों के एकत्रीकरण से कोई चमत्कारपूर्ण सम्भावना नहीं पैदा की है, बल्कि बरसाती हवा से हिलते हुए कोमल पल्लव (जो हमारे लिए अत्यन्त सुपरिचित है) का एक साधारणीकरण-सुलभ उपमान खड़ा किया है। इतना ही नहीं, यदि रसशास्त्र की भाषा में कहें तो कवि ने 'जलदागग' और 'कम्पित' के सहारे क्रमश:, प्रस्वेद और कम्प सात्विक का भी संकेत कर दिया है। इस तरह जहाँ कवि दूर की कौड़ी

1. Goal.
2. जयशंकर प्रसाद, *कामायनी,* भारती भंडार, प्रयाग, संवत् 2009, पृ. 127

चुने बिना, ऊहा को छोड़कर सौन्दर्य-बोध से उपेत अभिप्रायपूर्ण उपमान खड़ा कर दे, वहाँ कल्पना का प्रयोग समझना चाहिए।

'फ़ैंसी' की उड़ान में अथवा 'फ़ैंसी' के अन्तर्गत सम्भावनाओं के विधान में लोकविश्रुत कथा-रूढ़ियाँ और गतानुगत विश्वास भी पर्याप्त योग देते हैं। जैसे रामचरितमानस से उपरि-उद्धत द्वितीय स्थिति-चित्र में शिव के मस्तक पर विराजनेवाले चाँद और उनके गले में राजनेवाले अहि भूषण की पौराणिक धारणा ने पृष्ठभूमि का काम किया है। इसी तरह 'पर्वत भी उड़ते हैं'—ऐसी लोक-प्रचलित भारतीय धारणा ने अधोलिखित पंक्तियों में पन्त की 'फ़ैंसी' को कितनी अच्छी तरह उकसा दिया है—

उड़ गया, अचानक, लो भूधर
फड़का अपार पारद के पर।
रव शेष रह गए हैं निर्भर।
है टूट पड़ा भू पर अम्बर॥[1]

भला, 'भूधर' और 'पर' (उसमें भी पारद के पर) में कौन-सा समीपी सम्बन्ध है? यह 'फ़ैंसी' का ही कमाल है कि इतने दूरस्थ पदार्थों और गुणों को एकत्र कर एक चमत्कारपूर्ण सम्भावना पैदा कर दी है। इस प्रसंग में हमें यह याद रखना है कि कविता ही नहीं, गल्प (विशेषकर तिलस्मी-ऐयारी से सम्बन्धित और 'डिटेक्टिव' रचनाओं) में भी 'फ़ैंसी' का पर्याप्त उपयोग होता है।

किन्तु, उक्त उदाहरणों के द्वारा 'फ़ैंसी' को निरूपित करने का यह आशय नहीं है कि 'फ़ैंसी' और कल्पना में कोई अरि-भाव अथवा व्यतिरेकी सम्बन्ध है। कहीं-कहीं कल्पना-विधान में भी 'फ़ैंसी' का योग स्वीकार किया जाता है। जैसे, भारवि की निम्नलिखित पंक्तियों की उत्तरत्तिनी कल्पना का प्रभाव-पक्ष 'फ़ैंसी' पर निर्भर है—

संवाता मुहुरनिलेन नीयमाने दिव्यस्त्रीजघन वरांशुके विवृत्तिम्।
पर्यस्यत्पृथुमणिमेखलांशु जालं सञ्जज्ञे युतकमिवान्तरीयमूर्वोः॥[2]

अर्थात् गतिशील पवन ने (अर्जुन को तपोभ्रष्ट करने के लिए इन्द्रप्रेषित) दृष्टिरंजना सुरबालाओं के जघनच्छादी वस्त्रों को विमुग्ध कामी पुरुष की तरह बार-बार हटा दिया—यहाँ तक विशुद्ध कल्पना है। किन्तु, भारवि जहाँ विवसनाओं की सहायता में यह कहते हैं कि जघनच्छादी वस्त्रों के हट जाने पर भी उन सुरबालाओं की रत्नजटित मेखलाओं से विकीर्ण किरण-समूह ने उनकी पृथुल जाँघों को लहँगे (साया) की तरह ढक लिया (जिससे वे नग्न न होने पाईं), वहाँ 'फ़ैंसी' है। कारण, यहाँ भावुकता को योग देने के लिए वह हल्की बुद्धि खड़ी है (क्योंकि प्रकाशाधिक्य से दृष्टि का अवरोध

---

1. सुमित्रानन्दन पन्त, *आधुनिक कवि,* हिन्दी साहित्य सम्मेलन प्रयाग, छठा संस्करण, पृ. 13
2. *किरातार्जुनीयम्,* सप्तम सर्ग, श्लोक-संख्या, 14

होता है), जिसने कल्पना को हद से बाहर कर दिया है। और, यह जानी हुई बात है कि 'फ़ैंसी' बुद्धि के व्यायाम से हद के बाहर पहुँचाई हुई कल्पना है। इस प्रकार ऐसे अनेकों उदाहरण मिलते हैं, जिनसे यह सिद्ध होता है कि कहीं-कहीं कल्पना-विधान में भी 'फ़ैंसी' का योग स्वीकार किया जाता है और अधिकांश रचनाएँ इस योग से चमत्कारपूर्ण हो जाती हैं। किन्तु, हमें इस महत्त्वपूर्ण बात को स्वीकार कर लेना है कि काव्य एवं अन्य ललितकलाओं के नन्दतिक बोध की दृष्टि से 'फ़ैंसी'[1] की तुलना में कल्पना का निर्विवाद ऊँचा स्थान है। परम्परा से ही 'फ़ैंसी' की तुलना में कल्पना को अधिक ऊँचा स्थान दिया गया है। विशेषकर, एडिसन ने कल्पना के साथ जो नई अर्थवत्ता जोड़ दी, उससे इस शब्द ('इमाजिनेशन'—कल्पना) का अर्थ-गौरव और भी बढ़ गया। किन्तु, अठारहवीं शताब्दी के प्रारम्भ में जब साहित्यिक विचारणाओं के क्षेत्र में आसंग सिद्धान्त (थ्योरी ऑव एसोसियेशन)की धूम मच गई, तब कल्पना की वरीयता कुछ सन्दिग्ध मानी जाने लगी और कभी-कभी तो यह कहा जाने लगा कि लालित्य, सृजनक्षमता तथा चमत्कृत मानसिक सन्दर्भ की दृष्टि से 'फ़ैंसी' ही कल्पना की अपेक्षा श्रेष्ठ है।[2] फिर भी अठारहवीं शताब्दी के समाप्त होते-होते कॉलरिज प्रभृति तात्त्विक दृष्टि के विचारकों ने यह स्पष्ट कर दिया कि कल्पना 'फ़ैंसी' की अपेक्षा एक श्रेष्ठ सृजनक्षम मानसिक शक्ति है।[3] हमने भी पिछले पृष्ठों में जो विवेचन प्रस्तुत किया है, उसके आधार पर यही मान्यता सिद्ध होती है। अतः निष्कर्ष रूप में हम कहना चाहेंगे कि ललितकलाओं के लिए तात्त्विक एवं सौन्दर्यशास्त्रीय दृष्टि से कल्पना 'फ़ैंसी' की अपेक्षा अधिक महत्त्वपूर्ण और हितावह है, साथ ही नन्दतिक बोध को जगाने में अधिक समर्थ भी।

कल्पना और 'फ़ैंसी' पर विचार करने के बाद अब हम कल्पना और स्मृति पर विचार करेंगे, क्योंकि अपने पूर्ववर्ती विवेचनों में हमने कल्पना के सन्दर्भ में अनेकों बार स्मृति का उल्लेख किया है। स्मृति और कल्पना में इतनी समता तथा

---

1. कॉलरिज ने 'फ़ैंसी' के चार विशिष्ट लक्षण या गुण बतलाए हैं—(क) 'फ़ैंसी' वह शक्ति है, जिसके द्वारा मूलतः असदृश बिम्बों को किसी आंशिक सादृश्य के आधार पर एकत्र किया जाता है। (ख) 'फ़ैंसी' द्वारा योजित (परस्पर असदृश) बिम्ब एकत्र होने पर भी उतना ही पारस्परिक पार्थक्य रखते हैं, जितना कि अलग-अलग रहने पर। (ग) 'फ़ैंसी' द्वारा योजित बिम्बों का एकत्रीकरण भी कवि-प्रतिभा के नवनव उन्मेष, सूझ और आकस्मिक संयोग पर निर्भर करता है। तथा (घ) बिम्बों के इस एकत्रीकरण या संग्रह में कवि की उस इच्छारुचि की प्रधानता रहती है, जो मूलतः कवि के सेन्द्रिय प्रत्यक्षों तथा चयनशील आसंगों पर अवलम्बित रहती है।
2. विलियम के. विम्सैट एंड क्लीन्थ ब्रुक्स, *लिटररी क्रिटिसिज्म : ए शार्ट हिस्टरी*, न्यूयार्क, 1959 में पृ. 386 पर उद्धृत।
3. डी. जी. जेम्स, *सेप्टिसिज्म एंड पोएट्री*, जॉर्ज एलेन एंड अनविन, लन्दन, 1960, पृ. 48-49

निकटता है कि विचारकों ने कल्पना को स्मृति का ही एक विकसित रूप कहा है। बात यह है कि कल्पना और स्मृति...दोनों का आधार प्रत्यक्ष ज्ञान है। स्मृति प्रत्यक्ष ज्ञान द्वारा प्राप्त अनुभव को चेतना के समक्ष सुरक्षित रखती है और कल्पना उन अनुभूत विषयों का स्वेच्छानुसार पुनर्निर्माण करती है। अत: कल्पना में सदैव स्मृति का योग रहता है। हिन्दी के आलोचकों में आचार्य रामचन्द्र शुक्ल ने कल्पना के सन्दर्भ में स्मृति पर व्यवस्थित विचार किया है। इन्होंने स्मृति के दो भेद किए हैं—विशुद्ध स्मृति और प्रत्यक्षाश्रित स्मृति या प्रत्यभिज्ञान। यह प्रत्यभिज्ञान एक प्रकार की मिश्रित स्मृति है, जिसमें प्रत्यक्ष भी अल्पांश में विद्यमान रहता है। शुक्लजी की मान्यता है कि इसमें रस-संचार की प्रचुर क्षमता होती है। इन्होंने स्मृति के आधार पर कल्पना की एक नूतन कोटि निरूपित की है...'स्मृत्याभास कल्पना'। इसका उपयोग ऐतिहासिक नाटकों अथवा उपन्यासों में होता है।[1] यह स्मृत्याभास कल्पना कभी-कभी आप्त शब्द या ऐतिहासिक विश्वासों पर भी निर्भर रहती है। इस कल्पना की एक तीसरी उपकोटि होती है, जो स्मृति और अनुमान के मिश्रण से पैदा होती है। इस तरह शुक्लजी ने स्मृति और कल्पना पर व्यवस्थित ढंग से विचार किया है तथा दोनों के अन्तर का निरूपण किया है। कल्पना को एक प्रकार का मानसिक रूप-विधान मानते हुए इन्होंने लिखा है कि "मन के भीतर रूप-विधान दो तरह का होता है। या तो यह कभी प्रत्यक्ष[2] देखी हुई वस्तुओं का ज्यों-का-त्यों प्रतिबिम्ब होता है अथवा प्रत्यक्ष देखे हुए पदार्थों के रूप, रंग, गति आदि के आधार पर खड़ा किया हुआ नया वस्तु-व्यापार-विधान। प्रथम प्रकार की आभ्यन्तर रूप-प्रतीति स्मृति कहलाती है और द्वितीय प्रकार की रूप-योजना या मूर्तिविधान को कल्पना कहते हैं।"[3] शुक्लजी से भी आगे बढ़कर कुछ विद्वानों ने यह माना है कि दुर्बल स्मृति द्वारा प्रसूत कल्पना से निर्मित बिम्ब भी निर्बल होते हैं। इसलिए कलाकार की स्मृति सामान्य जन की अपेक्षा अधिक सशक्त होती है। इतना ही नहीं, कलाकार अपनी स्मृति को कलात्मक पूर्णता के लिए, जाने अथवा अनजाने, विशेष ढंग से दीक्षित एवं अनुशासित करता है।

---

1. आधुनिक आंग्ल उपन्यासों में कल्पना के प्रयोग पर John McCormick ने विस्तृत कार्य किया है। द्रष्टव्य—John McCormick, *Catastrophe and Imagination*, Longamans, Green & Co., London, 1957.
2. यहाँ ध्यातव्य है कि शुक्लजी ने 'प्रत्यक्ष' को विस्तृत अर्थ में प्रयुक्त किया है, केवल चाक्षुष सन्निकर्ष के अर्थ में नहीं। इन्होंने 'प्रत्यक्ष' की अर्थप्रतिपत्ति को निर्दिष्ट करते हुए लिखा है कि "प्रत्यक्ष से हमारा अभिप्राय केवल चाक्षुष ज्ञान से नहीं है। रूप शब्द के भीतर शब्द, गन्ध, रस और स्पर्श भी समझ लेना चाहिए। वस्तु-व्यापार-वर्णन के अन्तर्गत ये विषय भी रहा करते हैं।"—रामचन्द्र शुक्ल, *रसमीमांसा,* काशी नागरी प्रचारिणी सभा, संवत् 2006, पृ. 262
3. रामचन्द्र शुक्ल, *रसमीमांसा,* काशी नागरी प्रचारिणी सभा, संवत् 2006, पृ. 260

इस अल्प चर्चा से ही स्पष्ट है कि कल्पना के सन्दर्भ में स्मृति और प्रत्यभिज्ञा का कितना महत्त्व है। अतः यहाँ हम स्मृति और प्रत्यभिज्ञा पर तनिक विस्तार में विचार करने की चेष्टा करेंगे।

स्मृति मूलतः ज्ञान का एक अंश है। स्मृति और अनुभव दोनों ही ज्ञान से सम्बन्धित हैं—'ज्ञातविषयम् ज्ञानम् स्मृतिः। अनुभवो नाम स्मृति व्यतिरिक्तं ज्ञानम्।"[1] अर्थात् ज्ञातविषयक ज्ञान को स्मृति और उससे इतर अर्थात् अज्ञातविषयक ज्ञान को अनुभव कहते हैं। यह ज्ञातविषयक ज्ञान भी दो प्रकार का होता है, जिनमें एक को स्मृति और दूसरे को प्रत्यभिज्ञा कहते हैं। किसी वस्तु के गोचर प्रत्यक्ष से अथवा उस प्रत्यक्षज ज्ञान से हमारी आत्मा में एक संस्कार उत्पन्न होता है। यहाँ यह बात लक्ष्य करने योग्य है कि प्रत्यक्षीकृत वस्तु का ज्ञान तो स्थिर नहीं रहता है, किन्तु तत्प्रसूत संस्कार सतत् विद्यमान रहता है। यह संस्कार जब कालान्तर में किसी कारण से उद्बुद्ध होता है, तब इन्द्रियादि की बाह्य सहायता के बिना ही हमें उस संस्कार को पैदा करनेवाली वस्तु का ज्ञान होने लगता है। इसी ज्ञान को हम स्मृति कहते हैं। अर्थात् स्मृति सदा ज्ञात विषय की होती है और स्मृति का कारण सर्वदा संस्कार का उद्बोध ही होता है। अतः स्मृति की एक परिभाषा इस प्रकार भी की गई है—'संस्कार जन्यं ज्ञानं स्मृतिः'। इस परिभाषा की दृष्टि से स्मृति को समझने के लिए एक काव्यात्मक उदाहरण लीजिए। अभिज्ञान शाकुन्तलम् के षष्ठ अंक में कालिदास ने दुष्यन्त की विरह-कल्पना में स्मृति को विरह का उद्दीपक कारण बनाया है। यहाँ उत्कट विरह की सम्पूर्ण कल्पना स्मृति-निर्भर है। दुष्यन्त ने शकुन्तला को अँगूठी क्यों दे दी थी, विदूषक को इसी का कारण बतलाते समय राजा दुष्यन्त शकुन्तला को दिया गया आश्वासन दुहराते हुए कहते हैं—

एकैकमत्र दिवसे दिवसे मदीयं
नामाक्षरं गणय गच्छसि यावदन्तम्।
तावत् प्रिये! मदवरोध निदेशवर्ती
नेता जनस्तव समीपमुपंष्यतीति॥

अर्थात्, राजा ने अँगूठी देते हुए शकुन्तला से कहा था कि शकुन्तले! इस तपोवन में रहती हुई तुम एक-एक दिन मुद्रिका पर अंकित मेरे नाम के एक-एक अक्षर को गिनना। तुम इसके सभी अक्षर गिन भी नहीं सकोगी कि इसी बीच में मेरा अन्तःपुर का कोई आज्ञाकारी सेवक तुम्हें ले जाने के लिए तुम्हारे पास आ जाएगा। यानी केवल तीन-चार दिनों के लिए ही सब करने की जरूरत है।

यहाँ 'नामाक्षरं गणय' में हम मुद्रिका रूपी उद्दीपक कारण की विद्यमानता से

1. स्मृति और अनुभव का लक्षण—'संस्कारमात्रजन्यं ज्ञानं स्मृतिः। तद् भिन्नं ज्ञानमनुभवः'। —अन्नम्भट्ट, *तर्कसंग्रहः,* खेलाड़ीलाल एंड सन्स, वाराणसी, विक्रमाब्द 1991, पृ. 25-26

राजा के चित्त में शकुन्तला को दिए गए वचन-संस्कार का उद्‌बोध पाते हैं, क्योंकि राजा इसके पहले शकुन्तला को इस आशय का आश्वासन दे चुके थे। पुनः जहाँ राजा दुष्यन्त शकुन्तला को दी गई अभिज्ञान-स्वरूप मुद्रिका धीवर से प्राप्त करते हैं और शकुन्तला के रूप-सौन्दर्य तथा यौवन का स्मरण कर मुद्रिका को उपालम्भ देते हैं, वहाँ हमें स्मृति पर आधारित कल्पना का उदाहरण मिलता है। जैसे—

तव सुचरितमङ्गुरीय। नूनं प्रतनु कृशेन विभाव्यते फलेन।
अरुण नख मनोहरासु तस्याश्च्युतमसि लब्धपदं यदङ्गुलीषु॥

—'अयि अँगूठी! अल्पफल देखकर तुम्हारा पुण्य भी अल्प ही है, ऐसा मैं अनुमान करता हूँ; क्योंकि तुम उस शकुन्तला की रक्तवर्ण नखोंवाली सुन्दर अँगुली में स्थान पाकर भी गिर पड़ीं।' यहाँ अनुपस्थित शकुन्तला की अंगुलियों के लिए (पूर्वदर्शन के आधार पर) 'अरुण नख मनोहरासु' कहने में स्मृति का सन्निवेश है। इसी तरह श्रीहर्ष के नैषधचरितम् में भी एक जगह नल-दमयन्ती संवाद में स्मृति-निर्भर कल्पना का बड़ा सुन्दर उदाहरण मिलता है। दमयन्ती के प्रति नल की इस उक्ति में काम-कला-निपुण दमयन्ती की छद्म निद्रा और पद्‌मनाभि की कितनी आकुल स्मृति है—

स्मरसि छद्‌मनिद्रालुनैया नामौ शयार्पणात्।
यदानन्दोल्लसल्लोमा पद्‌मनाभी भविष्यसि॥ [1]

—नल ने दमयन्ती से कहा कि "जब तुम झूठी निद्रा का स्वाँग करके सो गईं, तब मैंने अपना हाथ तुम्हारी नाभि पर रखा और तुम रोमांचित हो गईं। क्या तुम्हें उसकी याद है? उस समय तुम्हारी नाभि रोमांच के कारण कमल के समान हो गई थी।" इस तरह 'नैषध' के विंश सर्ग का अधिकांश इसी स्मृति-निर्भर कल्पना से निर्मित हुआ है।

उक्त उदाहरणों के द्वारा हमने देखा कि किस प्रकार संस्कारों के उद्‌बोध से स्मृति का उदय होता है। अब हमें स्मृति के 'विभाव', उद्दीपन अथवा उद्‌बोधन पर भी विचार कर लेना चाहिए। सादृश्य, अदृष्ट और चिन्ता स्मृति के प्रमुख उद्‌बोधक हैं—'सादृश्यादृष्ट चिन्ताद्याः स्मृतिबीजस्य बोधकाः'।[2] इनमें स्मृति के प्रथम उद्‌बोधक 'सादृश्य' से कल्पना का घनिष्ठ सम्बन्ध है। मेघों की झीने चीनांशुक में छिपे चाँद

1. *नैषधचरितम्*, विंशः सर्गः, 74
2. साहित्यदर्पण में संचारी भाव के अन्तर्गत स्मृति का इस प्रकार निरूपण किया गया है—

सदृशज्ञानचिन्ताद्यैर्भ समुल्लासनादिकृत्।
स्मृतिः पूर्वानुभूतार्थ विषयं ज्ञानमुच्यते॥

—*साहित्यदर्पण*, तृतीय परिच्छेद, श्लोक संख्या 162

को देखकर घूँघट काढ़ी हुई अपनी प्रियतमा का स्मरण हो आना सादृश्य से उद्बुद्ध स्मृति है और उसे काव्य में योजित कर देना कल्पना का कमाल है। स्मृति में छिपे इस सादृश्य तत्त्व से ही कल्पना का निकट सम्बन्ध है। वस्तुत: कल्पना का एक कार्य यह है कि वह प्रस्तुत अथवा 'प्रत्यक्ष' से सादृश्य रखनेवाली किसी ज्ञात वस्तु को पूर्वानुभव के संस्कारों से कुरेदकर अप्रस्तुत के रूप में उपस्थित कर दे।[1]

इसी तरह कल्पना का सम्बन्ध ज्ञात विषयक ज्ञान के दूसरे रूप—प्रत्यभिज्ञा से भी है। प्रत्यभिज्ञा 'तत्ता' और 'इदन्ता' दोनों का अवगाहन करनेवाली प्रतीति है—'तत्तेदन्तावगाहिनी प्रतीति: प्रत्यभिज्ञा'। 'तत्ता' का अर्थ है तद्देशीय और तत्कालीन सम्बन्ध अर्थात् पूर्व देश और पूर्व काल का सम्बन्ध तथा 'इदन्ता' का अर्थ है एतद्देशीय और एतत्कालीन सम्बन्ध। इस तरह प्रत्यभिज्ञा में अतीत की प्रत्यक्षीकृत वस्तु का वर्तमान में पुन:प्रत्यक्ष होता है। सारांश यह है कि जिसमें पूर्व देश और पूर्वकाल के साथ ही वर्तमान देश और वर्तमान काल—दोनों की प्रतीति हो, उस प्रतीति को प्रत्यभिज्ञा कहते हैं।[2] इसीलिए स्मृति और अनुभव (क्रमश: अतीत और वर्तमान) दोनों की युगपद् स्थिति रहने के कारण प्रत्यभिज्ञा को उभयात्मक ज्ञान कहा गया है। इसकी उत्पत्ति में संस्कार तथा इन्द्रिय सन्निकर्ष—दोनों का योग रहता है। उदाहरणार्थ—'सोऽयं देवदत्त:।' यह वही देवदत्त है, जिसे हमने (काशी में) देखा था। इसमें 'स:' पद तत्ता अर्थात् पूर्वदेश-पूर्वकाल सम्बन्ध का द्योतक और 'अयं' पद इदन्ता अर्थात् एतद्देश-एतत्काल सम्बन्ध—वर्तमान देश और वर्तमान काल के सम्बन्ध—का बोधक है। इस तरह 'स:' पद देवदत्त की पूर्वदृष्ट देशकालादिविशिष्ट अवस्था को प्रकाशित करता है। अत: उपर्युक्त उदाहरण में 'तत्ता' रूप पूर्वदेश एवं पूर्वकाल का द्योतक 'स:' अंश स्मरणात्मक है और उसकी उत्पत्ति पूर्व दर्शनजन्य संस्कार के उद्बोधन से होती है। इसके विपरीत 'अयं' पद से बोधित एतद्देश-एतत्काल रूप 'इदन्ता' अंश प्रत्यक्षात्मक है, जिसकी उत्पत्ति इन्द्रिय और प्रस्तुत वस्तु के सन्निकर्ष से होती है। इस प्रत्यभिज्ञा के 'तत्ता' और 'इदन्ता' दोनों ही अंशों से कल्पना का निकट सम्बन्ध है।

---

1. 'प्रमृष्ट तत्ताक स्मृति', जिसमें विषय का अधिक ग्रहण नहीं होता, कल्पना के लिए विशेष सहायिका सिद्ध होती है। पन्त की 'वह सरला उस गिरि को कहती थी बादल घर' वाली सम्पूर्ण कविता, प्रमृष्ट तत्ताक स्मृति पर निर्भर कल्पना का एक सुन्दर उदाहरण है। कभी पर्वत का चित्रण, कभी पावस का और उस सरला का आद्यन्त अस्पष्ट रूपलेख स्मृति-प्रमोष के निदर्शन हैं।
2. श्री प्रभाचन्द्राचार्य ने प्रत्यभिज्ञा का लक्षण तथा भेद निरूपित करते हुए लिखा है—

दर्शन-स्मरण कारणकं सङ्कलनं प्रत्यभिज्ञानम्।
तदेवेदं तत्सदृशं तद्विलक्षणं तत्प्रतियोगीत्यादि॥

—प्रमेय कमल मार्तंड, *निर्णय सागर,* 1941 ई., अध्याय 3, सूत्र 5

प्रत्यभिज्ञा पर आश्रित कल्पना के भूरिश: उदाहरण भवभूति कृत 'उत्तररामचरित' के द्वितीय और तृतीय अंक में मिलते हैं। इन अंकों की 'उत्पाद्य' कथा ही प्रत्यभिज्ञाश्रित कल्पना के लिए अत्यन्त उपयुक्त है।[1] अपने नयनों की अमृतवर्तिका (अमृतवर्तिनयनयो:) सीता के विरह में राम स्वयं ही स्मृति-विह्वल हैं, उस पर भी वासन्ती के मर्मन्तुद कथन और अपने चित्त की दोलित अवस्था के कारण विरही राम को अभी जंगल के वे स्थल, जहाँ सीता के सहवास-काल में उन्होंने अनेक आमोद-प्रमोद किए थे, काटने को दौड़ते हैं। सारांश यह कि कथा का सम्पूर्ण परिवेश ही प्रत्यभिज्ञा के अनुकूल है। इसलिए इन दो अंकों के कतिपय श्लोकों में हमें 'एतानि तानि, सोऽयं, एतत्तदेव, एते त एव', इत्यादि जैसे 'तत्ता-इदन्ताबोधक' अनेक शब्द मिलते हैं। जैसे—

यत्र द्रुमा अपि मृगा अपि बन्धवो मे
यानि प्रियासहचरश्चिरमध्यवात्सम्।
एतानि तानि बहुनिर्झरकन्दराणि
गोदावरी परिसरस्य गिरेस्तटानि॥

(तृतीय खंड)

यह विरही राम की उक्ति है कि "ये वही गोदावरी के तटस्थित निर्झर कन्दरावाले पर्वतीय स्थल हैं, जहाँ मैं वृक्ष और पशुओं की मित्रता के बीच प्राण-प्रिया सीता के साथ चिरकाल तक रहा था।" यहाँ 'एतानि तानि' से सूचित तत्ता और इदन्ता के संयोग के कारण हमें प्रत्यभिज्ञा का ललित उदाहरण मिलता है। इसी तरह जब वासन्ती विरह-व्याकुल और सुधि-विह्वल राम से एक शिलातल पर आसन ग्रहण करने के लिए निवेदन करती हुई कहती है—

एतत्तदेव कदली वनमध्यवर्त्ति
कान्तासखस्य शयनीयशिलातलं ते।
अत्रस्थिता तृणमदाद्बहुषो यदेभ्य:
सीता ततो हरिणकनं विमुच्यते स्म॥

(तृतीय अंक)

तब हमें उस प्रत्यभिज्ञा का उदाहरण मिलता है, जिसके लिए कोई पूर्व-परिचित वस्तु अथवा स्थल पुन:प्रत्यक्ष के बाद उद्दीपन या उद्‌बोधक का काम करता है। इस कोटि की स्थल-विशेष से उद्दीप्त प्रत्यभिज्ञा, विशेषकर विरह-प्रसंगों में, बड़ी मादक सिद्ध होती है; क्योंकि मिलन के मादक क्षणों में जो स्थल केलि-कलाप

1. प्रत्यभिज्ञा के इन तीन भेदों—तत्सदृश प्रत्यभिज्ञा, तद्विलक्षण प्रत्यभिज्ञा और तत्प्रतियोगी प्रत्यभिज्ञा—में प्रथम दो, अर्थात्, तत्सदृश प्रत्यभिज्ञा और तद्विलक्षण प्रत्यभिज्ञा 'कल्पना' के लिए अधिक महत्त्वपूर्ण हैं।

के केन्द्र बने रहते हैं, उन्हीं स्थलों पर जब वियोग की दुर्निवार दारुण घड़ियों में वियुक्त व्यक्ति को विरह की कांकरी चुननी पड़ती है, तब विरही के स्मृति-समुद्गक में दंश-पीर के घनेरों बुल्ले उठने लगते हैं। प्रायः ऐसी भावुक स्थिति में प्रत्यभिज्ञा अतिस्मृति (हाइपरम्नेसिया) के अन्तर्गत आ जाती है।

किन्तु, इस विवेचन से यह न समझना चाहिए कि प्रत्यभिज्ञा सर्वत्र स्थलप्रसंगक ही होती है। कला के क्षेत्र में हल्की अथवा अपुष्ट प्रत्यभिज्ञा भी अतीत और वर्तमान, तत्ता और इदन्ता तथा पूर्वदेश और एतद्देश का सन्धिस्थल होने के कारण निविड़ संवेग और उपचित भाव को जगाने में सक्षम होती है। वस्तुतः प्रत्यभिज्ञा में प्रमाता और प्रमेय के बीच पूर्वदर्शन तथा पुनर्दर्शन का अन्तराल पूनर्दर्शन-काल के इन्द्रिय-सन्निकर्ष को बहुत ही तीक्ष्ण और प्रभावक बना देता है। इसलिए प्रत्यभिज्ञा का सूक्ष्म अथवा नगण्य आलम्बन भी कल्पना-विधान का सुन्दर विभाव बन जाता है। उदाहरणार्थ, जब मूर्च्छित राम को चेतन करने के लिए (भागीरथी के वरदान से अदृश्य) सीता तमसा के परामर्श से राम के पास जाती है, तब उस विद्युत-स्पर्श को तत्क्षण पहचानते हुए राम कहते हैं—

आश्च्यूोतनं नु हरिचन्दनपल्लवानां
निष्पीडितेन्दुकरकन्दलजो नु सेकः।
आतप्तजीवितपुनः परितर्पणोऽयं
संजीवनौषधिरसो न हृदि प्रसिक्तः॥
स्पर्शः पुरा परिचितो नियतं स एव
संजीवनश्च मनसः परिमोहनश्च।
संतापजां सपदि यः परिहृत्य मूर्छा—
मानन्दनेन जडतां पुनरातनोति॥[1]

यहाँ प्रत्यभिज्ञा के एक अतिसामान्य आलम्बन—पुरापरिचित स्पर्श—के आधार पर ऐसी उन्नमित कल्पना की गई है कि शर्वरीश की ज्योत्स्ना को कौन कहे, कल्पवृक्ष के मसृण पल्लव-रस को अंगुलियों की नोक पर उतरना पड़ा है।

इन प्रेम-प्रसंगों के अलावे प्रकृति के सौन्दर्य-चित्रण में भी प्रत्यभिज्ञा पर आश्रित कल्पना का पूरा उपयोग हो सकता है। भवभूति ने ही 'उत्तररामचरित' के द्वितीय अंक में प्रत्यभिज्ञाश्रित कल्पना के सहारे राम की पुष्पकविमान-यात्रा के समय वन्य प्रकृति का सुन्दर चित्रण उपस्थित किया है।[2] सारांश यह कि कलान्तर्गत कल्पना-विधान में प्रसंगानुमोदित प्रत्यभिज्ञा बहुत सहायक सिद्ध होती है। साथ ही, प्रत्यभिज्ञा की रसात्मक दशा में मन इतना रमणशील हो जाता है कि आश्रय

1. *उत्तररामचरित,* तृतीय अंक, श्लोक 11-12
2. *उत्तररामचरित,* द्वितीय अंक, श्लोक संख्या 22, 23, 24

अथवा भावक का निजी व्यक्तित्व अपने सारे विशेषत्व और पार्थक्य-भावना के साथ विलुप्त हो जाता है।

इस प्रकार कल्पना, स्मृति और प्रत्यभिज्ञा की उपरिलिखित चर्चा का निष्कर्ष यह निकला कि कल्पना भूत पर आधारित होती हुई भी भविष्योन्मुख रहती है, जबकि स्मृति का सम्बन्ध मात्र भूतकाल की घटनाओं और अनुभूतियों से रहता है। दूसरी ओर प्रत्यभिज्ञा केवल अतीत और वर्तमान से सम्बन्ध रखती है, जबकि कल्पना भविष्य से सम्बन्ध ही नहीं रखती, बल्कि कल्पना में आई बहुत-सी वस्तुएँ भविष्य में निर्मित भी हो जाती हैं। इस प्रकार काल को स्वायत्त करने की दृष्टि से कल्पना सर्वाधिक समृद्ध है। पुन: स्मृति और कल्पना में एक अन्तर यह है कि स्मृति में हमें किसी पूर्वानुभव की वस्तु का (केवल वस्तु का) संचित संस्कारों के उद्‌बोध से स्मरण होता है, किन्तु, कल्पना में स्मृति के मात्र आलम्बन (वस्तु) का नहीं, उसके आसंगों और साहचर्य का भी स्मरण होता है। उदाहरणार्थ, किसी के कथनविशेष का स्मरण स्मृति है, किन्तु, उस कथन के साथ ही कथनकर्ता की भावभंगिमा, सलील मुद्रा आदि का भी स्मरण हो आना कल्पना है। दूसरी बात यह है कि स्मृति और प्रत्यभिज्ञा में मनुष्य भोक्ता-मात्र रहता है, किन्तु, कल्पना में कुछ अंशों तक 'नवीन का स्रष्टा' भी। तदनन्तर, अतीत, वर्तमान और भविष्य—तीनों के समागम के कारण कल्पना में कान्तदर्शिता रहती है।[1]

कल्पना के प्रसंग में संवेदन (सेन्सेशन) पर भी विचार करना आवश्यक है, क्योंकि कल्पना में संवेदन का प्रचुर महत्त्व है। संवेदन के सहारे ही कल्पना जीवन्त होती है। इसलिए कल्पना चाक्षुष, श्रावण अथवा स्पर्शिक संवेदनों का, प्राय:, साथ नहीं छोड़ती है। वास्तविकता यह है कि हमारी ऐन्द्रिय अनुभूतियों की अनुकूल और प्रतिकूल वेदना ही, जो हमारे संवेदनों के मूल रूप हैं, कल्पना को गति प्रदान करती है। अत: हर्टले का यह मत सुविचारित प्रतीत होता है कि हमारे संवेदन अर्थात् ऐन्द्रिय अनुभूतियों के सुख-दुख ही कल्पना पर आरोपित होते हैं। इस ऐन्द्रिय अनुभूति की प्रधानता के कारण कल्पना में चाक्षुष प्रत्यक्ष का सर्वाधिक महत्त्वपूर्ण स्थान है, क्योंकि अन्य इन्द्रियों की अपेक्षा चक्षु संवेदन प्राप्त करने का अधिक व्यापक माध्यम प्रस्तुत करते हैं।[2] सारांश यह है कि कल्पना का हमारे संवेदनों से निकट सम्बन्ध सिद्ध होता है। कल्पना के प्रति यह संवेदनावादी दृष्टिकोण सत्रहवीं शताब्दी में बहुत ही प्रबल था।[3] यौवनावस्था में सामान्यत: व्यक्ति का अधिक

---

1. वारेन हिल्टन, *पावर ऑव मेंटल इमेजरी,* फंक एंड वैग्नत्स कम्पनी, न्यूयार्क, 1927, पृ. 5
2. इस दृष्टि से एडिसन की ये पंक्तियाँ विचारणीय हैं—"वी कैन नॉट इनडीड हैव ए सिंग्ल इमेज इन द फ़ैंसी दैट डिड नॉट मेक इट्स फर्स्ट एंट्रेन्स थ्रू द साइट।"—*स्पेक्टेटर,* पृ. 487, 503
3. देखिए—क्रोचे, *एस्थेटिक्स,* अनु. डुग्लस एन्स्ली , लन्दन, 1953, पृ. 201-203

काल्पनिक होना भी इसे सिद्ध करता है कि कल्पना का संवेदन से निकट सम्बन्ध है। यौवनावस्था में संवेदन-शक्ति तीव्रतम रहती है, क्योंकि वस्तु-प्रत्यक्ष के उपरान्त तीव्र ऐन्द्रिय प्रतिक्रिया का उत्सारण एक अभ्यास-सा हो जाता है। इसलिए युवक आत्मनिष्ठ या वस्तुनिष्ठ राग-विराग और अधिकतर प्रेय के प्रति बहुत जागरूक तथा सचेष्ट रहता है। वस्तुतः वय-दृष्टि से यौवनावस्था संवेदनशील कल्पना के लिए सर्वोत्तम काल है।

अब हम संक्षेप में बुद्धि और कल्पना पर विचार करेंगे। बुद्धि वह शक्ति है, जिसके द्वारा मनुष्य किसी उपस्थित विषय के सम्बन्ध में ठीक-ठीक विचार या निर्णय कर सकता है। इसीलिए बुद्धि को कुछ विचारक 'अन्तःकरण की निश्चयात्मिका वृत्ति' कहते हैं। सांख्यदर्शन के अनुसार बुद्धि महतत्त्व है, अतः प्रकृति का प्रथम विकास-तत्त्व है। अर्थात्, बुद्धितत्त्व सत्त्वगुण का सर्वप्रथम प्रादुर्भाव है। गीता में बुद्धि के तीन प्रकार माने गए हैं—सात्विकी, राजसी एवं तामसी।[1] जिस बुद्धि के द्वारा हम प्रवृत्ति, निवृत्ति, कर्तव्य-अकर्तव्य, बन्धन और मोक्ष का ज्ञान प्राप्त करते हैं, वह सात्विकी है ; जिस बुद्धि के द्वारा हम धर्म, अधर्म अथवा कर्तव्याकर्तव्य का यथार्थ निर्णय नहीं करते हैं, वह राजसी बुद्धि है और जो बुद्धि सब बातों में उल्टी समझ पैदा करती है, उसे तामसी बुद्धि कहते हैं।[2] किन्तु, बुद्धि के इन स्वरूपों से कला-जगत् की कल्पना का कोई ऋजु अथवा अनृजु सम्बन्ध नहीं है। हमारे शास्त्रों में बुद्धि का निरूपण एक दूसरे ढंग से हुआ है, जिसके अनुसार निद्रावृत्ति, व्यवसाय, चित्तस्थैर्य, संशय और प्रतिपत्ति बुद्धि के पाँच विशिष्ट गुण हैं। दूसरी दृष्टि से बुद्धि के सात गुण माने गए हैं—शुश्रूषा, श्रवण, ग्रहण, धारण, ऊह, अपोह, और अर्थविज्ञान। बुद्धि के इस विश्लेषण से भी कल्पना का प्रयोजन सिद्ध नहीं होता है। उपर्युक्त गुणों के अतिरिक्त बुद्धि की पाँच वृत्तियाँ मानी गई हैं—प्रमाण, विपर्यय, विकल्प, निद्रा और स्मृति। इनमें विपर्यय, विकल्प और स्मृति का कल्पना के साथ सीधा सम्बन्ध पड़ता है। पुनः नैयायिकों ने नित्या और अनित्या रूपों को छोड़कर बुद्धि के जो दो भेद—अनुभूति और स्मृति—बतलाए हैं, उनका कल्पना के विश्लेषण में पुष्कल उपयोग सिद्ध होता है। हम देख चुके

1. *प्रवृत्तिं च निवृत्तिं च कार्याकार्ये भयाभये।*
   बन्धं मोक्षं च या वेत्ति बुद्धिः सा पार्थ सात्त्विकी ॥30॥
   यया धर्ममधर्म च कार्य चाकार्यमेव च।
   अयथावत प्रजानाति बुद्धिः सा पार्थ राजसी ॥31॥
   अधर्म धर्ममिति या मन्यते तमसावृता।
   सर्वाथान्विपरीतांश्च बुद्धिः सा पार्थ तामसी ॥32॥

   —*श्रीमद्भगवद्गीता,* अध्याय, 18
2. लोकमान्य बालगंगाधर तिलक, *श्रीमद्भगवद्गीता रहस्य,* अनु. माधवरावजी सप्रे, पूना, 1955, पृ. 146

हैं कि आचार्य रामचन्द्र शुक्ल ने कल्पना के विश्लेषण में अनुभूति और स्मृति को कितना महत्त्वपूर्ण स्थान दिया है।

इस अल्प पृष्ठिका को प्रस्तुत करने के उपरान्त कल्पना पर दार्शनिक दृष्टि से विचार कर लेना उचित है। दार्शनिक दृष्टि से कल्पना एक प्रकार की आत्मस्थ 'अविद्यामाया' है। इसलिए इसमें सत्य नहीं, सत्याभास और सादृश्य नहीं 'आपात सदृश' की अनिवार्य स्थिति रहती है। इस प्रकार कल्पना चित्त की निवृत्ति नहीं, मन की प्रवृत्ति है, अर्थात्, एक प्रकार का 'उपराग' है। अत: ऋतु-दृष्टि से कल्पना में केवल 'प्रातिभासिक सत्य' रहता है, क्योंकि कल्पना मूलत: व्यक्तिगत प्रतीति पर निर्भर रहती है। जैसे, चाँदनी में उठती गंगा की लहरों को देखकर कवि का यह लिखना—

चाँदी के साँपों-सी रलमल नाचती रश्मियाँ जल में चल
रेखाओं-सी खिंच तरल-सरल।[1]

एक व्यक्तिगत प्रतीति है। सबों को चन्द्रिका-स्नात लहर चाँदी के साँप सी प्रतिभासित नहीं हो सकती है। इसलिए मूर्तविधायिनी शक्ति से मंडित होने पर भी कल्पना सर्वथा और सर्वदा सविशेष होती है; वह निविशेष कभी नहीं होती। साथ ही, उक्त प्रातिभासिक सत्य पर निर्भर रहने के कारण कल्पना कभी भी ऋतम्भरा नहीं होती है। अत: मेरी दृष्टि में सत्य के साथ कल्पना को तुलित करने का दृष्टिकोण मूलत: भ्रान्त है। कोई कल्पना कला के क्षेत्र में स्वायत्त 'सत्य या असत्य' के कारण श्रेष्ठ अथवा अवर सिद्ध नहीं होती, बल्कि उसका इतना ही प्रयोजन है कि वह कलाकार की 'वासना' को रस-रूप में परिणत कर दे।

कल्पना जहाँ उस वस्तु का बोधाभास प्रस्तुत करती है, जो 'वस्तु' वास्तव में इन्द्रिय-ग्राह्य नहीं है, वहाँ उसमें अनुमान का समावेश हो जाता है, क्योंकि जो वस्तु या पदार्थ इन्द्रिय-ग्राह्य नहीं है, उसके ज्ञान के साधन को ही अनुमान कहते हैं। सांख्य दर्शन में, इसीलिए, अनुमान को इस प्रकार परिभाषित किया गया है—'प्रतिबन्धदृश: प्रतिबद्धज्ञानमनुमानम्'। जैसे, मानसरोवर में रहनेवाले हंसों की कल्पना। सचमुच, किसी ने मानसरोवर में रहनेवाले हंसों को नहीं देखा है। इस कवि-प्रसिद्धि का कारण अनुमान ही है। मानसरोवर उत्तर में है, सुन्दर पुष्कर है और हंस भी उत्तर की ओर उड़कर जाते हैं, जबकि वे प्राय: पुष्कर-सेवी हुआ करते हैं। इस प्रकार एक सरणि पर यह अनुमान-लब्ध कल्पना हो गई कि मानसरोवर में हंस रहते हैं। अनुमान की प्राय: तीन कोटियाँ मानी जाती हैं—पूर्ववत्, शेषवत् और सामान्यतोदृष्ट।[2] जहाँ कवि अपनी अनुभूतियों के आधार पर पात्र का मनोनिवेश

1. सुमित्रानन्दन पन्त, *आधुनिक कवि,* हिन्दी साहित्य सम्मेलन, प्रयाग, छठा संस्करण, पृ. 57
2. *सांख्यतत्त्वकौमुदी-प्रभा,* व्याख्याकार—डॉ. आद्याप्रसाद मिश्र, सत्य प्रकाशन मन्दिर प्रयाग, 1956, पृ. 38

प्रस्तुत करता है, वहाँ पूर्ववत् अनुमान काम करता है। जैसे, निजी सुहागरात में प्राप्त नवेली की आत्यन्तिक लज्जालु चेष्टाओं के आधार पर काव्य-निबद्ध नायिका की अलम्बुषासी सलज्ज-सलील क्रियाओं का अंकन। शेषवत् अनुमान उसे कहते हैं, जिसमें कवि आगत प्रत्यक्ष को देखकर (बिना दूर की कौड़ी चुने हुए) किसी आगमिष्यत् अप्रत्यक्ष का अन्दाज लगा लेता है। जैसे, श्यामल या मेदुर मेघखंडों को देखकर वृष्टि की कल्पना। और, सामान्यतोदृष्ट अनुमान उसे कहते हैं, जिसमें 'विशेष' के कार्य से 'सामान्य' की अथवा 'एक' के आधार पर 'समस्त' की जातिगत 'गुण-कल्पना' की जाती है। जैसे, एक-दो लाजवन्ती के कपोलों पर लाली देखकर सामान्य नारी-जाति के सम्बन्ध में लज्जा की अवस्था में कपोल और कर्णमूलों के लाल होने का अनुमान कर लेना। इस प्रकार वीत और अवीत[1] अनुमान की सभी कोटियों में यथार्थ का थोड़ा-सा पुट अवश्य रहता है। दूसरे शब्दों में 'अनुमान' का 'आधारस्वरूप' प्रत्यक्ष ही उसका यथार्थ है, जैसे—प्रथम उदाहरण में हंस, दूसरे में मेघ और तीसरे में प्रत्यक्षीकृत या आलम्बनगत लाजवन्ती। इसीलिए वही कलाकार उत्कृष्ट कल्पनाओं के लिए समर्थ सिद्ध होता है, जो यथार्य दृष्टा हुआ करता है और वस्तु का नैमित्तिक ज्ञान रखता है।

क्रिया-पक्ष की दृष्टि से कला कल्पना का भोग—'चिदवसानो भोग:' है। इसलिए जीवन के प्रारम्भ में कल्पनाओं का धनी रहनेवाला कवि अन्त में दार्शनिक मात्र रह जाता है, क्योंकि कला-सृजन के क्रम में कल्पना की शक्ति छीजती रहती है। यदि हम प्रश्नोपनिषद् के दो शब्दों का सहारा लें, तो कल्पना और कलाकार के सम्बन्ध को हम 'आद्य' और 'अत्ता' का सम्बन्ध कह सकते हैं।[2]

कल्पना के क्षणों में कलाकार की चित्तवृत्तियाँ असम्प्रज्ञात योग (सम्प्रज्ञात योग अर्थात् वृत्तियों के निरोध की विपरीत दशा) की अवस्था में रहती हैं, किन्तु, उसका आनन्द लेनेवाला 'सहृदय' कला के 'विषय' को अपना विषय बनाकर प्रत्याहार की स्थिति में आ जाता है। इसलिए कला कभी भी 'वृत्ति-निरोध' के अर्थ में प्रयुक्त होनेवाला 'योग' नहीं बन सकती। विशेषकर आधुनिक कला में प्राप्त होनेवाली कलाकार की वह 'अस्मिता' तो योग को प्रतिपादित करनेवाले दर्शन की दृष्टि से 'बन्ध का हेतु-विपर्यय' सिद्ध हो जाएगी, जो आस्थावान कलाकारों के लिए सब कुछ है। यहाँ यह भी ध्यातव्य है कि कल्पना में, प्राय:, विविक्त-बोध (एकान्त ज्ञान) नहीं के बराबर रहता है। अर्थात्, कल्पना का बोध

---

1. अनुमान काल की दृष्टि से दो प्रकार का होता है—वीत और अवीत। वीत अनुमान के अन्तर्गत पूर्ववत् और सामान्यतोदृष्ट आते हैं तथा अवीत के अन्तर्गत शेषवत्।—*The Samkhya Karika of Iswara Krsna,* with an Introduction and Translation by S. S. Suryanarayana Sastri, University of Madras, 1930, p. 17
2. *प्रश्नोपनिषद्,* द्वितीय प्रश्न, श्लोक संख्या 11

सर्वत्र, सर्वथा और सर्वदा सापेक्ष हुआ करता है, क्योंकि 'विविक्त-बोध' होने से सृजन-चेतना के प्रति निवृत्ति और निरोध का भाव जग जाता है,[1] जो कलाकार के लिए अनिष्टकर है।

तदन्तर, कल्पना-जगत् और वास्तविक जीवन के एक ऐसे अन्तर पर हमें ध्यान देना है, जिसके चलते ललितकलाओं का सम्पूर्ण नन्दतिक परिवेश एक विशिष्टता के साथ निर्मित होता है। बात यह है कि कल्पना-जगत् के संवेग वास्तविक जीवन के संवेगों की तुलना में, साधारणत:, कमजोर होते हैं। किन्तु, कल्पना-जगत् के संवेग वास्तविक जीवन के संवेगों की अपेक्षा अधिक बोधगम्य, सुलझे हुए और टिकाऊ होते हैं; क्योंकि वास्तविक जीवन में हम नैतिक एवं अन्य दायित्वों के कारण संवेगों को भोगने में शीघ्रता करते हैं, फलस्वरूप उसका रस नहीं ले सकते हैं; जबकि कल्पना-जगत् में दायित्व-मुक्त रहने के कारण हम संवेगों का रुक-रुककर, कभी उसमें लीन होकर और कभी उससे पृथक् होकर, रस लेते हैं, सचमुच, वास्तविक जीवन में व्यक्ति और संवेग के बीच एक त्वरा और अद्वयता रहती है, जो रुक-रुककर स्वेच्छा से मनोनुकूल रसानुभूति लेने में बाधक सिद्ध होती है।[2] इसीलिए अनेक जागतिक दायित्वों से मुक्त होकर मनोनुकूल रसानुभूति लेने के लिए मानव-मन कल्पना की ओर प्रलुब्ध होता है और कल्पना-निर्भर कलासृजन के द्वारा आन्तरिक तोष प्राप्त करता है।

उपरिलिखित सम्पूर्ण विवेचन का निष्कर्ष यही है कि कल्पना एक प्रकार की मानसिक सृष्टि है। कल्पना का अर्थ है सृजन करना, जिसका कर्ता प्राणि-मात्र का मन है। सामान्यत: मन को 'संकल्पविकल्पात्मक'[3] कहा गया है। अर्थात् मन बिना 'निश्चय' किए हुए हर प्रकार से चालित होनेवाली इन्द्रिय है और कल्पना का मूल

---

1. 'विविक्त बोधात् सृष्टिनिवृत्तिः प्रधानस्य सूदवत् पाके'। —*सांख्यदर्शन,* 63
2. रोजर फ्राय ने 'एन एसे ऑन एस्थेटिक्स' शीर्षक निबन्ध में इस तथ्य को बहुत सटीक अभिव्यक्ति दी है—'विजन एंड डिजाइन', ले. रोजर फ्राय, पृ. 26-27। रोजर फ्राय की इस स्थापना का सम्बन्ध कलाकार और सहृदय दोनों के कल्पना-जगत् से है। किन्तु, कुछ इसी तरह की बात फिलिप गिल्बर्ट हैमर्टन ने केवल कलाकार की कल्पना अर्थात् कारयित्री कल्पना के सम्बन्ध में भी लिखी है कि यदि कलाकार आवेग-संवेग को पूरी त्वरा में भोगेगा, तो वह शैल्पिक चयन का अवकाश कैसे प्राप्त कर सकेगा?—फिलिप गिल्बर्ट हैमर्टन, *इमाजिनेशन इन लैंडस्केप पेंटिंग,* सीले एंड को, लन्दन, 1896, पृ. 77-78
3. डॉ. नगेन्द्र ने संकल्प-विकल्प की व्याख्या इस प्रकार प्रस्तुत की है—"संकल्प का तात्पर्य अनुभूत वस्तु से सम्बद्ध पहली मानसिक धारणाओं से है—विकल्प उनकी अनुयोगी अथवा प्रतियोगी धारणाएँ हैं। प्रत्यक्ष इन्द्रिय ज्ञान (परिज्ञान) से जो हमारे अन्त:करण पर प्रभाव-प्रतिबिम्ब पड़ते हैं, उनका मन ही में समीकरण करके उन्हें बुद्धि के समक्ष उपस्थित करता है।" —डॉ. नगेन्द्र, *विचार और अनुभूति,* पृ. 19, प्रथम संस्करण।

आधार है।[1] अत: सभी ललितकलाओं को दृष्टिगत रखते हुए हमारा निष्कर्ष यह है कि कल्पना एक प्रकार की मानसिक सृष्टि है, जो अपने सम्मूर्तन के लिए साधन या माध्यम के रूप में ईंट, पत्थर, रंग-तूली, स्वर या बिम्ब—किसी को भी ग्रहण कर सकती है। जो विचारक कल्पना को मानसिक बिम्ब-विधान कहते हैं, वे कल्पना को केवल काव्य तक सीमित कर देते हैं; फलस्वरूप अन्य ललितकलाओं का विस्तृत परिसर इस परिभाषा के अनुसार कल्पना से असम्पृक्त रह जाता है। किन्तु, कल्पना को केवल 'मानसिक सृष्टि' कहने से भी उसमें एक अतिव्याप्ति आ जाती है। अत: सम्पूर्ण ललितकलाओं को दृष्टिगत रखते हुए यह कहना निरापद प्रतीत होता है कि कल्पना एक ऐसी मानसिक सृष्टि है, जिसमें नन्दतिक बोध के साथ सम्मूर्तन की क्षमता और भावोद्बोधन का गुण रहता है।

यह नन्दतिक कल्पना सनातन और निरपेक्ष नहीं होती है। विभिन्न कालों और विभिन्न कलाओं में कल्पना के स्वरूप और स्तर भिन्न होते हैं। कल्पना के स्वरूप-निर्माण और स्तर-निर्धारण में युग, मूल्य-दृष्टि और परिवेश का उल्लेखनीय योग रहता है। प्रस्तरगुफाकालीन मानव और आज के स्पुतनिक युगीन मानव की कल्पना के रंग-ढंग में पर्याप्त अन्तर है। नानी और मौसी की यह कहानी कि चाँद में कोई बुढ़िया कत्तिन बैठी-बैठी सूत कातती है—चाँद पर उपनिवेश बनाने के बाद कितनी हास्यास्पद लगेगी। इतना ही नहीं, आगामी दो-चार दशकों के भीतर ही काव्य के प्रसिद्ध 'अप्रस्तुत', सादृश्य-मूलक और अतिशयमूलक और अलंकारों के प्रशस्त 'उपमान' चाँद के प्रति, जो हमारी पौराणिक-नन्दतिक कल्पना और सौन्दर्यबोध का एक आकर्षक केन्द्र रहता आया है, हमारी कल्पना-भंगी में कितना बड़ा परिवर्तन हो जाएगा? तब ग्रहण के दिन राहु के ग्रसने की बात, काव्य में प्रयुक्त होनेवाले राहु-चन्द्र के रूपक—सब कुछ विचित्र लगेंगे। सारांश यह है कि युगदृष्टि और परिवेश के परिवर्तन के साथ ही कल्पना के अनेक आयाम बनते, बिगड़ते और बदलते रहते हैं।

1. सम्भवत: इसीलिए महाभारत में (शान्तिपर्व 251, 11) मन को व्याकरण अथवा विस्तार करनेवाला (मनोव्याकरणात्मकम्) कहा गया है। श्री बालगंगाधर तिलक ने मन का लक्षण-निरूपण करते हुए लिखा है—"इस देह-रूपी कारखाने में 'मन' एक मुंशी (क्लर्क) है, जिसके पास बाहर सबका माल ज्ञानेन्द्रियों के द्वारा भेजा जाता है। और यही मुंशी (मन) माल की जाँच किया करता है।"...तदनन्तर तिलकजी ने मनोव्यापारों के तीन विभाग प्रस्तुत करते हुए कहा है कि सब मनोव्यापारों में से इस सार-असार-विवेकशक्ति को अलग कर देने पर सिर्फ बचे हुए व्यापार ही जिस इन्द्रिय के द्वारा हुआ करते हैं, उसी को सांख्य और वेदान्तशास्त्र में मन कहते हैं। यही मन वकील के सदृश, कोई बात ऐसी है (संकल्प) अथवा उसके विरुद्ध वैसी है (विकल्प) इत्यादि कल्पनाओं को बुद्धि के सामने निर्णय करने के लिए पेश किया करता है। इसीलिए इसे 'संकल्प-विकल्पात्मक' अर्थात् बिना निश्चय किए केवल कल्पना करनेवाली इन्द्रिय कहा गया है।"—बालगंगाधर तिलक, *गीता रहस्य,* पूना, 1955, पृ. 139-140

तदनन्तर, सभी कलाओं में कल्पना के विनियोग का स्वरूप भिन्न होता है। जिस कला का मूर्त आधार जितना ही स्थूल होता है, उस कला में कल्पना के विनियोग की मात्रा उतनी ही कम रहती है। कल्पना का यह इन्द्रजाल है कि यह मूर्त से मूर्त का नहीं, अमूर्त की सहायता से मूर्त का निर्माण करती है। इसलिए अमूर्त कल्पना अपने मूर्तविधान के लिए अमूर्त आधार खोजती है। इस दृष्टि से कल्पना का निम्नतम विनियोग स्थापत्य कला में और सर्वोत्तम विनियोग काव्य कला में मिलता है। काव्य का सम्पूर्ण अप्रस्तुत-विधान कल्पना पर निर्भर रहता है तथा कल्पना के द्वारा ही काव्य के रस-प्रसंग में विभावन-व्यापार चलता है। वस्तु और भाव के उत्कर्ष को बढ़ाने में, साम्य अथवा वैषम्यमूलक अलंकारों के प्रयोग में, अतिशयोक्ति-पद्धति पर दूर-स्थित वस्तुओं के समीकरण में—सर्वत्र कल्पना के पारस-स्पर्श की आवश्यकता होती है। काव्य तथा काव्येतर कलाओं में कल्पना के विनियोग का एक मुख्य उद्‌देश्य होता है—रिक्त स्थानों की पूर्त्ति अथवा विषमताओं का निवारण। विनियोग के इस स्वरूप का सम्बन्ध कला के विषय-पक्ष की अपेक्षा रूप-विधान से निकटतर है। इस प्रकार के विनियोग में कलाकार कभी-कभी दो वस्तुओं के बीच गोपित सम्बन्धों का उद्‌घाटन और लुप्त, किन्तु, सम्भाव्य सम्बन्धों का पुनःस्थापन करता है।

दृश्यकला और श्रव्यकला से विभाजन को दृष्टिगत रखते हुए हम कह सकते हैं कि प्रथम प्रकार की कला में सम्मूर्तन-प्रधान कल्पना ('प्लास्टिक इमाजिनेशन') का विनियोग होता है, जबकि द्वितीय प्रकार की कला में संवेग-संचर कल्पना ('डिफ्लुयेंट ऑर इमोशनल इमाजिनेशन') का। सम्मूर्तन-प्रधान कल्पना वस्तुगत यथार्थ को गौण बना देती है और उसके माध्यम से जीवन के किसी अनवद्य सत्य या महिम भाव-दशा को व्यक्त करती है। उदाहरणार्थ, सम्मूर्तन-प्रधान कल्पना से संचालित कलाकार के लिए इन्द्रधनुष सात प्रकार के दृष्टिरंजक रंगों का सम्पुंजन मात्र है, जो इन्द्रियगम्य और अनुकरण-सुखद हैं। किन्तु, संवेग-संचर कल्पना से आविष्ट कलाकार के लिए वह विविधवर्णी इन्द्रधनुष जिज्ञासा, कौतूहल और नयन-सुख का एक ऐसा उद्‌दीपक है, जो ज्ञात और अज्ञात के बीच एक रहस्यमय सेतु का काम करता है। इसलिए, सामान्यतः, स्थापत्यकार, शिल्पकार, और चित्रकार के पास सम्मूर्तन-प्रधान कल्पना की अधिकता रहती है, जबकि संगीतकार और कवियों के पास संवेग-संचर कल्पना की प्रधानता रहती है।[1]

उपलब्धि की दृष्टि से कल्पना अस्तित्वहीन को अस्तित्व और सत्य के अनुद्‌घाटित क्षेत्रों को प्रकाश देती है। कल्पना की यह उपलब्धि मनुष्य के आयास-लब्ध या अधीत ज्ञान से नहीं, सहजज्ञान से निष्पन्न होती है। अतः कल्पना का क्षेत्र बहुत व्यापक होता है और उसकी गति एकदम अप्रतिहत-प्रसर होती है। कला का

1. द्रष्टव्य—जे. ई. डाउनी, *क्रियेटिव इमाजिनेशन,* केगन पाल, लन्दन. 1921, पृ. 2

सम्पूर्ण औपम्यमूलक निबन्धन कल्पना पर अवलम्बित है। कल्पना के सहारे ही कलाकार गुण-साम्य, धर्म-साम्य, प्रभाव-साम्य, व्यापार-साम्य इत्यादि (मनसालब्ध) समताओं के आधार पर प्रस्तुत में अप्रस्तुत के आरोप से रमणीय भाव-लोक की सृष्टि करता है। पुन: वैषम्य के द्वारा वस्तु-विशेष के गुण-विवर्द्धन या उत्कृष्टतास्थापन में प्रस्तुत-अप्रस्तुत के बीच गुण, धर्म, प्रभाव और व्यापार का प्रतीप प्रस्तुत करने के लिए कल्पना ही कलाकार को दृष्टि-विस्तार देती है। इतना ही नहीं, कल्पना भावना से अधिक सम्भावना का अनुधावन करती है। अत: जिस सम्भावना या वक्रोक्ति से कला, विशेषकर कविता ललाम बनती है, वह भी कल्पना पर आश्रित है। पद्मिनी नायिका पर चाँदनी रात में भौरों की भीड़ अथवा अर्द्धरात्रि में साँकल खटखटानेवाले आवेदक कृष्ण और केलिसखी राधा की विलम्बित वक्रोक्ति कल्पना का ही कमाल है। इस तरह कल्पना कारयित्री प्रतिभा को पोषण देती है और उसके आलबाल में निर्बल से निर्बल आलम्बन पुष्ट तथा अभिराम बन जाता है।

जिस प्रकार विभिन्न कलाओं में कल्पना के विनियोग का स्वरूप भिन्न होता है[1] उसी प्रकार विश्लेषणात्मक दृष्टि धारण करने पर कला के अन्तर्गत कल्पना के कई प्रकार प्रतीत होते हैं। जैसे, विचार-दृष्टि से कल्पना की दो कोटियाँ हैं—जीवनोन्मुख कल्पना और जीवनमुक्त कल्पना। जीवनोन्मुख कल्पना जीवन के प्रति अमोघ आग्रह को स्वीकार कर चलती है और जगत् के खुरदुरे यथार्थ को भावानुभूतियों की माला में मनके की तरह पिरो लेती है। इसलिए जो व्यक्ति कँटीले कर्मक्षेत्र में प्रवृत्त होता है या जो युग युयुत्सु होकर परिवेश की वास्तविकता को अनुकूल बनाने में प्रयत्नशील होता है, उसकी कला में जीवनोन्मुख कल्पना की अधिकता मिलती है। इसी तरह जो व्यक्ति अथवा युग दैनन्दिन और परिवेशगत वास्तविकता से ऊबकर तथ्य-त्यक्त

---

1. विभिन्न कलाओं में कल्पना के विनियोग का स्वरूप भिन्न होता है। जैसे, दृश्य-कलाओं में विनियोग पानेवाली कल्पना काव्य की कल्पना की तुलना में अधिक व्यापक, अन्तर्राष्ट्रीय और सार्वभौम होती है; कारण, काव्य में अभिव्यक्ति का माध्यम भाषा होती है, अत: उस भाषा को जाननेवाले लोगों तक ही (उस भाषा के द्वारा व्यक्त) कल्पना की अर्थप्रतिपत्ति सीमित हो जाती है। दृश्य-कलाओं में कल्पना की अर्थप्रतिपत्ति का यह परिसीमन नहीं होता, क्योंकि वहाँ रंग या रेखा जैसी वस्तुओं को अभिव्यक्ति के माध्यम के रूप में स्वीकार किया जाता है, जो चाक्षुष भाव-निवेदन के कारण वाग्बद्ध कला की अपेक्षा अधिक व्यापक ग्राह्यता रखती है।

   द्रष्टव्य—Graham Hough, *Image and Experience,* London, 1960, p. 3-4

   प्रसिद्ध दार्शनिक हीगेल ने भी काव्य की कल्पना और काव्येतर कलाओं की कल्पना के भेद पर विचार किया है। इस भेद को स्पष्ट करते हुए इन्होंने लिखा है—

   "The poetic imagination does not, as the plastic arts do, present the objects of its creation before our vision in an objective shape, but only envisages them to the inward vision and emotions."—Hegel, *The Philosophy of Fine Art,* London, 1920, Volume IV, p. 193

भावुकता के नन्दन-कानन में टहलने लगता है, उसकी कला में जीवनमुक्त कल्पना की अधिकता मिलती है। उदाहरणार्थ, रोमांटिक कवियों में मुख्यत: जीवन मुक्त कल्पना मिलती है। शायद, इसीलिए उनकी कविता पर पलायनशीलता का आरोप लगाया जाता है और उन्हें प्रेमी तथा पागल की कोटि में बैठाया जाता है। इस सम्बन्ध में सर्वाधिक ध्यातव्य बात यह है कि कलाकार में कल्पना के प्रति अगाध निष्ठा चाहिए। इस निष्ठा-प्राप्ति के लिए यह आवश्यक है कि कलाकार अपनी कल्पना में मिथ्यात्व की शंका न करे और अपनी कल्पना के सृजन, अन्वेषण को 'हवाई' न बनने दे, बल्कि किसी-न-किसी प्रकार की वास्तविकता से उसका सम्बन्ध अवश्य निर्भर रहने दे। वास्तविकता के अल्प संस्पर्श से भी कलाकार की कल्पना का रंग जम जाता है, क्योंकि कला में यथातथ्य के बदले प्रतीक सत्य से ही काम चल जाता है। इस वास्तविकता के आधान के लिए प्रस्तुत और अप्रस्तुत के बीच कलाकार को कृत्रिम सम्बन्ध-स्थापन करना पड़ता है, जिसे परिचित सम्बन्ध-सूत्र के अभाव में सहृदय-पक्ष सन्तोषपूर्वक स्वीकार कर लेता है। इस तरह के कृत्रिम सम्बन्ध-सूत्रों को स्थापित करनेवाली कल्पना एक प्रकार की विदग्ध कल्पना या चित्र-प्रगल्भ कल्पना के नाम से पुकारी जा सकती है। किन्तु, इस प्रकार की कल्पना से श्रेष्ठ वह कल्पना होती है, जो दूरारूढ़ आरोपों और अलीक सम्बन्ध-सूत्रों की सृष्टि में न लगकर वास्तविक अनुभव-जगत् से उत्थित मर्म-छवियों का कलात्मक संगठन करती है।

कल्पना का प्रकार-निर्धारण गुण-दृष्टि और क्रिया-दृष्टि से भी किया जा सकता है। गुण-दृष्टि से कल्पना के दो प्रकारों का निरूपण सम्भव है—असंकल्पित और संकल्पित कल्पना। संकल्पित कल्पना में तारतम्य का स्वत:चालन नहीं होता है, उसमें कवि का प्रयास संलग्न रहता है। इसके विपरीत असंकल्पित कल्पना स्वत:चालित और अनावश्यक रूप में मुग्ध भाव की हुआ करती है। इस प्रकार की कल्पना अधिकतर दिवा-स्वप्न, स्वच्छन्द कल्पना या कल्पनाभास में परिणत हो जाया करती है। तदनन्तर, क्रिया-दृष्टि से भी कल्पना के दो भेद किए गए हैं—पुनरावृत्यात्मक (रिप्रोडक्टिव) और सृजनात्मक (प्रोडक्टिव)। पहली आवृत्ति-प्रधान है (जैसे—'राम की शक्ति-पूजा' में राम के चित्त में जानकी के प्रथम मिलन का कल्पना-चित्र[1]) और दूसरी नूतन सम्बन्ध-निबन्धन के द्वारा निर्मित योग-प्रधान होती है (जैसे—स्वर्ण और मृग को अलग-अलग देखने पर भी स्वर्णमृग की नूतन कल्पना)।

इस प्रकार अनेक दृष्टियों से कल्पना का प्रकार-निर्धारण हो सकता है, किन्तु, यहाँ हम अन्य दृष्टियों को छोड़कर सौन्दर्यशास्त्रीय दृष्टि से नन्दतिक आधार को स्वीकारते हुए कल्पना के कुछ प्रमुख प्रकारों के निर्धारण का प्रयास करेंगे। इस दृष्टि से विधायक कल्पना और ग्राहक कल्पना ऐसे दो टूक स्थूल विभाजनों के अलावे

1. "जागी पृथ्वी तनया-कुमारिका-छवि...जानकी-नयन-कमनीय प्रथम कम्पन तुरीय।" 'राम की शक्ति-पूजा', निराला, *अपरा*, साहित्यकार संसद, प्रयाग, सं. 2013, पृ. 35

भी कल्पना के कई प्रकार बहुत स्पष्ट हैं। जैसे—पूरक कल्पना, मुक्तयादृच्छिकी कल्पना, तिर्यक् कल्पना, इत्यादि।

पूरक कल्पना पाठक अथवा भावक के पास रहती है। इस कल्पना के सहारे पाठक कला-निबद्ध कल्पना के शेषांश की पूर्ति अपनी ओर से करता है। साधारण प्रेम-पत्रादि या गुप्त बातों के लेखन में भी इस प्रकार के चिह्न '...' से संकेतित निगीर्ण व्यंजना को तत्सम्बन्धित व्यक्ति अथवा पत्र का पाठक अपनी पूरक कल्पना के सहारे ही समझता है। यह पूरक कल्पना भावयित्री प्रतिभा अथवा ग्राहिका कल्पना का एक विशिष्ट रूप है। कला के सम्पूर्ण व्यंजना-व्यापार की सफलता पाठक की इसी पूरक कल्पना पर निर्भर करती है। इससे रहित पाठक के समक्ष व्यंजना-गर्भ कला पत्थर पर फेंके बीज के समान निष्फल सिद्ध होती है। आजकल की झटके से समाप्त होनेवाली लघुकथाओं अथवा नए तर्ज की कुछ ही शब्दों में समाप्त होनेवाली कविताओं को इसी पूरक कल्पना की सहायता से पाठक समझ पाता है। यह पूरक कल्पना कला की सूच्य सांकेतिकता अथवा अर्थवत्ता के लिए विष्कम्भक का काम करती है। कालिदास ने अभिज्ञान शाकुन्तलम में दुष्यन्त और शकुन्तला के सम्भोग का साक्षात् वर्णन नहीं किया है, किन्तु, मिलन की उत्कंठा, पारस्परिक आकर्षण और सखियों द्वारा दिए गए एकान्त से ही चतुर पाठक अपनी पूरक कल्पना के सहारे भरत के गर्भाधान की भूमिका को समझ लेता है। इसी तरह प्रसाद के प्रसिद्ध गीत 'बीती विभावरी जाग री' में प्रसंग-निगरण के कारण पाठक को पूरक कल्पना से यह अर्थ लगाना पड़ता है कि सखी की 'जगउनी' के माध्यम से यहाँ पर भोर में निंदियाई हुई ऐसी असफल वासकसज्जा का चित्रण है, जिसकी सारी रात प्रतीक्षा में बीत गई, पर प्रियतम न आ सका। कारण, अधरों का अमन्द राग और अलकों में कैद मलयज इसे संकेतित करते हैं कि नायिका की सारी तैयारी ज्यों-की-त्यों अनाघ्रात रह गई, इस तरह किसी भी अकथित व्यंजना की रस-भूमि पर पहुँचने के लिए पूरक कल्पना का योग अत्यन्त आवश्यक है। अंकन-प्रधान स्थावर कलाओं—जैसे, मूर्तिकला और चित्रकला—के आस्वादन में इस पूरक कल्पना का और विशेष महत्त्व है, कारण, काव्य-कला की तरह इनमें वर्णित-कल्पित वस्तु की विस्तृत बारीकी का विशद प्रक्षेपण नहीं होता, इनमें ब्यौरे का अभाव और निबद्ध वस्तु का संक्षिप्त संकेत रहता है। अत: इन कलाओं के आस्वादन में अध्याहारनिमित्ता पूरक कल्पना की विशेष आवश्यकता होती है। उदाहरण के लिए हम 'बोटिसेली' के प्रसिद्ध चित्र—'द बर्थ ऑव लेनस'—को देख सकते हैं। इसमें विवसना सौन्दर्य-मूर्ति वेनस सागर की दोलित लहरों पर आत्मनिष्ठ मुद्रा में एक 'कौक्लशेल' (शम्बूक-तरी) पर खड़ी किनारे की ओर बहती चली जा रही है। वेनस की बाईं ओर पवन का प्रतीकत्व करनेवाली एक युग्मआकृति है, जो वेनस को उस अपर कूल की ओर प्रेषित कर रही है, जिस पर एक वस्त्राभूषित तरुणी

उसका स्वागत करने के लिए समुत्सुक खड़ी है। अर्थात् यह वायु-वेग से सागर की लहरों पर बहती हुई विवसना वेनस का एक गतिशील चित्र है। किन्तु, इसमें सामान्य दृष्टि से अथवा पहली नजर में वेनस की गतिशीलता लक्षित नहीं होती, वह तो शम्बूक-तरी पर एकदम स्थिर खड़ी दीख पड़ती है। अत: यहाँ वेनस की दाहिनी ओर उड़ती हुई अलकों को देखकर पूरक कल्पना से यह स्पष्ट होता है कि बाईं ओर से पवन आ रहा है और केन्द्र स्थल से कुछ दाईं ओर हटकर वेनस के दीख पड़ने से तथा दाहिनी ओर स्वागतोत्सुक नारी की उपस्थिति से यह समझना पड़ता है कि वेनस वामवर्ती पवन के झोंकों से दाहिनी ओर स्थित पुलिन के पास बहती चली जा रही है। सारांश यह है कि बोटिसेली द्वारा अंकित इस वेनस-चित्र के गतिशील सौन्दर्य की आनन्दानुभूति कोई सहृदयचित्त पूरक कल्पना के सहारे ही कर सकता है, कारण यहाँ एक-दो संकेतों के आधार पर उसे अपनी ओर से गति का अध्याहार करना पड़ता है। इसी तरह हम एदगा देगा के चित्र 'आफ्टर द बाथ' को भी देख सकते हैं। इसमें डुबकी लगाते, जल ढारने या जलपात्र का कोई दृश्य नहीं दिखाया गया है। इसमें केवल जलभार से अधोमुख केश लिये हुए एक झुकी हुई तन्वंगी तरुणी अंकित है, जो तौलिए से अपने पाँव पोंछ रही है। यहाँ वसनहीनता, केश की भीगी अधोमुखता और पोंछने की क्रिया से हम पूरक कल्पना के सहारे यह समझ लेते हैं कि इस चित्र में एदगा देगा ने एक सद्य:स्नाता को अंकित किया है। संक्षेप में हम कह सकते हैं कि कलाकार जहाँ अपनी कृति में श्लीलता के निर्वाह, अभिव्यक्ति-सौन्दर्य, विभावन-व्यापार की उपचिति, व्यापार-शोधन अथवा उपचार-वक्रता के लिए कुछ बातों को अकथित अथवा कुछ स्थलों को रिक्त छोड़ देता है, वहाँ पाठक अपनी पूरक कल्पना से उनकी मनसा पूर्ति कर लेता है। अत: पूरक कल्पना सहृदय-चित्त की अनुमानाश्रित सम्बन्धनियोजन-शक्ति है।

मुक्तयादृच्छिकी कल्पना कलाकार के मानसिक स्वत:चालन से निर्गत होती है। इस कल्पना में उड़ान अधिक रहती है और केन्द्रगामिता का अभाव रहता है, कारण, इसमें कलाकार वस्तुमत्ता से आदिष्ट न होकर अपनी सनकी रुचि या बहक के अनुसार इतस्तत: अप्रस्तुतों, उपमानों और अवर्ण्यों का 'गड्डमड्ड' प्रस्तुत कर देता है। अनेक बार श्रेष्ठ कलाकार भी ईमानदार अनुभूति के अभाव में अपनी रचना की योजना को पूरा करने के लिए मुक्तयादृच्छिकी कल्पना का सहारा लेते हैं। उदाहरण के लिए, पन्तजी की 'बादल' शीर्षक कविता का उत्तरार्द्ध ऐसी ही कल्पना से निर्मित है।[1] क्षण भर में कवि ने बिना किसी रसात्मकता या नन्दतिक बोध को उभारे अवनि, अम्बर, जल, पवन, तारा और शशि—अनेक लोक तथा पंचतत्त्वों का मुआयना कर लिया है। लगता है, कवि की लेखनी ने कविता के

1. द्रष्टव्य—सुमित्रानन्दन पन्त, *आधुनिक कवि*, हिन्दी साहित्य सम्मेलन, प्रयाग, संवत् 2012, पृ. 27

तीन-चार बन्धों में ही गणेशजी के मूषक की तरह सम्पूर्ण सृष्टि की चटपट परिक्रमा कर ली हो। इस तरह मुक्तयादृच्छिकी कल्पना भावुकता का प्रलाप या सामान्य कल्पना-वृत्ति का 'डेलिरियम' है।

इसी तरह तिर्यक् कल्पना एक प्रकार की वक्र कल्पना है। यह सहज-सरल गति में चलकर तिरछी काट करती है। अत: इस कल्पना से निर्मित कृतियाँ प्राय: पहेलियों की तरह अनबूझ हो जाती हैं। 'क्यूबिस्ट' चित्रकारों की रचना में इसका प्रचुर प्रयोग मिलता है। आधुनिक गल्प के शीर्षपाती कथा-विधान की प्रकरणवक्रता में भी इसका सहयोग मिलता है। विशेषकर वे बिम्बवादी कवि, जो चित्रधर्मिता के साथ ही अभिव्यक्ति के समर्थक होते हैं, तिर्यक् कल्पना से विशेष प्रेम रखते हैं। क्युमिंग्स और निराला की कविताओं में इस कल्पना के अनेक उदाहरण मिलते हैं। तिर्यक् कल्पना का विशिष्ट लक्षण यह है कि इसका व्यंग्यार्थ संगठनात्मक नहीं होता। वह सर्वदा प्रतीयमान रहता है, साथ ही 'नातिपिहित' और 'नातिपरिस्फुट' भी। काव्य में प्रयुक्त तिर्यक् कल्पना के लिए पदभंग, पदलोप, वाक्यलोप और विरल अक्षर-विन्यास विशेष सहायक सिद्ध होते हैं।

उपर्युक्त तीन प्रकार की कल्पनाओं को सभी ललितकलाओं में समान रूप से गति मिल सकती है, किन्तु, कल्पना के कुछ ऐसे भी प्रकार हैं, जो काव्यकला में विशेष विच्छिति के साथ प्रयुक्त होते हैं। अत: यहाँ हम काव्यकला के अनुकूल पड़नेवाले कल्पना-प्रकारों पर अधिक विचार करेंगे, क्योंकि प्रस्तावित विषय के अनुसार काव्य के विशेष सन्दर्भ में कल्पना पर विचार करना हमारे लिए अपेक्षित है। इन काव्यानुकूल कल्पना-प्रकारों में सावयव कल्पना, विभाव-विधायक कल्पना और तद्भव कल्पना विशेष विचारणीय हैं।

जहाँ ऊहा की ओर प्रवृत्ति रखनेवाला कवि सटीक उद्भावनाएँ कर पाता है, वहाँ हमें सावयव कल्पना मिलती है। ऐसी कल्पना में कही गई बातें एक-दूसरे से शृंखला की कड़ियों की तरह सम्बद्ध रहती हैं और उनकी अर्थवत्ता भी अन्योन्याश्रित रहती है। इसलिए सावयव कल्पना की सबसे बड़ी विशेषता यही है कि इसकी सभी उक्तियाँ और तदर्थ योजित सभी अप्रस्तुत एक प्रभावान्विति की ओर उन्मुख रहते हैं तथा अयुतसिद्धावयव होते हैं। उदाहरण के लिए देव के इस सवैये पर विचार किया जा सकता है—

सांसन ही में समीर गयो अरु आँसुन ही सब नीर गयो ढरि।
तेज गयो गुन लै अपनो अरु भूमि गई तन की तनुता करि।
देव जिये मिलबेई की आस कै, आसहु पास अकास रह्यौ भरि।
जा दिन तें मुख फेरि हरें हँसि हेरि हियो जो लियो हरि जू हरि॥[1]

1. विरह-पीड़िता राधा की शीर्णता को वर्णित करते समय विद्यापति ने भी इसी सावयव कल्पना से काम लिया है—माधव जानल न जिवति राही। जतवा जकर लेले छलि सुन्दरी। से सबे→

यहाँ वियोग-शीर्णा नायिका के शरीर से पंचभूतों के निकलने की सावयव कल्पना की गई है। केवल निःश्वास, आँसू इत्यादि की अधिकता दिखला देने से इतनी प्रभविष्णुता नहीं पैदा होती। किन्तु, यहाँ तो कल्पनापटु कवि ने पंचभूतों में से प्रत्येक के निकलने का एक-एक माध्यम बतला दिया है। निःश्वासों से वायु निकल गई, आँसुओं में सम्पूर्ण जल तत्त्व बह गया, विरह-क्लान्ति से मुरझाती हुई कान्ति के साथ तेज भी समाप्त हो गया, शरीर के दुबलाने से पार्थिव तत्त्व भी गायब हो गया और अब उसके चारों ओर फैले हुए शून्य में बच गया केवल आकाश। इस तरह यहाँ देव ने विरह की विभिन्न दशाओं में चार भूतों के निकलने की बड़ी सटीक उद्‌भावना की है और सावयव कल्पना से काम लिया है।[1]

काव्य एवं अन्य ललितकलाओं के भावन में विभावों के सहारे ही मानवचित्त रसानुभूति अथवा सौन्दर्यानुभूति की दशा तक पहुँचता है। अतः कवि जब तक विभाव-पक्ष का सम्यक् मंडान नहीं बाँधता, तब तक काव्य के आश्रय के साथ सभी पाठकों का चित्त एक 'सम' पर नहीं आ सकता। अर्थात् काव्य को आश्रय की अनुकूल भूमिका में लाने के लिए, शास्त्रीय भाषा में 'साधारणीकरण' के लिए, विभाव का सम्यक् स्थापन अत्यावश्यक है। यह कार्य विभाव-विधायक कल्पना से ही सम्भव है। विभाव-विधायक कल्पना वह कल्पना है, जो अनेक सहृदयों को आश्रय की भूमिका में लाकर उनके लिए किसी भाव का सामान्य आलम्बन या कारण खड़ा कर देती है। ऐसी कल्पना द्वारा सृष्ट रूप-विधान में साधारणीकरण की विशिष्ट शक्ति होती है। फलस्वरूप विभाव-विधायक कल्पना में आलम्बन का बहुत प्रभावोत्पादक और कलात्मक चित्रण रहता है। विभाव-विधायक कल्पना के प्रसंग में यह स्मरण रखना चाहिए कि इसका क्षेत्र अतीव विस्तृत होता है और इसकी गति अत्यन्त अप्रतिहतप्रसर। कारण, आश्रय से सम्बन्धित कल्पना केवल

→ सोपलक ताही। सरदक ससधर मुखरुचिसोपलक। हरिन के लोचन लीला। केसपास लए चमेरिके सोपल। पाए मनोभव पीला। दसन दसा दालिब के सोपलक। बन्धु अधर रुचि देली। देहदसा सउदामिनि सोपलक। काजर सनि सखि भेली।

—*विद्यापति*, सम्पादक, मित्र-मजुमदार, नवीन संस्करण, 2010, पृ. 138

1. माघ ने भी 'शिशुपालवध' के चतुर्थ सर्ग में सूर्योदय और चन्द्रास्त के समय रैवतक पर्वत की रणितघंटायुग्म वाले भूतिशोभित गज से मिलती-जुलती शोभा का वर्णन सावयव कल्पना के सहारे किया है—

उदयति विततोर्ध्वरश्मिरज्जावहिमरूचौ हिमधाग्नि याति चास्तम्।
वहति गिरिरयं बिलम्बिघंटाद्वय परिवारित वारणेन्द्रलीलाम्॥20॥

—माघ प्रणीत, *शिशुपालवधम्*, चौखम्बा विद्याभवन, बनारस, 1955, पृ. 158

यहाँ रैवतक पर्वत को गजराज, क्षितिज से सटे अस्तप्राय चन्द्रमा और सद्यः उदित बालारुण को अधोमुख घंटायुग्म तथा प्रभृत किरणों को घंटे की रस्सी मान लेने में कल्पना की सावयवता सुरक्षित है।

मानव-जगत में सिमटी रहती है (क्योंकि आश्रय की भूमिका में नरेतर जगत आ नहीं सकता) जबकि विभाव से सम्बन्धित कल्पना समग्र सृष्टिव्यापिनी होती है (क्योंकि विभावपक्ष के अन्तर्गत मानव-जगत् और मानवेतर जगत्—दोनों ही आ जाते हैं)। अत: दृष्टिविस्तार-सम्पन्न कवि की प्रतिभा विभाव-विधायक कल्पना की ओर अधिक अग्रसर होती है।

तदनन्तर, तद्‌भव कल्पना विचारणीय है। मनुष्य के मानस-लोक में भी भौतिक या जैव जगत् की तरह प्रजनन की प्रवृत्ति होती है। अत: उसकी मानसिक सृष्टि में भी प्रसव चक्र चलता रहता है। एक चिन्तन दूसरे चिन्तन को, दूसरा चिन्तन तीसरे चिन्तन को; एक कल्पना दूसरी कल्पना को और दूसरी कल्पना तीसरी कल्पना को...एवम्प्रकारेण आवर्तक ढंग से जन्म देती है। इसे हम व्युत्पन्नता का सहज गुण कह सकते हैं। कल्पना-विधान में भी यह व्युत्पन्नता और प्ररोह-सृष्टि लागू होती है। इस नियम की अनुवर्तिनी कल्पना को हम तद्‌भव कल्पना कह सकते हैं। अर्थात्, जो व्युत्पन्न कल्पना किसी मूल कल्पना से आनुषंगिक रूप में उत्थित हो, उसे तद्‌भव कल्पना कहते हैं। ऊहा करनेवाले कवि, सांगरूपकों के स्रष्टा कवि अथवा एक ही वर्ण्य को लक्ष्य कर अनेक बिम्बों और अप्रस्तुतों की लड़ियाँ पिरोनेवाले कवि प्राय: इस तद्‌भव कल्पना से काम लेते हैं। इस तरह तद्‌भव कल्पना आवर्तक-प्रसवा होती है। यदाकदा तद्‌भव कल्पना का रूप बहुत उलझा हुआ होता है। जहाँ यह कल्पना एक वर्ण्य के लिए अनेक अप्रस्तुतों को न लेकर भाव से भाव को पैदा करने लगती है, वहाँ स्वभावत: उलझन पैदा हो जाती है। जैसे, पद्‌माकर ने रघुनाथ राव की गजदानप्रशस्ति में राव की अतिशय दानशीलता को दिखलाने के लिए मुक्त गजदान का वर्णन किया है। और, तब उनकी कल्पना 'गज' से 'गजानन' (गणेश) पर चली गई है। फिर इस उड़ान से भी 'प्रस्तुत' दानशीलता के भाव को पुष्ट करने के लिए कवि ने पार्वती के रक्षक मातृत्वभाव को उभारा है कि रघुनाथ राव गजानन को भी गज समझकर कहीं दान न कर दें, इसी आशंका से त्रस्त होकर पार्वती गणेश को गोद से नहीं उतारती हैं—

सम्पति सुमेर की कुबेर की जो पावै ताहि,
तुरत लुटावत विलम्ब उर धारै ना।
कहै 'पद्‌माकर' सुहेम हय हाथिन के
हलके हजारन के बितरि विचारै ना।
दीन्हें गज बकस महीप रघुनाथ राव
पाय गज धोखे कहुँ काहू देई डारै ना।
याही डर गिरजा गजानन को गोय रही,
गिरितें गरेतें निज गोद तें उतारै ना।

इस तरह दानशीलता के भाव से मातृत्व-भाव और मातृत्व-भाव से दानशीलता के भाव के उपचय के कारण इस कल्पना में उलझी हुई तद्भवता आ गई है। ठीक इसके विपरीत, तद्भव कल्पना का एकदम सुलझा हुआ स्वरूप हमें वहाँ मिलता है, जहाँ कवि एकावली अलंकार के ढंग पर अपनी उक्ति का मंडान बाँधता है। जैसे—

पुष्कर सोता है निज सर में,
भ्रमर सो रहा है पुष्कर में,
गुंजन सोया कभी भ्रमर में,
सो, मेरे गृह-गुंजन, सो॥[1]

अथवा

आज बन में पिक, पिक में गान,
विटप में कलि, कलि में सुविकास,
कुसुम में रज, रज में मधु, प्राण।
सलिल में लहर, लहर में लास।

यहाँ पूर्व-पूर्व वस्तु के प्रति पर-पर वस्तु का गृहीत-मुक्त-रीति से शृंखलास्थापन है, अतः मालारूपता के कारण तद्भव कल्पना बहुत सुलझी हुई है। एकावली के दूसरे रूप में भी, जहाँ पूर्व-पूर्व वस्तु के प्रति पर-पर वस्तु का विशेषण रूप से स्थापन रहता है, तद्भव कल्पना सुलझे हुए रूप में उतर सकती है।

काव्य के सृजन-पक्ष की दृष्टि से प्रसंग-कल्पना विविध कल्पना-प्रकारों में अत्यन्त महत्त्वपूर्ण है। प्रसंग-कल्पना का प्रयोग प्रबन्ध-चातुरी की दृष्टि से किया जाता है। इस कल्पना के द्वारा कवि काव्य-निबद्ध कथा अथवा दृश्य को पर्याप्त मात्रा में प्रभविष्णु और प्रसृत बना देता है। अतः इसके द्वारा प्रबन्धकार कवि, प्रायः, कथोत्थ काव्य में उत्पाद्य लावण्य भरा करता है। भारवि के 'किरातार्जुनीयम' के आठवें सर्ग में जहाँ गन्धर्वों और अप्सराओं की क्रीड़ादि का मूलकथा से हटकर विस्तृत काव्यात्मक वर्णन किया है, वहाँ इसी प्रसंग-कल्पना से काम लिया है। इस सर्ग में नायक, नायिका अथवा सखियों की जितनी उक्तियाँ हैं, ये सभी प्रसंगकल्पना का सुन्दर उदाहरण प्रस्तुत करती हैं। इस कल्पना का स्वरूप स्वयं ही नामानुसार बहुत स्पष्ट है, अतः उदाहरणों का विस्तार अनावश्यक प्रतीत होता है।

अब हम अतिशय और ऊहा के आधार पर कुछ कल्पना-प्रकारों का विवेचन करेंगे। काव्य का सम्पूर्ण अप्रस्तुत-विधान, चाहे साम्यमूलक हो या वैषम्यमूलक, बहुलांश में अतिशय पर निर्भर करता है। अतिशय के बिना काव्य में अलंकारत्व और चमत्कार का आविर्भाव नहीं हो सकता। अतः जो काव्य-निबद्ध कल्पना अतिशय के तत्त्व को प्रधान रूप में स्वीकार कर चलती है, उसे हम अतिशयमूलक

1. मैथिलीशरण गुप्त, *यशोधरा*, झांसी, संवत् 2002, पृ. 61

कल्पना कह सकते हैं। यहाँ इस भ्रम की गुंजाइश है कि अतिशयमूलक कल्पना केवल अतिशयोक्ति अलंकार के विविध भेदों—रूपकातिशयोक्ति, भेदकातिशयोक्ति, सम्बन्धातिशयोक्ति, अक्रमातिशयोक्ति, अत्यन्तातिशयोक्ति या चपलातिशयोक्तिमें मिलती होगी। किन्तु, बात ऐसी नहीं है। अतिशयमूलक कल्पना किसी भी चमत्कृत सन्दर्भ में मिल सकती है, अत: इसका क्षेत्र बहुत व्यापक है। एक उत्कटप्रेक्षण-प्रधान अतिशयमूलक कल्पना का उदाहरण देखिए—

उरोभवा कुम्भयुगेन जृम्भितं नवोपहारेण वयस्कृतेन किम्।
त्रपासरिद्दुर्गमपि प्रतीर्य सा नलस्य तन्वी हृदयं विवेश तत्॥[1]

यहाँ कवि का कहना है कि "दमयन्ती के वक्षस्थल पर शोभायमान दोनों कुचकुम्भ क्या यौवन के नवीन उपहार के समान थे? उन कुम्भों की सहायता से वह कृशांगी लज्जा-रूपी दुर्गम नदी को भी पार करके नल के हृदय में प्रवृष्ट हो गई।" इस उक्ति में यौवनागम से स्फीत कुचों के दीर्घाकार की व्यंजना के लिए अतिशयमूलक कल्पना के सहारे कुच पर कुम्भ की उत्प्रेक्षा की गई है। यह जानी हुई बात है कि जब कवि अनुभूति की सच्चाई से अपना समीपी सम्बन्ध खो देता है, तब उसकी लेखनी ऊहा की खोपड़ी कुरेदने लगती है। अत: अतिशयमूलक कल्पना कवि की अनवधानता के कारण, प्राय:, अनुभूतिविच्छिन्न होकर ऊहात्मक कल्पना बन जाती है। जैसे, दमयन्ती के कुच-वर्णन में लिखित श्रीहर्ष की निम्नलिखित पंक्तियाँ देखिए—

अपि तद्वपुषि प्रसर्पतोर्गमिते कान्तिझरैरगाधताम्।
स्मरयौवनयो: खलु द्वयो: प्लवकुम्भौ भवत: कुचावुभौ॥

(वही, पृ. 35)

अर्थात्, दमयन्ती के दोनों कुच उसके (कान्ति के प्रवाह से अगाध हुए) शरीर पर क्रीड़ा करनेवाले कामदेव और तारुण्य के लिए तैरने के दो घड़े हैं, नहीं तो कामदेव और तारुण्य दमयन्ती के कान्ति-सागर में डूब जाते। भला, किसी सुन्दरी के शरीर में घिरनई के घड़ों को खोजना कौन-सी कल्पना है। ऐसे कल्पक को सूखी जमीन पर ही 'डूबने' का सामना करना होगा। इस तरह की ऊहात्मक कल्पना जब और भी अनुभूति-विच्छिन्न होकर अतिशय के सहारे जमीन-आसमान के कुलाबे मिलाने लगती है, तब वह अनृजु-अगूढ कल्पना बन जाती है। उदाहरण के लिए, दमयन्ती के रूप-वर्णन की इन पंक्तियों पर विचार कीजिए—

1. श्रीहर्ष, *नैषधीयचरितम्*, अनु. ऋषीश्वरनाथ भट्ट, संस्कृत बुक डिपो, काशी, सन् 1949, पृ. 11

हृतसारमिवेन्दुमंडलं दमयन्ती वदनाय वेधसा।
कृत मध्यबिलं बिलोक्यते धृतगम्भीर खनी खनीलिमा॥

(वही, पृ. 34)

सरलार्थ यह है कि 'ब्रह्मा ने दमयन्ती का मुख बनाने के लिए चन्द्रबिम्ब का मानो सार निकाल लिया है। इस कारण उसके बीच में छेद हो गया है। उसी छेद से आकाश की नीलिमा दिखाई देती है।' स्पष्ट है कि इस प्रकार की कल्पना से किसी गूढ़ता या रमणीयता की उपलब्धि नहीं हो सकती।

जहाँ किसी हेतु को दृष्टिगत रखकर ऊहा और अतिशय के योग से उत्प्रेक्षामूलक कल्पना-विधान किया जाता है, वहाँ अल्पांश में रमणीयता मिलती है। अत: इस प्रकार की कल्पना अनजु-अगढ़ कल्पना से कुछ अधिक काव्योपयुक्त होती है। इसे हम उत्प्रेक्षामूलक हैतुकी कल्पना कह सकते हैं। अर्थात्, जो कल्पना ऊहा[1] और अतिशय के सहारे किसी विशेष हेतु की सिद्धि के लिए की जाए, उसे उत्प्रेक्षामूलक हैतुकी कल्पना कहते हैं। जैसे श्रीहर्ष ने कामज्वराक्रान्त दमयन्ती के चित्रण में इसी कल्पना का सहारा लिया है। निम्नलिखित पंक्तियों में काम के ताप से भुननेवाली दमयन्ती की दारुण दशा के आतिशय्य को व्यक्त करना कवि का हेतु है—

अधृत यद्विरहोष्मणि मज्जितं मनसिजेन तदूरूयुगं तदा।
स्पृशति तत्कदनं कदलीतरूर्यदि मरूज्वलदुषरदूषित: ॥[2]

यानी 'यदि कदली तरु मरु देश में वह्नि से दग्ध ऊसर में स्थित हो तो वह उस समय कामदेव के द्वारा वियोग के दाह से सन्तप्त हुई दमयन्ती की दोनों जंघाओं की पीड़ा का अनुभव कर सकता है। इस तरह यहाँ ऊहा[3] और अतिशय के योग का हेतु बहुत स्पष्ट है। कभी-कभी हेतुमुक्त होकर भी उत्प्रेक्षामूलक कल्पना की जाती है। जैसे, भारवि ने 'किरातार्जुनीयम्' के नवम् सर्ग में संध्याकाल का ललित वर्णन इसी उत्प्रेक्षामूलक कल्पना के सहारे विस्तारपूर्वक किया है।

---

1. किसी वस्तु अथवा भाव के आधिक्य या न्यूनता को सूचित करने के लिए ही कवि ऊहात्मक शैली का विधान करता है। अत: शुक्लजी ने ऊहात्मक विधान के जिन प्रकारों का उल्लेख किया है, उनके आधार पर भी ऊहात्मक कल्पना का प्रकार-निर्धारण किया जा सकता है। शुक्लजी ने लिखा है—"...ऊहात्मक शैली का विधान कवियों में तीन प्रकार का देखा जाता है— 1. ऊहा की आधारभूत वस्तु असत्य अर्थात् कविप्रौढ़ोक्ति-सिद्ध है। 2. ऊहा की आधारभूत वस्तु का स्वरूप सत्य का स्वत:सम्भवी है और किसी प्रकार की कल्पना नहीं की गई है। 3. ऊहा की आधारभूत वस्तु का स्वरूप तो सत्य है पर उसके हेतु की कल्पना की गई है।"—*त्रिवेणी*, सम्पादक, कृष्णानन्द, नागरी प्रचारिणी सभा, काशी, संवत् 2006, पृ. 43
2. श्रीहर्ष, *नैषधीयचरितम्*, संस्कृत बुक डिपो, काशी, 1949, पृ. 81-82
3. ऊहा के द्वारा एकदम अरम्य कल्पना भी की जाती है। यह अरम्य कल्पना वहाँ मिलती है, जहाँ कवि भाव के वस्तुसम्पृक्त आधार को विकृत या अस्वाभाविक बनाकर उपस्थित करता है। जैसे, दमयन्ती के वियोगी जीवन पर हर्ष की यह उक्ति देखिए— →

अब हम काव्य में प्रचुरता के साथ प्रयुक्त सादृश्य-कल्पना पर विचार करेंगे। सादृश्य-कल्पना उसे कहते हैं, जिसमें कवि रूप-साम्य रखनेवाले कुछ दूरवर्ती अप्रस्तुतों का बिम्बानुबिम्ब विधान करता है। इस प्रकार सादृश्य-कल्पना काव्य के वर्ण्य और अवर्ण्य या प्रस्तुत और अप्रस्तुत की कुछ उभयनिष्ठ विशेषताओं को ग्रहण कर चलती है। जैसे, निम्नलिखित पंक्तियों में कवि ने नीलोत्पल और खंजन को आकर्णातटायताक्षी दमयन्ती के नेत्रों का बिम्बानुबिम्ब अप्रस्तुत बनाकर सादृश्यविधायिनी कल्पना से काम लिया है—

पद्मान् हिमे प्रावृषि खञ्जरीटान् क्षिप्नुर्यमादाय विधिः क्वचित् तान्।
सारेण तेन प्रतिवर्षमुच्चेः पुष्णाति दृष्टिद्वयमेतदीयम्॥ [1]

इसी प्रकार की सादृश्य-कल्पना अतिशय से समन्वित होकर अतिशयोक्तिमूलक सादृश्य-कल्पना बन जाती है। यह कल्पना प्रायः सभी सादृश्य-विधान में रहती है। अतः सादृश्य-निबन्धन में इसकी सार्वत्रिक उपस्थिति के कारण अलग से इसके विभाजन को हम अनावश्यक भी मान सकते हैं। यह अतिशयोक्तिमूलक सादृश्य कल्पना वहाँ मिलती है जहाँ उपमेय और उपमान के बीच सादृश्य तो रहता है, किन्तु यह स्वाभाविक न होकर अतिशयगर्भ होता है। जैसे, भारवि की निम्नलिखित पंक्तियों पर विचार किया जाए—

प्रस्थानश्रमजनितां विहाय निद्रामामुक्ते गजपतिना सदानपङ्के।
शय्यान्ते कुलमलिनां क्षणं विलीनं संरम्भच्युतमिव शृंखलं चकाशे॥[2]

यहाँ गजमद की सुगन्ध पर लुब्ध होकर पंक्तिबद्ध भ्रमरों का टूट पड़ना स्वाभाविक है, किन्तु, मदपंक पर बैठी भ्रमरपंक्ति का हठात् उठनेवाले गजराज के पग से टूटी लौह शृंखला के समान होना एक अतिशयमूलक सादृश्य-विधान है।

यह सादृश्य-कल्पना अधिक सचेत होने पर कभी-कभी तुलनात्मक कल्पना का रूप धारण कर लेती है। यह तुलनात्मक कल्पना प्रायः वहाँ उपस्थित होती है,

---

→ *न्यधित तद्धदि शल्यमिव द्वयं विरहितां च तथापि च जीवितम्।*
किमथ तर्त्रे निहत्थ निखातवात्रतिपतिः स्तनबिल्वयुगेन तत्॥ पृ. 89।

अर्थात् "कामदेव ने एक तो वियोग तथा दूसरे वियोग के साथ जीवन—ये दो काँटे दमयन्ती के हृदय पर रखे। बाद में स्तन रूप दो बिल्वफलों से ठोंककर क्या उनको भीतर घुसा दिया?" भला, इस कल्पना में कौन-सी रमणीयता या रस है? कामिनी के हृदय में बेल के सहारे दो-दो काँटे ठोंककर कवि ने विप्रलम्भ शृंगार का सारा रस विनष्ट कर दिया है।

1. सरलार्थ यह है कि 'विधाता नीलोत्पलों को शीतकाल में तथा खंजनों को वर्षाकाल में कहीं इकट्ठा करके रखता है और प्रतिवर्ष उनसे सार निकालकर दमयन्ती के नेत्रों को पुष्ट करता है।' —श्रीहर्ष, *नैषधीयचरितम्*, संस्कृत बुक डिपो, काशी, 1949, पृ. 268
2. *किरातार्जुनीयम्*, सप्तम् सर्ग, 31

जहाँ कलाकार प्रस्तुत उपमेय का उत्कर्ष सिद्ध करने के लिए अनेक प्रसिद्ध उपमानों का तुलनात्मक उल्लेख इस प्रकार उपस्थित करता है कि इन उपमानों की तुलना में उपमेय की ही उत्कृष्टता प्रतिपादित हो सके। जैसे, भारवि ने इन्द्रकील पर्वत पर वन-विहार करनेवाली सुरबालाओं की सलील गति, उनके नितम्बों की सुपुष्टता तथा मुख-कान्ति की उत्कृष्टता को व्यक्त करने के लिए इन पंक्तियों में इसी तुलनात्मक कल्पना का सहारा लिया है—

गतैः सहावैः कलहंस विक्रमं कलत्रमारैः पुलिनं नितम्बिभिः।
मुखैः सरोजानि च दीर्घ लोचनैः सुरस्त्रियः साम्यगुणान्निरासिरे॥[1]

तात्पर्य यह है कि सौन्दर्योपेत सुरबालाओं ने अपने सविलास मन्थर गमन से राजहंसों की गति को, दोलित नितम्बवाले जघनों के भार से सैकत-पुलिन को तथा विशाल नयनों से युक्त मुखों की कान्ति से कमलों को जीत लिया है। यहाँ उपमेयों—गति की मन्थरता, नितम्बों की सुपुष्टता और मुखकान्ति—की उत्कृष्टता को प्रमाणित करने के लिए उपमानों—हंसगमन, सैकत-पुलिन और कमलकान्ति—के साथ तुलना की गई है। यहाँ प्रत्येक उपमेय अपने-अपने उपमान से श्रेष्ठ है। जैसे, कलहंस अपने मन्द गमन के लिए प्रसिद्ध है, किन्तु, सुरबालाओं में मन्द गमन के साथ ही हाव की विद्यमानता है। पुनः सरित पुलिनों में केवल ऊँचाई रहती है, किन्तु, इन सुरबालाओं के नितम्बों में ऊँचाई के साथ भार भी है और इनके मुखों से कमलों की समानता है, किन्तु, कमल तो इनकी तरह विलोललोचन नहीं हैं। इस तरह कवि उपमेय के उत्कर्ष-प्रतिपादन की दृष्टि से तुलनात्मक कल्पना में प्रवृत्त होता है।

उपर्युक्त अतिशयोक्तिमूलक सादृश्य-कल्पना सीमा को पार कर जाने के बाद 'फ़ैंसी' बन जाती है। ऐसा वहाँ होता है, जहाँ कलाकार सादृश्य के आधार पर किसी अघटनीय घटना, अस्वाभाविक सत्य अथवा असम्भव सम्भाव्य की दूरारूढ़ बातें करता है। जैसे, सरोज तथा मुख में कुछ सादृश्य है और इस सादृश्य पर कल्पना का मंडान बाँधा जा सकता है। किन्तु, कोई कवि यदि इस सादृश्य को इतना खींच दे कि मधुलोभी भौंरे कमल की ओर न जाकर पास खड़ी कामिनी के मुख पर झौंरने लगें, तो इस कोटि का अतिशयोक्तिमूलक सादृश्य-विधान 'फ़ैंसी' बन जाएगा। उदाहरणार्थ, पंडितराज जगन्नाथ की ये पंक्तियाँ देखी जा सकती हैं—

तीरे तरुण्या वदनं सहासं नीरे सरोजं च मिलिद्विकाशम्।
आलोक्यधावत्युमयत्र मुग्धा मरंदलुब्धालिकिशोरमाला॥[2]

---

1. *किरातार्जुनीयम्,* अष्टम् सर्ग, श्लोक संख्या 29
2. *भामिनी-विलास,* अनु. महावीरप्रसाद द्विवेदी, श्री वेंकटेश्वर प्रेस, बम्बई, सन् 1958, पृ. 73

इतना ही नहीं, पंडितराज जगन्नाथ ने तो चन्द्रमा का भ्रम पैदा करनेवाले मुख तक चोंच मारनेवाले चकोर को पहुँचा दिया है—

आलोक्य सुन्दरि मुखं तव मन्दहासं;
नन्दन्त्यमन्दमरविन्दधिया मिलिन्दाः।
किं चासिताक्षि मृगलांछन सम्भ्रमेण
चंचूपुदं चटुलयन्ति चिरं चकोराः॥[1]

इस तरह नायिका-मुख और चाँद में रहनेवाले अल्प सादृश्य के आधार पर चकोर को चोंच चलाने के लिए नायिका-मुख तक पहुँचा देना 'फ़ैंसी' का ही कमाल है।[2] रीतिकालीन कवि बिहारी ने भी अभिसारिका के वर्णन में ऐसी अतिशयगर्भ सादृश्यमूलकता का प्रयोग किया है, जहाँ भौरों ने सहेट पर से घबड़ाकर लौटती हुई कमलगन्धा नायिका को कमल समझकर ढक लिया है और वह नायिका समय का गलत अन्दाज रखने पर भी अर्थात् घड़ी मारकर चाँद के अचानक उग आने पर भी लोगों की नजर से बच गई है।[3]

काव्य में इस प्रकार की एक और यथार्थ-परित्यक्त कल्पना प्रचलित है, जिसे हम लक्षक विशिष्टता के द्योतनार्थ प्रत्युत्पन्नमति स्थिति-कल्पना कह सकते हैं। इसके द्वारा काव्य-निबद्ध पात्र को विचित्र-विचित्र प्रकार की चमत्कारपूर्ण स्थितियों में प्रस्तुत किया जाता है, जिसके आह्लाद से सहृदय-चित्त का स्निग्ध प्रसादन होता

---

1. *भामिनी-विलास,* अनु. महावीरप्रसाद द्विवेदी, श्री वेंकटेश्वर प्रेस, बम्बई, सन् 1958, पृ. 101
2. एक स्थल पर माघ ने भी नेत्र और कमल के बीच रहनेवाले अल्पसादृश्य के आधार पर 'फ़ैंसी' का ऐसा मंडान बाँधा है कि कान में लटकनेवाले बेचारे कमलों को नेत्रों की तुलना में (भ्रमर-गुंजार के माध्यम से) अपनी पराजय की घोषणा करनी पड़ी है—

   अविजितमधुना तवाहमक्ष्णों रुचिरतयेत्यवनभ्य लज्जयेव।
   श्रवणकुवलयं विलासवत्या भ्रमररुतैरूपकर्णमाचचक्षे॥60॥

   —(*शिशुपालवधम्,* सप्तम् सर्ग, पृ. 285, चौखम्बा, 1955)

   अर्थात् किसी सुलोचना ने कानों में नीलकमलों को लटका रखा था, जिनके ऊपर गन्ध के लोभ से भौंरे उड़ रहे थे। इस पर यह उत्प्रेक्षा की गई है कि उस विलासवती के नेत्रों की सुन्दरता से पराजित होने के कारण अधोमुख हुआ नीलकमल भ्रमर-ध्वनि के व्याज से उस नायिका के कानों के पास मानो यह कह रहा था कि 'मैं इस समय तुम्हारे नेत्रों की सुन्दरता से पराजित हो गया।' जैसे, व्यवहार-जगत् में कोई व्यक्ति किसी से पराजित होकर लज्जा से नम्रमुख हो उसके पास जाकर अपनी पराजय को स्वीकार कर लेता है।
3. *अरी खरी सटपट परी, विधु आधे मग हेरि।*
   संग लगे मधुपनि लई, भागन गली अँधेरि॥

   —*बिहारी-बोधिनी,* चतुर्थ शतक, 314

है। यह एक प्रकार की कारण-निदान-सम्पन्न ललित कल्पना है। इस कोटि की कल्पना के निदान प्राय: कवि-समय या कवि-प्रसिद्धियों की तरह चमत्कारपूर्ण होते हैं। उदाहरणस्वरूप हम अमरुक की इन पंक्तियों को देख सकते हैं[1]—

दम्पत्योर्निशि जल्पतोर्गृह शुकेनाकर्णितं यद्वचस्तत्प्रातर्गुरुसन्निधौ निगदतस्तस्योपहारं वधू: ॥
कर्णालंबित पद्मराग शकलं विन्यस्य चंचुपुटे व्रीडार्ता प्रकरोति दाडिमफलव्याजेन वाग्बन्धनम् ॥

यहाँ कवि ने स्वकीया नायिका के इस सखी-वचन में सम्भोग श्रृंगार के अन्तर्गत व्रीडा संचारी को दिखलाते हुए (छल से कार्य साधने के कारण) पर्यायोक्ति से उपेत प्रत्युत्पन्नमति स्थिति-कल्पना का सुन्दर निदर्शन प्रस्तुत किया है, क्योंकि तोते का बोलना (रात की सुनी बातों को दुहरा देना) सज्जा का कारण है और लज्जित वधू के द्वारा पद्मराग के टुकड़े को अनारदाना बनाकर सुग्गे के समक्ष दे देना लज्जा की समस्या का निदान है।[2] इस तरह प्रत्युत्पन्नमति स्थिति-कल्पना कारण-निदान-सम्पन्न (एक प्रकार की) ललित कल्पना ही है।

काव्य में तथ्याभिव्यक्ति की बंकिमा के लिए असंगति-निर्भर कल्पना का प्रचुर प्रयोग किया जाता है। असंगति-निर्भर कल्पना में कारण का आस्पद कार्य का अधिकरण नहीं होता है, फलस्वरूप इससे उक्ति-वैचित्र्य के निरूपण में पर्याप्त सहायता मिलती है। अत: उक्ति को बंकिम बनाने में इस कल्पना का विनियोग होता है। चित्रकला के रंग-न्यास, संगीत-कला की विसंवादी स्वरयोजना और युग्म-मूर्तियों के मुद्रा-निवेश में हमें इस कल्पना के निदर्शन मिलते हैं। एक उदाहरण से हम इस बात को और भी स्पष्ट कर सकते हैं—

सा बाला वयमप्रगल्भवचस: सा स्त्री वयं कातरा: ।
सा पीनोन्नतिमत्ययोधरयुगं धते सखेदा वयम् ॥
साक्रान्ता जघनस्थलेन गुरुणा गन्तुम् न शक्ता वयम् ।
दोषेरन्य जनाश्रितैरपटवो जाता: स्म इत्यद्भुतम् ॥[3]

---

1. *अमरुक शतकम्*, लक्ष्मी वेंकटेश्वर प्रेस, मुम्बई, संवत् 1971, पृ. 19।
2. इसी भाव की स्थिति-कल्पना को हम शार्दूलविक्रीड़ित छन्द में रचित हिन्दी-अनुवाद की इन पंक्तियों में पाते हैं—

   दम्पति राति करीं बतियाँ मिलि निर्जनमौन सुवा सुनि लीनी।
   आगे गुरुन के प्रात लग्यौ कहने घटना सबसो रंगभीनी॥
   आनि बहू कनफूल सों तोड़िकै सौन मनी की कनी रखदीनी।
   चोंच पै दाड़िम के छल सों अरु रोकि दई शुकबानि नवीनी॥
3. *अमरुकशतकम्*, लक्ष्मी वेंकटेश्वर प्रेस, मुम्बई, संवत् 1971, पृ. 38

इस मुक्तक में विप्रलम्भशृंगार की प्रलापदशा के अन्तर्गत नायक की जड़ता, त्रास इत्यादि व्यभिचारी भावों को असंगतिमूलक कल्पना के सहारे एक अच्छी अदा के साथ व्यक्त किया गया है। यहाँ असंगति इसमें है कि सभी कारणों का आस्पद नायिका है, किन्तु, सभी कार्यों का अधिकरण नायक है। नायक का कथन है कि नायिका बाला है और हमारे मुँह से बात नहीं निकलती, वह स्त्री है और हम व्याकुल हैं, वह पीन और उन्नत स्तनों को धारण करती है और हमें थकावट मालूम होती है, वह भारी नितम्बों से दमित है और हम चल नहीं सकते। यह अद्‌भुत बात है कि अन्य के आश्रित कारणों से हम असमर्थ हो गए हैं। वास्तव में नायिका को ही अप्रगल्भ, कातर, खेदयुक्त और असमर्थ होना चाहिए था। इस तरह असंगतिनिर्भर कल्पना पर आश्रित उक्तियों में एक विशेष चमत्कार रहता है।

यह जानी हुई बात है कि काव्य में अप्रस्तुत-विधान का बहुत अधिक महत्त्व है, साथ ही अप्रस्तुतों में 'आरोप' की प्रमुखता रहती है और अप्रस्तुतों को जुटाना कल्पना का काम है। इसलिए यह तर्कतः निष्पन्न होता है कि काव्य में आरोपकल्पना के विनियोग का क्षेत्र बहुत व्यापक है। जहाँ कवि उत्प्रेक्षण या अपह्नव के द्वारा प्रस्तुत पर सादृश्य, साधर्म्य या सारूप्य के सहारे अनेक अप्रस्तुतों का मालारूप, समंतात् या खंडशः चित्र विचित्रमय आरोप करता है, उसे आरोप-कल्पना कहते हैं। जैसे—

स्मितं नैतत्किन्तु प्रकृति रमणीयं विकसितं
मुखं ब्रूते को वा कुसुममिदमुद्यत्परिमलम्॥
स्तनद्वंद्वं मिथ्या कनकनिभमेतत्फलयुगं
लता सेयं रम्या भ्रमरकुलनम्या न रमणी॥ [1]

यहाँ मुस्कान पर सौन्दर्य-विकास का, मुख पर सुगन्धित पुष्प का, स्तन पर स्वर्ण-वर्ण फल का और तन्वंगी पर भ्रमर-भार से आनमित मनोहर लता का शुद्धापह्नुतिमूलक आरोप इस प्रकार किया गया है कि प्रस्तुत के स्वधर्म का गोपन और उस पर अप्रस्तुत के अन्य धर्म का आरोप सुन्दरतापूर्वक हो गया है। इस प्रसंग में यह स्मरणीय है कि स्थिति-कल्पना और आरोप-कल्पना के द्वारा भावशान्ति, भावसन्धि और भाव-शबलता की योजना में कवियों को बहुत सहायता मिलती है।

इस तरह नन्दतिक बोध को सुरक्षित रखते हुए सौन्दर्यशास्त्रीय दृष्टि से कल्पना का विशद प्रकार-निर्धारण किया जा सकता है। उपर्युक्त 'प्रकार' तो उदाहरणस्वरूप हैं। जैसे, इन्द्रियबोध की दृष्टि से गन्ध-कल्पना भी कल्पना का एक ललित प्रकार हो सकती है। घ्राणिक बिम्बों को प्रस्तुत करने में कविगण प्रायः गन्ध-कल्पना से काम लेते हैं। नायिकाओं के विशिष्ट सौन्दर्य को अभिव्यक्त करने में जहाँ पद्‌मिनी

1. पंडितराज जगन्नाथ, *भामिनी-विलास,* अनु. महावीरप्रसाद द्विवेदी, श्री वेंकटेश्वर प्रेस, बम्बई, 1958, पृ. 101

अथवा चन्दनगन्धा नायिकाओं की छटा का अंकन किया जाता है, वहाँ हमें इसी गन्ध-कल्पना का कमाल मिलता है। भारवि ने 'किरातार्जुनीयम्' के सप्तम सर्ग में इन्द्र-प्रेषित गन्धर्व-सेना के मातंगों के मदक्षरण का चित्रण प्रस्तुत करने में इसी कल्पना का प्रयोग किया है—

निःशेष प्रशमितरेणु वारणानां स्रोतौभिर्मदजलसुज्झतामजस्रम्।
आमोदं व्यवहितभूरिपुष्पगन्धो भिन्नैलासुरभिमुवाह गन्धवाहः॥ [1]

अनेक रीतिकालीन कवियों, जैसे बिहारी ने भी पद्मिनी नायिका के वर्णन में गन्धकल्पना से काम लिया है, जहाँ अपूर्वशोभना नायिका के मुख को कमल मानकर गन्ध-लुब्ध भौरों ने भारी भीड़ लगा दी है।

तदनन्तर कुछ अन्य अवान्तर दृष्टियों से भी कल्पना का प्रकार-निर्धारण किया जा सकता है, जैसे—गाणितिक कल्पना। गाणितिक कल्पना का प्रयोग प्रायः अतिशयोक्ति की सिद्धि के लिए किया जाता है। उदाहरणार्थ, दमयन्ती के रूप के अतिशय उत्कर्ष को दिखलाने में निम्नलिखित 'सहस्रांश' का प्रयोग—

यदि प्रसादीकुरुते सुधांशोरेषा सहस्रांशमपि स्मितस्य।
तत्कौमुदीनां कुरुते तमैव निमिच्छ्य देवः सफलं स जन्म॥[2]

आशय यह है कि यदि दमयन्ती अपनी मुस्कराहट का 'सहस्रांश' भी चन्द्रमा को दे देती, तो चन्द्रमा नीराजन की भाँति चाँदनी से उसकी पूजा कर अपनी चाँदनी का जन्म सफल कर लेता। इसी तरह श्रीहर्ष ने एक जगह और भी दमयन्ती के रूप-वर्णन में बड़े विचित्र ढंग से इस गाणितिक कल्पना का प्रयोग किया है—

अस्या यदष्टादश संविभज्य विद्याः श्रुती: दध्नुतरर्धमर्धम्।
कर्णान्तरुत्कीर्ण गम्भीरलेखः किं तस्य संख्यैव न वा नवांक॥[3]

अर्थात् "दमयन्ती के दोनों कान अठारह विद्याओं के दो विभाग करके आधा-आधा धारण करते हैं। कान के बीच में गहरी रेखा उठने से 9 का अंक आश्चर्य नहीं पैदा करता है?" इसी तरह रीतिकालीन कवि बिहारी ने भी नायिका के रूप-वर्णन में गाणितिक-कल्पना का सुष्ठु प्रयोग किया है। जैसे—

---

1. अर्थात् उस देवसेना के हाथी सतत मदक्षरण कर रहे थे, जिससे वहाँ की सम्पूर्ण धूलि शान्त हो गई थी। उस मदगन्धि की उत्कृष्टता से फूलों की सुगन्ध छिप गई थी और वह इलायची की गन्ध से मिलती-जुलती थी।—*किरातार्जुनीयम्*, प्रकाश हिन्दी व्याख्या, चौखम्बा संस्कृत पुस्तकालय, वाराणसी, पृ. 151
2. श्रीहर्ष, *नैषधीयचरितम्*, संस्कृत बुक डिपो, काशी, 1949, पृ. 170
3. वही, पृ. 174

कहत सबै बेंदी दिए, आंक दस गुनौ होत।
तिय लिलार बेंदी दिए, अगनित बढ़त उदोत॥ [1]

यहाँ बिन्दी-वर्णन में बिहारी ने 'दस गुनो आंक' और 'अगनित' के सहारे गाणितिक कल्पना से व्यतिरेक को सिद्ध किया है। इसी प्रकार अपूर्वशोभना नायिका के मुख पर पड़ी हुई लट के वर्णन में बिहारी ने गाणितिक कल्पना के सहारे ही प्रतिवस्तूपमा को प्रस्तुत किया है—

कुटिल अलक छुटि परत मुख, बढ़िगो इतो उदोत।
बंक बिकारी देत ज्यों, दाम रुपैया होत॥ [2]

सारांश यह है कि काव्य एवं अन्य ललितकलाओं के नन्दतिक बोध को सुरक्षित रखते हुए सौन्दर्यशास्त्रीय दृष्टि से कल्पना के अन्य अनेक प्रकार निर्धारण किए जा सकते हैं। अतः उपर्युक्त प्रकार-निर्धारण 'इदमित्थं' नहीं, नमूना-मात्र है। आगे आनेवाले सौन्दर्यशास्त्रीय दृष्टि के तत्त्व-विचारकों को चाहिए कि वे कल्पना के प्रकार-निर्धारण को और भी समृद्ध, सुचिन्तित और व्यापक बनावें। किन्तु, ध्यान में इतनी बात अवश्य रहे कि जो भी प्रकार-निर्धारण हो, उसमें नन्दतिक बोध अनिवार्यतः रहे; कोई सौन्दर्येतर मानदंड कल्पना-विवेचन को दबोच न ले।

अब हम प्रस्तुत अध्याय की मुख्य मान्यताओं को (कल्पना का प्रकार-निर्धारण छोड़कर) इस प्रकार उपस्थित कर सकते हैं :

1. कल्पना कलाकार की मानसिक सृजन-शक्ति है। अतः कविता एवं अन्य ललितकलाओं के प्रमुखं तत्त्वों में रचना की दृष्टि से कल्पना सर्वोपरि स्थान रखती है। सचमुच, कल्पना ही वह तत्त्व है, जिससे कवि या कलाकार को नूतन सृजन और अभिनव रूप-व्यापार-विधान की शक्ति प्राप्त होती है।
2. रचनात्मक कल्पना सौन्दर्यशास्त्र का विवेच्य विषय है। इसको हम नूतन निर्माणक्षम नवनवोन्मेषशालिनी प्रतिभा कह सकते हैं। इसके द्वारा कला-जगत् में नई कृतियों, नई प्रयुक्तियों और ललित प्रवृत्तियों का प्रसार होता है। इसलिए कला-चर्चा में कल्पना से नन्दतिक रचनात्मक कल्पना का ही आशय ग्रहण किया जाता है। जिससे प्रेरित कलाकार अपनी अनुभूतियों में आवश्यक चयन और वर्जन करके सहृदय की प्रत्यर्थता को आकृष्ट करनेवाले बिम्बों या अप्रस्तुतों का विधान करता है।
3. जीववैज्ञानिकों ने इस बात पर विचार किया है कि किस तरह का मस्तिष्क कल्पना के लिए विशेष समर्थ होता है। इनकी धारणा यह है कि जिस

1. *बिहारी-बोधिनी,* प्रथम शतक, दोहा 41
2. वही, दोहा 37

मस्तिष्कधारी के पास चेतकोशों की पर्याप्त संख्या रहती है, साथ ही जिसके सभी चेताकोश वेतोपागमिक (साइनेप्टिक) योजना-सूत्रों से परस्पर सुसम्बद्ध रहते हैं, उसी के पास रचनात्मक कल्पना की शक्ति रहती है। किन्तु, चेताकोशों की संख्या और सक्रियता के आधार पर किसी मस्तिष्क को कल्पनाशील घोषित करना निरापद नहीं है, क्योंकि चिम्पाञ्जी के मस्तिष्क में भी मनुष्य के मस्तिष्क की तरह अस्सी प्रतिशत चेताकोश होते हैं, किन्तु, उसमें रचनात्मक कल्पना का अभाव रहता है।

4. आधुनिक सौन्दर्यशास्त्र में कल्पना का प्रयोग जिस अर्थ में किया जाता है, लगभग उसी अर्थ को व्यक्त करने के लिए संस्कृत काव्यशास्त्र के आचार्यों ने 'प्रतिभा' शब्द का प्रयोग किया है। अत: आधुनिक सौन्दर्यशास्त्र या पाश्चात्य कला-चिन्तन की प्रतिभा को हम भारतीय काव्यशास्त्र की 'प्रतिभा' कह सकते हैं। प्राचीन आचार्यों ने काव्य-हेतु के प्रसंग में प्रतिभा का तर्कपुष्ट विश्लेषण किया है। विशेषकर, राजशेखर, भट्टतौत और अभिनवगुप्त के द्वारा निरूपित 'प्रतिभा' आधुनिक सौन्दर्यशास्त्र की 'कल्पना' से बहुत साम्य रखती है।
5. जीवन तथा जगत् के प्रति मनुष्य की सभी सचेत प्रत्यर्थताओं और प्रत्यक्षों में कल्पना की सर्वव्यापी और सार्वत्रिक उपस्थिति रहती है। अत: कल्पना को ठुकराना जीवन-जगत् के दैनन्दिन वस्तु-प्रत्यक्षों की उपेक्षा करना है और कल्पना के द्वारा हमें अनुभूति-प्रवण जीवन में जो एक प्रकार का संगीतात्मक आनन्द-बोध मिलता है, उससे अपने को वंचित करना है। सम्भवत:, वस्तु-प्रत्यक्षों के बीच कल्पना की इसी सार्वत्रिक विद्यमानता के कारण कॉलरिज ने कल्पना को 'प्राइमरी एजेंट ऑव ऑल पर्सेप्शन' (Primary agent of all perception) कहा है।
6. हिन्दी आलोचना में कल्पना के स्वरूप और भेद पर समर्थ विचार पर्याप्त मात्रा में नहीं हो सका है। आचार्य शुक्ल ने भी कल्पना पर केवल काव्य (विशेषकर कविता) की दृष्टि से विचार किया है, सभी ललितकलाओं को ध्यान में रखकर सौन्दर्यशास्त्रीय दृष्टि से नहीं। इसी तरह शुक्लोत्तर हिन्दी आलोचना में भी कल्पना का तात्त्विक विवेचन नहीं हो सका है। शुक्लजी के परवर्ती हिन्दी आलोचकों ने शुक्लजी के ही सिद्धान्त की शब्दभेद से आवृत्ति की है।
7. कल्पना के स्वरूप को स्पष्ट करने के लिए कल्पना और अतिकल्पना (फ़ैंसी) के अन्तर को समझ लेना आवश्यक है। कल्पना में सम्मूर्तन, केन्द्रगामी संयोजन और समीकरण की प्रधानता रहती है; जबकि 'फ़ैंसी' से आनीत बिम्ब केवल चाकचिक्य से भरे रहते हैं। तदनन्तर, कल्पना में

भावना एवं स्मृति—दोनों की उपस्थिति रहती है, लेकिन 'फ़ैंसी' में स्मृति का अंश नगण्य रहता है और वस्तु-बोध भी नहीं के बराबर रहता है। इसलिए 'फ़ैंसी' की उड़ान अथवा 'फ़ैंसी' के अन्तर्गत सम्भावनाओं के विधान में लोक विश्रुत कथा-रूढ़ियाँ और गतानुगत विश्वास भी पर्याप्त योग देते हैं। इस प्रकार 'फ़ैंसी' कुछ स्थलों पर हद के बाहर पहुँची हुई कल्पना हुआ करती है। कुछ मिलाकर काव्य एवं अन्य ललितकलाओं के नन्दतिक बोध की दृष्टि से 'फ़ैंसी' की तुलना में कल्पना का निर्विवाद ऊँचा स्थान है।

8. स्मृति के साथ कल्पना का निकट सम्बन्ध है। कुछ विचारकों ने कल्पना को स्मृति का ही विकसित रूप माना है। बात यह है कि कल्पना और स्मृति—दोनों का आधार प्रत्यक्ष ज्ञान है। स्मृति प्रत्यक्ष ज्ञान के द्वारा प्राप्त अनुभव को चेतना के समक्ष सुरक्षित रखती है और कल्पना उन अनुभूत विषयों का स्वेच्छानुसार पुनर्निर्माण करती है। अतः कल्पना में सदैव स्मृति का योग रहता है। कल्पना के साथ स्मृति के सहयोग का प्रभाव बिम्ब-विधान पर पड़ता है। दुर्बल स्मृति के साथ संलग्न कल्पना से निर्मित बिम्ब भी निर्बल होते हैं। इसलिए प्रायः कलाकार की स्मृति सामान्य जन की अपेक्षा अधिक सशक्त होती है। इस प्रकार कल्पना की पृष्ठभूमि में ज्ञातविषयक ज्ञान (स्मृति और प्रत्यभिज्ञा) की उपस्थिति आवश्यक है। स्मृति के तीन प्रमुख उद्‌बोधकों—सादृश्य, अदृष्ट और चिन्ता में 'सादृश्य' के साथ कल्पना का निकट सम्बन्ध है। वस्तुतः कल्पना का एक कार्य यह है कि वह प्रस्तुत अथवा 'प्रत्यक्ष' से सादृश्य रखनेवाली किसी ज्ञातवस्तु को पूर्वानुभव के संस्कारों से कुरेदकर अप्रस्तुत के रूप में उपस्थित कर देती है। इसी तरह कल्पना का सम्बन्ध ज्ञातविषयक ज्ञान के दूसरे रूप—प्रत्यभिज्ञा से भी है। यह प्रत्यभिज्ञा 'तत्ता' (पूर्व देश और पूर्वकाल) और 'इदन्ता' (एतद्‌देश और एतद्‌काल)—दोनों का अवगाहन करनेवाली प्रतीति है। इस प्रत्यभिज्ञा के तीन प्रधान भेदों—तत्सदृश प्रत्यभिज्ञा, तद्विलक्षण प्रत्यभिज्ञा और तद्‌प्रतियोगी प्रत्यभिज्ञा में प्रथम दो अर्थात् तत्सदृश प्रत्यभिज्ञा और तत्विलक्षण प्रत्यभिज्ञा के साथ कल्पना का अधिक निकट सम्बन्ध है।

9. कल्पना जहाँ उस वस्तु का बोधभास प्रस्तुत करती है, जो 'वस्तु' वास्तव में इन्द्रिय-ग्राह्य नहीं है, वहाँ उसमें अनुमान का समावेश हो जाता है; क्योंकि जो वस्तु या पदार्थ इन्द्रिय-ग्राह्य नहीं है, उसके ज्ञान के साधन को ही अनुमान कहते हैं। कल्पना का सम्बन्ध अनुमान के इन तीनों रूपों—पूर्ववत्, शेषवत् और सामान्यतोदृष्ट—के साथ है।

10. कल्पना एक प्रकार की मानसिक सृष्टि है, जो अपने सम्मूर्तन के लिए साधन या माध्यम के रूप में ईंट, पत्थर, रंग-तूली, स्वर या बिम्ब—किसी को भी ग्रहण कर सकती है। जो विचारक कल्पना को मानसिक बिम्ब-विधान कहते हैं, वे कल्पना को केवल काव्य तक सीमित कर देते हैं। फलस्वरूप अन्य ललितकलाओं का विस्तृत परिसर इस निरूपण के अनुसार कल्पना से असम्पृक्त रह जाता है। दूसरी ओर 'कल्पना' को केवल 'मानसिक सृष्टि' कहने से उसमें एक अतिव्याप्ति आ जाती है। अतः सम्पूर्ण ललितकला को दृष्टिगत रखते हुए यह कहना निरापद प्रतीत होता है कि कल्पना एक ऐसी मानसिक सृष्टि है, जिसमें सौन्दर्य-बोध के साथ सम्मूतन की क्षमता और भावोद्बोधन का गुण रहता है।

11. सभी कलाओं में कल्पना के विनियोग का स्वरूप भिन्न होता है। जिस कला का मूर्त आधार जितना ही स्थूल होता है, उस कला में कल्पना के विनियोग की मात्रा उतनी ही कम रहती है। कल्पना की यह विशेषता है कि वह मूर्त से मूर्त का नहीं, अमूर्त की सहायता से मूर्त का निर्माण करती है। इसलिए अमूर्त कल्पना इच्छित मूर्तविधान के लिए अमूर्त आधार खोजती है। इस दृष्टि से कल्पना का निम्नतम विनियोग स्थापत्य कला में और सर्वोतम विनियोग काव्यकला में मिलता है। दृश्य-कला और श्रव्य-कला के विभाजन को दृष्टिगत रखते हुए हम कह सकते हैं कि स्थापत्यकार, मूर्तिकार और चित्रकार के पास सम्मूर्तनप्रधान कल्पना की अधिकता रहती है, जबकि संगीतकार और कवियों के पास संवेग-संचर कल्पना की प्रधानता रहती है।

चतुर्थ अध्याय

बिम्ब

ललितकला के प्रमुख तत्त्वों में बिम्ब भी बहुत महत्त्वपूर्ण स्थान रखता है। इसकी अनिवार्यता इसी से प्रकट है कि कला-सृजन के क्षणों में कलाकार की अमूर्त सहजानुभूतियों को बिम्बों के द्वारा ही आकार, इन्द्रियग्राह्यता अथवा विधान (फॉर्म) मिल पाता है। अत: बिम्ब-विधान ही बहुत अंशों में कलाकार की सहजानुभूति की अभिव्यक्ति की सफलता को प्रमाणित करता है और कलाकार की सौन्दर्यचेतना को भी द्योतित करता है। वस्तुत: बिम्ब-विधान कला का वह मूर्त पक्ष है, जिससे कलाकार की भावानयन (एब्स्ट्रेक्शन) से श्लिष्ट सौन्दर्यानुभूति को वस्तुसत्य का संस्पर्श या तद्‌गत सम्पृक्त आधार के साथ सादृश्याभास (सेम्बलेन्स) मिल जाता है! फलस्वरूप, कुछ विचारक और कलाकार कला-सृजन में बिम्बों को पार्यन्तिक महत्त्व देते हैं।

बिम्ब-विधान कला का क्रिया-पक्ष है, जो कल्पना से उत्थित होता है। कलाजगत में कल्पना के विकास की एक सरणि है। कल्पना से बिम्ब का आविर्भाव होता है और बिम्बों से प्रतीक का। जब कल्पना मूर्त रूप धारण करती है, तब बिम्बों की सृष्टि होती है और जब बिम्ब प्रतिमित या व्युत्पन्न अथवा प्रयोग के पौन:पून्य से किसी निश्चित अर्थ में निर्धारित हो जाते हैं, तब उनसे प्रतीकों का निर्माण होता है। अत: कला-विवेचन की तात्त्विक दृष्टि से बिम्ब कल्पना और प्रतीक का मध्यस्थ है।

बिम्ब के स्वरूप को सुलझे हुए रूप में समझने के लिए यह आवश्यक है कि हम बिम्ब और विचार-चित्र के पार्थक्य को अच्छी तरह हृदयंगम कर लें, कारण, इन दोनों को पहचानने में प्राय: भ्रान्ति हो जाया करती है। वास्तविकता यह है कि बिम्ब और विचार-चित्र में पर्याप्त अन्तर है। विचार-चित्र प्रत्यक्षाश्रित धारणाओं—'कन्सेप्ट्स' को आधार प्रदान करता है। वह अर्थग्रहण का प्रकट हरकारा होता है। किन्तु, बिम्बों का प्रत्यक्ष धारणा से कोई सीधा सम्बन्ध नहीं रहता है। सम्भवत: इसी अन्तर को दृष्टिगत रखकर काण्ट ने विचार-चित्र-विधायक कल्पना को उत्पादक कल्पना और

बिम्बविधायक कल्पना को पुनरुत्पादक कल्पना कहा है। अर्थात्, उत्पादक कल्पना से हमें विचार-चित्रों की प्राप्ति होती है और पुनरुत्पादक कल्पना से बिम्बों की। पुनः पुनरुत्पादक कल्पना से सम्भूत बिम्ब सर्वत्र 'विशेष' होते हैं और उत्पादक कल्पना से सम्भूत विचार-चित्र सर्वदा 'सामान्य' होते हैं। बिम्बों का 'सामान्य' न होकर 'विशेष' होना इससे भी प्रमाणित होता है कि कला का सम्बन्ध 'सामान्य' की अपेक्षा 'विशेष' से अधिक रहता है, क्योंकि कला 'सुन्दर' का अधिकरण है और 'सुन्दर' सर्वत्र अपने 'सामान्य' का उत्कृष्टतम 'विशेष' हुआ करता है। यह दूसरी बात है कि कला 'विशेष' को 'विशेष' ही नहीं रहने देती, उसे साधारणीकरण के लिए 'सामान्य' भी बना देती है, जो उसकी उत्तर दशा है।

विशेषकर कविता के क्षेत्र में बिम्ब-विधान के रूप को समझने में इसलिए भी कठिनाई होती है कि कुछ विचारकों ने उसे 'मेटाफर' (रूपक) का पर्यायवाची बना दिया है और कुछ ने उसे 'मेटाफर' (रूपक) से नितान्त भिन्न माना है।[1] दूसरी ओर मनोविज्ञान में रुचि रखनेवाले आलोचकों की दृष्टि में बिम्ब-विधान ऐन्द्रिय अनुभूति की एक ऐसी अभिव्यक्ति है, जो हमारी दृष्टि, श्रवण, घ्राण, स्पर्श अथवा रसना के लिए किसी-न-किसी रूप में रंजक हुआ करती है। इस तरह कला-जगत् के बिम्ब हमारी सेन्द्रिय अनुभूति के कलात्मक अंकन होते हैं। यह धारणा सौन्दर्यशास्त्र की दृष्टि से भी कुछ सन्तुलित मालूम पड़ती है क्योंकि बिम्बों को केवल सादृश्य-निर्भर 'मेटाफर' (रूपक) तक सीमित कर उन्हें एक प्रकार का अलंकृत उक्ति-वैचित्र्य मानना उचित नहीं प्रतीत होता है। तदनन्तर, यह भी ध्यातव्य है कि कुछ विचारक बिम्ब-विधान को एक प्रकार का चित्रात्मक पुनःप्रत्यक्ष मानते हैं। किन्तु, ऐसा स्वीकार करने से बिम्बों का चाक्षुष पक्ष इतना प्रधान हो जाता है कि अन्य ऐन्द्रिय पक्ष लुप्तप्राय हो जाते हैं। अतः बिम्ब-विधान को कलाकार के इन्द्रियानुभूति-निर्भर मानसिक संवेदनों की कुछ वस्तु-चित्रों अथवा विशिष्ट शब्दों के माध्यम से एक ऐसी अभिव्यक्ति मान लेना, जो हमारे लिए भी मानसिक धरातल पर इन्द्रिय-ग्राह्य अथवा इन्द्रिय-रंजक हो, अपेक्षाकृत अधिक उचित प्रतीत होता है। प्रधानतः इन्द्रियाँ ही पंचभूतों और तन्मात्राओं तक हमारे उपनयन का माध्यम हुआ करती हैं। ये तन्मात्राएँ पाँच हैं—रूपतन्मात्रा, रसतन्मात्रा, गन्धतन्मात्रा, शब्दतन्मात्रा और स्पर्शतन्मात्रा। इन सभी तन्मात्राओं का प्रत्यक्ष हम अपनी ज्ञानेन्द्रियों—दशनेन्द्रिय, रसनेन्द्रिय, घ्राणेन्द्रिय, श्रवणेन्द्रिय अथवा स्पर्शेन्द्रिय द्वारा करते हैं। इन सभी प्रत्यक्षों के क्रम में हमारा अन्तःकरण (मन, अहंकार और बुद्धि) जागरूक रहता है तथा इस पर देश, काल, परिस्थिति और विद्या का प्रभाव पड़ता है। यहाँ यह भी स्मरणीय है कि ये इन्द्रियाँ तभी सार्थक हो पाती हैं,

1. 'Metaphor', I. A. Richards, *The Philosophy of Rhetoric*, London, 1936, p. 89

जबकि इन्हें सन्निकर्ष के लिए कोई वस्तुनिष्ठ आधार मिले।[1] इस तरह इन्द्रियों की स्वाभाविक और अनिवार्य वस्तुनिष्ठता ही (इन्द्रिय पर निर्भर रहनेवाले) बिम्बों को मूर्त होने के लिए बाध्य करती है। सारांश यह है कि वस्तुनिष्ठता और ऐन्द्रिय बोध बिम्ब-विधान के आवश्यक तत्त्व हैं।

इस प्रसंग में यह भी विचारणीय है कि बिम्ब-विधान में 'सादृश्य तथा तुलना' के तत्त्व महत्त्वपूर्ण स्थान रखते हैं। सादृश्य-स्थापन या तुलना में बिम्ब-विधान के निमित्त यह अनिवार्य नहीं है कि वस्तुगत, मूर्त अथवा स्थूल की तुलना वस्तुगत, मूर्त अथवा स्थूल से ही की जाए या भावगत, अमूर्त अथवा सूक्ष्म की तुलना भावगत, अमूर्त अथवा सूक्ष्म से ही की जाए। इनके विपर्यय से भी कला में शोभनतत्त्व का आधान होता है। छायावादी बिम्ब-विधान इसका अन्यतम उदाहरण है कि किस प्रकार मूर्त के लिए अमूर्त विधान तथा अमूर्त के लिए मूर्तविधान से अनुपम लावण्य की सृष्टि की जा सकती है। सचमुच, उत्कृष्ट बिम्ब-विधान में यह विपर्यय ही अधिकतर विद्यमान रहता है। फलस्वरूप श्रेष्ठ बिम्बों के द्वारा मर्त को भावरूप और भाव को मूर्तरूप दिया जाता है। शर्त इतनी ही है कि बिम्बों को संवेगों की घनता से सर्वदा अवगुंठित रहना चाहिए। अर्थात्, संवेगों की घनता उत्कृष्ट बिम्ब-विधान का अविच्छेद्य गुण है। इस तरह अप्रस्तुतयोजना में जहाँ संवेगों की घनता समाविष्ट होती है, वहाँ बिम्बों की स्वतः सृष्टि हो जाती है। इसलिए रूपक, उपमा या मानवीकरण किसी भी माध्यम से कवि अपनी अप्रस्तुतयोजना में बिम्ब-विधान ला सकता है। अधिक स्पष्टता के लिए हम कह सकते हैं कि बिम्ब विधान कलाकार का एक ऐसा संवेग-संकुल प्रयास है, जिसमें वह विविध अथवा विपरीत वस्तुओं, मनःस्थितियों और धारणाओं को, जो सामान्यतः विच्छिन्न और अर्थहीन लगती हैं, अपनी कल्पना-शक्ति से परस्पर मिलाकर एक नवीन सन्दर्भ अथवा अनुक्रम देता है तथा उनमें अनेक मार्मिक छवियों का आधान कर देता है। हम इस बिम्ब-विधान को एक दूसरी दृष्टि से भी समझ सकते हैं, क्योंकि यह बिम्ब-विधान (हिन्दी काव्यशास्त्र की भाषा में) 'अप्रस्तुतयोजना' अथवा टी. एस. इलियट के शब्दों में ऑब्जेक्टिव कोरलेटिव'[2] का ही एक रूप है। जब कलाकार अपने अमूर्त मर्म-संवेगों की यथातथ्य अभिव्यक्ति के लिए बाह्य जगत् से (आवेष्टनगत) ऐसी वस्तुओं को कला के फलक पर इस रूप में उपस्थित करता है कि हम भी उनके भावन से वैसे ही मर्म-संवेग की प्राप्ति कर

---

1. सेन्द्रिय प्रत्यक्ष और इन्द्रिय सन्निकर्ष के विशेष विवेचन के लिए द्रष्टव्य—*चिद्विलास,* सम्पूर्णानन्द, ज्ञानमंडल, वाराणसी, 1959, सेन्द्रिय प्रत्यक्षाधिकरण और 'सन्निकर्षाधिकरण', पृ. 22-23
2. टी. एस. इलियट, *द सैक्रेड वुड,* पेज, 100। हम 'ऑब्जेक्टिव कोरेलेटिव' को एक प्रकार से कवि के संवेगों का 'फेनोमेनल इक्वीवैलेंट' कह सकते हैं।

सकें, जिससे कलाकार पहले ही गुजर चुका है, तब उन योजित वस्तुओं की वैसी प्रस्तुति को हम बिम्ब-विधान कहते हैं।

सहृदय-चित्त की दृष्टि से बिम्ब, सामान्यत:, विस्मृत कलाकृति का शेषांश (स्मृत-अंश) होता है, क्योंकि बिम्ब इन्द्रियगम्य और मूर्तिमान होने के कारण स्मृति में सुरक्षित रह जाता है, जबकि कलाकृति की अन्य चीजें (भाव, शैली या शिल्प-पद्धति) अमूर्त और भावात्मक होने के कारण विस्मृत हो जाती हैं। कला का आस्वादन करनेवाला सुहृदय पढ़ी हुई कविता की कई पंक्तियों को भूल जाता है, किन्तु, उसके एक-दो चित्र आस्वादनकर्ता के मानस-पटल पर तैरते रहते हैं। वह देखी हुई मूर्ति के अंकन और विन्यास की बारीकियों को भूल जाता है, किन्तु, उसका एकाध अंश उसके मन पर जमा रहता है। इसी तरह किसी देखे हुए चित्र अथवा सुने हुए संगीत को हू-ब-हू याद रखना उसके लिए कठिन है, किन्तु उस चित्र में कोई मूर्त कुशलता है या उस संगीत में कोई गुंजरणशील लय है, जो उसकी स्मृति में सुरक्षित रह जाती है। इस प्रकार किसी कलाकृति में जो स्वभावत: स्मृति में संरक्षणीय है, इन्द्रियगम्य है, मूर्त और विशिष्ट है, वही सहृदय-चित्त के लिए बिम्ब है। अत: उत्कृष्ट कलाकृति योजित बिम्बों के द्वारा अपने क्षेत्र में आई हुई वस्तुओं को, गेटे के कथनानुसार 'कंक्रीट युनिवर्सल' बना देती है।

प्रभावों की इन्द्रियगम्य प्रतिकृति होने के कारण बिम्बों में स्थापत्य-कला, मूर्तिकला और चित्रकला के तत्त्व, अर्थात् दृश्य-कलाओं के तत्त्व अधिक रहते हैं, क्योंकि बिम्ब, प्राय: दृश्य अथवा गोचर होते हैं तथा उनका सम्बन्ध रूप एवं आकार से अनिवार्यत: रहता है। अत: बिम्बधर्मी काव्य-कला अथवा संगीत-कला, जो मुख्यत: श्रव्य-कला है, उपर्युक्त दृश्य-कलाओं का कुछ न कुछ अंशों में अधमर्ण रहती है। किन्तु, इस प्रसंग में यह भी ध्यान देने योग्य है कि चित्रकला और मूर्तिकला के बिम्ब सर्वथा और सर्वदा दृश्य होते हैं, अर्थात् चाक्षुष होते हैं, जबकि काव्य और संगीत-कला के बिम्ब, सामान्यत:, मन की सम्पूर्ण पुनरुत्पादक क्रिया के सभी रूपों का समाहार कर लेते हैं। तदनन्तर, प्रभावों (इम्प्रेशन) की इन्द्रियगम्य प्रतिकृति (कॉपी) होने के कारण कला के उत्कृष्ट बिम्बों में ऐन्द्रियता, अत: संवेदनों को उद्‌बुद्ध करने की क्षमता रहती है। जो बिम्ब जितना ही ऐन्द्रिय रहता है, वह उतना ही संशक्त होता है। इसलिए जो बिम्ब केवल चिन्तनपरक अथवा कलाकार की 'इच्छा', 'एषणा' या 'आकांक्षा' के वाहक होते हैं, वे समर्थ न होकर अपूर्ण या भग्न बिम्ब मात्र रह जाते हैं। ऐसे विकलांग बिम्बों से कला में एक प्रकार का रसबोध पैदा हो जाता है। इसलिए उत्कृष्ट बिम्ब का लक्षण यह है कि वह आश्रय अथवा आलम्बन के किसी संवेग को मूर्त बनाकर प्राय: सभी संवेदनशील सहृदय को उसी संवेग से अभिभूत कर देता है। अर्थात् किसी संवेग से उत्पन्न होकर सहृदयचित्त में उसी संवेग को उत्पन्न कर देने की क्षमता अर्जित कर लेना ही बिम्ब की सफलता है। इस सफलता की प्राप्ति के लिए बिम्बों को चित्रधर्मी

होने के अलावा संवेग-संचर बनना पड़ता है। फलस्वरूप, उत्कृष्ट बिम्बों की सृष्टि तब होती है, जब स्रष्टा उनमें प्रकृति की स्थितिविशेष या प्रभावों की प्रतिकृति को प्रतिबिम्बित करने के साथ ही उन्हें अपने हृदय के रस और संवेग से सराबोर कर देता है।[1] वस्तुत: जो बिम्ब स्रष्टा के चित्त में 'वासित' नहीं हो पाते, वे चित्रात्मक होने पर भी जीर्ण बिम्बों ('ट्राइट इमेजेज') की तरह अरसनीय सिद्ध होते हैं।

इस अध्याय के प्रारम्भ में कहा जा चुका है कि बिम्ब-विधान कला का क्रियापक्ष है, जो कल्पना से उत्थित होता है। अत: बिम्बों के विधान के समय कल्पना बहुत कार्यरत रहती है। यों, बिम्ब-विधान के क्रम में कल्पना मुख्यत: दो कार्य करती है—पहले कल्पना स्मृति के क्रोड़ में सोये हुए बिम्बों को प्रत्यक्षोपलब्ध अनुभूतियों के स्पर्श से जगाती है और तब उन बिम्बों को शिल्प के साँचे में ढालती है। कला में अवतरित होने पर स्मृति-निर्भर बिम्ब कुछ बदल जाते हैं। यदि ऐसा न होता, तो केवल 'सामान्य मनुष्य' होना ही कलाकार बनने के लिए पर्याप्त था, क्योंकि स्मृति की मंजूषा में सोये रहनेवाले बिम्ब सबों के पास रहते हैं, इसलिए स्मृति मानव-जाति का सामान्य गुण है। इस तरह साधारण मनुष्य की तुलना में कलाकार की यह विशेषता है कि वह स्मृति के क्रोड़ में रहनेवाले बिम्बों को कलात्मक बनाने के लिए उन पर कल्पना का मधुवेष्टन डालता है। स्मृति में सुरक्षित बिम्ब, प्राय: इकहरे और अश्लिष्ट होते हैं; कल्पना उन्हें संश्लिष्ट बनाकर कला में प्रस्तुत करती है। इस तरह कल्पना स्मृति के जिस बिम्ब को कला के फलक पर प्रेषित करती है, वह बिम्ब प्रेषण के क्रम में अन्य अनेक साम्य-निर्भर बिम्बों और अनुबिम्बों से संश्लिष्ट होकर वट-प्ररोह की तरह संकुल बन जाता है।

इस विवेचन से ही स्पष्ट है कि बिम्ब-विधान के लिए स्मृति सर्वाधिक आवश्यक है, क्योंकि बिम्ब एक प्रकार का स्मरण-निर्भर मानसिक पुनर्निर्माण है, जिसमें अतीत की कोई संवेदनात्मक अनुभूति सुरक्षित रहती है। इसलिए ऐसी कलाकृतियाँ, जिनकी रचना कलाकार 'पीठ की आँख' के सहारे करता है, अधिक बिम्ब-गर्भ हुआ करती हैं। सचमुच, स्मृति के सहयोग के बिना बिम्ब-विधान सम्भव नहीं है। प्रत्येक रचना के पूर्व कलाकार की एक सृजन-विह्वल मुद्रा या अन्तर्दशा होती है। इस दशा में स्मृति के बिम्ब सद्य:प्रत्यक्ष की वस्तु बनने लगते हैं, अर्थात् बिम्ब का (वास्तविक प्रतीति के क्षण का) वस्तुबोध अतीत का न रहकर वर्तमान के जैसा ही आभासित होने लगता है। यों सभी मानसिक क्रियाओं में स्मृति का महत्त्व है, किन्तु बिम्ब-विधान में स्मृति का चूड़ान्त महत्त्व है। विशेषकर चाक्षुष बिम्ब अवश्य ही स्मृति से छनकर आते हैं। आई. ए. रिचर्ड्स ने भी स्मृति पर लिखते हुए ऐसा ही अभिमत व्यक्त किया है।[2] मनोवैज्ञानिक विश्लेषण से तो यहाँ तक पता चलता है कि स्मृति

1. कॉलरिज, *बायग्राफिया लिटरारिया,* पृ. 179-180, जे. एम. डेंट एंड सन्स, लन्दन, 1939
2. आई. ए. रिचर्ड्स, *प्रिन्सिपुल्स ऑव लिटररी क्रिटिसिज्म,* लन्दन, 1955, पृ. 106

अतीत की छापों के एक बिखरे हुए संग्रह के रूप में बिम्बों को भावनाओं की मंजूषा में केवल सँजोकर ही नहीं रखती है, बल्कि वह विविध आसंगों के माध्यम से बिम्बों का पुंजीकरण और सम्मिश्रण कर उन्हें नवीन रमणीयता और विशिष्ट छवि भी प्रदान करती है। इस तरह यह एक स्वीकृत मत है कि अर्थवान बिम्बों के निर्माण में स्मृति का महत्त्वपूर्ण योग रहता है।

बारीक विश्लेषण करने पर पता चलता है कि बिम्बों का निर्माण कई प्रकार हो सकता है। जैसे—किसी दृश्य वस्तु के आधार पर बिम्ब का निर्माण, किसी संवेदन की प्रतिकृति से बिम्ब का निर्माण, किसी मानसिक विचारणा अथवा धारणा से बिम्ब का निर्माण, किसी विशेष अर्थ को द्योतित करनेवाली घटना से बिम्ब का निर्माण, किसी उपमान अथवा अप्रस्तुत के द्वारा बिम्ब का निर्माण और किसी ऐसे श्लेष से बिम्ब का निर्माण, जो प्रस्तुत तथा अप्रस्तुत—दोनों पक्षों पर एकरूप लागू होता हो। बिम्ब-निर्माण के इन प्रकारों को कुछ उदाहरणों के द्वारा प्रस्तुत प्रबन्ध के द्वितीय खंड (छायावाद का कला-सौष्ठव) के चतुर्थ अध्याय में स्पष्टतापूर्वक समझने की चेष्टा की जाएगी।

सौन्दर्यशास्त्रियों और काव्यालोचकों के अलावा मनोवैज्ञानिकों ने भी बिम्बों पर पर्याप्त विचार किया है। बिम्बों के सम्बन्ध में मनोविज्ञान की एक अद्‌भुत मान्यता यह है कि बिम्बों का निर्माण प्राप्त (वास्तविक) अनुभूतियों और काल्पनिक अनुभूतियों—दोनों से समानरूपेण सम्भव है। अतः अनुभूति-रंक व्यक्ति भी मानसिक बिम्बों की सृष्टि कर सकता है। मनुष्य के जीवन में कुछ ऐसे क्षण आते हैं, जिनमें अघटित अनुभूतियाँ भी बिम्बों का उपजीव्य बन जाती हैं। जैसे—सपक्ष होकर आसमान में उड़ने का सपना, चन्द्रलोक में भ्रमण अथवा पक्षियों के साथ सम्भाषण। तदनन्तर, बिम्बों के सम्बन्ध में मनोविज्ञान की एक दूसरी मान्यता सौन्दर्यशास्त्र की दृष्टि से भी विचारणीय है। कुछ प्रयोग और परीक्षणों के बाद मनोविज्ञान इस निष्कर्ष पर पहुँचा है कि बिम्बों के सृजन तथा भावन पर व्यक्ति-भेद, अतः, रुचि-भेद का प्रभाव पड़ता है। सारांश यह है कि भिन्न-भिन्न व्यक्तियों में भिन्न-भिन्न प्रकार के बिम्बों को धारण करने की शक्ति होती है। अन्वेषकों ने मनोवैज्ञानिक धरातल पर यह प्रमाणित कर दिया है कि विभिन्न व्यक्तियों में अपनी-अपनी प्रकृति के अनुसार चाक्षुष, श्रावण, घ्राणिक, स्पार्शिक अथवा अन्य बिम्बों के सृजन और भावन की क्षमता रहती है। किसी के लिए चाक्षुष बिम्ब अत्यन्त सुलभ होते हैं, तो किसी के लिए घ्राणिक बिम्ब। उदाहरणार्थ, एमिल जोला-जैसी गन्धसचेत प्रकृति रखने के कारण किसी व्यक्ति के लिए घ्राणिक बिम्ब अत्यन्त सुलभ हो सकते हैं। बिम्ब सम्बन्धी मनोवैज्ञानिक परीक्षणों से यह एक सामान्य तथ्य प्रतिपादित होता है कि औसत व्यक्ति के लिए चाक्षुष बिम्बों का सृजन या भावन अन्य प्रकार के बिम्बों के सृजन या भावन की अपेक्षा सर्वाधिक सरल और शीघ्र होता है। सरल और शीघ्र

भावन या सृजन की दृष्टि से औसत व्यक्ति के लिए चाक्षुष बिम्बों के बाद श्रावण (औडिटरी) बिम्ब और श्रावण बिम्बों के बाद गतिबोधक बिम्बों (मोटर इमेजेज) का स्थान आता है। किन्तु, इस मन्तव्य का आशय बिम्बों के सृजन अथवा भावन में व्यक्ति-भेद या रुचिभेद के महत्त्व का विघटन नहीं है। निश्चय ही एक संगीतज्ञ के लिए श्रावण बिम्ब, भावन या सृजन की दृष्टि से चाक्षुष और गतिबोधक बिम्बों की अपेक्षा अधिक आशुग्राह्य तथा सरल होगा और एक रंगरेज के लिए चाक्षुष बिम्ब, निश्चितरूपेण, श्रावण या गतिबोधक बिम्बों की तुलना में अधिक रमणीय होगा। अत: बिम्बों के भावन और सृजन के क्षेत्र में हमें मनोवैज्ञानिक दृष्टि से व्यक्ति-भेद और रुचि-भेद के महत्त्व को स्वीकार करना होगा। सौन्दर्यशास्त्र की दृष्टि से भी बिम्ब-विधान के सन्दर्भ में व्यक्ति-भेद और रुचि-भेद का महत्त्व विचारणीय है। किसी कलाकृति में एक विशेष प्रकार के बिम्बों की प्रधानता का कारण कलाकार की प्रकृति या रुचि भी है। जिस कवि में मूर्त ('स्कल्पचरल' या 'स्टैचुएस्क') प्रवृत्ति अधिक रहती है, उसके बिम्ब-विधान में स्पार्शिक बिम्बों की प्रधानता रहती है। जैसे—कीट्स की कविताओं में स्पार्शिक बिम्बों की प्रधानता। इस दृष्टि से व्यक्ति-भेद की तरह युग-भेद का भी अपना महत्त्व है। उदाहरण के लिए स्पार्शिक बिम्बों के सहारे यौन-भावना और स्थल सौन्दर्य-बोध की उत्तम अभिव्यक्ति होती है। इसलिए जब किसी साहित्य में रीतिकाल से मिलती-जुलती शारीरिक यौनाकर्षण-प्रधान युग-धारा चलती है, तो उसकी रचनाओं में स्पार्शिक बिम्बों की अधिकता हो जाती है। अत:बिम्बों के अध्ययन से हम कलाकार की प्रकृति के साथ ही युग की विचारधारा का भी पता लगा सकते हैं। सचमुच, कलाकार की प्रकृति के अनुरूप ही भिन्न-भिन्न कलाकारों की कृतियों में भिन्न-भिन्न प्रकार के बिम्बों की आनुपातिक अधिकता मिलती है। इस तरह किसी भी कलाकृति में विन्यस्त अधिकसंख्यक बिम्ब कलाकार की प्रकृति के बोधक होते हैं। यही कारण है कि पाश्चात्य कवियों के बीच पो की कविताओं में श्रावण बिम्ब अधिक मिलते हैं, तो शेली की कविताओं में घ्राणिक बिम्ब और कीट्स की कविताओं में त्वक्स्पार्शिक बिम्ब (क्युटेनियस इमेज)।

बिम्ब के सम्बन्ध में जिन प्रमुख मनोवैज्ञानिकों ने अपने सुचिन्तित विचार व्यक्त किए हैं, उनमें युंग द्वारा प्रस्तुत बिम्ब-सम्बन्धी मान्यता काव्य-कला विषयक सौन्दर्यशास्त्रीय विवेचन के लिए सर्वाधिक उपयोगी है। युंग की यह बिम्ब-सम्बन्धी सम्पूर्ण विचारणा उसके आदिबिम्ब-सिद्धान्त (थ्योरी ऑव आर्कटाइप इमेजेज)[1] पर

1. 'आर्कटाइप इमेज' को युंग ने 'प्राइमॉर्डियल इमेज' भी कहा है। युंग ने सांस्कृतिक कार्यकलाप और कला-विधान में आदिबिम्बों को बहुत महत्त्व दिया है। ये बिम्ब रिक्थ-क्रम से पीढ़ी-दर-पीढ़ी परिवार एवं समाज के दीर्घ आनुवंशिक संस्कारों से लिप्त होकर चले आते हैं। ऐसे बिम्बों के विधान में 'व्यक्ति' की लागत न्यूनतम रहती है। किन्तु, ये आदिबिम्ब बहुत सशक्त होते हैं→

निर्भर है। युंग के अनुसार आदिबिम्ब (आर्कटाइप इमेज)[1] मनुष्य के चिन्तन और संवेदन के मूल से सम्बन्धित रहते हैं। इनके साथ मनुष्य का परम्परागत, आनुवंशिक और सांस्कृतिक सम्बन्ध रहता है। अत: इन आदिबिम्बों में दुहरी शक्ति होती है। एक ओर ये बिम्ब 'अतीत' की धारणाओं से रूप और आकार ग्रहण करते हैं, तो दूसरी ओर इनमें वह रचनात्मक शक्ति सुरक्षित रहती है, जिससे भविष्य के निर्माण में मनुष्य को सांस्कृतिक सहायता मिलती है। ये आदिबिम्ब मूलत: जातीय अनुभूति से निर्मित होते हैं। युंग ने बहुत ही ललित उदाहरण के सहारे अपनी आदिबिम्ब सम्बन्धी धारणा को स्पष्ट करने की चेष्टा की है। इन्होंने 'वॉटन' शीर्षक निबन्ध में लिखा है कि आदिबिम्ब उस सूखी हुई नदी की अन्तरंग सतह (बेड) के समान है, जिस पर जलप्रवाह अभी तो बन्द है, किन्तु, एक अनिश्चित दीर्घकाल के बाद जिसमें फिर से धारा लौट आती है। रूपक की भाषा में इस कथन का यह अर्थ निकलता है कि आदिबिम्ब उस पुरानी नदी की सूखी धारा के समान है, जिसमें जीवनरूपी जल बहुत दिनों तक रहने के कारण (यह जानी हुई बात

→ और हमारी सुप्त सांस्कृतिक वासनाओं को उभारने में बड़े समर्थ होते हैं। इसलिए युंग का कथन है—"द मैन हू स्पीक्स विद प्राइमॉडियल इमेजेज स्पीक्स विद ए थाउजेंड टंग्स।"—सी. जी. युंग, *कंट्रीब्यूशन्स टु एनालिटिकल साइकॉलॉजी,* रूटलेज एंड केगन पाल, पृ. 248

1. *साइकॉलॉजिकल टाइप्स,* सी. जी. युंग, ट्रान्स्लेटेड बॉय एच. जी. बाय्नेस, केगन पाल ट्रेंच ट्रबनर एंड को., लन्दन 1944, पृ. 476। युंग की आदिबिम्ब (यहाँ वह ध्यातव्य है कि युंग ने आदिबिम्ब को 'प्राइमॉडियल इमेज' भी कहा है) की स्थापना को अच्छी तरह समझने के लिए निम्नलिखित उद्धरणों पर भी ध्यान देना समीचीन है, जो उक्त पुस्तक के 'डेफिनिशन्स' शीर्षक अध्याय से लिये गए हैं—

A. "I term the image Primordial (archetype) when it possesses an archiac character. I speak of its archaic character when the image is in striking unison with familiar mythological motives In this case it expresses material primarily derived from the collective unconscious while, at the same, it indicates that the momentary conscious situation is influenced not so much from the side of the personal as from the collective."

B. "The Primordial image...is a recapitulatory expression of the living process. It gives a co-ordinating meaning both to the sensuous and to the inner mental perceptions, which at first appear without either order or connection; thereby liberating psychic energy from its bondage to sheer uncomprehended perception."

C. "The Primordial image has advantage over the clarity of the idea in its vitality. It is a self-living organism, endowed with creative force; for the primordial image is an inherited organization of psychic energy, a rooted system, which is not only an expression of the energic process but also a posibility for its operation."

— E. G. Jung, *Psychological Types,* London, 1944, pp. 555, 557, 560

है कि जिस पुरानी सूखी नदी में जितने अधिक समय तक पानी ठहर चुका होता है, उसमें फिर से जलधारा के लौटने की सम्भावनाएँ उतनी ही सशक्त रहती हैं) पर्याप्त गहराई खोद चुका हो।[1] इस प्रकार युंग ने अपनी धारणा को स्पष्ट करने के लिए आदिबिम्ब की उपमा 'रिफ्लडेड रिवर बेड' से दी है। सारांश यह है कि आदिबिम्ब का सम्बन्ध एक व्यक्ति की आनुवंशिक चेतना अथवा किसी राष्ट्र की सांस्कृतिक वासना और जातीय अनुभूति से है। यदि हम एक सरलीकृत उदाहरण लें, तो कह सकते हैं कि मर्यादा-पालन की दृष्टि से राम, रसिकता की दृष्टि से रास-रचैया कृष्ण, वीरता की दृष्टि से पार्थ-अभिमन्यु इत्यादि समग्र हिन्दू जाति या यहाँ की साहित्य-संस्कृति में पले व्यक्ति के लिए ऐसे ही आदिबिम्ब माने जा सकते हैं। उक्त बिम्बों का उद्‌बोध तदनुकूल मानसिक परिस्थितियों में होता है। किसी रावण-जैसे अत्याचारी को देखकर राम का स्मरण अथवा किसी लुटती हुई द्रौपदी को देखकर कृष्ण का मानसिक प्रत्यानयन उक्त प्रकार के आदिबिम्ब का ही मानसिक उद्‌बोध कहा जाएगा। इस विवेचन से यह भी संकेतित होता है कि आदिबिम्ब प्राय: पीढ़ियों की शिविका पर चलते हैं और बहुत दूर तक शाश्वत बने रहते हैं। आदिबिम्बों अथवा आद्य-बिम्बों (आर्कटाइप) का यह गुण उत्कृष्ट प्रतीकों में भी रहता है। इसलिए श्रेष्ठ प्रतीकों पर प्राय: परम्परा की मुहर लगी रहती है। पिकासो के 'ग्वेरिका' में अंकित साँड़ और घोड़ा इसलिए विशिष्ट प्रतीक बन सके हैं कि उनके प्रतीकार्थ का परम्परा से सम्बन्ध है; वे नितान्त निजी कल्पना से आनीत प्रतीक नहीं हैं। हाँ, कलाकार को इतना ध्यान अवश्य रखना चाहिए कि वह परम्परा के खिरे हुए अथवा घिसे हुए असंवेद्य प्रतीकों को कला में स्थान न दे, क्योंकि ऐसे दिवंगत या पर्युषित प्रतीक कला में अवरोधक एकरूपता का काम करते हैं। इस प्रसंग में यह ध्यातव्य है कि युंग के आदिबिम्ब को ही ईषत् भिन्नताओं के साथ डॉ. मन्नहीम ने 'पैरेडिग्मैटिक एक्सपिरियेन्स', डॉ. ओल्ड्हम ने 'कमांडिग एक्सपिरियेन्स' और मॉड बोड्किन ने 'टाइप-इमेज' कहा है।[2]

युंग के आदिबिम्ब का कला-विवेचन में बहुत महत्त्व है, क्योंकि कला के शाश्वत प्रतीक प्राय: आदिबिम्ब ही हुआ करते हैं।[3] इनमें आशु साधारणीकरण का

1. 'वॉटन' शीर्षक निबन्ध, *एसेज ऑन कंटेम्पोररी ईवेंट्स,* केगन पॉल, 1948 में संकलित, से उद्धृत।
2. मॉड बोड्किन, *स्टडीज ऑव टाइप इमेजेज,* ऑक्सफोर्ड युनिवर्सिटी प्रेस, 1951, पृ. 174-175
3. एरिक न्युमन, *आर्ट एंड द क्रिएटिव अन्कन्सस,* ट्रान्सलेटेड फ्रॉम जर्मन इनटु इंग्लिश, बाय राल्फ मन्हीम, राउगट्लेज एंड केगन पॉल, लन्दन, 1955 में 'लनार्दो द विंशी एंड द मदर आर्कटाइप' शीर्षक निबन्ध, विशेषकर, पृ. 69 से 80 तक।

गुण रहता है, क्योंकि ये सामूहिक अवचेतन (कलैक्टिव अन्कन्सस)[1] से उत्थित होते हैं। सामूहिक अवचेतन से सम्बद्ध इन बिम्बों का प्रयोक्ता और उद्गाता होने के कारण ही कलालार को युंग ने, सम्भवत:, 'सामूहिक मानव' (कलैक्टिवमैन) कहा है।[2] युंग की आदिबिम्ब और सामूहिक अवचेतन से सम्बद्ध इन धारणाओं पर आधुनिक कला-चिन्तकों ने पर्याप्त विचार किया है। विशेषकर, हर्बर्ट रीड ने इन मान्यताओं पर जीवविज्ञान और शरीरविज्ञान को दृष्टिगत रखते हुए जो मन्तव्य प्रस्तुत किया है, वह बहुत ही महत्त्वपूर्ण है। इनका कथन है कि युंग की आदिबिम्बवाली मान्यता शरीर-विज्ञान से पूर्णत: समर्थित मालूम पड़ती है। कारण, मानव-मस्तिष्क की रचना और अंग-रूप में उसके विकास-क्रम को देखकर यह पता चलता है कि वर्तमान बनावट तक पहुँचते-पहुँचते उसके रचना-विधान में अनेक परिवर्तन हुए हैं, किन्तु, इन परिवर्तनों के क्रम में भी प्रमस्तिष्क बाह्यकों पर कुछ प्राचीन संस्कार-लेख (एन्ग्राम्स) अनिवार्य रूप में आज भी सामान्यत: अंकित मिलते हैं, जिन्हें हम मनुष्य की जातीय या सामूहिक निधि कह सकते हैं। इस तरह प्रमस्तिष्क बाह्यकों (सेरेब्रल कोर्टेक्स)पर अंकित ये पूर्वाघात या प्राचीन संक्षोभ (ट्रमा) कुछ विशेष प्रकार के बिम्बों की आशु अवधारणा की सशक्त क्षमता रखते हैं। इन्हीं विशेष प्रकार के बिम्बों को व्यंजित करने के लिए युंग ने 'आदिबिम्ब' की स्थापना प्रस्तुत की है।[3] किन्तु, कुछ आधुनिक कला-विचारक यह कहकर युंग के सिद्धान्त-स्थापन की उपेक्षा भी करते हैं कि युंग ने पुरानी बातों को ही कुछ नए शब्दों के छद्म से कहा है, अत: युंग की विचारणाओं में केवल शब्द-भेद या शब्दान्तर है, कोई नई बात नहीं।[4]

सौन्दर्यशास्त्र या कला-विवेचन और विशेषकर काव्यालोचन की दृष्टि से बिम्ब एक प्रकार का रूप-विधान है, जो प्राय: किसी ऐन्द्रिय प्रभाव या संवेदन की मानसिक प्रतिलिपि अथवा प्रतिकृति हुआ करता है। तदनन्तर, रूप-विधान होने के कारण अधिकांश बिम्ब दृश्य अथवा चाक्षुष होते हैं और विशुद्ध बौद्धिक अथवा भावात्मक बिम्ब होने पर भी कुछ-न-कुछ अंशों में अनिवार्यत: ऐन्द्रिय रहते हैं। इसका कारण यह है कि वस्तु-विशेष के प्रति ऐन्द्रिय आकर्षण ही कलाकार को बिम्ब-विधान की ओर प्रेरित करता है, हालाँकि बिम्ब-विधान के समय कलाकार के समक्ष केवल वस्तु-बोध ही नहीं रहता, बल्कि वड्र्सवर्थ के शब्दों में 'स्टॉर्म आव एसोसिएशन' भी रहता है। आसंगों से आवृत्त होने के कारण उत्कृष्ट बिम्ब के दो व्यावर्तक

---

1. "वी मीन बॉय कलैक्टिव अन्कन्सस, ए सर्टेन साइकिक डिस्पोजिशन शेप्ड बॉय द फोर्सेस ऑव हेरेडिटी; फ्राम इट कन्ससनेस हैज डैवलप्ड।"—सी. जी. युंग, *मॉडर्न मैन इन सर्च ऑव ए सोल,* पृ. 190
2. वही, पृ. 195
3. हर्बर्ट रीड, *द फॉर्म्स ऑव थिंग्स अननोन,* फेवर एंड फेबर, लन्दन, 1960, पृ. 53-54
4. के. अहमद, *साइको-एनालिसिस एंड आर्ट,* अजन्ता प्रेस, पटना, पृ. 138

लक्षण होते हैं। पहला यह है कि उत्कृष्ट बिम्ब-विधान में संवेदनों अथवा प्रभावों का सातत्य रहता है, क्योंकि संवेदनों या प्रभावों के सातत्य का निर्वाह करनेवाले बिम्ब ही कलाकार की मर्मन्तुद जीवनानुभूति से सत्य ग्रहण कर बलिष्ठ हो पाते हैं। बात यह है कि कला के बिम्ब ऐन्द्रिय सन्निकर्ष में आई हुई वस्तुओं का निरपेक्ष मानसिक पुनर्निर्माण नहीं करते, बल्कि उस मानसिक पुनर्निर्माण में आई हुई वस्तु अथवा वस्तुओं को इस तरह किसी अनुभूति के सन्दर्भ में उपस्थित करते हैं कि वे बिम्ब रूप-विधान होने के साथ ही भाव-विशेष के सफल वाहक भी बन सकें। इस प्रकार कला के बिम्ब इन्द्रिय-सन्निकर्ष में आई हुई वस्तु-मात्र को नहीं, वस्तु के विशेष और विविध भावसम्बन्धों को मूर्तिमान करते हैं। उत्कृष्ट बिम्बों का दूसरा व्यावर्तक लक्षण यह है कि वे प्रसंग, अनुबन्ध और विधान के साथ अनुपात रक्षा का निर्वाह नहीं कर पाते। वे, जैसाकि सी. डी. लीविस ने कहा है, निरर्थक बिम्ब बन जाते हैं और उनसे किसी कलाकृति का कोई उपकार नहीं हो पाता है। इसलिए बिम्ब-विधान में बिम्बों के सृजन के अलावा बिम्बों के पारस्परिक संग्रथन-सामर्थ्य को सौन्दर्यशास्त्रीय कला-विवेचन की दृष्टि से बहुत महत्त्व दिया जाता है। वस्तुतः श्रेष्ठ कलाकार अपनी रचना को क्रमहीन बिम्बों का 'अलबम' नहीं बनाता है, बल्कि यह बिम्बों को एक सारगर्भ और अर्थवती शृंखला प्रदान करता है।[1]

पूर्व पृष्ठों के विश्लेषण में हम देख चुके हैं कि कलाकार या कवि के भावों को बिम्ब ही प्रेषणीय और ग्राह्य बनाते हैं। यहाँ यह ध्यातव्य है कि वे ही बिम्ब इस सामर्थ्य से युक्त हो सकते हैं, जिनमें ये तीन गुण विद्यमान हों—(प्रत्यग्रता, तीव्र घनता और उद्बोधनशीलता)। प्रत्यग्रता वह गुण है, जो प्रयोग-बंकिमा, रंगन्यास, स्वरारोह-अवरोह या पद-लालित्य के सहारे बिम्बों में जीवन-सत्य भरती है। तीव्र घनता वह गुण है, जिससे बिम्ब छोटे फलक पर ही अधिकतम अर्थवत्ता के केन्द्रीकरण की शक्ति अर्जित करते हैं। और, उद्बोधनशीलता वह शक्ति है जिसके द्वारा बिम्ब कृतिगत भावावेग के प्रति सहृदय चित्त की प्रत्यर्थता को उद्बुद्ध करते हैं। प्रत्येक देश, जाति अथवा समुदाय की साहित्य-संस्कृति में कुछ-न-कुछ ऐसे शब्द, स्वर-दोल, पदार्थ और नाम अवश्य रहते हैं, जो नियत सन्दर्भ में प्रयोग की सुदीर्घ परम्परा और जातिगत संस्कार के कारण स्वभावतः उद्बोधनशील होते हैं। कई कलाशास्त्री ऐसे पारम्परीण बिम्बों को 'कन्सेक्रेटेड इमेज' कहते हैं। किन्तु, कुछ विचारक द्वितीय गुण—तीव्र घनता—से उपेत बिम्बों को ही सर्वाधिक सशक्त और कला के लिए उपयोगी मानते हैं। कारण, तीव्र घनता से पूर्ण बिम्ब इतने सन्दर्भ-समर्थित और प्रयोक्ता के स्पन्दित संवेग से चालित या प्रणोदित होते हैं कि वे सहृदय की वैयक्तिक अनुभूति की चापों को झंकृत कर वैसा ही (अपने अनुकूल या अपनी तरह) स्पन्दित संवेग सहृदय के चित्त में पैदा कर देते हैं।

---

1. सी. डी. लीविस, द *पोयेटिक इमेज,* लन्दन, 1947, पृ. 25

विकास की दृष्टि से बिम्ब के तीन प्रकार माने जा सकते हैं। प्रथम अवस्था में बिम्ब वस्तु-विशेष की छाया या स्पष्ट सम्मूर्तन करते हैं, और दूसरी अवस्था में छाया की छाया का सम्मूर्तन करते हैं, किन्तु तीसरी अवस्था में बिम्ब वस्तु-बोध से इतने पृथक् हो जाते हैं कि वे प्रतीक के समीपी और समकक्ष बन जाते हैं। इस तीसरी अवस्था के बिम्ब नन्दतिक दृष्टि से अधिक कलात्मक मूल्य रखते हैं। तदनन्तर, प्रतिपादन की दृष्टि से बिम्बों को दो श्रेणियों में बाँटा जा सकता है—लक्षित बिम्ब (डाइरेक्ट इमेज) और उपलक्षित बिम्ब (फिगरेटिव इमेज)। काव्य के क्षेत्र में उपलक्षित बिम्ब का बहुत अधिक महत्त्व है, क्योंकि इसमें औपम्यप्रधान और रूपक-गर्भित आधार पर सादृश्य विधान के द्वारा कवि अपने घनीभूत भावों को अप्रस्तुतों में बाँधकर मार्मिक ढंग से प्रस्तुत करता है। इसलिए उपलक्षित बिम्ब-विधान में हमें कवियों के अचेतन मन के पटलों का रहस्य-संकेत मिलता है। इसके विपरीत लक्षित बिम्ब-विधान में विवक्षित वस्तु अथवा काव्यनिबद्ध आकृति की बाह्य रूपरेखा का स्पर्श या संकेत रहता है। अत: इस कोटि के बिम्ब-विधान में वर्णबोध एवं अन्य चाक्षुष तत्त्वों की प्रधानता रहती है। फलस्वरूप, ऐसे बिम्ब, प्राय:, क्रिया-प्रधान अथवा चित्रात्मक हुआ करते हैं। व्यवहार में ऐसा देखा जाता है कि लक्षित बिम्ब तभी सुन्दर बन पाते हैं, जब उनमें आद्यन्त संश्लिष्टता रहती है अथवा प्रभावान्विति का केन्द्रीकरण रहता है।

जो विचारक अन्य ललितकलाओं को छोड़कर केवल काव्य की दृष्टि से बिम्बों पर विचार करते हैं, वे उपलक्षित बिम्बों को ही बिम्ब का एकमात्र रूप मानते हैं। जैसे, एच. कुम्बे का कहना है कि बिम्ब अनिवार्यत: एक प्रकार का 'फिगर ऑव स्पीच' है।[1] इस दृष्टिकोण को प्रस्तुत करते हुए इन्होंने बिम्बों के दो भेद माने हैं—संक्षिप्त बिम्ब (कन्साइज इमेज) या व्यंजक बिम्ब (सजेस्टिव इमेज) और शिथिल बिम्ब (लूज इमेज) या प्रसृत बिम्ब (डिफ्यूसिव इमेज)। प्रथम प्रकार के बिम्ब में एक उत्प्रेक्षा-सुलभ संक्षिप्तता और कसावट रहती है। इसकी अवतरणिका विशद नहीं रहती है और इसके अन्तर्गत कम-से-कम में अधिक-से अधिक की व्यंजना की जाती है। अर्थात्, इसका अप्रस्तुत-विधान प्रसंग-गर्भित और अध्याहार-प्रधान होता है। दूसरे प्रकार के बिम्ब में मालोपमा या सांगरूपक से सादृश्य रखनेवाला केन्द्रगामी विस्तार रहता है। इसकी अवतरणिका 'सी, सा, सम' इत्यादि जैसे वाचक अथवा अन्य लक्षक शब्दों को जोड़कर विशद बना दी जाती है। इस तरह प्रथम प्रकार और द्वितीय प्रकार के बिम्बों में कुछ वैसा ही अन्तर है, जैसा क्रमश: एकदेश विवर्ति और समस्तवस्तुविषय सांगरूपक में हुआ करता है। यहाँ एच. कुम्बे के अनुसार इतना स्मरणीय है कि प्रथम प्रकार का बिम्ब-विधान अपेक्षाकृत कठिन हुआ करता

1. एच. कुम्बे, *लिटरेचर एंड क्रिटिसिज्म,* चैटो एंड विंडस, लन्दन, 1958, पृ. 49

है, क्योंकि इसके लिए कल्पना की गम्भीर चाप (प्रेशर) के नैरन्तर्य और अडिग बौद्धिक नियंत्रण की आवश्यकता होती है।

इसी तरह कुछ विचारकों ने विनियोग की दृष्टि से बिम्बों के तीन भेद माने हैं—प्राथमिक बिम्ब (प्राइमरी इमेज), विकसित बिम्ब (सेकेंडरी इमेज) और व्युत्पन्न बिम्ब (टेर्शियरी इमेज)। प्राथमिक बिम्ब नियंत्रित, परिमेय, धारणात्मक, सहजग्राह्य और तथ्यबोधक होते हैं। विकसित बिम्ब ठीक इसके विपरीत होते हैं। श्रेष्ठ कलाकार, जिनके पास शिल्पित शैली के साथ ही छायावादी भावना अथवा रहस्यात्मक वृत्ति की समृद्धि रहती है, इसी प्रकार के बिम्बों का अधिक प्रयोग करते हैं। किन्तु, ये बिम्ब नियंत्रण, परिमेयता, धारणात्मकता अथवा तथ्यबोधकता से अनुपेक्षणीय दूरी रखने पर भी पूर्णतः अर्थवान होते हैं। तदनन्तर, व्युत्पन्न बिम्बों को हम बिम्ब से उत्पन्न बिम्ब कह सकते हैं। इस तरह ये बिम्ब वस्तु-जगत् के निश्चित तथ्यबोधक न होकर उस भावजगत् के दूरवर्ती बोधक होते हैं, जिस भाव-जगत् को कला, प्रायः, रूप-जगत् अथवा मूल्य-जगत् में परिवर्तित कर उपस्थित किया करती है। अर्थात्, ये बिम्ब विशिष्ट, स्वयंविधायक और आत्मनिष्ठ हुआ करते हैं। उदाहरणार्थ, मैथिलीशरण गुप्त की 'मातृभूमि' शीर्षक कविता की निम्नांकित पंक्तियों में—

नीलाम्बर परिधान हरित पट पर सुन्दर है,
सूर्य-चन्द्र युग-मुकुट मेखला रत्नाकर है।
नदियाँ प्रेम-प्रवाह, फूल तारे मंडन हैं,
वन्दीजन खगवृन्द, शेष-फन सिंहासन हैं।
करते अभिषेक पयोद हैं, बलिहारी इस वेश की;
हे मातृभूमि! तू सत्य ही सगुण मूर्ति सर्वेश की।

जितने भी बिम्ब हैं, वे परिमेय, धारणात्मक, सहजग्राह्य और तथ्यबोधक हैं। अतः हम इन्हें प्राथमिक बिम्ब कह सकते हैं। किन्तु, दिनकर की 'हिमालय के प्रति' शीर्षक कविता की इन पंक्तियों में—

युग-युग अजेय, निर्बन्ध मुक्त,
युग-युग गर्वोन्नत, नित महान,
निस्सीम व्योम में तान रहे,
युग से किस महिमा का वितान।

प्रयुक्त बिम्ब विकसित बिम्ब है, क्योंकि 'महिमा का वितान', 'निर्बन्ध मुक्त' और 'युग-युग अजेय' के द्वारा यद्यपि हमें कोई इन्द्रियगम्य तथ्यबोधकता नहीं मिलती है, तथापि इन पदों की निश्चित अर्थवत्ता में कोई सन्देह नहीं किया जा सकता।

तदनन्तर, व्युत्पन्न बिम्ब तो बहुत ही सौन्दर्यबोधक और कलात्मक होते हैं। उदाहरण के लिए, महादेवी वर्मा द्वारा लिखित 'नीरजा' की इन पंक्तियों में—

इसमें उपजा यह नीरज सित,
कोमल कोमल लज्जित मीलित,
सौरभ की लेकर मधुर पीर।
इसमें न पंक का चिह्न शेष,
इसमें न ठहरता सलिल-लेश,
इसको न जगाती मधुप-भीर।

प्रस्तुत कमल का बिम्ब वस्तु-जगत् के औसत तथ्य का बोधक नहीं है, तथापि इसमें भाव-जगत् के एक अनुभूत अनमोल सत्य की रूपात्मक अभिव्यक्ति है। इस तरह व्युत्पन्न बिम्ब निर्गुण भाव को सगुण बनाकर अभिव्यक्त करते हैं और प्रयोग के पौन: पुन्य से रूढ़ होकर प्राय: प्रतीक बन जाते हैं। कुछ गहराई में विचार करने से यह स्पष्ट हो जाता है कि प्राथमिक बिम्ब की रचना चेतन मन (कॉन्सस माइंड), जो व्यवसायात्मिका बुद्धि या तर्कात्मक बुद्धि से बहुत दूर नहीं रहता, के द्वारा होती है। तदनन्तर, विकसित बिम्ब चेतन और अचेतन मन के उस संगम से उत्थित होता है, जो तर्क अथवा निरीक्षण-परीक्षण की अपेक्षा विचार तथा आसंगों से अधिक निकट रहता है। और, व्युत्पन्न बिम्ब का निर्माण कलाकार के उस आत्मतत्त्व के द्वारा होता है, जो 'सूक्ष्म' और 'विराट' को स्वायत्त करने की क्षमता रखकर भी न कोई निश्चित रूप रखता है और न कोई इन्द्रियगम्य अर्थ ही देता है।

कुछ काव्यालोचकों ने बिम्बों का वर्गीकरण करते समय मूर्तता और सूक्ष्मता के आधार पर उनके दो प्रकारों का निरूपण किया है—मूर्त बिम्ब (कंक्रीट इमेज) और अमूर्त बिम्ब (एब्स्ट्रैक्ट इमेज)[1] किन्तु, मेरी दृष्टि में ऐसा वर्गीकरण निरर्थक है, क्योंकि मूर्तता तो बिम्बों का अनिवार्य गुण है, अत: मूर्तता को वर्गीकरण का भेदक आधार नहीं मानना चाहिए। बिम्बों के भेद, प्रकार या वर्गनिर्धारण के प्रसंग में काव्यालोचकों के और दो मत मिलते हैं। एक मत के अनुसार काव्य की विकसित दशा में बिम्बों के तीन रूप होते हैं—प्रतीक, रूपक और उपमा। दूसरे मत के अनुसार काव्य की विकसित दशा में बिम्बों के पाँच रूप होते हैं—प्रतीक, रूपकात्मक बिम्ब (एलिगरिकल इमेज), चिह्नात्मक बिम्ब (एम्ब्लेमेटिक इमेज), रूपक और उपमा। कई विचारक इस संख्या वृद्धि से भी सन्तुष्ट नहीं हैं। वे बिम्बों के और दो रूप मानते हैं—प्रतिलेख (ट्रान्सक्रिप्ट) और संकेत (साइन)। संक्षेप में, बिम्ब के उक्त रूपों को हम इस प्रकार समझ सकते हैं—

1. रिचर्ड हर्टर फॉग्ले, द *इमेजरी ऑव कीट्स एंड शैली,* द युनिवर्सिटी ऑव नॉर्थ कैरोलिना प्रेस, 1949, पृ. 184

उपमा—जो बिम्ब वर्ण्य-अवर्ण्य की सत्ता को अलग स्वीकार करते हुए दोनों के बीच सा, जैसा, सदृश इत्यादि के 'वाचन' से तुलना या समता स्थापित करता हो।

रूपक—जो बिम्ब वर्ण्य-अवर्ण्य के अन्तर का निषेध करते हुए दोनों के बीच तुलनात्मक सादृश्य-निबन्धन अथवा किसी वस्तु के विशिष्ट गुण का शब्द-कथन करके उस गुण से साम्य रखनेवाली अन्य दूरवर्ती वस्तु को उपलक्षित करता हो।[1]

रूपकात्मक बिम्ब (एलिगरिकल इमेज)—वह बिम्ब, जो किसी कृति में सतही दृष्टि से एक ही अर्थ को लेकर चलता हो; किन्तु, अन्तरंग में किसी अन्य आधेय अर्थ, प्रत्यय या विचार को छिपाए हुए हो।

चिह्नात्मक बिम्ब (एम्ब्लेमेटिक इमेज)—वह बिम्ब, जो किसी विशेष अर्थ का अभिज्ञान बनकर प्रयुक्त हुआ हो।

प्रतिलेख (ट्रान्सक्रिप्ट)—वह व्यंजक बिम्ब, जो एक मुख्यार्थ के साथ ही अनेक आसंगों के सहारे विविध अर्थच्छायाओं का प्रकाश करता हो।

संकेत (साइन)—वह बिम्ब, जो प्रतीकात्मक मूल्य धारण करते हुए भी किसी कृति में गौण स्थान रखता हो।

प्रतीक—वह बिम्ब, जो किसी कृति में बिना कोई तुलनात्मक आधार ग्रहण किए हुए अपना स्वतंत्र 'स्थान' रखता हो और उत्कृष्ट आसंग गर्भत्व के साथ ही अनेक गूढ़ार्थों की व्यंजना करता हो।

अधिक गहराई में जाने पर हम पाते हैं कि जिन आलोचकों ने अन्य ललितकलाओं को छोड़कर केवल काव्य की दृष्टि से बिम्बों पर विचार किया है, उन्होंने बिम्ब को केवल शब्दाश्रित माना है। किन्तु, बिम्बों को मात्र शब्दाश्रित मान लेने से काव्येतर ललितकलाओं का पक्ष छूट जाता है। उदाहरणार्थ, बिम्बों को मात्र शब्दाश्रित माननेवाले विचारकों में रॉबिन स्केल्टन के बिम्ब-विवेचन को देखा जा सकता है।[2] इनका मत

---

1. इस प्रसंग में यह स्मरणीय है कि हीगेल ने बिम्ब को metaphor और simile का मध्यवर्ती माना है।—"We may place the 'image' midway between the metaphor and the simile. It has, in fact, so close an affinity with the metaphor that we may regard it as merely a metaphor fully amplified, an aspect which at the same time marks its very close resemblance to the simile; there is, however, this distinction, that in the case of the image as such the significance is not set forth in its independent opposition to the concrete external object expressly compared with it. That which we term the image arises when two phenomena or conditions, which by themselves stand substantially apart, are placed in concurrence so that one condition supplies the significance which is made intelligible by means of the other."—Hegel, *The Philosophy of Fine Art,* Volume II, London, 1920, pp. 144-145.
2. रॉबिन स्केल्टन, द *पोयेटिक पैटर्न,* रूट्लेज एंड केगन पॉल, 1956, पृ. 90-91

है कि बिम्ब उस शब्द या उन शब्दों से निर्मित होता है, जिसमें या जिनमें विवक्षित वस्तु अथवा भाव के मानस-प्रत्यक्ष कराने की शक्ति रहती है। इनके अनुसार बिम्बों के प्रमुख प्रकार निम्नलिखित हैं :

1. सरल बिम्ब (सिम्पल इमेज)—वह बिम्ब, जो भावों को इस प्रकार जगावे कि उनका मानस-प्रत्यक्ष हो जाए। जैसे—चमकीला, पीला, नीला, शीत, कोमल इत्यादि।
2. भावानीत बिम्ब (इमेजेज ऑव एब्स्ट्रैक्शन)—मानस अथवा अन्य ऐन्द्रिय प्रत्यक्ष से रहित भाव को पैदा करनेवाले बिम्ब। जैसे—सत्य, प्रत्यय, वैदुष्य इत्यादि।
3. आशु (इमिजियेट) बिम्ब—श्रुति, दृष्टि, गन्ध, रस और स्पर्श के भावों को सद्यः समीरित करनेवाले बिम्ब। जैसे–कलकल, टलमल, खुरदुरा, मीठा, महमह, इत्यादि।
4. विकीर्ण बिम्ब (डिफ्यूज इमेज)—ऐन्द्रिय प्रत्यक्ष से अनृजु या प्रकारान्तर सम्बन्ध रखनेवाले अथवा किसी एक इन्द्रिय के प्रति भाव-निवेदन नहीं रखनेवाले बिम्ब, अर्थात् अनेक इन्द्रियों के प्रति भाव-निवेदन रखनेवाले बिम्ब। जैसे—गोष्ठी, इच्छा, साहस, इत्यादि।
5. अमूर्त (एब्स्ट्रैक्ट) बिम्ब—(ख. से नितान्त साम्य) भावानयन से निर्मित ऐसे बिम्ब जो मानवीकरण अथवा अन्य ऐसे ही उपायों से वर्ण्य का मानस प्रत्यक्ष पैदा करते हों। जैसे—दया, विभु, विभा, इत्यादि।
6. संयुक्त (कम्बाइंड) बिम्ब—दो या दो से अधिक शब्दों के संयोग से बनने वाले ऐसे बिम्ब, जो किसी एक वस्तु अथवा भाव का मानस प्रत्यक्ष कराते हों। जैसे—लाल क्रान्ति।
7. संकुल (कम्प्लेक्स) बिम्ब—दो या दो से अधिक शब्दों का ऐसा संयोग, जो एक से अधिक बिम्बों का सृजन करता हो। जैसे—सुनहले 'डेफोडिल्स', सशैवाल रक्तकमल।
8. संयुक्त भाववाची (कम्बाइंड एब्स्ट्रैक्ट) बिम्ब—शब्दों का ऐसा संयोग, जिससे कोई भाववाची बिम्ब (मानस प्रत्यक्ष से रहित) पैदा होता हो। जैसे—भद्र सत्य, शालीन करुणा, इत्यादि।
9. संकुल अमूर्त (कम्प्लेक्स एब्स्ट्रैक्ट) बिम्ब—शब्दों का ऐसा संयोग, जिससे एकाधिक भाववाची बिम्ब (मानस प्रत्यक्ष से रहित) पैदा होते हों। जैसे—विश्वस्त दानशीलता, ईमानदार प्रेम।
10. अमूर्त संयुक्त और अमूर्त संकुल बिम्ब (एब्स्ट्रैक्ट कम्बाइंड एंड एब्स्ट्रैक्ट कम्प्लेक्स इमेज)—वह संकुल या संयुक्त बिम्ब, जिसमें भावानयन बिम्बधर्मिता से अधिक प्रधान हो और बिम्बधर्मिता उस भावानयन का

केवल गुणबोध करती हो। जैसे—स्वर्णिम सटीकता, विकम्पित विगलित करुणा, इत्यादि।

उपर्युक्त विश्लेषण से स्पष्ट है कि रॉबिन स्केल्टन द्वारा प्रस्तुत बिम्ब-विवेचन का सबसे बड़ा दोष है—उसमें शब्द-प्रधान आधार का होना। स्केल्टन ने बिम्बों को मात्र शब्दाश्रित माना है और, फलस्वरूप, शब्दों के आधार पर ही उनका वर्गीकरण प्रस्तुत किया है। अत: काव्येतर ललितकलाओं के लिए बिम्बों के इस विवेचन का कोई सौन्दर्यशास्त्रीय महत्त्व नहीं रह जाता है।[1] समग्र ललितकलाओं की दृष्टि से बिम्बों का उत्कृष्ट वर्गीकरण तभी हो सकता है, जब अभिव्यक्ति की कला और नन्दतिक बोध को आधार माना जाए।

अब हम ऐन्द्रिय बोध के अनुसार बिम्बों के विभाजन पर विचार करेंगे, क्योंकि मूर्तविधायिनी कल्पना से सृष्ट बिम्ब अपने ऐन्द्रिय निवेदन के द्वारा ही हमारे लिए ग्राह्य होते हैं। अत: हम इनमें कभी एकोन्मुखी और कभी अनेकोन्मुखी ऐन्द्रिय निवेदन पाते हैं। अर्थात् हमें कोई बिम्ब चाक्षुष अनुभूति देता है या स्पार्शिक अनुभूति। किन्तु, कभी ऐसे भी संकुल अथवा मिश्र बिम्ब होते हैं, जो एक ही साथ हमें स्पार्शिक, घ्राणिक एवं चाक्षुष—कई प्रकार की अनुभूतियाँ प्रदान करते हैं। जैसे—पन्तजी की इन पंक्तियों—

दूर उन खेतों के उस पार
जहाँ तक गई नील झंकार

में हम 'नील झंकार' पर विचार कर सकते हैं। यहाँ 'नील' रंग-बोध से सम्पृक्त होने के कारण हमारी चाक्षुष प्रतीति से सम्बद्ध है और 'झंकार' ध्वनि-बोधक होने के कारण हमारी श्रावण प्रतीति से। अत: यहाँ हमें सरल अथवा शुद्ध नहीं, बल्कि संकुल अथवा मिश्र बिम्ब की प्राप्ति होती है; क्योंकि एक ही बिम्ब हमारे चक्षु और श्रवण—दोनों को तृप्त करता है। इस तरह श्रेष्ठ कलाकार ऐसे भी बिम्ब

---

1. जैसे, संगीत कला के बिम्ब शब्दाश्रित न होकर 'टोन' (tone) से निर्मित होते हैं। इस कला में 'टोन' के द्वारा काल को श्रव्य बनाया जाता है और 'टोन' सर्वत्र ही संगीत में बिम्ब की तरह प्रयुक्त होता है। अत: संगीतकला के क्षेत्र में बिम्बों का शब्दाश्रित वर्गीकरण लागू नहीं हो सकता है। कालिक (temporal) कला होने के कारण संगीत के बिम्ब सर्वदा काल-मापक, कालद्योतक या काल के श्रुति-विधायक हुआ करते हैं। अत: ये (संगीतकला में प्रयुक्त बिम्ब) अनिवार्य रूप में लयग (tonal) होते हैं। उदाहरणार्थ, Zuckerkandl का मत है—"Works of musical art are time images in the same sense in which works of the representational arts and architecture are space images. Tones are time become audible matter; to form in tones is to form in the stuff of time; an image composed of tones is always at the same time a time image."—Victor Zuckerkandl, *Sound and Symbol,* Pantheon Books, 1956. pp. 268 (258)

को प्रस्तुत कर सकता है, जो दो क्या, हमारी तीन-चार ज्ञानेन्द्रियों को एक साथ 'अपील' करता हो।

उपर्युक्त ऐन्द्रिय बोध के आधार पर हम सामान्यत: कला में विनियोग पानेवाले बिम्बों को निम्नलिखित वर्गों में विभाजित कर सकते हैं—

1. चाक्षुष, 2. श्रावण, 3. स्पर्शिक, 4. घ्राणिक, 5. रासनिक (गस्टेटरी), 6. आंगिक अथवा जैव, 7. वेगोद्‌भेदक (किनेस्थेटिक), और 8. गत्वर (मोटर)। पुनः इनमें से कुछ बिम्बों को एकाधिक उपवर्गों में बाँटा जाता है। जैसे चाक्षुष बिम्ब दो प्रकार के माने जाते हैं—संश्लेषणात्मक और विश्लेषणात्मक। इसी तरह स्पार्शिक बिम्बों के अन्तर्गत तापबोधक बिम्बों (थर्मल इमेजेज) को स्वीकार किया जाता है, जिन्हें प्राय:, दो प्रकारों—शीत बिम्ब और उष्ण बिम्ब में विभक्त किया जाता है।[1] बिम्बों का ऐसा विभाजन कुछ दूर तक उचित मालूम पड़ता है, क्योंकि बिम्ब, अन्ततोगत्वा, ऐन्द्रिय प्रभावों की प्रतिकृति हुआ करते हैं। अत: बिम्बों को उतने ही प्रमुख प्रकारों में बाँटना चाहिए, जितने प्रकार के ऐन्द्रिय प्रभाव हुआ करते हैं। इस विधि से हमारे ऐन्द्रिय प्रभाव मुख्यतः दृष्टि, गन्ध, शब्द, रस और स्पर्श से सम्बद्ध रहते हैं।[2] यों, हमारी कुछ ऐसी भी मानसिक अन्तर्दशाएँ होती हैं—जैसे, मन्यु, तोष, उत्साह, श्रान्ति, इत्यादि—जिनके आधार पर बिम्बों के अवान्तर भेद निरूपित किए जा सकते हैं।

चाक्षुष बिम्ब कला-जगत् में पर्याप्त महत्त्व रखते हैं।[3] अनेक कला-विचारक, चाक्षुष बिम्बों को बहुत उत्कृष्ट और सशक्त मानते हैं। ऐसे विचारकों के अनुसार

1. बिम्बों के प्रकार-निरूपण की यह संख्या अनिश्चित है। मनोवैज्ञानिक, जीववैज्ञानिक या अत्यधिक कलावादी दृष्टिकोण लेकर चलने वाले विचारकों ने बिम्ब के प्रकारों को इस तरह बढ़ा दिया है कि हम बिम्ब के वैसे प्रकार-निर्देश को किसी सुन्दर विशेषण का चुनाव भर कह सकते हैं। जैसे—विसेरल इमेज, टैक्टाइल इमेज, मस्कुलर इमेज, मिमेटिक इमेज, आर्टिकुलेटरी इमेज, टाय्ड इमेज, फंक्शनल इमेज, फ्लैप्वायंट इमेज, जक्स्टापोज्ड इमेज, फीलिंग इमेज, इत्यादि।—आई. ए. रिचर्ड्स, *प्रिन्सिपुल्स ऑव लिटररी क्रिटिसिज्म,* रूटलेज एंड केगन पॉल, 1955, पृ. 120-124, 152
2. साधारणत: चाक्षुष बिम्ब श्रावण बिम्ब की अपेक्षा और श्रावण बिम्ब गत्वर बिम्ब की अपेक्षा सामान्य जन के लिए अधिक बोधगम्य होते हैं। इन सभी प्रकार के बिम्बों की रचना और भावन में वैयक्तिक रुचि काम करती है। इसलिए बिम्बों का स्वभाव या प्रभाव तत्सम्बन्धित व्यक्ति की पूर्वानुभूतियों पर निर्भर करता है। उदाहरणार्थ, रंग-परिज्ञानहीन व्यक्ति वर्ण बिम्बों (इमेजेज ऑव कलर) का भावन नहीं कर सकता है।
3. चाक्षुष या दृश्य बिम्बों की प्रमुखता को प्रतिपादित करते हुए आचार्य शुक्ल ने लिखा है—"...कल्पना द्वारा अन्य विषयों की अपेक्षा नेत्रों के विषयों का ही सबसे अधिक आनयन होता है, और सब विषय गौण रूप से आते हैं। वाह्य कारणों के सब विषय अन्त:करण में 'चित्र' रूप से प्रतिबिम्बित हो सकते हैं। इसी प्रतिबिम्ब को हम 'दृश्य' (या चाक्षुष) कहते हैं।—आचार्य रामचन्द्र शुक्ल, *चिन्तामणि,* दूसरा भाग, सरस्वती मन्दिर जतनवर, काशी, संवत् 2006, पृ. 1 →

चाक्षुष बोध अन्य ऐन्द्रिय बोधों की अपेक्षा अधिक आत्मीय होता है। शैशवकाल से ही चाक्षुष बिम्ब व्यक्ति के मन पर आधिक्य जमाए रखते हैं। शैशवकालीन चाक्षुष बिम्ब अधिकतर स्वतः सम्भवी चाक्षुष बिम्ब या प्रतीतिक बिम्ब हुआ करते हैं।[1] कला-जगत् से पृथक् व्यावहारिक जगत् में भी हम किसी वस्तु को देखकर अन्य ऐन्द्रिय बोधों को ग्रहण करने के पूर्व सन्निकर्ष के लिए प्राप्त वस्तु के रूप-रंग का ही अधिकतर विभाजन करते हैं। ललितकलाओं के बीच चित्रकला में चाक्षुष बिम्ब सर्वप्रधान होते हैं, यद्यपि सभी दृश्य-कलाओं में इनकी प्रधानता सुरक्षित रहती है। चित्रकला के क्षेत्र में चाक्षुष बिम्बों के प्रधान अधिकरण ये हैं—रेखा, प्रकाश और छाया, रंग, विन्यसन (टेक्सचर), विस्तार (वॉल्यूम) और रूप-भेद तथा प्रमाण (एपर्स्पैक्टिव) काव्य कला में चाक्षुष बिम्बों का अधिक उपयोग स्थल सौन्दर्य के चित्रण में हुआ करता है। इसलिए जिस युग में मानव-जगत् या मानवेतर जगत् के दृश्य रूप के प्रति कवियों की रुचि अधिक रहती है, उस युग के काव्य में चाक्षुष बिम्बों का सर्वाधिक विनियोग मिलता है।[2]

तदनन्तर, श्रावण बिम्ब (आडिटरी इमेज) श्रव्य-कलाओं के लिए विशेष उत्कर्ष विधायक होते हैं। संगीत-कला की ध्वनियाँ ऐसे ही बिम्बों के अन्तर्गत आती हैं। ये श्रावण बिम्ब, प्रायः, ध्वनि-कल्पना से उत्थित होते हैं। विशेषकर काव्य के क्षेत्र में ध्वनि-कल्पना से हमारा आशय है—कविता के श्रव्य-पक्ष की ऐसी योजना अथवा नाद-सौन्दर्य की ऐसी प्रेषणीयता, जो पाठक या श्रोता के द्वारा कविता के समझे जाने के पूर्व ही सहृदय-चित्त में कवि के भाव-निवेदन या आकृतियों की व्यंजना को प्रेषित कर दे। सामान्यतः, ध्वन्यर्थ चित्रण को प्रस्तुत करते समय कवि को इसी ध्वनि-कल्पना का सहारा लेना पड़ता है। ध्वनि-कल्पना से युक्त भाषा में एक प्रकार की मंत्र-शक्ति होती है। अर्थात् वैसी भाषा को समझे बिना ही (श्रवण मात्र से) कवि के भाव-निवेदन के दल खुलने लगते हैं; जैसे, गायत्री मंत्र अथवा वैदिक ऋचाओं के श्रवणमात्र से ही अन्तर्मन में एक उच्चाशयता विकीर्ण होने लगती है। अतः यहाँ यह भी ध्यातव्य है कि ध्वनि-कल्पना के प्रेषण में संस्कारों के उद्‌बोध का महत्त्वपूर्ण योग रहता है। काव्य में यह ध्वनि-कल्पना पदशय्या की रचना के साथ ही छन्द-योजना के विशिष्ट प्रकार पर भी निर्भर करती है। जैसे, अमृतध्वनि छन्द

→आशय यह है कि साधारणतः बिम्बों में 'चाक्षुष धर्म की ही प्रधानता रहती है। लैंगर ने भी इस ओर संकेत किया है—"The Wore image' is aimost inseparably wedded to the sense of sight."—Susanne K. Langer, *Feeling and Form,* London, 1953, p. 48

1. ये प्रातीतिक बिम्ब (आइडेंटिक इमेज) शिशु-स्वभाव के लिए बहुत प्रिय हुआ करते हैं। इन प्रातीतिक बिम्बों का विश्लेषण हर्बर्ट जे. मुलर ने विस्तारपूर्वक किया है—हर्बर्ट जे. मुलर, *साइंस एंड क्रिटिसिज़्म,* न्यूयार्क, जार्ज ब्रजिलर इंक, 1956, पृ. 168-169
2. चाक्षुष बिम्बों को मनोविज्ञान, दर्शनशास्त्र और सौन्दर्यशास्त्र के पंडितों ने अनेक प्रकारों में बाँटा है। द्रष्टव्य—E. J. Furlong, *Imagination*, New York, 1961, p. 70

को सुनते ही वीरता और ओज का उद्भास होने लगता है। विश्लेषण करने पर प्रायः सभी श्रेष्ठ काव्य-शिल्पियों (प्राचीन या अर्वाचीन) में उस ध्वनि-कल्पना के प्रति मोह मिलता है, जो कियदंश में पाठकों अथवा श्रोताओं की दीक्षित या संस्कारजन्य श्रुति-चेतना पर निर्भर करती है। भवभूति की 'एते ते कुहरेषु गदगगद्‌नदद्‌द गोदावरी वारयो' वाली उक्ति या टी. एस. इलियट के 'वेस्ट-लैंड' वर्णित विहग-कंठ से प्रस्फुटित जल-बूँदों के 'टिपिर-टिपिर' संगीत—'ड्रिप ड्रॉप ड्रिप ड्रॉप ड्रॉप ड्रॉप ड्रॉप ड्रॉप—में हमें इसी ध्वनिकल्पना का उपयोग मिलता है।[1] बूँदों की इस आवाज और वर्षा-संगीत को ध्वनिकल्पना के सहारे प्रस्तुत करने का प्रयास जानकीवल्लभ शास्त्री ने भी किया है—

मेघ-रन्ध्र में मन्द्र-सान्द्र ध्वनि—
द्रिम-द्रिम-द्रिम उन्मद मृदंग की।
....
रिमझिम-रिमझिम, रुनझुन-रुनझुन,
छुनकिट तच्छुम रनरन-रुनरुन,
छुम-छुम छननन, झननन-झुनझुन,
मुक्तकेश सरका श्यामाम्बर।
हरित-शस्य-अंचल अंचलतर॥
ताल-ताल पर उच्छल-उच्छल—
चल जल छलछल टलमल टलमल,
कुलकुल-कुलकुल, कलकल-कलकल,
प्रति-पदगति नति शत-तरंग की।
तड़िद भंगिमा अंग-अंग की।[2]

इसी तरह बंगला के कवि ईश्वरगुप्त ने संगीतधर्मी निसर्ग-वर्णन-पद्धति का उदाहरण प्रस्तुत करते हुए ध्वनि-कल्पना के सहारे वर्षा का सुन्दर चित्र उपस्थित किया है—

चारिदिके घोरतर नीरधर आड़म्बर
शून्य पर करे अतिशय।
चारु चारु समूमित गुरु गुरु गरजित
दूरू दूरू कम्पित हृदय।

---

1. आधुनिक कवियों के बीच टी. एस. इलियट ने इस ध्वनि-कल्पना को सैद्धान्तिक रूप में बहुत ऊँचा स्थान दिया है। —एफ. ओ. मैथीसन, द *एचीवमेंट ऑव टी. एस. इलियट,* ए गैलेक्सी बुक न्यूयार्क ऑक्सफोर्ड युनिवर्सिटी प्रेस, 1959, पृ. 81-96
2. जानकीवल्लभ शास्त्री, *मेघगीत,* 1952, पृ. 13

बहितेछे समीरन करितेछे घोर रन
निदाध वरषा सहकार।
सन् सन् स्वरे गाजे, झन् झन् माझे माझे
शब्द करे, स्तब्ध त्रिसंसार।
चक्मक् चिकि मिकि धक् धक् धिकि धिकि
सुचंचला चपलार माला।
झम्झम् हय जल धरातल सुशीतल
घूचे गेल सन्तापेर ज्वाला।[1]

इस प्रकार ध्वनि-कल्पना से प्रसूत श्रावण बिम्बों में एक प्रकार की स्वन-सम्पदा रहती है।

स्पार्शिक बिम्ब, प्राय:, शारीरिक सौन्दर्य-चेतना या सन्निकर्ष-प्रधान रूपभावना से सम्बद्ध रहते हैं। अत: इनके द्वारा अधिकतर संस्पर्श, त्वक्चेतना या रूपात्मक संभार के भावों का मूर्तन किया जाता है। यों, दृश्य-कलाओं, विशेषकर, मूर्तिकला और चित्रकला में स्पार्शिक बिम्बों के द्वारा सूक्ष्म अदृश्य भावों का भी वस्तु-मूर्तन (ऑब्जेक्टिफिकेशन) कर दिया जाता है। तदनन्तर, घ्राणिक, रासनिक, आंगिक अथवा जैव[2] और गत्वर बिम्ब आते हैं, जिनका स्वरूप उनके नाम से ही स्पष्ट है और जिनकी सोदाहरण विवेचना प्रस्तुत प्रबन्ध के द्वितीय खंड (छायावाद का कला-सौष्ठव) के चतुर्थ अध्याय में विस्तारपूर्वक की जाएगी। यहाँ हमारे लिए बेगोद्भेदक बिम्बों[3] के स्वरूप को समझ लेना आवश्यक है। वेगोद्भेदक बिम्ब में तिग्मध्वान-गुण, त्वरा, विस्फोट और विभ्राट—सब कुछ एक साथ रहते हैं। निराला ने 'राम की शक्तिपूजा' शीर्षक कविता की निम्नलिखित पंक्तियों में वेगोद्भेदक बिम्ब की सुन्दर योजना की है—

---

1. *काव्ये रवीन्द्रनाथ,* विश्वपति चौधुरी, मित्र एंड बोस, श्यामाचरण स्ट्रीट, कलकत्ता, पृ. 10-11 पर उद्धृत। श्रावण बिम्बों को उपस्थित करने के अलावा ध्वनि-कल्पना का उपयोग दूसरी तरह से भी हो सकता है। जैसे, वाल्मीकि ने किष्किन्धाकांड के अट्ठाइसवें सर्ग में वर्षा-वर्णन के प्रसंग में ध्वनि-कल्पना के सहारे निष्पन्न होनेवाली अप्रस्तुत योजना का (ध्वन्यर्थचित्रण का नहीं) सुन्दर निदर्शन उपस्थित किया है—

    षट्पादतंत्रीमधुराभिधानं
    प्लवंगमोदीरित कंठतालम्।
    आविष्कृतं मेघमृदङ्ग नादै—
    वनैषु संगीतमिव प्रवृत्तम्॥ (*किष्किन्धाकांड,* 28, 36)

2. आंगिक अथवा जैव बिम्बों का सम्बन्ध 'थ्योरी ऑव इम्पैथी' से भी दिखलाया जा सकता है, जिसकी चर्चा हम आगे समानुभूतिक बिम्ब विधान (इम्पैथिक इमेजरी) के प्रसंग में करेंगे।
3. द्रष्टव्य—Richard Harter Fogle, *The Imagery of Keats and Shelley,* Chapel Hill, 1949

शत घूर्णावर्त, तरंग-भंग उठते पहाड़,
जल राशि-राशि जल पर चढ़ता खाता पछाड़,
तोड़ता बन्ध—प्रतिसन्ध धरा, हो स्फीत वक्ष,
दिग्विजय-अर्थ प्रतिपल समर्थ बढ़ता समक्ष
शत वायु-वेग-बल, डुबा अतल में देश-भाव,
जलराशि विपुल मथ मिला अनिल में महाराव
बज्रांग तेजघन बना पवन को, महाकाश
पहुँचा एकादश रुद्र क्षुब्ध कर अट्टहास।[1]

कहा जाता है कि जिस कवि के पास सम्मूर्तनप्रधान कल्पना की प्रधानता रहती है, उसकी कृतियों में चाक्षुष वेगोद्भेदक बिम्बों (ऑप्टिकल काइनेस्थेटिक इमेज) की अधिकता मिलती है।

अब हम ऐन्द्रिय प्रभावों से ऋजु सम्बन्ध रखनेवाले ऐसे दो प्रकार के बिम्बों—सहसंवेदनात्मक संश्लिष्ट बिम्ब (साइनेस्थेटिक इमेज) और समानुभूतिक बिम्ब (इम्पैथिक इमेज)—पर विचार करेंगे, जिनका सौन्दर्यशास्त्रीय दृष्टि से विकसित नन्दतिक बोध के कारण कला-जगत्, विशेषकर, काव्य में बहुत महत्त्व है। सहसंवेदनात्मक संश्लिष्ट बिम्ब में शारीरिक अथवा मानसिक अनेक प्रकार के संवेगों, संवेदनों, अनुभूतियों अथवा प्रतीतियों का मिश्रण या समीकरण रहता है। जैसे, किसी काव्य-कृति में कोई ऐसी अप्रस्तुत योजना हो, जिसमें ध्वनि, वर्णपरिज्ञान और घ्राण के बोध एक ही साथ व्यजित हों, तो उसे हम सहसंवेदनात्मक संश्लिष्ट बिम्ब कहेंगे। जिस कलाकार में अतिशय भावुकता और आत्मनिष्ठता रहती है, वह सहसंवेदनात्मक संश्लिष्ट बिम्बों के सृजन में अपेक्षाकृत अधिक समर्थ होता है। ये बिम्ब प्राय:, वर्ण-ध्वनिमय ('कलर-ऑडिशन') या ध्वनि-दृष्टिमय ('टोनल विजन') हुआ करते हैं। अधिक स्पष्टता के लिए हम कह सकते हैं कि सहसंवेदनात्मक संश्लिष्ट बिम्बों में संवेदनों का गाढ़ घनीकरण रहता है तथा विभिन्न इन्द्रिय-बोधों का सम्मिश्रण भी। इसलिए ऐसे बिम्बों का विधायक कलाकार, प्राय:, एक प्रकार और क्रम के संवेदन से दूसरे प्रकार और क्रम के संवेदनों में संक्रमण करता रहता है। फलस्वरूप, ये बिम्ब स्वभाव से ही मिश्रणशील और स्फूर्तिवान होते हैं। उदाहरण के लिए, पन्तजी ने जहाँ 'नील झंकार' अथवा कीट्स ने जहाँ 'पेंटिग लाइट', 'सिल्वर थिल्स' या 'सिल्वर वाइब्रेशन्स' जैसी अप्रस्तुत योजना की है, वहाँ हमें ऐसे मिश्र चाक्षुष-श्रावण बिम्ब मिलते हैं, जो सहसंवेदनात्मक संश्लिष्ट बिम्ब-विधान के अन्तर्गत आते हैं। इस तरह एक ही बिम्ब जब घ्राणिक, स्पार्शिक, रासनिक, आंगिक इत्यादि अनेक प्रकार के संवेदनों को सुगढ़ ढंग से अभिव्यंजित करता है,

1. निराला, *अपरा,* साहित्यकार संसद, प्रयाग, संवत् 2013, पृ. 37

तब हम उसे सहसंवेदनात्मक संश्लिष्ट बिम्ब कहते हैं। ऐसे बिम्ब के विधान में प्रवृत्त कवि के लिए मानवीकरण, संकोचन, विपर्यय, इत्यादि सुन्दर साधन सिद्ध होते हैं, क्योंकि इस कोटि के बिम्ब में अनेक प्रकार के संवेदनों अथवा इन्द्रिय-बोधों के बीच किसी एक की प्रधानता रहती है और शेष संवेदन गौण रहकर उसके उपकारक होते हैं। कहा जाता है कि शेली और कीट्स के सहसंवेदनात्मक संश्लिष्ट बिम्बों में क्रमश: गति तथा स्पर्श की प्रधानता रहती है एवं अन्य संवेदन गौण रहकर इन्हें ही उपचित करते हैं। अत: हम कह सकते हैं कि सहसंवेदनात्मक संश्लिष्ट बिम्ब अनेक संवेदनों के समन्वय होते हैं। इसी तथ्य से यह भी संकेतित होता है कि इस प्रकार के बिम्बों के विधायक कवि को विभिन्न प्रकार और स्तर के संवेदनों के 'मूल राग' का पारखी बनना पड़ता है। इस 'मूल राग' के प्रति कलाकार या कवि का अलग-अलग दृष्टिकोण होता है। इसलिए सहसंवेदनात्मक संश्लिष्ट बिम्ब-विधान में कोई कवि बोधविपर्यय (सेन्स-ट्रान्सफरेन्स) से काम लेता है, तो कोई कवि बोध-मिश्रण (सेन्सफ्यूजन) से। समासत:; सहसंवेदनात्मक संश्लिष्ट बिम्ब-विधान की सबसे बड़ी विशेषता यह है कि इसमें विभिन्न प्रकार के संवेगों और संवेदनों का एक ऐसा सौहार्द्रपूर्ण सन्तुलन रहता है, जिसके अभाव में हम अपने आवेष्टन की संकुलता और उसके विचित्र ऐश्वर्य के साथ अपने अन्त:करण का रागात्मक सम्बन्ध नहीं स्थापित कर सकते।

तदनन्तर, समानुभूतिक बिम्बों ('इम्पैथिक इमेजेज') की बारी आती है। पाश्चात्य आलोचकों ने समानुभूतिक बिम्बों का विवेचन 'थ्योरी ऑव इम्पैथी' के आधार पर किया है, जिस सिद्धान्त का विश्लेषण हम सौन्दर्य सम्बन्धी अध्याय में कर चुके हैं। बिम्बों के सन्दर्भ में विचारकों ने 'समानुभूति' की वह व्याख्या स्वीकार की है, जो हेर्मान लोहसे ने 1858 ईस्वी में उपस्थित की थी। इस व्याख्या के अनुसार समानुभूति वहाँ रहती है, जहाँ हम अपने अहम्, मन:स्थिति, क्रियाव्यापार, शरीरस्थ संचरण या अन्तर्वृत्ति का आरोप मानवेतर दृश्यजगत् पर करते हैं। इस तरह मानवीकरण से लेकर 'पैथेटिक फैलेसी' तक का क्षेत्र समानुभूतिक बिम्बों के अन्तर्गत पड़ता है। मूर्तिकला और चित्रकला-जैसी प्रतिरूपात्मक कलाओं (रिप्रेजेंटेशनल आर्ट्स) में समानुभूतिक बिम्बों की प्रधानता रहती है, क्योंकि समानुभूतिक बिम्ब अधिकतर चाक्षुष प्रत्यक्ष से सम्बन्धित रहते हैं। जब गोचर प्रत्यक्ष से प्राप्त बाह्य जगत् के पदार्थों पर कलाकार अपनी आत्मसत्ता और अन्तर्वृत्ति का प्रक्षेपण कलात्मक ढंग से करता है, तब समानुभूतिक बिम्बों की सृष्टि होती है। कई विचारकों ने तो समानुभूति का यह अर्थ ही प्रतिपादित किया है कि इसमें द्रष्टा और दृश्य, विचारक और वस्तु अथवा आश्रय और आलम्बन भाव-घन होकर एक हो जाते हैं। अत: समानुभूतिक बिम्बों में हमें एक प्रकार का तादात्म्य-चित्रण मिलता है, किन्तु, ऐसा तादात्म्य-चित्रण जो संवेदनशील और इन्द्रियग्राह्य हो। साधारणत: मानवीकरण, 'पैथेटिक फैलेसी' एवं

'इमोशनल ह्यूमैनाइजेशन' के अन्य प्रयास मूर्त और चित्रात्मक अप्रस्तुत योजना धारण करने पर समानुभूतिक बिम्बों के ही अन्तर्गत आते हैं। जैसे—

सामने शुक्र की छवि झलमल, तैरती परी सी जल में कल,
रुपहरे कचों में हो ओझल॥[1]

यहाँ शुक्र की छवि का परी के अप्रस्तुत से कुछ क्रिया-व्यापारों (जैसे—तैरना, ओझल होना) के सहारे संवेगात्मक मानवीकरण (इमोशनल ह्यूमैनाइजेशन) किया गया है। किन्तु, ऐसे स्थलों की अपेक्षा समानुभूतिक बिम्ब वहाँ अधिक उत्कृष्ट बन पाते हैं, जहाँ निबद्ध चित्र में द्रष्टा और दृश्य का पारस्परिक विलयन अथवा तादात्म्य निरूपित रहता है। यों, संस्कृत काव्यशास्त्र के अनुसार अधिकांश समानुभूतिक बिम्ब रसाभास के अन्तर्गत आते हैं। मेरी दृष्टि में समानुभूतिक बिम्बों की एक ऐसी विशिष्टता निर्धारित होनी चाहिए, जिससे ये बिम्ब मानवीकरण, हेत्वाभास या रसाभास से कुछ पृथक् अपना व्यक्तित्व रख सकें। अत: समानुभूति की शरीरस्थ संचरणवाली विशेषता को यहाँ भी मान्यता मिलनी चाहिए। अर्थात् समानुभूतिक बिम्ब में मानवेतर प्रस्तुत पर मानवसदृश अंग-संचालन, अंग-संस्थानों के संकोच-विकोच, मांसपेशियों की गति और तनाव तथा अन्य मानव-सदृश शारीरिक क्रिया-व्यापारों का आरोप रहता है। जैसे, इक़बाल ने जहाँ हिमालय की अमेय ऊँचाई को चित्रात्मक अभिव्यक्ति देने के लिए यह लिखा है—

ए हिमाला, ए फ़सीले किश्वरे-हिन्दोस्ताँ!
चूमता है तेरी पेशानी को झुक कर आसमाँ!

वहाँ हम समानुभूतिक बिम्ब मानेंगे, क्योंकि इसमें 'पेशानी', 'चूमने' और 'झुकने' के माध्यम से मानववत् अंग-संचालन, सांस्थानिक संकोच-विकोच और शारीरिक क्रिया-व्यापार का संकेत किया गया है। इसी तरह निराला ने भी 'राम की शक्तिपूजा' शीर्षक कविता में एक सफल समानुभूतिक बिम्ब प्रस्तुत किया है—

है अमानिशा, उगलता गगन घन अन्धकार,
खो रहा दिशा का ज्ञान, स्तब्ध है पवन चार,
अप्रतिहत गरज रहा पीछे, अम्बुधि विशाल,
भूधर ज्यों ध्यानमग्न; केवल जलती मशाल।[2]

उपर्युक्त उद्धरणों से स्पष्ट है कि समानुभूतिक बिम्ब एक ऐसी काल्पनिक प्रक्रिया से निष्पन्न होते हैं, जो निबद्ध प्रस्तुत में हमारे 'सदृश' शरीरस्थ संचरण से

---

1. सुमित्रानन्दन पन्त, *आधुनिक कवि,* हिन्दी साहित्य सम्मेलन प्रयाग, 2012, पृ. 57
2. सूर्यकान्त त्रिपाठी निराला, *अनामिका,* भारती भंडार, इलाहाबाद, संवत् 2005, पृ. 150

प्रारम्भ होती है, किन्तु, जिसकी परिसमाप्ति, प्रभाव की दृष्टि से, हमारे 'तदनुकूल' मन:प्रदेश के स्पन्दनों में होती है : इस तरह समानुभूतिक बिम्बों का कुछ-न-कुछ सम्बन्ध उस ऐन्द्रिय कल्पना से अनिवार्यरूपेण रहता है, जो हमारी मांसपेशियों, चेतातन्तुओं अथवा आंगिक प्रक्रियाओं से किसी-न-किसी रूप में सम्बद्ध रहती है।

इसी तरह बिम्बों के और भी भेद या प्रकार निर्धारित किए जा सकते हैं,[1] किन्तु, हमें यह स्वीकार करना पड़ता है कि अद्यावधि कला-विचारकों ने बिम्बों के प्रकार की कोई सुनिश्चित सारिणी निरूपित नहीं की है और न उनके विभाजन का कोई सर्ववादिसम्मत मानदंड निर्णीत किया है। बिम्बों के प्रकार-निर्धारण के नाम पर अधिकांश विचारक अब तक कुछ सुन्दर विशेषणों की सृष्टिमात्र करते रहे हैं।

हिन्दी आलोचकों के बीच आचार्य शुक्ल ने बिम्बों के तात्त्विक विवेचन का कुछ शास्त्रीय प्रयास किया है। किन्तु, शुक्लजी ने यह तात्त्विक विवेचन केवल काव्य को ही (सभी ललितकलाओं को नहीं) दृष्टि में रखकर किया है। इनके अनुसार बिम्ब-विधान विभाव के अन्तर्गत होता है, कारण, इनका मत है कि बिम्बग्रहण कराने के लिए चित्रण काव्य का प्रथम विधान है, जो विभाव में दिखाई पड़ता है। तदनन्तर, इनकी दृष्टि में बिम्ब-ग्रहण का अर्थ है काव्यनिबद्ध वस्तुओं का सूक्ष्म रूप-विवरण और आधार-आधेय की संश्लिष्ट योजना, क्योंकि काव्य में प्रस्तुत प्रकृति-चित्रण के सन्दर्भ में बिम्ब-ग्रहण पर विचार करते हुए इन्होंने लिखा है कि बिम्ब-ग्रहण वहीं मिल पाता है, जहाँ चित्रण में संश्लिष्ट रूप-योजना का निर्वाह किया जाता है। और, कवि इस प्रकार की संश्लिष्ट रूप-योजना से समन्वित चित्रण में तभी प्रवृत्त होता है, जब वह बाह्य प्रकृति को आलम्बन रूप में ग्रहण करता है, कारण, उद्दीपन रूप में जो वस्तु-विधान होता है, उसमें कुछ इनी-गिनी वस्तुओं के उल्लेखमात्र से काम चल जाता है।[2] निष्कर्ष यह है कि शुक्लजी आलम्बन के मार्मिक ग्रहण को ही बिम्ब-ग्रहण मानते हैं। इनका कहना है कि मन में आलम्बनों का मार्मिक ग्रहण बिम्ब-ग्रहण के रूप में होता है, केवल अर्थग्रहण के रूप में नहीं।[3] साथ ही, सफल बिम्बग्रहण और बिम्ब-विधान के लिए इन्होंने प्रकृति के

---

1. द्रष्टव्य—हेनरी डब्ल्यू वेल्स, *पोयेटिक इमेजरी,* कोलम्बिया युनिवर्सिटी प्रेस, 1924। इसी तरह दीप्ति और साफगोई के आधार पर द *ह्यूमैनिटीज* के लेखकों ने बिम्बों के अनेक प्रकार निरूपित किए हैं। द्रष्टव्य—लुई डड्ले एंड ऑस्टिन फ़ैरिसी, द *ह्यूमैनिटीज,* मैकग्रो हिल, बुक कम्पनी, न्यूयार्क एंड लन्दन, 1940
2. *चिन्तामणि,* भाग 2, द्वितीय आवृत्ति, पृ. 58
3. बिम्बग्रहण और अर्थ ग्रहण के भेद को प्रतिपादित करते हुए आचार्य शुक्ल ने लिखा है—"अभिधा द्वारा ग्रहण दो प्रकार का होता है—बिम्ब ग्रहण और अर्थग्रहण। किसी ने कहा 'कमल'। अब इस 'कमल' पद का ग्रहण कोई इस प्रकार भी कर सकता है कि ललाई लिए हुए सफेद पंखुड़ियों और नाल आदि के सहित एक फूल का चित्र अन्त:करण में थोड़ी देर के→

नानारूप और व्यापारों का कलाकार के द्वारा निकट से पर्यवेक्षण अनिवार्य माना है, क्योंकि इनकी दृष्टि में "शब्द-काव्य की सिद्धि के लिए वस्तु-काव्य का अनुशीलन परम आवश्यक है।"[1] तदनन्तर, इनकी यह मान्यता है कि 'बिम्ब' जब होगा, तब 'विशेष' या 'व्यक्ति' का ही होगा, 'सामान्य' या 'जाति' का नहीं; क्योंकि काव्य (अथवा अन्य कलाओं) का काम बुद्धि के सामने कोई विचार (कन्सेप्ट) लाना नहीं, बल्कि किसी मूर्त भावना को उपस्थित करना है। इसलिए कल्पना बिम्ब के द्वारा जो कुछ उपस्थित करती है, वह सदा 'व्यक्ति' या 'विशेष' ही होता है; कारण 'सामान्य' या 'जाति' की तो मूर्त भावना हो ही नहीं सकती।[2] प्रस्तुत रूप-विधान के अन्तर्गत बिम्बों पर लिखते समय शुक्लजी ने बिम्बवादी आन्दोलन की भी चर्चा की है[3] और इस आन्दोलन की मूर्ततावाली धारणा को स्वीकार करते हुए कहा है कि "... काव्य चित्र-विद्या और संगीत दोनों की पद्धतियों का कुछ-कुछ अनुसरण करता है। विभाव और अनुभाव दोनों में रूप-विधान होता है जिसका उसी प्रकार कल्पना द्वारा स्पष्ट ग्रहण वांछित होता है, जिस प्रकार नेत्र द्वारा चित्र का। अत: मूर्तभावना की आवश्यकता सबको स्वीकार करनी पड़ेगी।"[4] इतना ही नहीं, शुक्लजी का स्पष्ट मत है कि 'काव्य में बिम्ब-स्थापना प्रधान वस्तु है।' इस तरह केवल

→लिए उपस्थित हो जाए; और इस प्रकार भी कर सकता है कि कोई चित्र उपस्थित न हो, केवल पद का अर्थमात्र समझकर काम चलाया जाए। व्यवहार में तथा शास्त्रों में इसी दूसरे प्रकार के संकेत-ग्रह से काम चलता है। वहाँ एक-एक पद के वाच्यार्थ के रूप पर अड़ते चलने की फुरसत नहीं रहती। पर काव्य के दृश्य-चित्रण में संकेत-ग्रह पहले प्रकार का होता है। उसमें कवि का लक्ष्य 'बिम्ब ग्रहण' कराने का रहता है, केवल अर्थ ग्रहण कराने का नहीं। वस्तुओं के रूप और आस-पास की परिस्थिति का ब्यौरा जितना स्पष्ट या स्फुट होगा उतना ही पूर्ण बिम्बग्रहण होगा और उतना ही अच्छा दृश्य-चित्रण कहा जाएगा।"—वही, पृ. 1-2

1. *रसमीमांसा,* पृ. 275
2. वही, पृ. 310-311
3. "मूर्तिमत्तावाद (इमेजिज्म) के प्रवर्त्तक फ्लिंट (एफ. एस. फ्लिंट) थे, जिनकी 'तारक जाल में' नामक पुस्तक सन् 1909 में प्रकाशित हुई थी। इस सम्प्रदाय में ड्रलिट्ल और अल्डिंगटन भी थे, यद्यपि अल्डिंगटन धीरे-धीरे इसके बाहर निकल आए। इन लोगों का सिद्धान्त था मूर्त रूप में ही विषय को रखना, अत: ये छोटी-छोटी कविताएँ ही ठीक समझते थे, जिनका चित्र मन में एक बार में आ सके। बड़ी और लम्बी कविताओं के ये विरोधी थे। अपने सिद्धान्त के अनुसार ये मूर्त-भावना खड़ी करनेवाले (कंक्रीट) शब्द ही कविता के लिए उपयुक्त समझते थे, भाववाचक (एब्स्ट्रैक्ट) शब्दों को दूर रखने की सलाह देते थे। इनका कहना था कि मूर्तभावना वाले शब्द कल्पना में स्पष्ट और स्थायी रूपविधान भी करते हैं और सबको समान रूप से बोधगम्य भी होते हैं। वर्णनात्मक और विचारात्मक कविता का ये विरोध करते थे। इनके सिद्धान्त में सत्य का बहुत-कुछ आधार था, पर ये उसे बहुत दूर तक घसीट ले गए।"—*रसमीमांसा,* पृ. 326
4. वही, पृ. 326

काव्य की दृष्टि से बिम्बों पर विचार करने के कारण शुक्लजी ने भाषा पक्ष की भूमिका में भी बिम्बों पर सोचा है। इनके अनुसार, "भाषा के दो पक्ष होते हैं...एक सांकेतिक (सिम्बॉलिक) और दूसरा बिम्बाधायक (प्रजेंटेटिव)। एक में तो नियत संकेत द्वारा अर्थबोध मात्र हो जाता है, दूसरे में वस्तु का बिम्ब या चित्र अन्त:करण में उपस्थित होता है। वर्णनों में सच्चे कवि द्वितीय पक्ष का अवलम्बन करते हैं। वे वर्णन इस ढंग पर करते हैं कि बिम्ब-ग्रहण हो।"[1] कुल मिलाकर शुक्लजी के मत का सारांश यह है कि श्रेष्ठ कविता के लिए भाषा के बिम्बाधायक पक्ष का उपयोग अनिवार्य होता है। काव्य की दृष्टि से बिम्बों की इस तात्त्विक विवेचना के बाद शुक्लजी ने बिम्ब-विधान के प्रकार-निर्धारण की भी चेष्टा की है। इन्होंने इसके तीन प्रकार माने हैं...प्रत्यक्ष रूपविधान, स्मृत रूपविधान और कल्पित रूपविधान। प्रत्यक्ष रूपविधान में तात्कालिक ऐन्द्रिय अनुभव की प्रधानता रहती है। स्मृत रूपविधान में स्मृति के सहारे नूतन वस्तु-व्यापार-विधान प्रस्तुत किया जाता है। किन्तु, इस नूतन वस्तु-व्यापार-विधान का क्रम स्मृति से अनुशासित नहीं रहता है। जब वस्तु-व्यापार-विधान स्मृति से अनुशासित रहकर अतीत का यथाक्रम अनुवर्तन करता है, तब उसे स्मृत रूपविधान कहते हैं। यहाँ यह स्मरण-योग्य है कि शेष दो रूपविधान प्रत्यक्ष रूप-विधान पर ही, कुछ-न-कुछ अंशों में, आश्रित रहते हैं। यों, शुक्लजी ने केवल कल्पित रूप-विधान को ही विशुद्ध कल्पना का क्षेत्र माना है और इसी के अन्तर्गत काव्य के सम्पूर्ण रूपविधान को स्वीकार किया है।

निष्कर्ष यह है कि हिन्दी आलोचना में अब तक बिम्बों का तात्त्विक विवेचन, वांछित मात्रा में नहीं हो सका है। और, जो विवेचन हुआ है, वह केवल काव्य को दृष्टि में रखकर, जबकि सौन्दर्यशास्त्र की दृष्टि से काव्येतर ललितकलाओं को भी ध्यान में रखना आवश्यक है। समग्र ललितकलाओं की दृष्टि से बिम्बों का प्रकार-निर्धारण ज्ञानेन्द्रियों अथवा ऐन्द्रिय प्रतीतियों के ही आधार पर होना चाहिए। अत: प्रस्तुत प्रबन्ध के द्वितीय खंड (छायावाद का कला-सौष्ठव) के चतुर्थ अध्याय में इसी आधार को प्रधानता दी जाएगी, किन्तु, छायावादी कविता को विशेष सन्दर्भ में रखने के कारण बिम्बों के उन उपर्युक्त प्रकारों को भी विश्लेषित और उदाहृत किया जाएगा, जो अन्य ललितकलाओं को छोड़कर मुख्यत: काव्य की ही दृष्टि से निरूपित किए गए हैं; क्योंकि ऐसा करने पर ही बिम्ब-विधान का सर्वांगीण विवेचन सम्भव हो सकेगा।

इस अध्याय में उपस्थित किए गए उपर्युक्त विचारों का सारांश इस प्रकार प्रस्तुत किया जा सकता है—

1. काव्य एवं काव्येतर ललितकला के प्रमुख तत्त्वों में बिम्ब-विधान का असन्दिग्ध महत्त्व है, क्योंकि कवि की सूक्ष्म भावनाओं या अमूर्त

1. *रसमीमांसा,* पृ. 358

सहजानुभूतियों को बिम्बों के द्वारा ही मूर्तता अथवा अभिव्यक्ति की चारुता मिल पाती है।

2. बिम्बों का आविर्भाव कल्पना से होता है और कभी-कभी प्रतीकों का आविर्भाव बिम्बों से। जब कल्पना मूर्त रूप धारण करती है, तब बिम्बों की सृष्टि होती है और जब बिम्ब प्रतिमित या व्युत्पन्न अथवा प्रयोग के पौन:पुन्य से किसी निश्चित अर्थ में निर्धारित हो जाते हैं, तब वे प्रतीकों का रूप ग्रहण कर लेते हैं।
3. बिम्बों का विचार-चित्र, उपमा और रूपक से पृथक् एक स्वतंत्र अस्तित्व है।
4. बिम्ब-विधान में मूर्तता, सादृश्य और ऐन्द्रिय बोध की अनिवार्य उपस्थिति रहती है। जो बिम्ब जितना ही ऐन्द्रिय रहता है, वह उतना ही सशक्त होता है।
5. उत्कृष्ट बिम्ब कवि या कलाकार के घनीभूत संवेगों से संश्लिष्ट रहता है, क्योंकि जो बिम्ब स्रष्टा की चित्तानुकूलता से आश्लिष्ट नहीं हो पाता, वह चित्रात्मक होने पर भी जीर्ण बिम्बों की तरह अरसनीय सिद्ध होता है।
6. बिम्ब-विधान के समय कल्पना बहुत कार्यरत रहती है। पहले कल्पना स्मृति के क्रोड़ में सोये हुए बिम्बों को प्रत्यक्षोपलब्ध अनुभूतियों के स्पर्श से जगाती है और तब उन बिम्बों को अभीप्सित शिल्प के साँचे में ढालती है। अत: बिम्ब एक प्रकार का स्मरण-निर्भर मानसिक पुनर्निर्माण है।
7. बिम्बों के सृजन तथा भावन पर व्यक्ति-भेद, अत:, रुचि-भेद का प्रभाव पड़ता है।
8. सामूहिक अवचेतन से सम्बद्ध बिम्ब सौन्दर्यशास्त्र की दृष्टि से अधिक महत्त्वपूर्ण होते हैं, क्योंकि इनमें आशुग्राह्यता का गुण रहता है।
9. वस्तु-विशेष के प्रति ऐन्द्रिय आकर्षण कलाकार को बिम्ब-विधान की ओर प्रेरित करता है। हालाँकि बिम्ब-विधान के समय कलाकार के समक्ष केवल वस्तुबोध ही नहीं रहता, बल्कि विभिन्न प्रकार के आसंगों, संवेदनों अथवा प्रभावों का सातत्य भी रहता है। इस तरह कला-जगत् के बिम्ब इन्द्रिय-सन्निकर्ष में आई हुई वस्तुमात्र को नहीं, वस्तु के विशेष और विविध भाव-सम्बन्धों को भी मूर्तमान करते हैं।
10. समर्थ बिम्बों में, प्राय:, ये तीन गुण विद्यमान रहते हैं ताजगी, तीव्र घनता और उद्‌बोधनशीलता।
11. जिन विचारकों ने अन्य ललितकलाओं को छोड़कर केवल काव्य की दृष्टि से बिम्बों का विवेचन किया है, उन्होंने बिम्ब को मात्र शब्दाश्रित माना है। किन्तु, बिम्बों को केवल शब्दाश्रित मान लेने से काव्येतर

ललितकलाओं का पक्ष छूट जाता है। अतः समग्र ललितकलाओं की दृष्टि से बिम्बों को सौन्दर्य-बोध पर आश्रित मानना अधिक समीचीन है और बिम्बों का वर्गीकरण या विभाजन इन्द्रिय-बोध के आधार पर करना अधिक युक्तिसंगत है।

पंचम अध्याय

प्रतीक

प्रतीक और प्रतीकवाद पर सौन्दर्यशास्त्रीय दृष्टिकोण के अलावा दार्शनिक, मनोवैज्ञानिक, समाजशास्त्रीय आदि विभिन्न दृष्टियों से विचार किया गया है। प्रतीकवाद पर दार्शनिक दृष्टि से विचार करनेवालों में ए. एन. ह्वाइटहेड, एर्न्स्त कासिरेर[1] प्रभृति का विशिष्ट स्थान है।[2] ह्वाइटहेड ने प्रतीक के उस व्यापक अर्थ की चर्चा की है, जिसके अन्तर्गत शब्द, मुद्रा, भाषा एवं सम्पूर्ण वाङ्मय प्रतीक के क्षेत्र में पड़ते हैं। इस व्यापकता का कारण, ह्वाइटहेड के अनुसार, यह है कि प्रतीकों

---

1. एर्न्स्त कासिरेर ने बहुत ही व्यापक और विद्वत्तापूर्ण ढंग से प्रतीकों का दार्शनिक विवेचन किया है। कासिरेर के बाद आनेवाले आधुनिक युग के विचारक इनकी मान्यताओं से बहुत प्रभावित दीख पड़ते हैं और कासिरेर स्वयं प्रतीक सम्बन्धी अपनी मान्यताओं को प्रस्तुत करने में काण्ट-दर्शन के 'schema' से बहुत प्रभाचित हैं। इनके अनुसार 'schema' विभावन (concept) और सहज-ज्ञान (intuition) का समीकरण है। कासिरेर की प्रतीक-विधान सम्बन्धी धारणा उनके 'स्केमा'-सिद्धान्त का ही विवर्द्धन है, यद्यपि कहीं-कहीं कासिरेर ने काण्ट की कुछ मान्यताओं का आंशिक विरोध भी किया है। जैसे, काण्ट का मत है कि मानव-बुद्धि के लिए बिम्बों की निरन्तर अनिवार्यता है, जबकि कासिरेर के मत में मानवबुद्धि के लिए प्रतीकों की निरन्तर अनिवार्यता है। कुछ विचारकों का कहना है कि ऐसे स्थलों पर कासिरेर 'एडवान्स्ड मॉडर्न मैथेमेटिक्स' से प्रभावित हैं, जिसका गम्भीर अध्ययन उन्होंने प्रारम्भिक जीवन में किया था। तदनन्तर, कासिरेर के अनुसार बिम्ब और प्रतीक में एक निश्चित पार्थक्य रहता है और ये दोनों मानव-ज्ञान के लिए अत्यावश्यक हैं। इन दोनों में प्रमुख पार्थक्य यह है कि बिम्ब स्वत: सम्भवी होते हैं, जबकि प्रतीकों का निर्माण करना पड़ता है। किन्तु, कासिरेर यह स्वीकार करते हैं कि बिम्बों से ही प्रतीक का निर्माण किया जाता है और इस निर्माण में बुद्धि कर्ता के पद पर रहती है। इस प्रकार कासिरेर ने भी प्रतीक-विधान में बुद्धि और ऐन्द्रियता (बिम्ब का प्रमुख धर्म) के उस समागम को स्वीकार किया है, जो काण्ट के 'स्केमा' विवेचन का प्रस्थान-बिन्दु है। —Ernst Cassirer, *The Philosophy of Symbolic Forms*, translated by Ralph Manheim, New Haven, London, 1953, p. 69
2. A. N. Whitehead, *Symbolism : Its Meaning and Effect,* University Press, Cambridge, 1928

का उस बोध-प्रत्यक्ष (सेन्स-पर्सेप्शन) से घनिष्ठ सम्बन्ध है, जो सभी प्रकार के आनुभविक ज्ञान के मूल में प्रतिष्ठित है। किन्तु प्रतीकात्मक प्रेषण और आनुभविक ज्ञान में एक ध्यातव्य अन्तर है। आनुभविक ज्ञान प्रत्यक्षों और अनुभूतियों पर निर्भर रहने के कारण, ऋजुता से प्राप्त होने के कारण औसत स्तर के सभी व्यक्तियों के लिए सर्वदा ग्राह्य होता है। अर्थात्, जब जैसी अनुभूति होगी, जैसा प्रत्यक्ष होगा, तब तदनुरूप ही आनुभविक ज्ञान होगा। किन्तु, प्रतीकात्मक प्रेषण के साथ ऐसी बात नहीं है। प्रतीकों के द्वारा प्रेषित अर्थ को भिन्न-भिन्न गृहीता अपनी सूझ-बूझ, शक्ति, दीक्षा और योग्यता के अनुसार अलग-अलग ढंग से और विविध मात्रा में समझते हैं। अतः अनेक बार गृहीता प्रतीक को उस अर्थ में ग्रहण कर लेता है, जो प्रयोक्ता को अभिप्रेत नहीं था। सम्भवतः ऐसी भ्रान्तियों से बचने के लिए ही प्रतीकों के विमर्श में 'प्रतीक-सन्दर्भ'[1] को बहुत महत्त्व दिया जाता है। ह्वाइटहेड ने 'प्रतीक-सन्दर्भ' की तीन स्थितियाँ स्वीकार की हैं। पहली स्थिति में यह विचारणीय है कि आश्रय और आलम्बन के बीच कैसा सम्बन्ध है, क्योंकि स्थिति-भेद से इस सम्बन्ध में परिवर्तन सम्भव है। दूसरी स्थिति में द्रष्टा या प्रयोक्ता की मनोदशा को ध्यान में रखना आवश्यक है, क्योंकि इसका अपरिहार्य प्रभाव प्रतीक की अर्थवत्ता पर पड़ता है। और, तीसरी स्थिति में यह विचारणीय है कि आश्रय या प्रयोक्ता की अनुभूति-दशा के किस अंश से प्रतीक की रचना हुई है और उसके किस अंश ने उस प्रतीक में अभिप्रेत अर्थ का आधान किया है। प्रतीक-सन्दर्भ की इन स्थितियों पर विचार करने के बाद ही किसी प्रतीक का उचित अर्थ-निर्णय हो सकता है।[2] कुल मिलाकर ह्वाइटहेड ने सृष्टि की सम्पूर्ण 'अभिव्यक्ति' को प्रतीक की अन्तर्गत क्रिया मानकर यह सिद्ध किया है कि मानव-जीवन और जगत् स्वभावतः प्रतीकों से परिपूर्ण हैं।[3]

प्रतीक पर दार्शनिक दृष्टि से विचार करनेवालों में लैंगर का भी महत्त्वपूर्ण स्थान है। लैंगर ने प्रतीक-सृष्टि में चार पक्षों को अनिवार्य माना है—आश्रय, आलम्बन, वस्तु और धारणा। वस्तु और धारणा प्रतीक के तात्त्विक उपादान हैं तथा आश्रय और आलम्बन प्रतीक के भावन-पक्ष से सम्बन्धित हैं। उन चार पक्षों में लैंगर ने 'धारणा' को बहुत महत्त्व दिया है। इनके अनुसार प्रतीक, वस्तुतः, धारणाओं के वातायन हुआ करते हैं। इस तथ्य को दृष्टिगत रखते हुए लैंगर ने दो महत्त्वपूर्ण

1. प्रतीक-भावन में या प्रतीकों के अर्थग्रहण में प्रतीकों की सन्दर्भ-भूमि अथवा प्रसंग-परिवेश को रिचड्‌र्स और ऑगडेन ने बहुत महत्त्व दिया है। सचमुच, प्रतीकों की अर्थवत्ता उनकी सन्दर्भ-भूमि या प्रसंग-परिवेश पर निर्भर करती है। द्रष्टव्य—C. K. Ogden and I. A. Richards, *The Meaning of Meaning*, London, 1956, p. 209
2. A. N. Whitehead, *Symbolism : Its Meaning and Effect,* Cambridge, 1928, p. 15
3. A.N. Whitehead, *Symbolism : Its Meaning and Effect,* p. 73

बातें कहीं हैं, जिन्हें उन्हीं के शब्दों में उपस्थित करना अधिक समीचीन होगा : 1. "सिम्बल्स आर नाट प्रॉक्सी फॉर देयर ऑब्जेक्ट्स, बट आर वेहिकल्स फॉर द कन्सेप्शन आव ऑब्जेक्ट्स।" 2. "इट इज द कन्सेप्शन, नाट द थिंग्स, दैट सिम्बल्स डाइरेक्टली 'मीन'"। इस प्रकार लैंगर की दृष्टि से हम प्रतीकों को 'कन्सेप्चुअल साइन'[1] कह सकते हैं। तदनन्तर, लैंगर की दूसरी मान्यता यह है कि प्रतीक-सृजन में मनुष्य का मस्तिष्क केवल 'ट्रान्समीटर' का ही काम नहीं करता, बल्कि वह एक महान् 'ट्रान्सफार्मर' का भी काम करता है। मस्तिष्क की इस क्रियमाणता के कारण हम प्रतीक-सृजन को बुद्धि का व्यापार भी कह सकते हैं। लैंगर की तीसरी मान्यता यह है कि अपनी अनुभूतियों को प्रतीकों में बाँधना मनुष्य का स्वभाव है। इन्होंने मनुष्य की इस स्वाभाविक प्रवृत्ति को 'सिम्बॉलिक ट्रान्सफार्मेशन' कहा है, जो एक प्रकार की प्रत्यर्थता (लैंगर के शब्दों में 'हाइयर नर्वस रेस्पॉन्स') है। इनकी उक्त मान्यताओं का निष्कर्ष यह है कि प्रतीक-सृष्टि मनुष्य की चिन्तनप्रणाली और क्रिया का एक आवश्यक अंग है।[2] अन्य प्राणियों की तुलना में मनुष्य की कुछ श्रेष्ठ पृथकताओं अर्थात् विशिष्ट गुणों के बीच प्रतीक-सृजन की क्षमता प्रमुख है। इसीलिए एर्न्स्त कासिरेर ने मनुष्य को 'animal rationale' की अपेक्षा 'animal symbolicum' कहना अधिक उचित समझा है।[3] इस तरह प्रतीक-सृष्टि मनुष्य की अनिवार्य विशिष्टता है, क्योंकि मानव-मन, प्राय: अपनी अनुभूतियों को प्रतीकों में अनूदित करता रहता है।

इस दार्शनिक निरूपण की तरह ही कुछ विद्वानों ने प्रतीकों पर समाजशास्त्रीय दृष्टि से भी विचार करने का प्रयास किया है। इस श्रेणी के विचारकों में जॉन एफ. मर्के का विशिष्ट स्थान है। मर्के के अनुसार अब तक प्रतीकों पर जितने दार्शनिक, मनोवैज्ञानिक अथवा सौन्दर्यशास्त्रीय अध्ययन किए गए हैं, वे सभी अपूर्ण हैं; क्योंकि प्रतीकों का अध्ययन तभी सन्तोषजनक हो सकता है, जब उन पर समाजशास्त्रीय दृष्टिकोण से विचार किया जाए। इस पूर्वमान्यता को प्रस्तुत करने के बाद मर्के ने

1. हीगेल ने भी 'साइन' के साथ प्रतीक का घनिष्ठ सम्बन्ध माना है। इनकी दृष्टि में प्रत्येक प्रतीक पहले एक प्रकार का 'साइन' होता है। उदाहरणार्थ, किसी राष्ट्र या संस्था की ध्वजा में प्रयुक्त रंग को हम इसी प्रकार का 'साइन' कह सकते हैं। कभी-कभी अपने आन्तरिक गुणों के कारण भी कोई 'साइन' विकसित होकर किसी निश्चित भाव का प्रतीक बन जाता है। जैसे, अपने आन्तरिक गुणों के कारण ही सिंह और सियार, क्रमश:, शक्ति तथा छल के प्रतीक बन गए हैं। इस तरह प्रतीकों को 'साइन' का विकसित रूप मान लेने के कारण हीगेल ने कई स्थलों पर प्रतीक को 'emblematical conception' कहा है। —Hegel, *The Philosophy of Fine Art,* translated by Osmaston, Volume II, London, 1920, p. 22
2. Susanne K. Langer, *Philosophy in a New Key,* p. 32
3. Charles Feidelson, *Symbolism and American Literature*, Phoenix Books, 1962, p. 55

प्रतीक-प्रक्रिया के दो प्रकार स्थापित किए हैं। एक प्रकार वह है, जिसमें प्रतीक नन्दतिक चेतना जगाकर हमारे संवेगों के लिए उद्दीपन का काम करता है और दूसरा प्रकार वह है, जिसमें प्रतीक निर्वैयक्तिक होकर प्राविधिक कामों में प्रयुक्त होता है।[1] इन दोनों प्रक्रियाओं से उपेत प्रतीक, समाजशास्त्रीय दृष्टिकोण के विचारकों के अनुसार, सभ्यता और संस्कृति की अनेकरूपता तथा संकुलता के परिचायक हुआ करते हैं। विशेषकर कला के प्रतीक, जो वैज्ञानिक प्रतीकों की तरह निर्देशकस्वरूप नहीं होते बल्कि प्रयोक्ता और सहृदय के मनोरागों से रंजित रहते हैं, सांस्कृतिक और सामाजिक विकास के भिन्न-भिन्न स्तरों का प्रतिनिधित्व करते हैं। विकसित स्तर के प्रतीकों में मानव-मनोवेगों को प्रकट करने का एक विचित्र अभिव्यक्ति-लाघव रहता है। समाजशास्त्रीय दृष्टि से मनुष्य के मौलिक और तीव्र मनोवेगों में भूख और काम मूर्धन्य महत्त्व रखते हैं। अत: हम कला के प्रतीकों पर भी इनका प्रचुर प्रभाव पाते हैं। इतना ही नहीं, भूख और काम से सम्बन्धित प्रतीक कला के क्षेत्र से बाहर मनुष्य के अन्य आहार-व्यवहार और रीति-रिवाजों पर भी हावी हैं। जैसे, धार्मिक अवसरों पर यौन प्रतीक की मिठाइयाँ और पकवान खाने की प्रथा सभी देशों में है। इस प्रकार हम देखते हैं कि समाजशास्त्रीय दृष्टि के अनुसार रूढ़ रीति-रिवाज से लेकर भाषा-सृष्टि तक में मनुष्य प्रतीकों का अधमर्ण है। सारांश यह है कि समाज और संस्कृति के साथ प्रतीकों का निकटतम सम्बन्ध है। संस्कृति को विकास, परिमार्जन और विस्तृति प्रदान करनेवाली अपनी दो विशेषताओं—बोधगम्य प्रतीकों का निर्माण तथा शब्द-शक्ति द्वारा इन प्रतीकों का प्रसार—के कारण ही मनुष्य अन्य जीवधारियों की तुलना में श्रेष्ठ है। इस तरह गणित से लेकर काव्य और धर्म-पूजा तक के विभिन्न सांस्कृतिक क्षेत्रों में यदि मनुष्य के पास प्रतीक-सृजन और उनके अर्थग्रहण की शक्ति नहीं रहती, तो आज मानव-संस्कृति अविकसित ही रह गई होती। अत: संस्कृति की इस हेतुभूत निकटता ने भी प्रतीकों को व्यापक क्षेत्र प्रदान किया है।[2] किन्तु, हम यहाँ प्रतीक के सम्बन्ध में निरूपित समाजशास्त्रीय दृष्टिकोणों पर अधिक विस्तार में विचार नहीं करेंगे, कारण, कला-तत्त्व-विवेचन के प्रसंग में हमारे लिए उसका कोई विशेष उपयोग नहीं है।

प्रतीकों पर मनोवैज्ञानिक दृष्टि से बहुत विस्तृत विचार किया गया है। और, जब से मनोविश्लेषण के सिद्धान्तों के आधार पर कला की आलोचना का प्रचार हुआ है, तब से प्रतीकों का मनोवैज्ञानिक निरूपण कला-जगत् में भी आंशिक दृष्टि से उपयोगी बन गया है। अत: प्रतीकों के मनोवैज्ञानिक निरूपण पर प्रसंगानुसार विचार कर लेना हमारे लिए आवश्यक है। प्रतीकों का मनोवैज्ञानिक निरूपण करनेवाले

---

1. John F. Markey, *The Symbolic Process,* London, 1928, p. 155
2. श्यामाचरण दुबे, *मानव और संस्कृति,* राजकमल प्रकाशन, दिल्ली, 1960, पृ. 75

विचारकों में फ्रायड, एडलर, युंग, अर्नेस्ट जोन्स, मिलर, सिल्वरर, पद्मा अग्रवाल[1] इत्यादि प्रमुख हैं। इन मनोवैज्ञानिकों ने भी चिह्न, प्रतीक और रूपक के अर्थ-भेद को ध्यान में रखा है। सादृश्य-व्यंजक संक्षिप्त कथन में प्राय: 'चिह्न' का प्रयोग होता है। जहाँ अपेक्षाकृत कम परिचित अप्रस्तुत से प्रस्तुत की व्यंजना होती है, वहाँ प्रतीक का अवतरण होता है और जहाँ अप्रस्तुत में प्रस्तुत का ऐच्छिक आरोप या रूपान्तरण रहता है, वहाँ रूपक की सृष्टि होती है। यहाँ यह ध्यातव्य है कि सामान्य व्यवहार में आनेवाले प्रतीक, कला के प्रतीक, और मनोविज्ञान के प्रतीक में पर्याप्त अन्तर है। मनोविज्ञान, विशेषकर, मनोविश्लेषण के अनुसार प्रतीकों की यह एक अनिवार्य विशिष्टता है कि वे अचेतन मन की दमित इच्छाओं की छद्म अभिव्यक्ति करते हैं और स्वभावत: श्रृंगारमूलक होते हैं। अर्नेस्ट जोन्स ने भी 'पेपर्स ऑन साइकोएनालिसिस' में प्रतीकों की इस विशिष्टता पर बहुत बल दिया है।[2] यदि हम प्रमुख मनोवैज्ञानिकों की मान्यताओं पर समवेत दृष्टि से विचार करें, तो कुल मिलाकर मनोविज्ञान की दृष्टि से प्रतीकों की ये मुख्य विशेषताएँ सामने आती हैं—

1. प्रतीक अवचेतन मन में पड़ी हुई इच्छाओं, कुंठाओं और दमित वासनाओं की छद्म अभिव्यक्ति करते हैं।
2. प्रतीकों की इस छद्म अभिव्यक्ति में व्यर्थ, बिखरी हुई और अनर्गल बातें ही नहीं रहतीं, बल्कि उनका विश्लेषण करने पर निश्चित धारणाओं और निश्चित विचारों का पता चलता है।
3. प्रतीक घुणाक्षर न्याय से अथवा जैसे-तैसे नहीं बन जाते, बल्कि मनुष्य की वैयक्तिक परिस्थितियों से अनिवार्य सम्बन्ध रखते हैं।
4. प्रतीक कभी भी आसंगमुक्त नहीं होते और सदा विभिन्न प्रकार के आसंगों तथा संवेग-सन्दर्भ से संश्लिष्ट रहते हैं।
5. उपर्युक्त विशेषताओं के कारण ही सभी देशों और जातियों की पौराणिक कथाओं, संस्कृति तथा धर्म के निदर्शनों में इन प्रतीकों का प्रचुर महत्त्व रहता है।

मनोवैज्ञानिकों के बीच फ्रायड ने स्वप्न-प्रतीकों पर विस्तृत विचार किया है,[3] क्योंकि स्वप्न-प्रतीक व्यक्ति की दमित इच्छाओं, कुंठाओं और उसके अन्तर्मन

1. Dr. Padma Agrawal, *Symbolism : A Psychological Study,* Banaras Hindu University, 1955
2. प्रतीक-विधान में जोन्स के अनुसार तीन प्रकार के मानसिक तत्त्व रहते हैं : (क) अचेतन ग्रन्थियाँ, (ख) अचेतन मन की इच्छाओं को दमित करनेवाले वाह्य प्रभाव, अवरोध या अधीक्षण और (ग) व्यक्ति की उन्मेषपूर्ण प्रवृत्तियाँ।
3. फ्रायड के स्वप्न-सिद्धान्त के विश्लेषण में इन स्वप्न-प्रतीकों की गणना कुछ विद्वानों ने 'Building Material' में की है। द्रष्टव्य—Joseph Jastrow, *Freud : His Dream and Sex Theories,* N. Y. 1948, pp. 47, 65

के गुप्त रहस्यों का बहुत ही व्यंजक संकेत प्रस्तुत करते हैं। ये प्रतीक वस्तु-विपर्यय और यौन भावनाओं से, प्रायः संश्लिष्ट रहते हैं। इसलिए फ्रायड प्रतीक में कामवासना (लिबिडो) की उपस्थिति अनिवार्य मानते हैं।[1] अर्थात्, इनके अनुसार प्रतीक यौन कुंठाओं से उत्थित होते हैं, जबकि दूसरे निकाय के मनोवैज्ञानिकों के अनुसार प्रतीक-विधान में यौन-भावना को इस तरह ऐकान्तिक महत्त्व देना भूल है, क्योंकि यौन वासना के अलावा मनुष्य के पास और प्रकार की भी क्षुधाएँ, इच्छाएँ, आकांक्षाएँ और वासनाएँ विद्यमान हैं।[2] स्वप्न-प्रतीकों के उद्भव के विषय में फ्रायड का कहना है कि प्राक्चेतन के भय से वासनाएँ केवल दमित ही नहीं होतीं, बल्कि वे वासनाएँ जब स्वप्न में उद्वित होती हैं, तब भी उन्हें प्राक्चेतन के अधीक्षण का भय बना रहता है। इसलिए वे वासनाएँ स्वप्नों में भी आसानी से अभिज्ञेय नहीं रहतीं, क्योंकि अवचेतन से निकलते समय वे अधीक्षण के भय से प्रतीकों के सहारे छद्मवेष धारण कर लेती हैं। ये स्वप्न-प्रतीक, अर्थात् छद्मवेषी सपनों के प्रतीक प्रायः द्वयर्थक हुआ करते हैं और मूलतः यौन अर्थ रखते हैं।[3] इसलिए इन प्रतीकों को समझने के लिए स्वप्न-तंत्र का विश्लेषण करना पड़ता है। इस विश्लेषण के आश्रय की इसलिए आवश्यकता होती है कि प्राक्चेतन के अधीक्षण के भय से जब दमित वासनाएँ स्वप्न में निकास पाती हैं, तब उन्हें स्वप्न देखनेवाले व्यक्ति के 'सेल्फ' के अनुरूप स्वरूप ग्रहण करना पड़ता है। स्वप्न में अभिव्यक्त दमित वासनाओं को 'सेल्फ' का आनुरूप्य देना भी उसी प्राक्चेतन का काम है, जिसका कार्यक्षेत्र चेतन और अवचेतन के मध्य में अवस्थित है। इस प्रकार मूल वासना, अधीक्षण का भय और कुंठा—इन सबों के मिल जाने से छद्मवेषी स्वप्नों के प्रतीक बहुत ही अर्थ-गूढ़ हो जाते हैं।[4] अतः इन प्रतीकों का गूढ़ अर्थ विस्थापन, घनीभवन इत्यादि की व्याख्या के द्वारा ही समझा जा सकता है। सामान्यतः विस्थापन आरोप-प्रधान होता है। इसमें अनुभूति के मूल आलम्बन पर किसी अधीक्षक (सेन्सर)-स्वीकृत अर्थात् समाज-नीति-स्वीकृत आलम्बन का आरोप कर दिया जाता है। उदाहरण के लिए, कोई पुरुष सपने में राधा की पूजा करके अथवा कोई स्त्री कृष्ण की पूजा करके अपनी दमित वासना को अभिव्यक्त कर सकती है। इस विस्थापन को हम

1. दूसरे मनोवैज्ञानिकों, यथा युंग ने प्रतीकों में सर्वत्र काम को ही प्रधान नहीं माना है। इन्होंने ऐसे काममूलक प्रतीकों को एक अलग कोटि में रखा है, जिन्हें इन्होंने 'लिबिडो सिम्बल' की आख्या दी है।
2. ऐसा दृष्टिकोण रखनेवाले मनोवैज्ञानिकों में युंग प्रमुख हैं। हैडफील्ड ने फ्रायड और युंग के इस दृष्टि-भेद को तुलनात्मक ढंग से उपस्थित करने का सुन्दर प्रयास किया है। J.A. Hadfield, *Dreams and Nightmares,* Penguin Books, 1954, pp. 38-39, 53
3. Sigmund Freud, *A General Introduction to Psycho-Analysis,* New York, 1956, p. 156
4. J. A. Hadfield, *Dreams and Nightmares,* Penguin Books, 1954. p. 136

प्रतीकान्तर्गत भावों का आलम्बन-विपर्यय कह सकते हैं। इसी प्रकार स्वप्न-प्रतीकों के रहस्य की दूसरी कड़ी घनीभवन है। घनीभवन का मुख्य गुण संक्षिप्तता है। यहाँ यह भी ध्यातव्य है कि मूल स्वप्न की अपेक्षा स्मृत स्वप्नों के प्रतीक अधिक उलझे हुए होते हैं। इसीलिए फ्रायड ने स्मृत स्वप्नों को विकृत स्थानापन्न माना है। वास्तविकता भी इसी मान्यता के समीप है। कारण, स्वप्न अवचेतन की सम्पत्ति है, किन्तु, स्मृति के क्षणों में उसे चेतन के क्षेत्र में आना पड़ता है और अधीक्षण का भय पुनः उपस्थित हो जाता है। फलस्वरूप,—अवचेतन से चेतन तक संक्रमित होने में स्मृत स्वप्न मूल स्वप्न की तुलना में बहुत कुछ विकृत हो जाता है। अतः काव्य एवं अन्य कलाओं[1] में मूलतः ऐन्द्रिय और लौकिक स्वप्न-प्रतीकों का स्मृत होने के कारण इन्द्रियातीत-सदृश बन जाना और अलौकिक-सी भासमान अनुभूतियों के कृत्रिम आलबाल से वेष्टित हो जाना स्वाभाविक एवं सरल है। फ्रायडीय मनोविश्लेषण की शब्दावली में हम कह सकते हैं कि कला-निबद्ध स्वप्न-प्रतीकों में हमें व्यक्त स्वप्न-वस्तु मिलती है, किन्तु, उनके गुप्त स्वप्न-विचार को जानने के लिए हमें आसंग-व्याख्या का सहारा लेना पड़ता है। इस प्रकार स्मृत स्वप्न-प्रतीकों की ऐन्द्रिय लौकिक अनुभूतियों को न पकड़ पाने का एक कारण यह है कि इनका निर्माण अधिकतर स्थानापन्न मनोबिम्बों के द्वारा होता है और स्थानापन्न मनोबिम्बों की यह विशेषता होती है कि वे अन्योक्ति अथवा समासोक्ति की तरह किसी दूरवर्ती अप्रस्तुत को सरलतापूर्वक संकेतित कर देते हैं। निष्कर्ष यह है कि फ्रायड के अनुसार प्रतीक मन के गोपित रहस्यों का वहन करते हैं और दमित इच्छाओं या कुंठाओं से उत्थित होने के कारण मूलतः शृंगारपरक होते हैं।[2]

जैसा ऊपर के विश्लेषण से स्पष्ट है, मनोवैज्ञानिकों का एक निकाय यह मानता है कि प्रतीक-विधान के द्वारा सृजनशील व्यक्ति अपने चेतन और अचेतन मन तथा विषय-प्रधान चित्त और विषयी-प्रधान चित्त के विरल संघर्षों में समझौता

1. द्रष्टव्य—(a) Sigmund Freud, Leonardo Da Vinci; *A Psychological study of an Infantile Reminiscence,* translated by A. A. Brill, London, 1948. (b) Erich Newmann, *Art and the Creative Unconscious,* London, 1959, (c) W.P. Witcutt, Blake : A Psychological Study, London, 1946 (d) Ella Freeman Sharpe, *Collected Papers on Psycho-Analysis,* London, 1950
2. यहाँ यह ध्यातव्य है कि स्वप्न-प्रतीक और कला अथवा साहित्य के प्रतीकों में पर्याप्त अन्तर रहता है। अतः उन्हें हम समतुल्य नहीं मान सकते। W.Y. Tindall ने भी इन दोनों प्रकार के प्रतीकों के पार्थक्य को बहुत सशक्त ढंग से उपस्थित किया है—"However analogous to dream symbol the literary symbol is not dream but art or an element in a work of art. Belonging as much to the external world as to the internal, the literary symbol, mediating between them, follows not only the demands of the unconscious but social and aesthetic necessity."—W. Y. Tindall, *The Literary Symbol,* New York, 1955, p. 168

स्थापित करता है। अधिकतर, इस संघर्ष में अहम् (Ego) की विजय होती है और व्यक्ति की प्राथमिक इच्छाएँ दमित हो जाती हैं। कालक्रम में ये ही दमित इच्छाएँ प्रतीकों के माध्यम से व्यक्त होती हैं। यह प्रतीकात्मक अभिव्यक्ति एक प्रकार से आत्मसुरक्षात्मक प्रयास है। अपने बचाव का उपाय है और एक ऐसी क्षतिपूरक क्रिया है, जिसके द्वारा व्यक्ति अपनी दमित इच्छाओं को आंशिक सन्तोष देकर भी जीवन के आदर्शों से स्खलित नहीं हो पाता है।

कला और सौन्दर्यशास्त्र की दृष्टि से प्रतीक के सम्बन्ध में युंग की मान्यताएँ अन्य मनोवैज्ञानिकों की अपेक्षा अधिक महत्त्वपूर्ण हैं। युंग ने प्रतीक-विवेचन में व्यक्ति के मन की दमित इच्छाओं के साथ मानव-मन के जातीय शील-विचार को भी महत्त्व दिया है। यह जातीय शील-विचार मानव-मन के उन आदि भावों पर निर्भर रहता है, जो सामूहिक अचेतन के प्रतिरूप होते हैं। इस सामूहिक अचेतन[1] से उत्थित होनेवाले आद्यबिम्बों को युंग ने 'आर्क टाइप' की आख्या दी है। यह 'आर्क टाइप'[2] जातीय विरासत के रूप में प्रत्येक व्यक्ति के मन में विद्यमान रहता है और जीवन की आवर्तक अनुभूतियों से निर्मित होता है। किन्तु, युंग के आलोचकों का यह आरोप है कि उनके द्वारा प्रस्तुत 'आर्क टाइप' का निरूपण मनोवैज्ञानिक से अधिक 'मेटाफिजिकल' हो गया है, क्योंकि उन्होंने इसके उद्गम को सुनिर्णीत और वस्तुपरक ढंग से नहीं बतलाया है।

युंग के अनुसार मन के तीन खंड हैं—चेतन मन; व्यक्तिगत अचेतन मन और सामूहिक अचेतन मन। प्रतीकों का सम्बन्ध अचेतन मन की दोनों अवस्थाओं व्यक्तिगत अचेतन मन और सामूहिक अचेतन मन-से है। किन्तु, अधिकांश प्रतीकों का मूल सामूहिक अचेतन मन में रहता है। मन के इस गहन खंड में सुदीर्घ काल से चले आनेवाले परिवार, समूह तथा जाति से सम्बन्धित प्रभाव एवं स्मृतियों के संग्रह रहते हैं, जो समय-समय पर चेतन मन की ओर अग्रसर होते रहते हैं। अचेतन से चेतन की ओर होनेवाले इसी अग्रसरण में प्रतीकों की सृष्टि होती है। युंग ने 'कंट्रिब्यूशंस टु एनलिटिकल साइकालॉजी' नामक पुस्तक के 'ऑन साइकिकल एनर्जी' शीर्षक अध्याय[3] में प्रतीकों पर अपने मौलिक विचार प्रस्तुत किए हैं। इन्होंने भी एक विशेष प्रकार के प्रतीकों को 'लिबिडो' से सम्बन्धित माना है। ऐसे प्रतीक 'लिबिडो' के अतिरेक से पैदा होते हैं।[4] तदनन्तर, युंग ने प्रतीकसृजन को एक सांस्कृतिक प्रयास माना है। अर्थात्, प्रतीक 'लिबिडो' का प्राकृतिक प्रवाह नहीं, सांस्कृतिक क्रियान्तरण है। जब मनुष्य 'लिबिडो' की स्वाभाविक गति और क्रिया को रोककर उसे किसी

1. Collective unconscious—'inherited potentialities of human imagination.'
2. Pre-existent forms of apprehension.
3. C. G. Jung, *Contributions to Analytical Psychology,* London, 1928.
4. "Symbols are the manifestations and expression of the excess libido." Ibid.

सांस्कृतिक प्रयास में संलग्न कर देता है, तब प्रतीकों की सृष्टि होती है। युंग की दूसरी स्थापना यह है कि प्रतीक-सृष्टि कभी भी 'सुविचारित रमणीय' नहीं हुआ करती है।[1] अर्थात् मनुष्य जान-बूझकर या सचेष्ट होकर प्रतीकों की सृष्टि नहीं करता है। मनुष्य का अचेतन ही आदिकाल से 'लिबिडो' का रूपान्तरण प्रतीकों में करता आ रहा है, जो एक प्रकार का 'ट्रान्सेंडेंट फंक्शन' है। इसीलिए युंग ने प्रतीक को 'लिबिडो एनालोग' कहा है और कुछ विशेष प्रकार के प्रतीकों का सहजज्ञान से भी सम्बन्ध माना है। युंग की तीसरी मान्यता यह है कि सभ्यता की प्रगति के साथ वैयक्तिक प्रतीकों (individual symbols) को बलात् दबाने की प्रवृत्ति बढ़ती जा रही है। यह दूसरी बात है कि व्यापक सामाजिक पैमाने पर पुनः व्यक्तिवाद के अभ्युदय से भविष्य में वैयक्तिक प्रतीकों के नवीकरण और नवजागरण का प्रारम्भ हो जाए। अतः हम सुसंस्कृत काल की कलाओं में अतिवैयक्तिक प्रतीकों की जगह समाज-स्वीकृत प्रतीकों का प्रयोग पाते हैं।[2]

आद्यबिम्ब और सामूहिक अचेतन के जो भाव सामान्य व्यवहार की तर्कपूर्ण भाषा या अभिव्यक्ति की स्वीकृत पद्धति में नहीं व्यक्त हो पाते हैं, वे प्रतीकों के माध्यम से ललित कहानियों, निजन्धरी कथाओं, पौराणिक आख्यानों, स्वप्नों और ललितकलाओं में अभिव्यक्त होते हैं। यदि आद्य बिम्ब और सामूहिक अचेतन के भाव सामान्य व्यवहार की भाषा और प्रचलित अभिव्यक्ति-पद्धति में ही व्यक्त हो जाते, तो कला-सृष्टि का कोई सांस्कृतिक प्रयोजन ही शेष नहीं रहता; क्योंकि कलाओं के माध्यम से हम उन्हीं भावों को व्यक्त करते हैं, जिनकी अभिव्यक्ति अन्यथा सम्भव नहीं है। और, यदि उनकी अन्यथा अभिव्यक्ति की भी जाए, तो वह अभिशंसनीय नहीं होगी। अतः ऐसे आद्यबिम्ब और सामूहिक अचेतन के भाव सामान्य अभिव्यक्ति-पद्धति की सीमाओं को पार कर उन प्रतीकों के रूप में व्यक्त होते हैं, जिनके लिए दृश्य और श्रव्य-कलाएँ सर्वोत्तम अधिकरण बन सकती हैं।

---

1. "After a period of gestation in the unconscious a symbol is produced which can attract the libido, and also serve as a channel diverting its natural flow. The symbol is never thought out consciously, but comes usually as a revelation or intuition, often appearing in a dream." —*Frieda Fordham, An Introduction to Jung's Psychology,* Penguin Books, 1956. p. 19
2. युंग के अनुसार उत्कृष्ट प्रतीक के लक्षण इस प्रकार हैं : "An effective symbol... must have a nature that is unimpeachable. It must be the best possible expression of the existing world-philosophy, a container of meaning which can not be surpassed; its form must also be sufficiently remote from comprehension as to frustrate every attempt of the critical intellect to give any satisfactory account of; and, finally its aesthetic, appearance must have such a convincing appeal to feeling that no sort of argument can be raised against it on the score."—C.G. Jung, *Psychological Types,* translated by H. G. Baynes, London, 1944, p. 291

फ्रायड और युंग जैसे प्रतिनिधि विचारकों के अलावा कई अन्य (या गौण) मनोवैज्ञानिकों ने भी प्रतीकवाद पर विचार किया है। सामान्यत: मनोवैज्ञानिक यह मानते हैं कि प्रतीक-निर्माण और प्रतीक की व्याख्या—दोनों में वैयक्तिक चिन्तन-परिवेश की प्रधानता रहती है। एक ही प्रतीक को भिन्न-भिन्न व्यक्ति अथवा भिन्न-भिन्न समुदाय अलग अर्थ में गृहीत कर सकते हैं। इसीलिए डॉ. पद्मा अग्रवाल ने भी प्रतीकों की इस गतिशील अर्थवत्ता को बहुत महत्त्व दिया है।[1] किन्तु इस प्रसंग में हमें इतना स्वीकार करना पड़ता है कि मनोविज्ञान के प्रतीकों और कला के प्रतीकों में पर्याप्त अन्तर रहता है। किसी भी दृष्टि से कला के प्रतीकों की नितान्त मनोवैज्ञानिक व्याख्या और मनोविज्ञान के प्रतीकों की कलाशास्त्रीय व्याख्या उचित नहीं है। इसलिए प्रतीकों के विश्लेषण के पूर्व हमें उनकी 'जाति या प्रकार' का निश्चय कर लेना चाहिए कि विवेच्य प्रतीक 'कलात्मक प्रतीक' है या 'मनोवैज्ञानिक प्रतीक' है। कलात्मक प्रतीकों का निर्माण सामान्य जन द्वारा नहीं, कलाकारों के द्वारा होता है। कलाकार स्वानुभूति के जिन अंशों को सामान्य अभिव्यक्ति के प्रचलित साधनों (शब्द, रेखा, ध्वनि, इत्यादि) के द्वारा नहीं व्यक्त कर पाता है, उन अंशों की व्यंजना या अभिव्यक्ति के लिए ही वह प्रतीकों का सहारा लेता है। अर्थात् कलाकार स्वानुभूति के 'अकथनीय' अंशों को प्रतीक के द्वारा कथनीय और प्रेषणीय बनाता है।

इसी तरह मनोविज्ञान अथवा कला के प्रतीकों से धर्मक्षेत्र, उपासना-जगत् या विज्ञान के प्रतीक सर्वथा भिन्न होते हैं। उपासना के क्षेत्र में उपास्य परब्रह्म के चिह्न, पहचान, अवतार, अंश या प्रतिनिधि के तौर पर आई हुई नामरूपात्मक वस्तु को प्रतीक कहते हैं। तिलकजी ने 'प्रतीक' शब्द के धात्वर्थ को बतलाते हुए उपासना के क्षेत्र में इसके आशय को बहुत अच्छी तरह स्पष्ट किया है—"प्रतीक (प्रति+इक) शब्द का धात्वर्थ यह है—'प्रति:' अपनी ओर, 'इक' अर्थात् झुका हुआ। जब किसी वस्तु का कोई एक भाग पहले गोचर हो; और फिर आगे उस वस्तु का ज्ञान हो, तब उस भाग को प्रतीक कहते हैं। इस नियम के अनुसार सर्वव्यापी परमेश्वर का ज्ञान होने के लिए उसका कोई भी प्रत्यक्ष चिह्न, अंश रूपी विभूति या भाग 'प्रतीक' हो सकता है।[2] इस तरह ज्ञान-विज्ञान, साधना और साहित्य के विभिन्न क्षेत्रों में प्रतीक के भिन्न-भिन्न रूप तथा अर्थ होते हैं। प्रतीकों का क्षेत्र इतना व्यापक इसलिए है कि सभी प्रकार की अनुभूतियों की अभिव्यक्ति का प्रतीकों से

---

1. "...the symbol has a dynamic meaning and is never independent of individual conditioning factors." —Dr. Padma Agrawal, *Symbolism : A Psychological Study,* Banaras Hindu University, 1955, p. 17
2. लोकमान्य बालगंगाधर तिलक, *श्रीमद्‌भगवतगीता-रहस्य,* अनु. माधव रावजी सप्रे, तिलक मन्दिर, गायकवाड़ बाड़ा, पूना, 1955, पृ. 435

सहज सम्बन्ध है। जब कोई अनुभूति गाढ़ और गूढ़ होती है, तब उसकी सम्पूर्णता या अन्योक्ति को व्यक्त करने के लिए आकांक्षी व्यक्ति को उसके तुल्यार्थ प्रतीकों का अन्वेषण करना पड़ता है। इस प्रकार संस्कृति और कला की सम्पूर्ण साधना प्रतीकों का अन्वेषण सिद्ध होती है।[1]

किन्तु, कला-जगत् के प्रतीक और अन्य प्रतीकों—यथा धर्म, दर्शन या विज्ञान के प्रतीकों में मुख्य अन्तर यह है कि धर्म, दर्शन अथवा विज्ञान के प्रतीक, प्राय:, सर्वथा निर्धारित एवं मान्य अर्थ रखते हैं। इन क्षेत्रों में प्रयोक्ता प्रतीकों का प्रयोग उसी परिनिष्ठित अर्थ में करता है, जिसे पाठक या श्रोता उसी एतावत्व के साथ जानता है। अर्थात्, इन क्षेत्रों में प्रतीक के वास्तविक अभिप्राय और अर्थप्रतिपत्ति के सम्बन्ध में प्रयोक्ता और पाठक या श्रोता प्राय: एकमत होते हैं। किन्तु, कला के प्रतीकों में प्रयोक्ता और पाठक, द्रष्टा या श्रोता के बीच किसी निर्धारित अर्थ के लिए ऐसा विश्रब्ध ऐकमत्य नहीं रहता है। कथ्य को अधिक स्पष्ट करने के लिए हम निर्धारित अर्थवाले प्रतीकों के बीच अंकगणित और रसायन के प्रतीकों को उदाहरणार्थ देख सकते हैं, जिनका बोध्य विषय एकदम सुनिश्चित रहता है—

अंकगणित के कुछ प्रतीक

1. तीन तरह के कोष्ठ—(), { }, []
2. अंकगणित की क्रियाओं के प्रतीक— +, —, ×, ÷,
3. सिग्मा प्रतीक— Σ
4. गुणनखंडक (फैक्टोरियल) प्रतीक—π अथवा γ अथवा!
5. संग्रथक (इंटेग्रल) प्रतीक ∫
6. डेल्टा प्रतीक—Δ अर्थात् अन्तरसूचक प्रतीक
7. दो बदलते हुए परिणामों के सम्बन्ध सूचक प्रतीक—F

1. "कलाकार को एक अनुभूति होती है और उसके प्रकाशन के लिए वह ऐसे प्रतीकों की खोज करता है जो कुल मिलाकर दुबारा वही या उस-जैसी अनुभूति उत्थित कर सके। जब दूसरी अनुभूति पूर्वानुभूति के समान नहीं होती, तो वह पुन: अन्य प्रतीकों की खोज करता है। इस प्रकार उसका प्रतीकों का अन्वेषण चलता रहता है, जब तक कि वह पूर्वानुभति के तुल्यार्थक प्रतीक न पा ले।"—डॉ. देवराज, *संस्कृति का दार्शनिक विवेचन,* प्रकाशन ब्यूरो, उत्तर प्रदेश, 1957, पृ. 222। सच पूछिए तो प्रतीक कलाकार के परिकल्पन और चिन्तन का वह पदार्थ-बोध है, जो मानव-जीवन के प्राथमिक मूल्यों का उद्योतन, कुछ-न-कुछ अंशों में, करता है। इसलिए धर्म-भावना से अनुप्राणित विचारक प्रतीक को अभिमंत्रित या सुसंस्कृत बिम्ब (consecreted image) कहा करते हैं। युंग ने ऐसे ही धर्मपरक प्रतीकों को 'आर्कटाइपल सिम्बल' कहा है। इस कोटि के कुछ प्रतीक धार्मिक विश्वासों से संश्लिष्ट होने के कारण परम्परागत या गतानुगतिक बन जाते हैं और पीढ़ी-दर-पीढ़ी जनमानस में सुरक्षित रहते हैं।

रसायन के कुछ प्रतीक

पदार्थ	*प्रतीक*
1. सोना	सूर्य ☉
2. चाँदी	चन्द्रमा ☾
3. लोहा	मंगल ♂
4. हाइड्रोजन	H
5. ऑक्सिजन	O
6. नाइट्रोजन	N
7. फासफोरस	p[1]

कुछ विस्तार में जाने पर इन प्रतीकों में सुनिश्चित अर्थनिर्धारण का महत्त्व और भी प्रकट होता है। एक तो रसायन में डाल्टन के प्रतीकों को हटाकर वर्जिलियस के प्रतीकों की स्वीकृति इसका सूचक है। दूसरे, कुछ ऐसे पदार्थों के प्रतीक, जिनके संज्ञासूचक शब्दों के प्रथमाक्षर समान हैं, के अर्थ को निश्चित रखने तथा किसी भी भ्रम की गुंजाइश न रखने के लिए पदार्थ-विशेष के नाम के प्रथमाक्षर के साथ उसके दूसरे लक्षक अक्षर (कैरेक्टरस्टिक लेटर) को संलग्न कर दिया गया है। जैसे, केवल 'B' (ब) से प्रारम्भ होनेवाले पाँच पदार्थों के प्रतीक को देखा जा सकता है—

पदार्थ	*प्रतीक*
1. Boron	B
2. Barium	Ba
3. Beryllium	Be
4. Bismuth	Bi
5. Bromine	Br

इतना ही नहीं, सुनिश्चित अर्थनिर्धारण की रक्षा के लिए रसायन के प्रतीकों में पदार्थ के परिमाण-बोध को भी निश्चित कर दिया गया है। उदाहरण के लिए, रसायन के प्रथम खंड के उद्धृत प्रतीकों में पाँचवाँ-O—ऑक्सिजन के केवल एक परमाणु का ही संकेत नहीं करता, बल्कि इसके परमाणु-भार का भी। उदाहरण के लिए, कुछ और परिमाण-संकेतक प्रतीक देखे जा सकते हैं—

1. रसायन के प्रथम तीन प्रतीक डाल्टन के चलाए हुए प्रतीकों से लिये गए हैं, जो 1814 ई. में वर्जिलियस द्वारा चलाए गए वर्णिक प्रतीकों के बाद चलन से हटा दिए गए। उपर्युक्त उदाहरण के शेष चार प्रतीक वर्जिलियस के चलाए गए प्रतीक हैं। जॉन जैकब वर्जिलियस (1799-1848) स्टॉकहोम में रसायन के प्राध्यापक थे। रसायन में इनके प्रतीकों को सार्वभौम मान्यता मिल चुकी है।

$CaCO_3$ — अर्थात्, कैल्सियम कार्बोनेट का एक अणु, जिसमें कैल्सियम का एक परमाणु, कार्बन का एक परमाणु और ऑक्सिजन के तीन परमाणु हों।

$5NH_3$ — अर्थात्, अमोनिया के ऐसे पाँच अणु, जिनमें से प्रत्येक में नाइट्रोजन का एक परमाणु और हाइड्रोजन के तीन परमाणु विद्यमान हों।

इस प्रकार विज्ञान के प्रतीकों में हम केवल गुणात्मक नहीं, परिमाणात्मक अर्थनिर्धारण भी पाते हैं। सारांश यह है कि विज्ञान के प्रतीक एक निश्चित 'चिह्नप्रणाली' (साइन-सिस्टम) पर चलते हैं, किन्तु, कला के प्रतीकों में हमें ऐसे परिमाणात्मक अथवा गुणात्मक अर्थ-निर्धारण और एतावत्व के बोध का कोई प्रयास नहीं मिलता है। बल्कि इसके विपरीत कला के प्रतीकों की सम्भावनाओं और नमनीयता का पर्याप्त महत्त्व रहता है; कारण वे प्राय: बुद्धिजन्य न होकर कल्पनाजन्य या कल्पनाजीवी होते हैं। इसलिए अधिकांश विचारक यह कहा करते हैं कि कला के प्रतीक भावोत्तेजक होते हैं और विज्ञान के प्रतीक विचारोत्तेजक या बौद्धिक होते हैं। दूसरी बात यह है कि कला के प्रतीकों में प्राय: अर्थ-स्फीति होती रहती है, क्योंकि ये प्रतीक केवल प्रयोक्ता ही नहीं, पाठक के भी कल्पनाबोध और उन्नत संवेदन से सापेक्षिक सम्बन्ध रखते हैं, जबकि इनमें प्रयोक्ता और पाठक के बीच निर्धारित अर्थ के लिए कोई विश्रब्ध ऐकमत्य नहीं रहता। फलस्वरूप, इन प्रतीकों को समझने में प्रयोक्ता और पाठक, श्रोता या द्रष्टा के बीच भ्रान्ति पैदा होने की सम्भावना बनी रहती है। किन्तु, इसके विपरीत विज्ञान प्रतीकों के क्षेत्र में नए अन्वेषणों के कारण पैदा होनेवाली भ्रान्ति की नगण्य सम्भावनाओं का भी निवारण करता रहता है। उदाहरणार्थ, 'आइसोटोप्स' के अन्वेषण के बाद परमाणु-भार की भिन्नता के आधार पर ऑक्सिजन के जब दो प्रकार सिद्ध हुए, तब शीघ्र ही उसके प्रतीक 'O' में संशोधन लाया गया—O^{16} और O^{18}। अर्थ-निर्धारण और एतादृश एतावत्व के लिए हम कला के प्रतीक-विधान में ऐसी सचेष्टता नहीं पाते हैं।

इसी तरह धर्म के प्रतीक भी कला के प्रतीक से भिन्न होते हैं। कारण, धर्म के प्रतीक भावुक संवेग से नहीं, विश्वास-भावना से वलयित होते हैं।[1] इसलिए धर्म का कोई प्रतीक तब तक प्रभाव नहीं पैदा करता है, जब तक उसके अनुकूल सहृदय

1. उदाहरण के लिए भारतीय धर्म और पुराणों में कमल का प्रतीक और विभिन्न प्रसंगों में उसके अनेक अर्थ, जो प्रधानत: विश्वास-भावना पर निर्भर हैं। विस्तार के लिए द्रष्टव्य—Heinrich Jimmer, *Myths and Symbols in Indian Art and Civilization*, New York, 1953, pp. 90-102

अथवा भावक के पास विश्वास-भावना न रहती हो। दूसरी बात यह है कि कला के प्रतीक जहाँ नन्दतिक रंजकता की ओर उन्मुख रहते हैं, वहाँ धर्म के प्रतीक दर्शन के ऋणी होते हैं। इसलिए धर्म के प्रतीकों में चिन्तनतत्त्व प्रधान रहता है।[1] यों धर्म के प्रतीक भी एक स्तर पर आकर कला के प्रतीकों की तरह रमणीय बन जाते हैं। यह तब होता है, जब सहृदय इज्या अथवा पूजा-भाव को अपना स्वभाव-सिद्ध गुण बनाकर उसे अपने चित्-अस्तित्व का अंश बना लेता है जैसे, हिन्दू धर्म के प्रतीकों में ॐ, शिव, प्रणव, नाद, बिन्दु, इत्यादि इस दृष्टि से विचारणीय महत्त्व रखते हैं। किन्तु, धर्म के कुछ ऐसे भी प्रतीक होते हैं, जो सार्वजनीन न होकर संकीर्ण साम्प्रदायिक विश्वास पर निर्भर करते हैं, जैसे-गणेश का मूषक (विघ्न का प्रतीक), शिव का त्रिशूल (त्रिगुणात्मिका शक्ति का प्रतीक)। सारांश यह है कि धर्म के क्षेत्र में भी वे ही प्रतीक अधिक सफल सिद्ध होते हैं, जिनमें कलागत प्रतीकों की तरह भावोद्बोधन की क्षमता रहती है। यही वह सामान्य भूमि है, जिसके चलते विज्ञान के कुछ प्रतीकों की तरह धर्म के प्रतीक भी काव्य के क्षेत्र में उपेक्षित नहीं रहते। यों, धर्म के प्रायः सभी श्रेष्ठ प्रतीक कला के वरेण्य प्रतीक रहते आए हैं। यहाँ इसे दुहरा देना उचित प्रतीत होता है कि विज्ञान के प्रतीक असंग, भूतात्मक और शुष्क विचारों के वाहक होते हैं अथवा किसी भावानीत प्रत्यय के निश्चित अर्थसंकेतक होते हैं। अर्थात् विज्ञान के प्रतीक बाह्यधर्मी होते हैं, वे व्यंजित वस्तु को अन्तस्थ नहीं रखते, अतः ऊपर से चिपकाये हुए 'लेबैल' की तरह होते हैं, जबकि धर्म के प्रतीक समाज-सापेक्ष, अध्यात्म-प्रवण और नैतिक मूल्यों से भरेपूरे रहते हैं। हाँ, धर्म-दर्शन का वह भाग, जो तंत्रप्रधान अथवा योगमूलक रहता है या जिसमें साधना कौशल न रहकर विज्ञान बन जाती है, निश्चय ही कुछ वैसे प्रतीकों से काम लेता है, जो विज्ञान के प्रतीकों की तरह निश्चित अर्थ-संकेतक और चिह्न-प्रधान होते हैं।[2] जैसे—

---

1. धार्मिक और आस्तिक दृष्टिवाले विद्वान प्रतीक के दो मुख्य भेद मानते हैं—नित्य और कल्पित। पुनः नित्य प्रतीक के भेदोपभेदों को उपस्थित करते हुए वे चिह्न प्रतीक रंग प्रतीक, पदार्थ प्रतीक, प्राणि प्रतीक, पुष्प प्रतीक, शस्त्र प्रतीक, वाद्य प्रतीक, वृक्ष प्रतीक, वेश प्रतीक से संकेत-प्रतीक (मुद्राएँ) तक पहुँच जाते हैं। आपाततः यह विभाजन आकर्षक प्रतीत होता है, किन्तु, इस विभाजन में कोई सैद्धान्तिक पूर्णता नहीं है, क्योंकि इस सूची में और भी अनेक नाम जोड़े जा सकते हैं। तदनन्तर, दूसरी दृष्टि से भी कुछ विचारक प्रतीकों का कोटि-भेद निर्धारित करते हैं; जैसे—अक्षरात्मक प्रतीक, संकेतात्मक प्रतीक, रूपकात्मक प्रतीक, कथात्मक प्रतीक और संख्यात्मक प्रतीक। स्पष्टतः इस कोटि-निर्धारण में कोई नन्दतिक दृष्टिकोण प्रधान नहीं है और यह मूलतः सन्त साहित्य को दृष्टि में रखकर किया गया विभाजन है।
2. डॉ. जनार्दन मिश्र, *भारतीय प्रतीक विद्या,* बिहार-राष्ट्रभाषा-परिषद्, 1959, पृ. 466

चक्र	प्रतीक	भाव या सिद्धि का फल
1—मूलाधार		नित्यानन्द—परम्परा, पीयूषधारा
2—स्वाधिष्ठान		अहंकार मोहादि नाश
3—मणिपूर	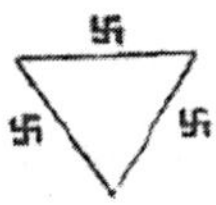	शक्ति-चेतना, ज्ञान-सन्दोह
4—अनाहत	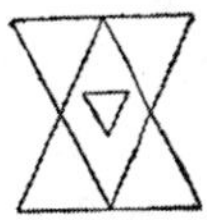	शक्ति-चालन; परकाय-प्रवेश, काव्याम्बुधारा
5—विशुद्ध		वाग्मा, ज्ञाना, शान्तचेता, त्रिकालदर्शी
6—आज्ञा		विष्णु-स्थान, वाक्सिद्धि
7—सहस्रार		सुधाधारासार, शिवस्थान, परमपुरुषस्थान, हरिहरपद, देवापद, अमल प्रकृति-पुरुष स्थान, नित्यानन्द पद, निर्वाण कला, हंसपद, शून्यपद, इत्यादि।

शून्य

पाश्चात्य साहित्य में भी इस प्रकार के कुछ प्रतीक मिलते हैं। जैसे, डब्ल्यू. बी. यीट्स का 'g' प्रतीक, जिसे उन्होंने 'gyre' symbol की आख्या दी है।[1] और जिसे पहले आयरलैंड के निवासी 'pern' या 'spool' कहते थे। यह ज्यामितिक अंकन आत्मनिष्ठता और वस्तुनिष्ठता के परस्परान्तरण का प्रतीक है। यीट्स का यह 'g' प्रतीक भी 'सोलोमन्स सील' से मिलता-जुलता है[2]—

यीट्स का 'g' प्रतीक

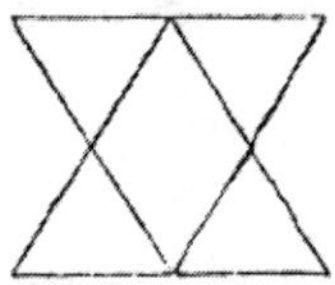

सोलोमन्स सील

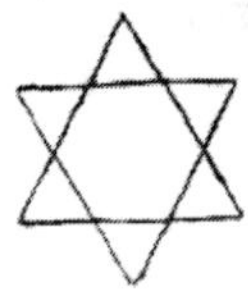

इस तरह धर्मक्षेत्र के प्रतीक भी विज्ञान के प्रतीकों की तरह निश्चित अर्थ-संकेतक और चिह्न प्रधान होते हैं।

उपर्युक्त तुलनात्मक विवेचन से यह निष्कर्ष निकलता है कि कला के प्रतीक, सामान्यत:, आश्रय के अनुभव अथवा अनुभूति की अवस्था-विशेष के व्यंजक हुआ करते हैं। इनमें एतावत्व के बदले सामान्य सादृश्य के साथ सूक्ष्म सांकेतिक तत्त्वों को महत्त्व दिया जाता है। इसलिए कला का एक प्रतीक अनेक स्तरों पर अपना कार्य करता है और अनेक प्रकार के भाव तथा मानसिक चित्र उत्पन्न करने में सक्षम होता है। दूसरी बात यह है कि कला के प्रतीक का सम्पूर्ण अर्थ निश्चयपूर्वक प्रकट नहीं किया जा सकता, जबकि उसकी सम्पूर्ण अनुभूति सम्भव है। पुन: संकेतात्मकता के बाहुल्य के कारण सामान्य जनों और आवश्यकता से कम विकसित संवेदनवाले व्यक्तियों के लिए प्रतीकात्मक कथन में कुछ-न-कुछ अस्पष्टता की प्रतीति बनी रहती है। सूक्ष्मता की दृष्टि से प्रत्येक उत्कृष्ट कलात्मक प्रतीक दो वस्तुओं के बीच सादृश्य-निबन्धन की चरम अवस्था है। इसी अर्थ में वह उपमा, साध्यवसान रूपक और चिह्न—सबों से अधिक नन्दतिक मूल्य रखता है। तदनन्तर, कला के प्रतीकों में एक ही साथ गोपन और प्रकाशन की क्षमता रहती है। सचमुच, कला के प्रतीकों का लक्ष्य कभी भी किसी वस्तु को ज्यों-का-त्यों रखना अथवा पुन: प्रत्यक्ष या पुनरुत्पादन नहीं रहता है। उसमें प्रकाशन और गोपन का समन्तात् निर्वाह किया जाता है। इसलिए आर्थर सायमन्स द्वारा उद्धृत 'कौंत गोब्ले दालविएला'[3] का यह विचार समीचीन मालूम पड़ता है कि प्रतीक केवल 'रिप्रोडक्शन' नहीं

1. W. B. Yeats, *A Vision,* London, 1961, p. 210
2. Richard Ellmann, *Yeats : The Man and The Masks,* London, 1949, pp. 231-32
3. Comte Gobletd, Alviella.

होता है।[1] वह कलाकार के भावों के प्रेषण का माध्यम होता है। इस तरह प्रतीकात्मक प्रेषण कलाकार की वह क्रिया है, जिसके द्वारा कलाकार असह्य यथार्थों या भावनाओं के तुमुल आलोड़न को व्यक्त करने के लिए कुछ दूरवर्ती अप्रस्तुतों का समतुल्य उपस्थित करता है।[2] कुछ ऐसा ही संकेत हमें प्राचीन काव्यशास्त्र से मिलता है। आधुनिक 'प्रतीक' को हम प्राचीन काव्यशास्त्र के उपलक्षण' का एक विकसित रूप मान सकते हैं। 'एकपदेन तदर्थान्यपदार्थ कथमुपलक्षणम्' अर्थात् जब कोई वस्तु-नाम इस रूप में प्रयुक्त हो कि वह वस्तु-नाम अपने गुण-संकेत से अपने समान अन्य वस्तु अथवा वस्तुओं का भी बोध करा दे, तो वह शब्द (वस्तु-नाम) 'उपलक्षण' रूप में प्रयुक्त कहा जाएगा। इसीलिए काव्य के प्रतीकों में (प्राचीन काव्यशास्त्र की शब्दावली में) साध्यवसाना गौणी प्रयोजनवती लक्षणा अथवा धर्मगत प्रयोजन लक्षणा प्रधान रहती है।

प्रतीक-विवेचन के प्रसंग में विचारकों ने प्राय: 'मिथ' की भी चर्चा की है। किन्तु, अपने नन्दतिक मूल्य के कारण प्रतीक 'मिथ' से सर्वथा भिन्न है, क्योंकि 'मिथ' में नन्दतिक मूल्य नहीं, धर्म की तरह विश्वास की व्यवस्था प्रधान रहती है। 'मिथ' की मुख्य विशेषता यह है कि वह अनेक आद्य प्रतीकों का गुच्छ हुआ करता है। एक प्रतीक से 'मिथ' की सृष्टि नहीं हो सकती। अनेक अनुसरणशील बिम्बों (धार्मिक और पारम्परीण) के गुच्छ को ही हम 'मिथ' कहते हैं।[3] 'मिथ' को हम कॉलरिज के शब्दों में, जैसा कि जॉर्ज वैले का भी मत है, 'शटल वल्केनियन स्पाइडर वेब नेट आव स्टील—स्ट्रांग एज स्टील, येट शटल एज इथर' कह सकते हैं।

'मिथ' में प्राय: मानवेतर कथाएँ—विशेषकर देवताओं के चरित्र और कार्यकलाप-प्रधान रहती हैं।[4] दूसरे, 'मिथ' में मिथ्यातत्त्व अधिक रहता है। तीसरे, 'मिथ' प्रसिद्ध होने के बाद समाज की मौखिक परम्पराओं से सम्बद्ध होने की प्रवृत्ति

---

1. "A symbol might be defined as a representation which does not aim at being a reproduction." —A. Symons, *The Symbolist Movement in Literature,* 1958, p. 1
2. इस आशय की अनेक परिभाषाएँ उपस्थित की गई हैं। जैसे, शिप्ले ने प्रतीक की परिभाषा इस प्रकार दी है—"Symbolism may be defined as the representation of a reality on one level of reference by a corresponding reality on another."—Joseph T., Shipley, *Dictionary of World Literature,* 1962, p. 405
3. जार्ज वैले ने भी प्रतीक और 'मिथ' के अन्तर को स्पष्ट करते हुए लिखा है—
"...symbol proves to be a special kind of metaphor and the myth proves to be a cluster of symbols brought into resonance in the process of metaphor."—George Whelley, *Poetic Process,* 1953, p. 164
4. Heinrich Zimmer, *Myths and Symbols in Indian Art and Civilization,* Edited by Joseph Campbell, New York, 1953

रखता है। चौथी बात यह है कि एकाधिक 'मिथ' के तुलनात्मक अध्ययन से उनके अन्दर छिपा हुआ कोई न कोई 'मोटिफ' स्पष्ट नज़र आने लगता है, जबकि हमें प्रतीकों में कोई सांगोपांग कथा-रूढ़ि नहीं मिलती है। इसी तरह बिम्ब और 'मिथ' में मुख्य अन्तर यह है कि 'मिथ' मनुष्य की सामूहिक चेतना की उपज है और बिम्ब व्यक्ति-चेतना की। यह दूसरी बात है कि निर्मित होने के उपरान्त बिम्ब को भी स्वीकृति के लिए उसी 'सामूहिक-चेतना' के पास जाना पड़ता है। इस प्रसंग में यह विशेष महत्त्व की बात है कि 'मिथ' की प्रारम्भिक अवस्था में कपोल-कल्पना का तत्त्व अधिक रहता है। इस शब्द की व्युत्पत्ति भी इसका समर्थन करती है। 'मिथ' ग्रीक शब्द[1] से बना है, जिसका अर्थ होता है 'मुँह से निकला हुआ।'[2] इस प्रकार 'मिथ एक ऐसी जातीय कल्पना है, जिसे बाद में चलकर धार्मिक विश्वासों ने स्वायत्त कर लिया।[3]

किन्तु, इन भिन्नताओं के बाद भी 'मिथ' और प्रतीक में एक ध्यातव्य साम्य है कि ये दोनों किसी-न-किसी रूप में परम्परा से अवश्य सम्बद्ध होते हैं। किन्तु, प्रतीक प्रयोग की विकसित दशा में सार्वभौम स्तर से 'विशेष' की ओर उन्मुख होने, अतः विशिष्टार्थबोधक बनने की प्रवृत्ति रखते हैं, जबकि 'मिथ' 'विशेष' से 'सामान्य' की ओर अग्रसर होते रहते हैं। फलस्वरूप प्रतीक की प्रेषणीयता अधिक कलात्मक होती है। जैसे, कमल निष्पाप सौन्दर्य का प्रतीक है, सिंह या चक्र आत्मशक्ति या संहारकुशलता का प्रतीक है। कभी-कभी 'मिथ' के सहारे भी कवि प्रतीक की सृष्टि करता है। जैसे—टी. एस. इलियट ने 'होलिग्रेल'[4] के 'मिथ'

---

1. Mythos.
2. "At first the Greek word 'mythos' 'meant the thing spoken' or uttered by the mouth; that is, it was a speech or tale.' —Lewis Spence, *The Outlines of Mythology,* p. 1.
3. 'मिथ', 'सिम्बल' और 'एलिगरी' के भेद पर शाब्दिक व्युत्पत्ति की दृष्टि से विचार करते हुए एडविन होनिंग ने लिखा है—"...the word allegory (Gr. allegoria, Fr. allos +agoria, 'other'+ 'speaking') and the word symbol (Gr. symbolon, Fr. syn+ ballein, "with" or "to-gether"+ "to throw") become related through shifting usage to the word myth (Gr. Mythos, "word", speech—talk, tale) and the word mystery (Gr. mysterion, Fr. mystes. "close-mouthed". fr. myein, "to be shut"). Mythos is originally the 'word', the first tale', which Greek thought subsequently distinguished from the synonyms epos and logos. Mythos thus entails the activity of allegoria—"other-speaking" or "speaking otherwise than one seems to speak"—as well as 'symbolon', the "throwing together" of word and thing. And the activity indicated by mythos, allegoria and symbolon is synonymous. with, rather than contrary to, the activity indicated by mysterion, the unspoken, "close-mouthed", as established by "sacred use."—Edwin Honing, *Dark Conceit,* London, 1959, p. 24
4. Holy Grail.

से 'वैस्ट लैंड' का प्रसिद्ध प्रतीक उधार लिया है।[1] इतना ही नहीं, 'वेस्ट लैंड' में प्रतीकवत् प्रयुक्त 'Tiresius' भी परम्परा-प्रसिद्ध 'मिथ' की पृष्ठभूमि पाकर ही अभीप्सित अर्थ व्यक्त कर सका है।[2]

'मिथ' की ही तरह अन्य कई चीजें हैं, जिनके साथ पाश्चात्य विचारकों ने प्रतीक के साम्य और वैषम्य की चर्चा की है। जैसे—प्रतीक और 'टोकेन' या 'साइन', प्रतीक और 'एम्ब्लेम', प्रतीक और 'साइफर', प्रतीक और 'एलिगरी' इत्यादि। किन्तु, प्रतीक को, 'टोकेन' या 'साइन' कहना नितान्त भ्रामक है,[3] क्योंकि प्रतीक कला की एक ऐसी इकाई है, जिसके सहारे कलाकार नन्दतिक मूल्यों का उत्सारण करता है। इसीलिए प्रत्येक कलाकृति के सन्दर्भ में प्रतीक केन्द्रबिन्दु का महत्त्व रखता है। उसी केन्द्र से अर्थछवि की ज्योति फूटकर सम्पूर्ण सन्दर्भ-वृत्त को आलोकित करती है। अत: प्रतीक एक प्रकार का 'फोकल-इमेज' हुआ करता है। लेकिन 'साइन' में मात्र संकेतात्मकता रहती है। इसके द्वारा हम किसी वस्तु को एक लाघव के साथ संकेतित कर सकते हैं, जबकि प्रतीक में मात्र संकेतात्मकता ही नहीं रहती, कलात्मकता भी रहती है। साथ ही, 'साइन' की तुलना में प्रतीक की एक विशेषता यह है कि प्रतीकों में विवक्षित वस्तु का आसंग और वातावरण भी ध्वनित रहता है। इसी तरह प्रतीक और 'एम्ब्लेम' में भी सुस्पष्ट अन्तर है। 'एम्ब्लेम' प्रतीक और 'साइफर' के बीच की चीज है। किन्तु, बारीकी से विचार करने पर (एम्ब्लेम) प्रतीक की अपेक्षा 'साइफर' के अधिक निकट पड़ता है। दूसरे, 'एम्ब्लेम' व्यक्ति विशिष्ट न होकर समुदायगत हुआ करता है और उसके पीछे व्यक्ति की नहीं, समुदाय-विशेष की धार्मिक और जातिगत धारणाएँ तथा अन्धविश्वास काम करते हैं। जैसे, हंस सरस्वती के लिए, उल्लू लक्ष्मी के लिए, अर्द्ध-चन्द्रमा या वृषभ शिव के लिए[4] और सिंह दुर्गा के लिए 'एम्ब्लेम' का काम करते हैं।[5] यों कुछ विचारकों ने चिह्नात्मक प्रतीक कहकर भी प्रतीकों का एक प्रकार निरूपित किया है। इस दृष्टिकोण के प्रस्तोता विचारकों का कहना है कि प्रतीक के सहारे मानव-मन चेतना की किसी स्थिति या उसकी वक्रता को

1. 'मिथ' की तरह प्रतीक का सम्बन्ध 'रिचुअल्स' से भी माना जाता है। इन दोनों के पारस्परिक सम्बन्धों पर लैंगर ने विस्तार से विचार किया है। द्रष्टव्य—Susane K. Langer, *Philosophy in a New Key,* p. 116
2. Dan S. Norton, and Peters Rushton, *Classical Myths in English Literature*, New York, 1952, p. 376
3. Herbert Read, *The Forms of Thing Unknown,* London, 1960, pp. 35-36
4. Heinrich Zimmer, *Myths and Symbols in Indian Art and Civilization,* edited by Joseph Campbell, New York, 1953, p. 48
5. लेसिंग ने भी प्रतीक और 'एम्ब्लेम' के अन्तर पर पर्याप्त विचार किया है।—*Lessing's Laokoon,* translated by E.C. Beasley, p. 71

चिरकाल के लिए सुरक्षित रखना चाहता है। इसलिए सम्पूर्ण स्थिति का नहीं, उसके किसी विशिष्ट संकेत का विधान प्रतीक में किया जाता है। यही कारण है कि प्रतीक स्मरण-सुलभ होते हैं। उदाहरणार्थ, शिव-मन्दिर के सम्पूर्ण स्थापत्य-शिल्प को समझना और याद रखना कठिन है, लेकिन मन्दिर के ऊपर चिह्न-रूप लगे हुए त्रिशूल को देखते ही साधारण आदमी भी उसे शिवालय समझ लेता है। इस त्रिशूल-जैसे व्यंजक चिह्नों को ही कुछ विचारकों ने 'एम्ब्लेमैटिक सिम्बल' कहा है। ये चिह्नवत् प्रतीक अधिकतर धर्म-भावना और 'मिथ' से सम्बद्ध होते हैं। जैन पुराणों में चौबीस तीर्थंकरों में से प्रत्येक ऐसे चिह्नात्मक प्रतीक से उपेत माने गए हैं। इन तीर्थंकरों के चिह्नात्मक प्रतीक क्रमशः इस प्रकार हैं—वृषभ, गज, अश्व, कपि, क्रौंच, रक्त कमल, स्वस्तिक, अर्द्धचन्द्र, मकर, श्रीवत्स, गरुड़, महिष, वराह, भल्लूक, बज्रदंड, मृग, अज, मत्स्य, कुम्भ, कच्छप, नील कमल, शंख, सर्प और सिंह।[1] स्पष्ट है कि ऐसे चिह्नात्मक प्रतीकों का भाव-निवेदन एक प्रकार की धर्म-भावना और पौराणिक दृष्टि पर निर्भर है। अतः ये चिह्नात्मक प्रतीक कला-जगत् के सौन्दर्यबोधपरक सौष्ठव की दृष्टि से विचारणीय नहीं हैं। अन्य प्रतीक भी प्रयोग से खिरकर या छीजकर चिह्न (एम्ब्लेम) अथवा 'साइफर' बन जाते हैं,[2] क्योंकि प्रयोगों की अति आवृत्ति के बाद प्रतीक अतिसामान्य बन जाने पर अपने संकेतगर्भत्व और व्यंजना की वक्रता को खो देते हैं। सारांश यह है कि अतिप्रयुक्त और अतिसामान्य प्रतीक 'साइफर' या 'एम्ब्लेम' बन जाते हैं। अतः प्रतीकों के प्रतीकत्व को सुरक्षित रखने के लिए यह आवश्यक है कि उनके नए अन्वेषणों के पौनःपुन्य का सचेष्ट निर्वाह किया जाए।[3] प्रतीकों की इस लावण्य-सुरक्षा पर आर. पी. ब्लैकमर ने दूसरी दृष्टि से विचार किया है। इनकी स्थापना है कि प्रतीकों का प्रतीकत्व तभी सार्थक होगा, जब उनमें 'gesture' का आधान हो, क्योंकि प्रतीक अभिव्यक्ति के माध्यम, विशेषकर भाषा की,

---

1. तालिका के लिए द्रष्टव्य—John George Buhler, *On The Indian Sect of The Jains*, edited with an outline of Jain Mythology by J. A. Burgress, London, 1903
2. शास्त्रीय दृष्टि से विचार करने पर भी यह सिद्ध होता है कि सतत प्रयोग से रूढ़ बनकर प्रतीक अपनी लाक्षणिकता और व्यंजकता खो देते हैं और उसी तरह अभिधा के अधीन हो जाते हैं, जिस तरह मुहावरे या लाक्षणिक प्रयोग सादृश्य प्रतिपादन में रूढ़ होकर लाक्षणिक नहीं, वाचक मात्र रह जाते हैं।
3. इस विषय में एक दृष्टिकोण यह भी है कि 'जो जिज्ञासाएँ सनातन हैं, उनका निराकरण करनेवाले प्रतीक भी सनातन हो जाते हैं।' क्योंकि 'प्रतीक वास्तव में ज्ञान का एक उपकरण है जो सीधे-सीधे अभिधा में नहीं बँधता, उसे आत्मसात् करने के लिए प्रतीक काम देते हैं।' इस तरह प्रतीक के द्वारा कवि अज्ञात सत्य का निरन्तर अन्वेषण करता रहता है।

—अज्ञेय, *आत्मनेपद*, भारतीय ज्ञानपीठ, काशी, 1960, पृ. 45-46

काव्यात्मक सम्भावनाओं का अन्वेषण करते हैं। ब्लैकमर के अनुसार 'जेस्चर' अभिव्यक्ति की गति है, जो वास्तुकला से काव्यकला तक में एक रस व्याप्त रहती है। इनके अनुसार, प्रतीकों में ही नहीं, बिम्बों में भी 'जेस्चर', स्फूर्ति और अशेष अर्थवत्ता[1] आ जाती है।[2]

इसी तरह प्रतीक-विचार में कुछ चिन्तकों ने उपमा, रूपक और अन्योक्ति की भी चर्चा की है।[3] उपमा, रूपक और प्रतीक में मुख्य अन्तर यह है कि उपमा और रूपक में किसी वर्ण्य के उपमान का सादृश्य-प्रतिपादन या आरोप रहता है, जबकि प्रतीक में वर्ण्य नहीं, वर्ण्य के विविध सन्दर्भों या सम्बन्धों का व्यंजनागर्मी बोध रहता है। अत: प्रतीक में अर्थ-व्यंजना की तरलता नहीं, उसकी गाढ़-घनता रहती है। प्रतीक में अर्थ तिल में छिपे तेल की तरह जमा रहता है, फलस्वरूप उस अर्थ की प्राप्ति के लिए प्रतीक को तिल की तरह पेरना पड़ता है। सारांश यह है कि जब एक ही शब्द या अप्रस्तुत किसी सम्पूर्ण अर्थ-सन्दर्भ को व्यंजित करने की शक्ति अर्जित कर लेता है, तब वह प्रतीक बन जाता है। इसी प्रकार काव्येतर कलाओं में भी कोई नाद-स्वर, रंग, रेखा अथवा शिल्प की इकाई अर्थ-व्यंजना के सांक्षेप्य की सिद्धि से प्रतीक बन सकती है। प्रतीक का सबसे बड़ा गुण सन्दर्भ के प्रति उसकी सचेष्ट ईमानदारी है। अर्थ-सन्दर्भ के प्रति ईमानदार प्रतीक ही कला के नन्दतिक मूल्यों का सर्वोत्तम वाहन हुआ करते हैं। इसलिए कला की उत्कृष्टता, बहुत दूर तक, सन्दर्भ-सचेष्ट प्रतीकों के विनियोग पर निर्भर करती है। प्राचीन काव्यशास्त्र की भाषा में उपमा, रूपक और प्रतीक का अन्तर स्पष्ट करते हुए हम कह सकते हैं कि उपमा में प्रस्तुत और अप्रस्तुत का भेद स्पष्ट रहता है। रूपक में प्रस्तुत और अप्रस्तुत—उभय पक्षों का कथन होने पर भी दोनों में अभेद या तद्रूपता आरोपित होती है। किन्तु, प्रतीक में आए अप्रस्तुत की एक स्वतंत्र अर्थ-परिवृत्ति होती है और उसके अन्तर्गत आनीत साम्य का निर्वाह किसी आलंकारिक सरणि पर नहीं होता है। तदनन्तर, प्रतीक में प्रस्तुत-अप्रस्तुत की विवक्षा पृथक्-पृथक् नहीं की जाती है। केवल काव्य की दृष्टि से प्रतीकों का विवेचन करने पर यह प्रतीत होता है कि प्रतीक-विधान गोणी लक्षणा का विषय है, क्योंकि यहाँ प्रस्तुत वस्तु का बोध लक्षणा द्वारा होता है। व्यंजना का कार्य यहाँ प्रस्तुत और अप्रस्तुत के मध्य गुण, क्रिया अथवा व्यापार-समष्टि का साम्य-मात्र बताना होता है। इस तरह प्रतीक हमें गुणी द्वारा गुण तक पहुँचाता है।

प्रतीक और रूपक के भेद को बतलाने की चेष्टा डब्लू. बी. यीट्स ने भी की

1. 'Momentum' and inexhaustible meaningfulness'.
2. R. P. Blackmur, *Language as Gesture,* pp. 16-17
3. द्रष्टव्य—*Literary Symbolism,* edited by Murice Beebe, San Francisco, 1960, p. 31

है।[1] इन्होंने रूपक की तुलना में प्रतीक की अनन्वय श्रेष्ठता प्रतिपादित की है। इनका मत है कि प्रतीक के द्वारा अभीप्सित वस्तु की वैसी पूर्ण अभिव्यक्ति होती है, जैसी किसी अन्य प्रकार से सम्भव नहीं है, किन्तु रूपक के द्वारा वैसी अभिव्यक्ति होती है, जिसके समान या जिससे बढ़कर सुन्दर अभिव्यक्ति दूसरे प्रकार से भी सम्भव है।[2] दूसरे, रूपक को समझने के लिए ज्ञान की आवश्यकता होती है, जबकि प्रतीक के भावन के लिए अन्त:प्रेरणा या सहज वृत्ति आवश्यक है। तदनन्तर, प्रतीक 'कल्पना' से उत्थित होता है, किन्तु, रूपक-विधान 'फ़ैंसी' से ही निष्पन्न हो जाता है। और, यीट्स की दृष्टि में सर्वाधिक महत्त्वपूर्ण यह है कि रूपक-विधान एक प्रकार का मनोविनोद है, लेकिन प्रतीक एक प्रकार का अलौकिक प्रकाशन है, क्योंकि इसके द्वारा अदृश्य सार सत्य की एकमात्र सम्भव अभिव्यक्ति होती है। इस तरह प्रतीक और रूपक का भेद स्पष्ट है, यद्यपि यीट्स की उपर्युक्त बातें तथ्यपरक होने के साथ ही भावुक हैं।[3] प्रतीक और रूपक के भेद-निरूपण में यीट्स पर विलियम ब्लेक का अत्यधिक प्रभाव है, क्योंकि यीट्स की दृष्टि में ब्लेक ही पहला विचारक है, जिसने प्रतीक और रूपक के भेद को सामर्थ्य के साथ स्पष्ट किया।[4] आधुनिक विचारकों में एडविन होनिंग ने भी प्रतीक और रूपक के स्वरूप पर विस्तृत विचार किया है। एडविन होनिंग का मन्तव्य है कि प्रतीक का शुद्ध साहित्यिक रूप 'एलिगरी' है, जिसका नव्यतम विकास अत्याधुनिक गल्प-साहित्य, विशेषकर, उपन्यासों में हुआ है। इन्होंने मेल्विल, हॉथार्न और काफ्का को प्रधानत: दृष्टि में रखते हुए 'एलिगरी' का अच्छा आलोचनात्मक अध्ययन प्रस्तुत किया है।[5]

---

1. W. B. Yeats, "William Blake and His Illustrations to The Divine Comedy" collected in *Essays and Introductions*, London, 1961, p. 116
2. सम्भवत: यीट्स से प्रभावित होकर W.Y. Tindall ने भी प्रतीक और रूपक के विषय में ऐसी धारणा व्यक्त की है—"The Symbol is the only possible embodiment of what it presents, whereas an allegorical image, one of several possibilities, is a substitute for what it presents."—W.Y. Tindall, *The Literary Symbol,* New York, 1955, p. 31
3. Donald A. Stuuffer, *The Nature of Poetry,* New York, 1946, pp. 168-169
4. विलियम ब्लेक ने प्रतीक और रूपक के अन्तर को स्पष्ट करते हुए लिखा है—"Vision or imagination (meaning symbolism by these words) is a representation of what actually exists, really or unchangeably. Fable or Allegory is formed by the daughters of Memory."— quoted on Page 146, W. B. Yeats, *Essays and Introductions,* London, 1961
5. इन्होंने 'एलिगरी' पर किए गए अपने अध्ययन का निष्कर्ष प्रस्तुत करते हुए लिखा है—
"In one of its aspects allegory is a rhetorical instrument used by strategists of all sorts in their struggle to gain power or to maintain a system of beliefs. In addition to serving the expression of idiological aims, allegory is a→

तदनन्तर, संस्कृत काव्यशास्त्र को दृष्टि में रखते हुए प्राय:, प्रतीक और अन्योक्ति की चर्चा की जाती है। अत: प्रतीक और अन्योक्ति के स्वरूप पर विचार कर लेना आवश्यक है। संस्कृत काव्यशास्त्र के प्रेमी विद्वान् प्रतीक-विधान को अन्योक्तिपद्धति के अन्तर्गत स्वीकार करते हैं और प्रतीक-विधान को उपचार-वक्रता का एक प्रकार मानते हैं। जैसे, डॉ. संसारचन्द्र का कथन है कि "हमारे यहाँ प्रतीकवाद अथवा संकेतवाद अन्योक्ति-पद्धति के अन्तर्गत होता है। जब प्रस्तुत पर अप्रस्तुत का अभेदारोप हो और प्रस्तुत स्वयं निगीर्ण रहे, तब अप्रस्तुत ही प्रस्तुत का स्थानापन्न बनकर प्रतीक का काम देता है। काव्य-परिभाषा में इसे उपचार-वक्रता कहते हैं।"[1] किन्तु, अन्योक्ति को विस्तृत अर्थ में लेने पर भी, अर्थात् अन्योक्ति अलंकार, अन्योक्ति-पद्धति और अन्योक्ति-ध्वनि को ध्यान में रखने पर भी प्रतीक की तुलना में अन्योक्ति का भिन्न और सीमित क्षेत्र है। पहली बात यह है कि अन्योक्ति का प्रमुख क्षेत्र काव्य और सामान्य क्षेत्र श्रव्यकला है। दृश्य-कलाओं में अन्योक्ति का विनियोग प्राय: नहीं हुआ करता है। इसलिए शब्द-प्रतीकों का साम्य अन्योक्ति के साथ हो सकता है और काव्य के प्रतीकों में निश्चितरूपेण अन्योक्ति-तत्त्व रहता है, किन्तु, वस्तु-प्रतीक या वर्ण-प्रतीक, जो दृश्य-कलाओं के सार्वभौम साधन और अंगीभूत तत्त्व हैं, अन्योक्ति के साथ कोई सीधा सम्बन्ध नहीं रखते हैं। इस तरह प्रतीक का क्षेत्र जहाँ काव्येतर कलाओं तक फैला हुआ है, वहाँ अन्योक्ति प्रधानत: काव्यकला तक सीमित है। दूसरी बात यह है कि प्रतीक प्राय: अतिनिर्धारित बिम्ब हुआ करते हैं, जिनका कभी न रीतनेवाला अर्थ भी विशेष ढंग से सुनिश्चित रहता है; जबकि अन्योक्ति में अर्थ की नमनीयता बनी रहती है और वक्रता, व्यंजना, श्लेष या अपह्नव के द्वारा कथन की बहुविध व्याख्याओं की सम्भावना सुरक्षित रहती है। इसलिए रहस्यवादी काव्य में हमें जो प्रतीक मिलते हैं, उनमें, प्राय: अन्योक्तिपरकता प्रधान रहती है।[2] कारण, रहस्यवादी काव्य में प्रतीकवत् प्रयुक्त लौकिक रूपकों के द्वारा अतिरिक्त अर्थ का, जो प्राय: अलौकिक हुआ करते हैं, ध्वनन होता है।

इस प्रसंग में प्रतीक और अप्रस्तुत के सम्बन्धों पर भी विचार कर लेना आवश्यक है, क्योंकि इतर ललितकलाओं की तुलना में अप्रस्तुत-विधान और शब्दप्रतीक काव्य-कला की नायाब विशेषताएँ हैं। सामान्यत: यह माना जाता है कि आभ्यन्तर प्रभाव-साम्य वाले अप्रस्तुत ही उत्कृष्ट प्रतीक बन सकते हैं। इसलिए कुछ विचारक,

---

→ fundanental device of hypothetical construction. In this broad way allegory is part of the creative process, observable in all literature generally..."—Edwin Honing, *Dark Conciet,* London, 1959, p. 179

1. डॉ. संसारचन्द्र, *हिन्दी काव्य में अन्योक्ति,* राजकमल प्रकाशन, दिल्ली, 1960, पृ. 691
2. W. R. Inge, *Christian Mysticism,* 8th edition, London, pp. 251-252

जैसे आचार्य शुक्ल, प्रतीक को एक विशेष प्रकार का उपमान मानते हैं। किन्तु, यह मान्यता पूर्णत: उचित नहीं है। जैसे, हिन्दी कविता में अनेक स्थलों पर 'उषा' को आनन्द का प्रतीक माना गया है। ऐसे स्थलों में उषा आनन्द का उपमान नहीं है, क्योंकि उपमानत्व में साम्य की अपेक्षा होती है, जो उषा में नहीं है। वस्तुत: यहाँ आनन्द एवं उषा में कार्य-कारण-भाव-सम्बन्ध है, उपमानोपमेय भाव-सम्बन्ध नहीं। सारांश यह है कि उपमान के पर्याय-रूप में प्रयुक्त होकर भी उससे व्यापक अर्थ रखनेवाला 'अप्रस्तुत' शब्द काव्य-प्रतीक के अधिक समीप पड़ता है। सचमुच काव्य के प्रतीक ऐसे अप्रस्तुत हैं, जो प्रस्तुत का निगरण किए रहते हैं। ये प्रतीक हमें, प्राय:, शुद्धा साध्यवसाना या गौणी साध्यवसाना प्रयोजनवती लक्षणा से ही वांछित अर्थ देते हैं। अर्थात्, प्रतीक प्रस्तुत और अप्रस्तुत दोनों को अपने भीतर समाविष्ट रखते हैं और तथ्यों की सूचना के साथ-साथ वक्रता या प्रयोक्ता की मानसिक प्रवृत्तियों का भी इंगन करते हैं। इन्हीं प्रतीकों में से कुछ ऐसे प्रतीक होते हैं, जो अप्रस्तुत प्रतीत न होकर उपमान की तरह दीख पड़ते हैं। कहीं-कहीं इन प्रतीकों में लाक्षणिक चमत्कार दिखलाने के लिए धर्म के स्थान पर धर्मी का प्रयोग भी कर दिया जाता है। इस प्रकार प्रतीकों, विशेषकर काव्य के प्रतीकों में व्यंजना की शक्ति प्रचुर मात्रा में रहती है। इस शक्ति की पृथुल प्रचुरता के कारण ही मनुष्य अपनी उन मूल्यवान अनुभूतियों को, जो व्यावहारिक भाषा में व्यक्त नहीं की जा सकतीं, प्रतीकों के माध्यम से व्यक्त करता है। फलस्वरूप, मनुष्य की आध्यात्मिक अनुभूतियाँ अधिकतर प्रतीकों के सहारे ही कला के क्षेत्र में अवतरित हो पाती हैं। शायद, इसी अध्यात्मप्रवणता के कारण प्रतीकवादी कलाकारों को विक्टर कजिन, वाग्नेर, हीगेल और शॉपेनहावर का दर्शन अधिक आकृष्ट कर सका। चित्रकला के क्षेत्र में भी हम प्रतीकों के इस महत्त्व को चरितार्थ पाते हैं।[1] जैसे, मार्क शगल ने अपने प्रसिद्ध चित्र 'द ग्रीन आइ'[2] में एक आम की फाँक जैसे बड़े, किन्तु, स्थिर और ज्योतिर्मय नयन को दिखलाकर सृष्टि-प्रसर ब्रह्म की उस व्यापक चिद्शक्ति की प्रतीक-व्यंजना की है, जो विवेक-शक्ति की तरह सजग रहकर सर्वत्र जागतिक क्रिया-कलापों के शुभाशुभ का सचेत और शान्त निरीक्षण करती रहती है। इस तरह ब्रह्म की जिस विवेकशीला चिद्शक्ति को एक व्यक्ति अभिव्यक्ति के अनेक साधनों का मुक्त व्यय करके भी अभिव्यक्ति नहीं कर पाता, उसे मार्क शगल ने एक अपलक, स्थिर और ज्योतिष्क नेत्र के प्रतीक से बहुत लाघव के साथ अभिव्यंजित कर दिया है।[3] अत: प्रतीक-विधान की दार्शनिक व्याख्या हम इस प्रकार कर सकते हैं कि प्रतीक-विधान के सहारे कलाकार दृश्य जगत के द्वारा अदृश्य सत् की, जो

1. W. B. Yeats, *Essays and Introductions*, London, 1961, pp. 146-152
2. The Green Eye.
3. Erich Newmann, *Art and the Creative Unconscious,* 1959, p. 143

अभिव्यक्ति के प्रचलित सामान्य माध्यमों की सीमा के कारण अनिर्वचनीय और अकथनीय है, संकेत-व्यंजना करता है।[1] अर्थात्, प्रतीक-विधान में 'फेनोमेना' के द्वारा 'न्युमेना' का संकेत किया जाता है, सगुण के द्वारा निर्गुण की और दृश्य के द्वारा अदृश्य की व्यंजना की जाती है। यहाँ हमें ध्यान रखना है कि कला में प्रयुक्त भावानीत दृश्य जगत् (फेनोमेना) का ज्ञान कलाकार को सहजानुभूति के द्वारा मिलता है और उसमें व्यंजित अदृश्य सत्‌चेतना की उपलब्धि कलाकार की धारणा-शक्ति (कन्सेप्ट) से होती है। इस प्रकार प्रतीक-विधान में एक ओर सहजानुभूति और दृश्य जगत् (फेनोमेना) की विद्यमानता रहती है, तो दूसरी ओर धारणा (कन्सेप्ट) तथा अदृश्य सत्‌चेतना की व्यंजना भी। फलस्वरूप, प्रतीक-विधान में हमें वह समीकरण मिलता है, जो अपने भीतर सहजानुभूति और विभावन के संगम के साथ ही दृश्य जगत् और अदृश्य जगत् का मेल छिपाए रहता है। अत: जो कलाकार सहजानुभूति के साथ ही विभावन का भी धनी रहता है, वही उत्कृष्ट प्रतीकों की सृष्टि कर पाता है।

उपरिवर्णित प्रतीकोपम अप्रस्तुतों की तरह काव्य-जगत् में शब्द-प्रतीकों का भी अपना महत्त्व है। ये शब्द-प्रतीक प्राय: व्युत्पन्न प्रतीक होते हैं। इनका उद्‌भव शब्द-बिम्बों से होता है अथवा ये पौराणिक आख्यान या किसी धार्मिक सम्प्रदाय की गुह्यसाधना (इसोटेरिज्म) से लिए जाते हैं। ये व्युत्पन्न प्रतीक भावन की दृष्टि से आशु ग्राह्य नहीं होते हैं, क्योंकि इनकी सृष्टि में एक प्रतीक के लिए दूसरे प्रतीक का और दूसरे प्रतीक के लिए तीसरे प्रतीक का, एवम् प्रकारेण, शृंखला-रूप विधान होता है। फलस्वरूप, अन्तिम प्रतीक और मूल भाव का सम्बन्ध इतना अप्रकट और कृच्छ्रग्राह्य हो जाता है कि साधारण सहृदय उसका उद्‌घाटन ही नहीं कर पाते और वह व्युत्पन्न प्रतीक एक प्रकार से कूटप्रतीक बन जाता है। इस प्रकार के शब्द-प्रतीकों का आकांक्षी कलाकार, जो ईप्सित सफलता नहीं प्राप्त कर सकता, अप्रस्तुत-विधान के घनात्मक या दुहरे प्रयोगों से भी सन्तोष कर ले सकता है। सारांश यह है कि व्युत्पन्न शब्द-प्रतीकों में मूल भाव या मूल वस्तु तथा व्युत्पत्ति से प्राप्त प्रतीक के मध्यस्थ सम्बन्ध-सूत्र का निगरण हो जाता है। उदाहरण के लिए, हम तांत्रिक रहस्यवाद के पंचमकार को देख सकते हैं, जिसमें मद्य, मांस, मत्स्य, मैथुन और मुद्रा के द्वारा क्रमश: शक्ति, शिव, वायु, शिव-शक्ति-संगम तथा सहस्रार-ज्ञान का प्रतीकात्मक संकेत किया गया है। निश्चय ही ये प्रतीक अपनी गोपनशीलता के

1. इस दृष्टि से हीगेल की यह धारणा भी विचारणीय है—"...symbol is some form of external existence immediately presented to the senses, which, however, is not accepted for its own worth, as it lies thus before us in its immediacy, but for the wider and more general significance which it offers to our reflection."—Hegel, *The Philosophy of Fine Art,* translated by Osmaston, Volume II, London, 1920, p. 8

कारण एक सम्प्रदाय-विशेष के कूट प्रतीक बन गए हैं, किन्तु, इन प्रतीकों ने उस सम्प्रदाय से प्रभावित काव्यसाहित्य में अपना स्थान बना ही लिया है। इस प्रसंग में यह विशेष रूप से ध्यातव्य है कि कई दृष्टियों से प्रत्येक भाषा के सभी शब्द प्रतीक ही माने जाते हैं, किन्तु, कला-चर्चा में हम प्राय: उन्हीं शब्दों को प्रतीक कहते हैं, जो किसी विशिष्ट और आत्मनिष्ठ भाव से संवलित होकर प्रयोक्ता द्वारा संकेत-कुशलता से प्रयुक्त होते हैं। यों अधिकांश शब्द-प्रतीक कलात्मक संस्पर्श के अभाव में 'अपक्व प्रतीक' ही रह जाते हैं।

साहित्य-जगत् में कविता की तरह गद्य-काव्य और गल्प में भी प्रतीकों का सुन्दर प्रयोग किया जाता है। अनेक कहानियाँ और उपन्यास गल्प में प्रतीक-प्रयोग का सुन्दर उदाहरण प्रस्तुत करते हैं।[1] जैनेन्द्र की 'जाह्नवी' शीर्षक कहानी में कौए को रोटी के टुकड़े खिलाना उत्सर्ग-भाव और आत्मपीड़न का प्रतीकात्मक प्रेषण है। इसी तरह जयशंकर प्रसाद की 'स्वर्ग के खंडहर में' शीर्षक कहानी की सम्पूर्ण बन्दिश प्रतीकवाद पर निर्भर है। विशेषकर, शेख और सेनापति विक्रम के समक्ष प्रस्तुत की गई मीना की उक्तियों में कुछ प्रतीक तो बहुत अभिज्ञेय और अर्थगर्भ हैं, जिन्होंने कहानी के दर्शन की रीढ़ का काम किया है। जैसे—बुलबुल, रजनी-विश्राम, सूखी हुई टूटी डाल, इत्यादि। इन सभी प्रतीकों के सहारे प्रसादजी ने गल्प में रहस्यवादी कवियों की तरह एक पारमार्थिक सत्य को व्यक्त किया है।[2]

पाश्चात्य गल्पकारों में मार्शल प्रू इसके लिए प्रसिद्ध हैं कि इन्होंने उपन्यास-रचना में प्रतीकवादी सिद्धान्तों का स्पृहणीय विनियोग किया है।[3] प्रतीकवादी गल्पकार अपने बहुवर्णी और अनेकमुख आसंगों को व्यक्त करने के लिए क्षण-क्षण परिवर्तनशील बिम्बों के बदले अनेक पात्रों, परिस्थितियों, स्थानों, विचक्षण क्षणों, गदराये हुए संवेगों

---

1. इस प्रसंग में यह ध्यातव्य है कि गद्य अथवा गल्प में प्रतीकों का प्रचुर प्रयोग रहने पर भी अब तक गद्य-साहित्य के प्रतीकों पर अपेक्षाकृत कम विचार किया गया है। W. Y. Tindall ने भी अद्यावधि प्रस्तुत प्रतीक-विचारणा के इस अभावग्रस्त पक्ष को निर्दिष्ट किया है।

   —W.Y. Tindall, *The Literary Symbol,* New York, 1955, pp. 70-71
2. "मैं एक भटकी हुई बुलबुल हूँ। मुझे किसी टूटी डाल पर अन्धकार बिता लेने दो! इस रजनी-विश्राम का मूल्य—अन्तिम तान सुनाकर जाऊँगी।" प्रसाद की उक्त कहानी, अथवा 'बिसाती' शीर्षक कहानी, के अन्त में प्रयुक्त 'फूल' और 'बुलबुल' की तरह ऑस्कर वाइल्ड की 'बुलबुल और गुलाब' शीर्षक कहानी भी प्रतीकात्मक है—बुलबुल (कलाकार), गुलाब (कलाकृति), लड़की (कला के महत्त्व को न समझनेवाला पाठक), युवक (कला में उपयोगिता ढूँढ़नेवाला आलोचक)। द्रष्टव्य—शिवपूजन सहाय, *विभूति,* ग्रन्थमाला कार्यालय, पटना, संवत् 2007 में मूल से अनूदित।
3. एडमंड विल्सन ने मार्शल प्रू के इस पक्ष पर अच्छा विचार किया है। द्रष्टव्य—Edmund Wilson, *Axel's Castle*, London, 1947, pp. 132-190

तथा व्यवहार-सरणियों की पुनरावृत्ति का सहारा लेता है। इन पाश्चात्य प्रतीकवादी गल्पकारों में बॉल्जक, गोतिये, इत्यादि विशेष प्रसिद्ध हैं।[1]

कहने का आशय यह है कि जीवन के विभिन्न क्षेत्रों की तरह साहित्य की सभी विधाओं में प्रतीकों का प्रयोग सम्भव है, क्योंकि प्रतीक 'अदृश्य सत्यों' की इन्द्रियग्राह्य रूपों में सांकेतिक अभिव्यक्ति करते हैं। और, यह जानी हुई बात है कि जीवन के प्रत्येक क्षेत्र में ऐसे अदृश्य सत्य रहा करते हैं, जिन्हें इन्द्रियग्राह्य रूपों में बाँधकर अभिव्यक्त करने की चिरन्तन आवश्यकता पड़ती है। इसलिए अनेक विचारक निर्गुण सत्य की सगुण अभिव्यक्ति को प्रतीक कहते हैं। विशेषकर, कला-जगत् में सूक्ष्म सौन्दर्य को ही व्यक्त करने के लिए प्रतीकों का प्रयोग किया जाता है। यह सूक्ष्म सौन्दर्य, यदि प्रतीकों के द्वारा इन्द्रियग्राह्य रूप में न व्यक्त किया जाए, तो कला के अवलोकन या अवगाहन से सहृदय-चित्त को रसमग्नता नहीं मिल सकती है। सम्भवत: प्रतीकों के बिना सूक्ष्म सौन्दर्य की अभिव्यक्ति ही असम्भव है। संगीतकला में भी हम श्रवण-दुर्लभ स्वर-संगतियों का श्रवण-सुलभ स्वर-प्रतीकों के माध्यम से रस-भोग कर लेते हैं।[2] इस प्रकार कला जगत में प्रतीक 'अतीन्द्रिय' और 'ऐन्द्रिय' के बीच एक सचेतन रूपक का काम करते हैं और प्रत्यक्षीकरण अथवा उपस्थापन का एक विभावनपूर्ण माध्यम बनकर हमें रसोसिक्त कर देते हैं।

प्रतीकों के इस तात्त्विक विवेचन के प्रसंग में प्रतीक और बिम्ब के अन्तर पर विचार कर लेना आवश्यक है। प्रतीक-सृष्टि जहाँ एक प्रकार का अभिव्यक्तिलाघव है, वहाँ बिम्ब-विधान प्राय: इन्द्रियग्राह्य होता है और श्रवण तथा स्पर्श की अपेक्षा, सामान्यत:, दृष्टि से अधिक सम्बन्ध रखता है। दूसरे शब्दों में, बिम्ब-विधान एक प्रकार का सफल सम्मूर्तन है, जिसमें चित्रोपमता रहती है। किन्तु प्रतीक में ऐसी

1. Arthur Symons, *The Symbolist Movement in Literature*, New York, 1958, pp. 99-144
2. जिस प्रकार काव्य में हम शब्दों से प्रतीक-सृष्टि करते हैं, उसी प्रकार संगीत में 'टोन' (tone) के द्वारा प्रतीकात्मक प्रेषण किया जाता है। संगीतदर्शन के विश्लेषणकर्ताओं का यह मत है कि संगीत के 'टोन' में उसी प्रकार निश्चित अर्थवत्ता रहती है, जिस प्रकार काव्य-कला के शब्दों में; क्योंकि संगीत भी एक प्रकार से भावों की भाषा है। अत: अनेक विचारकों ने 'टोन' को संगीत का 'गत्वर प्रतीक' (dynamic symbol) कहा है। Victor Zuckerkandl, *Sound and Symbol,* translated from the German by Willard R. Trask, 1956, pp. 66, 69. संगीत की ही तरह स्थापत्य कला में भी प्रतीकों का प्रयोग होता है, जिन्हें ज्यामितिक प्रतीक (geometrical symbol) कहा जाता है। ये ज्यामितिक प्रतीक आकृतियों के सम्मूर्तन में सर्वोत्तम सिद्ध होते हैं। Elie Foure, *History of Art,* Volume V, translated by Walter Pach, London, 1930, pp. 274-275। इन ज्यामितिक प्रतीकों को, जो विशेषकर मन्दिरों, मस्जिदों या गिरजाघरों में आध्यात्मिक भावों की अभिव्यक्ति का कार्य करते हैं, वास्तु प्रतीक (Architectonic symbol) भी कहा जाता है। वही, पृ. 284

चित्रोपमता अथवा सम्मूर्तन की कोई आवश्यकता नहीं रहती है। इसमें प्रभाव-साम्य या प्रभविष्णुता को महत्त्व दिया जाता है, क्योंकि प्रतीकविधान में पदार्थ या दृश्य सत्य का चित्र नहीं, उसकी व्यंग्य विशिष्टता अथवा सूक्ष्म प्रभाव का संकेत अभीष्ट रहता है। इस प्रकार हम कह सकते हैं कि बिम्ब का अधिक सम्बन्ध शिल्प तथा वास्तुकला से है और प्रतीक का संगीत तथा काव्य से। इसके अलावा बिम्ब प्राय: प्रकृति से संश्लिष्ट होते हैं, फलस्वरूप अपेक्षाकृत अधिक स्वच्छन्द, अत: नानार्थव्यंजक होते हैं। किन्तु, प्रतीक निश्चित अर्थ देते हैं और गतानुगतिक या सामाजिक स्वीकृति-सापेक्ष हुआ करते हैं।

कला-जगत् में प्रतीकों का एक 'वादी' रूप भी है, जिसका प्रचार प्रतीकवादी आन्दोलन के साथ हुआ। आन्दोलन के रूप में प्रतीकवाद का प्रारम्भ फ्रांस में 1886 ई. में हुआ।[1] इसी वर्ष 'फिगरो' नामक पत्र में प्रतीकवादी सम्प्रदाय के संगठन की घोषणा प्रकाशित हुई।[2] इस घोषणा के अनुसार प्रतीकवादी आन्दोलन का मुख्य उद्देश्य प्रत्ययों को इन्द्रियों द्वारा ग्राह्य रूप देना था। इस आन्दोलन को विकास प्रदान करनेवालों में पो,[3] बर्लेन, मलार्मे तथा रिम्बॉ प्रधान हैं। प्रतीकवाद का मूल उद्गम प्लेटो और नवअफलातूनी दार्शनिकों की रचनाओं में प्राप्य है। प्रतीकवाद का साम्य उन्नीसवीं शती के आदर्शवादी दर्शन की स्थापनाओं से भी है। अठारहवीं शताब्दी में ही स्वेडेन बर्ग ने 'करेस्पांडेन्स का सिद्धान्त' निरूपित किया था और इस भाँति प्रतीकों द्वारा वैयक्तिक अनुभवों के प्रकाशन की परम्परा को शक्ति मिली थी। आगे चलकर चार्ल्स बाद्लेयर इस नवीन सिद्धान्त से प्रभावित हुआ और उसने 'सिनेस्थेसिस' के सिद्धान्त का प्रतिपादन किया।[4] जिसके द्वारा इस मत की स्थापना हुई कि दृष्टि, श्रवण, घ्राण तथा स्पर्श द्वारा प्राप्त अनुभवों का साम्य है और वे आपस में परिवर्तनीय हैं।[5] इसी तरह मलार्मे ने भी प्रतीकवादी मान्यताओं के निरूपण और व्यावहारिक विनियोग में एक अग्रदूत का कार्य किया।[6] कहा जाता है कि बाद्लेयर ने प्रतीकों का मूल्यांकन किया, बर्लेन ने उन्हें

1. अर्थर साइमन्स ने प्रतीकवाद को 'रोमांटिसिज्म' की एक विकसित शाखा के रूप में स्वीकार किया है। इनका कहना है कि प्रतीकवादी आन्दोलन के पहले भी कला और साहित्य में प्रतीक के प्रयोग होते थे, किन्तु, प्रतीकवाद के अन्तर्गत प्रतीक का सायास और सचेत प्रयोग होता है। अर्थर साइमन्स ने तो प्रतीकवाद का प्रारम्भ Gerard De Nerval की रचनाओं से माना है।
2. Joseph Chiari, *Symbolisme from Poe to Mallarme,* pp. 60-61
3. Joseph Chiari, *Symbolisme from Poe to Mallarme,* London, 1956, pp. 1, 40
4. *Charles Baudelaire (Selected Poems)* translated by Geoffrey Wagner and an introduction by Enid Starkie, London, 1946, Introduction.
5. रामअवध द्विवेदी, काव्य में प्रतीक-विधान, *आलोचना,* जुलाई, 1957, पृ. 32
6. C. M. Bowra, *The Heritage of Symbolism,* London, p. 1

व्यावहारिक परिणति दी और मलार्मे ने प्रतीकवाद की इन द्विविध लब्धियों को एक विशिष्ट दर्शन प्रदान किया।[1]

प्रतीकवाद की मूल मान्यता यह है कि प्रत्येक संवेग और संवेदन के स्वरूप में व्यक्ति की सतत प्रवहमान चेतना की भिन्न स्थितियों के कारण हर क्षण परिवर्तन होता रहता है। फलस्वरूप, यह किसी भी व्यक्ति के लिए एक कठिन कार्य है कि वह अपने संवेग और संवेदन को सामान्य साहित्य या बोलचाल की दैनन्दिन भाषा में ठीक उसी तरह व्यक्त कर दे, जिस रूप में उसने उस विवक्षित संवेग अथवा संवेदन की सही-सही अनुभूति की थी। अर्थात्, अनुभूत संवेग और संवेदन को कोई भी व्यक्ति पूर्ण यथारूपता के साथ लोकप्रचलित भाषा और शैली में नहीं व्यक्त कर सकता है। पुन: प्रतीकवादियों का कहना है कि प्रत्येक कवि के व्यक्तित्व की अपनी वक्रताएँ होती हैं तथा उसके संवेग, संवेदन और क्षण की (उपभुक्त दशा अथवा आसंग की दृष्टि से) निजी विशिष्टताएँ होती हैं। अत: प्रत्येक कवि का यह कर्तव्य है कि वह अपने व्यक्तित्व और अनुभूतियों की विशिष्टता के अनुरूप अभिव्यक्ति के किसी विशेष मार्ग का अन्वेषण और निर्धारण कर ले। इसी विशेष मार्ग के अन्वेषण में कवि को नूतन प्रतीकों के प्रयोग की अनिवार्यता से गुजरना पड़ता है। इसलिए ऐसे नूतन प्रतीक ढीले-ढाले, अप्रतिहतप्रसर और अज्ञातकुलशील अनुभूतियों के भारवाही बिम्ब होने के कारण अनिश्चित अर्थवत्ता के व्यंजक होते हैं।[2] सारांश यह है कि प्रतीकों के द्वारा कलाकार अपनी व्यक्तिगत और विशिष्ट अनुभूतियों का कलात्मक प्रेषण करता है, साथ ही, अनुभूति के क्षणों और अभिव्यक्ति के क्षणों के अनुपेक्षणीय पार्थक्य को पाट भी देता है।

कहा जाता है कि प्रतीकवाद का उदय बहुत अंशों में वैज्ञानिक यथार्थवाद के विरोध में हुआ। यह प्रतीकवादी दृष्टिकोण तत्त्वत: रहस्योपेत था, जिसके अनुसार एक अपर आदर्श-लोक ऐन्द्रिय प्रत्यक्ष के इस जगत् से अधिक सत्य है। भाव-भूमि और मंडन-शिल्प की दृष्टि से प्रतीकवाद सौन्दर्योन्मुख था, क्योंकि प्रतीकवादी कलाकार 'आइडियल ब्यूटी' के विश्वासी थे। इस प्रकार प्रतीकवाद सौन्दर्यवाद (एस्थेटिसिज्म) का ही एक रहस्यात्मक संस्करण है। यह धारणा इससे भी पुष्ट होती है कि प्रतीकवाद की एक उपधारा ही इंग्लैंड में 'एस्थेटिक मूवमेंट' बन गई,

---

1. *Stephane Mallarme : Poems* translated by Roger Fry with commentaries by Charles Mouron, London.
2. "Symbols are organic units of consciousness with a life of their own, and you can never explain them away, because their value is dynamic emotional, belonging to the sense-consciousness of the body and the soul, and not simply mental."—D. H. Lawrence, *Literary Symbolism,* edited by Mourice Beebe, San Francisco, 1960, p. 31

जिसका नेतृत्व रोज़ेटी, पेटर और बिल्डे ने किया। इन प्रतीकवादियों की दृष्टि में यह दृश्य और इन्द्रिय-संवेद्य जगत् ऐसे प्रतीकों से भरा पड़ा है, जो मानव-हृदय को हर्ष-विषाद से तरंगित करते तथा उसे सुगन्ध, वर्ण और ध्वनि के सहारे आत्मा के आनन्द ('रैप्चर्स आव द स्पिरिट') तक पहुँचाते हैं। इसके अलावा, प्रतीकवाद की मुख्य मान्यता यह है कि दृश्य जगत् से परे एक आदर्श सौन्दर्य का संसार है, जिसकी प्राप्ति कला के द्वारा होती है। जिस लक्ष्य की लब्धि के लिए धर्म स्तवन और ध्यान का विधान करता है, उसी की प्राप्ति कलाकार, प्रतीकवाद के अनुसार, कलात्मक शिल्प से करता है। यह भी ध्यान देने की बात है कि प्रतीकवादियों का प्रतीक-विधान बहुत अंशों में परम्परागत प्रतीकों से भिन्न है। यह भिन्नता प्रधानत: प्रतीकों की वैयक्तिकता है। प्राचीन प्रतीक सामान्य आसंगों, अत: सामाजिक अनुभूतियों पर निर्भर, फलस्वरूप, साधारणीकरण-सुलभ थे; जबकि प्रतीकवादियों के प्रतीक वैयक्तिक आसंग, व्यक्तिगत रुचि और अप्रकट मनोग्रन्थियों पर निर्भर रहने से विशिष्ट, अत:, सायासग्राह्य एवं कुछ अनबूझ-जैसे होते हैं।

प्रतीकों के इस तात्त्विक विवेचन के उपरान्त प्रतीकों के प्रकार पर भी संक्षेप में विचार कर लेना अनिवार्य है। मूलत: प्रतीक ध्वनि और दृष्टि पर निर्भर करते हैं, क्योंकि श्रुति और चक्षु—इन्हीं दो माध्यमों के द्वारा प्रतीक अपना अर्थप्रेषण करते हैं। इसलिए स्वभावत: कलाकार भी अपने प्रतीकों की प्रेषणीयता की सुरक्षा के लिए प्रतीक-सृष्टि के समय ध्वनि और दृष्टि के माध्यमों पर विशेष ध्यान रखता है, ताकि सहृदय-पक्ष की ग्राहिका-शक्ति पर अधिक बल नहीं पड़े। इस तरह हम प्रतीकों के मुख्य दो प्रकार निरूपित कर सकते हैं—ध्वनि-निर्भर प्रतीक और दृष्टि-निर्भर प्रतीक। डब्लू. बी. यीट्स ने भी प्रतीकों के दो ही प्रमुख प्रकार माने हैं, किन्तु, इनका प्रकार-निर्धारण एक दूसरी दृष्टि पर निर्भर है। इन्होंने संवेग और विचार की प्रधानता के आधार पर प्रतीकों का प्रकार-निर्धारण किया है—ध्वनि-प्रतीक और प्रत्यय-प्रतीक ('सिम्बल्स आव आइडियाज')। इनके अनुसार ध्वनि-प्रतीक में संवेग-सृष्ट प्रतीकों का अन्तर्गणन हो सकता है और प्रत्ययप्रतीकों में बौद्धिक (इंटेलेक्चुअल) प्रतीकों का, क्योंकि प्रत्यय-प्रतीक साधारणत: विशुद्ध विचारों के और कभी-कभी भावना-मिश्रित विचारों के उत्प्रेरक हुआ करते हैं। किन्तु, इन विशुद्ध साहित्यिक या सौन्दर्यशास्त्रीय दृष्टिकोणों के अलावा अन्य दृष्टियों से भी प्रतीकों के प्रकार पर सोचा-विचारा गया है, जो बहुत ही अव्यवस्थित, किसी व्यापक आधार से हीन और अनावश्यक खींचतान से मुद्रित है। जैसे, एवलिन अंडरहिल ने रहस्यवाद के सन्दर्भ में प्रतीकों पर विचार करते हुए इन तीन प्रमुख प्रकारों का निर्देश किया है—यात्रा-द्योतक प्रतीक, प्रेमद्योतक प्रतीक और यतिभावद्योतक प्रतीक।[1] इसी तरह

1. Evelin Underhill, *Mysticism,* pp. 126-127

किसी ने प्रतीकों के चार प्रकार माने हैं—गूढ़ार्थ, संस्मरणात्मक, औपम्यमूलक और वस्तुगर्भ, तो किसी ने अभिव्यक्ति की स्तर-भिन्नता के आधार पर प्रतीकों का चतुर्विध विभाजन दूसरे नामों से प्रस्तुत कर दिया है—प्राणिवादमूलक, औपम्यमूलक, सादृश्यमूलक और बिम्बमूलक। किन्तु, प्रतीकों के प्रकार की संख्या का 'इदमित्थं' यहाँ भी नहीं हुआ है। उदाहरण के लिए लैंगर ने अपनी प्रसिद्ध पुस्तक में प्रतीकों के अनेक प्रकार गिनाए हैं, जिनमें से कुछ इस प्रकार हैं.. 'वर्बल सिम्बल', 'डिस्कर्सिव सिम्बल', 'रिप्रेजेंटेशनल सिम्बल', 'डेथ सिम्बल', 'कंडेन्स्ड सिम्बल' (जैसे नारीत्व के लिए चाँद), 'चार्ज्ड सिम्बल', (जैसे ईसा की फांसी का क्रॉस) इत्यादि।[1] इसी तरह कहीं-कहीं प्रतीकों के विभाजन की अवतरणिका और भी विशद मिलती है। जैसे—कूट प्रतीक, वैपरीत्यमूलक प्रतीक, रहस्यारूढ़ प्रतीक, लक्षणापन्न प्रतीक, परम्परित प्रतीक, छायावृत्त प्रतीक, प्रयोगविशिष्ट प्रतीक, लोकावचेतन प्रतीक और सगुण प्रतीक।[2] इतना ही नहीं, हिन्दी साहित्य के कुछ विद्वानों ने भी प्रतीक-भेद के संख्या-विस्तार में अद्भुत योग दिया है। जैसे—परम्परानुगत प्रतीक, देशगत प्रतीक, व्यक्तिगत प्रतीक और युगगत प्रतीक। इस तरह प्रतीकों के भेदीकरण का हमें कोई निश्चित आधार नहीं मिलता है। हिन्दी साहित्य के आलोचना-ग्रन्थों में कहीं-कहीं अलंकारशास्त्र को भी सामने रखकर प्रतीकों का विभाजन किया गया है। जैसे-उपमामूलक प्रतीक, रूपकप्रधान प्रतीक, समासोक्तिमूलक प्रतीक, लक्षणामूलक प्रतीक, इत्यादि।

इस तरह अब तक, विशेषकर हिन्दी आलोचना में प्रतीकों का बिम्बों की तरह ही तात्त्विक विवेचन वांछित मात्रा में नहीं हो सका है। और, जो विवेचन हुआ है, वह केवल काव्य को दृष्टि में रखकर, जबकि सौन्दर्यशास्त्र की दृष्टि से काव्येतर ललितकलाओं को भी ध्यान में रखना आवश्यक है। तदनन्तर, प्रतीकों का प्रकार-निर्धारण किसी निश्चित आधार के अभाव में, जैसा हम उपर्युक्त विश्लेषण में देख चुके हैं, बहुत ही दोषपूर्ण, तर्कहीन और यथातथा है। अतः समग्र ललितकलाओं की दृष्टि से प्रतीकों का प्रकार-निर्धारण भी बिम्बों की ही तरह ज्ञानेन्द्रियों अथवा ऐन्द्रिय प्रतीतियों के आधार पर होना चाहिए।

प्रस्तुत अध्याय में उपस्थित किए गए प्रतीक-सम्बन्धी विवेचन और विश्लेषण का निष्कर्ष हम इस प्रकार उपस्थित कर सकते हैं—

1. Susanne K. Langer, *Philosophy in a New Key.*
2. द्रष्टव्य—*त्रैमासिक साहित्य,* पटना, वर्ष 6. भाग-7, 8, 12। हीगेल जैसे गम्भीर दार्शनिक ने भी प्रतीकों के प्रकार-निर्धारण में किसी सुचिन्तित मानदंड का उपयोग नहीं किया है। इनके द्वारा निरूपित प्रतीकों के कुछ प्रकार ये हैं—Unconscious symbol, Fantastic symbol, Real symbol, Numerical symbol, Conscious symbol—इत्यादि—जो प्रकार-निर्धारण के किसी सुनिर्णीत मानदंड के अभाव को संकेतिक करते हैं। Hegel, *The Philosophy of Fine Art,* translated by Osmaston, Vol. II, London, 1920

1. प्रतीकों का सौन्दर्यशास्त्रीय अध्ययन प्रतीकों के दार्शनिक, मनोवैज्ञानिक या समाजशास्त्रीय अध्ययन से भिन्न होता है। दार्शनिक दृष्टिकोण से किए गए अध्ययन में प्रतीक इतने व्यापक अर्थ में प्रयुक्त होता है कि उसके अन्तर्गत शब्द, भाषा, मुद्रा एवं सम्पूर्ण वांगमय प्रतीक के क्षेत्र में पड़ते हैं। तदनन्तर, समाजशास्त्रीय दृष्टिकोण से किए गए अध्ययन में प्रतीकों को रूढ़ रीति-रिवाजों, धर्मपूजा एवं अन्य सामाजिक अनुष्ठानों से इस प्रकार सम्बद्ध कर दिया जाता है कि प्रतीकों का व्यक्तिगत मनोरागों से कोई सम्बन्ध ही नहीं बच पाता है। इसी तरह मनोवैज्ञानिक दृष्टि से किए गए अध्ययन में प्रतीकों को व्यक्ति के अचेतन मन, दमित इच्छाओं और मानसिक स्वत:चालन से इस प्रकार मुद्रित कर दिया जाता है कि इन आधारों को स्वीकार कर लेने पर कला-जगत् में अनेक प्रकार की भ्रान्तियों का मार्ग प्रशस्त हो जाता है। इस तरह प्रतीकों के सौन्दर्यशास्त्रीय अध्ययन का एक स्वतंत्र रूप है, हालाँकि सौन्दर्यशास्त्र अपने अध्ययन की परिपूर्णता के लिए दार्शनिक, मनोवैज्ञानिक या समाजशास्त्रीय अध्ययन के ग्राह्य अंशों को नि:संकोच स्वीकार करता है।
2. कला-जगत् के प्रतीकों पर सौन्दर्यशास्त्रीय विचार-विमर्श करते समय प्रतीक-सन्दर्भ (symbolic reference) को पर्याप्त महत्त्व दिया जाता है।
3. प्रतीक-सृष्टि मनुष्य की चिन्तन-प्रणाली और क्रिया का एक आवश्यक अंग है। अन्य प्राणियों की तुलना में मनुष्य की कुछ श्रेष्ठ पृथकताओं अर्थात् विशिष्ट गुणों के बीच प्रतीक-सृजन की क्षमता प्रमुख है।
4. ललितकला और सौन्दर्यशास्त्र की दृष्टि से प्रतीक के सम्बन्ध में युंग की मान्यताएँ अन्य मनोवैज्ञानिकों की अपेक्षा अधिक महत्त्वपूर्ण हैं। युंग ने प्रतीकसृजन को एक सांस्कृतिक प्रयास माना है, क्योंकि आद्यबिम्ब और सामूहिक अचेतन से सम्बद्ध भाव सामान्य अभिव्यक्ति-पद्धति की सीमाओं को पार कर उन प्रतीकों के रूप में व्यक्त होना चाहते हैं, जिनके लिए दृश्य और श्रव्य-कलाएँ सर्वोत्तम अधिकरण सिद्ध होती हैं।
5. कला-जगत् के प्रतीकों का सौन्दर्यशास्त्रीय दृष्टि से ही विश्लेषण होना चाहिए, क्योंकि कलात्मक प्रतीकों का निर्माण सामान्य जन के द्वारा नहीं, कलाकारों के द्वारा होता है। कलाकार स्वानुभूति के जिन अंशों को सामान्य अभिव्यक्ति के प्रचलित साँचों में नहीं ढाल पाता है, उन अंशों की व्यंजना या अभिव्यक्ति के लिए ही वह प्रतीकों का सहारा लेता है। इस तरह कलाकार स्वानुभूति के अकथनीय अंशों को प्रतीक के द्वारा कथनीय और प्रेषणीय बनाता है। इस बात को दार्शनिक भाषा में इस

प्रकार कहा जा सकता है कि प्रतीक-विधान के सहारे कलाकार दृश्य जगत के अप्रस्तुतों के द्वारा अदृश्य सत की, जो अभिव्यक्ति के प्रचलित माध्यमों की सीमा के कारण अनिर्वचनीय है, संकेत-व्यंजना करता है। अर्थात् प्रतीक-विधान में 'फेनोमेना' के द्वारा 'न्युमेना' का संकेत किया जाता है।

6. कला-जगत् के प्रतीक एवं अन्य प्रतीकों–जैसे धर्म, दर्शन या विज्ञान के प्रतीकों में मुख्य अन्तर यह है कि धर्म, दर्शन अथवा विज्ञान के प्रतीक सर्वथा निर्धारित एवं स्वीकृत अर्थ रखते हैं। इन क्षेत्रों में प्रतीकों के निर्दिष्ट अभिप्राय और अर्थ के सम्बन्ध में प्रयोक्ता तथा श्रोता या पाठक अथवा द्रष्टा प्राय: एकमत होते हैं। किन्तु, कला के प्रतीकों में प्रयोक्ता और पाठक द्रष्टा या श्रोता के बीच किसी निर्धारित अर्थ के लिए ऐसा विश्रब्ध ऐकमत्य नहीं रहता है, बल्कि इसके विपरीत कला के प्रतीकों में अर्थ की सम्भावनाओं और नमनीयता का पर्याप्त महत्त्व रहता है। सचमुच, कला के प्रतीकों में अर्थ-स्फीति होती रहती है, क्योंकि ये प्रतीक केवल प्रयोक्ता ही नहीं, पाठक के भी कल्पना-बोध और उन्नत संवेदन से सापेक्षिक सम्बन्ध रखते हैं।
7. धार्मिक प्रतीक कला-जगत् के प्रतीक से इस अर्थ में भी भिन्न होते हैं कि धर्म के प्रतीक लौकिक मनोराग या संवेग पर नहीं, विश्वास-भावना पर निर्भर रहते हैं। इसलिए धर्म-जगत् का कोई प्रतीक तब तक प्रभाव नहीं पैदा करता है, जब तक सहृदय अथवा भावक के पास उसके अनुकूल विश्वास-भावना न रहती हो।
8. इस तुलनात्मक दृष्टि से स्पष्ट है कि काव्य एवं कला-जगत् के प्रतीक कवि, कलाकार अथवा आश्रय की अनुभूति या मनोदशा के व्यंजक हुआ करते हैं। इनमें एतावत्व के बदले सामान्य सादृश्य के साथ सूक्ष्म सांकेतिक तत्त्वों को महत्त्व दिया जाता है। इसलिए कला-जगत् का एक प्रतीक अनेक स्तरों पर अपना कार्य करता है और अनेक प्रकार की मानसिक छवियाँ उत्पन्न करने में समर्थ होता है।
9. कला-जगत् के प्रतीकों में एक ही साथ गोपन और प्रकाशन की क्षमता रहती है, क्योंकि कला-जगत् के प्रतीकों का लक्ष्य कभी भी किसी वस्तु को ज्यों-का-त्यों रखना अथवा पुन:प्रत्यक्ष या पुनरुत्पादन नहीं रहता है।
10. प्रतीक प्रयोग की अत्यन्त आवृत्ति के बाद अतिसामान्य बन जाने पर अपने संकेतगर्भत्व और व्यंजना की वक्रता खो देते हैं। अत: प्रतीकों के 'प्रतीकत्व' को सुरक्षित रखने के लिए यह आवश्यक है कि उनके नए अन्वेषणों के पौन:पुन्य का सचेष्ट निर्वाह किया जाए।

11. काव्य-जगत् के प्रतीक-विधान में शब्द-प्रतीकों का विशेष महत्त्व है। ये शब्द-प्रतीक प्रायः व्युत्पन्न प्रतीक होते हैं। इनका उद्‌भव शब्द-बिम्बों से होता है अथवा ये किसी पौराणिक आख्यान या किसी धार्मिक सम्प्रदाय की गुह्य साधना से लिये जाते हैं। ऐसे शब्द-प्रतीकों में मूल भाव या मूल वस्तु और व्युत्पत्ति से प्राप्त प्रतीकार्थ के मध्यस्थ सम्बन्ध-सूत्र का निगरण हो जाता है। फलस्वरूप ये प्रतीक आशु ग्राह्य नहीं होते हैं।
12. काव्य एवं कला-जगत् में 'सूक्ष्म सौन्दर्य' को व्यक्त करने के लिए प्रतीकों का प्रयोग किया जाता है, क्योंकि प्रतीकों के बिना सूक्ष्म सौन्दर्य की अभिव्यक्ति असम्भव है।
13. बिम्ब और प्रतीक में मुख्य अन्तर यह है कि बिम्ब-विधान में जहाँ सम्मूर्तन और चित्रोपमता को प्रधानता दी जाती है, वहाँ प्रतीक विधान में एक अभिव्यक्ति-लाघव के साथ किसी सूक्ष्म सत्य, सौन्दर्य या प्रभाव की संकेत-व्यंजना की जाती है। यहाँ यह ध्यातव्य है कि बिम्ब भी कभी-कभी प्रयोग की आवृत्ति से किसी विशेष अर्थ में प्रतिमित होकर प्रतीक का रूप धारण कर लेते हैं।
14. प्रतीकों का प्रकार-निर्धारण अब तक बहुत ही अनिश्चयात्मक और अव्यवस्थित रहा है। अतः प्रतीकों का प्रकार-निर्धारण भी बिम्बों की तरह ज्ञानेन्द्रियों अथवा ऐन्द्रिय प्रतीतियों के आधार पर होना चाहिए।

परिशिष्ट

[अंग्रेजी-हिन्दी शब्दार्थ-संकेत]

Abstract form	=	नैरूप्यवादी विधान
Allegory	=	रूपक
Architectural proportion	=	वास्तु अनुपात
Association	=	आसंग
Attitude	=	संस्थिति
Classical tradition	=	शास्त्रीय परम्परा
Cliches	=	एकरूपता
Code symbol	=	कूट प्रतीक
Cognitive content	==	बोध्य विषय
Colour-harmony	=	वर्ण-छन्द
Colour-perception	=	वर्ण-बोध, वर्णात्मक प्रत्यक्ष
Colour-sensation	=	वर्ण-संवेदना
Concept	=	धारणा
Conceptual	=	धारणात्मक
Concrete	=	पिंडीभूत
Condensation	=	घनीभवन
Cone	=	शंकु
Conscious allegory	=	सचेतन रूपक
Content	=	विषय
Correspondence	=	संवादिता या तदनुरूपता
Cubism	=	घनवाद, त्रिपार्श्ववाद
Dermal Psyche	=	त्वक्-चेतना
Displacement	=	विस्थापन

Distorted substitute	=	विकृत स्थानापन्न
Duplication	=	प्रतिकृति
Engineering	=	आभियांत्रिकी
False reality	=	संवृति सत्य
First symphony	=	प्रथम स्वर-संगति
Fovea	=	अक्षि-कोटर
Functional	=	क्रिया-प्रधान
Harmony	=	संगति
Harmonic colour	=	संवादी वर्ण
Hieroglyphics	=	चित्राक्षर
Ideograph	=	भाव-चित्र
Imaginative Arts	=	कल्पनात्मक कलाएँ
Imagism	=	चित्रात्मकता
Impressionistic music	=	प्रभाववादी संगीत
Inaudible harmony	=	श्रवण-दुर्लभ स्वर-संगति
Indian Epistemology	=	भारतीय प्रमाणवाद
Landscape poetry	=	भूदृश्यांकन-काव्य
Latent dream thought	=	गुप्त स्वप्न-विचार
Legendary	=	निजन्धरी
Manifest dream-content	=	व्यक्त स्वप्न-वस्तु
Mechanism of dream or dream-work	=	स्वप्न-तंत्र
Melos	=	संगीत
Mental	=	मानसिक
Musical proportion	=	लयात्मक
Negative Empathy	=	अभावात्मक समानुभूति
Noumenon	=	अदृश्य सत्, सत्चेतना
Objective Art	=	वस्तुतांत्रिक कला
Opsis	=	दृश्य गुण, चित्रात्मकता
Optic nerve	=	चाक्षुष स्नायु
Oscilloscope	=	दोलनवीक्ष
Otiose image	=	निरर्थक बिम्ब
Pageant	=	स्वांग लीला
Perceptual	=	प्रत्यक्षात्मक

Pnriphery	=	परिवृत्त
Phenomenon	=	दृश्य जगत्
Pictorial representation	=	चित्रात्मक पुनःप्रत्यक्ष
Plastic configuration	=	पिंडीभूत मूर्तन
Pointillism	=	बिन्दु-चित्रण
Positive Empathy	=	भावात्मक सहानुभूति
Pretty	=	रंजक
Primordial images	=	आद्यबिम्ब
Primordial symbols	=	आद्य प्रतीक
Program music	=	क्रमिक संगीत
Psyche	=	मन
Representation	=	पुनःप्रत्यक्ष
Response	=	प्रत्यर्थता, पर्युत्सुकता
Rod	=	शलाका
Romantic	=	स्वच्छन्दतावादी
Schemata	=	विचार-चित्र
Sense-transference	=	बोध-विपर्यय
Sign	=	चिह्न
Sister arts	=	भगिनी कलाएँ, सहोदरा कलाएँ
Space	=	अन्तराल, देश
Standard	=	मानक
Subjective Art	=	आत्मतांत्रिक कला
Substitute image	=	स्थानापन्न मनोबिम्ब
Symbolic reference	=	प्रतीक-सन्दर्भ
Synaptic	=	चेतोपागमिक
Tapestry	=	यवनिका
Texture	=	विन्यसन
Theme	=	विषय
Volume	=	विस्तार
Wave-lines	=	तरंगित रेखाएँ
World of Ideas	=	प्रत्यय-जगत्

सहायक ग्रन्थों तथा पत्र-पत्रिकाओं की सूची

संस्कृत

1. अथर्ववेद
2. अभिज्ञान शाकुन्तलम्
3. अमरकोष
4. अमरुकशतकम्
5. उत्तर रामचरित
6. ऋग्वेद
7. ऋतुसंहार
8. कविकंठाभरण
9. कामसूत्र
10. काव्यप्रकाश
11. काव्य-मीमांसा
12. काव्यादर्श
13. काव्यालंकार
14. काव्यालंकारसूत्र
15. किरातार्जुनीयम्
16. कुट्टिनीमामतं काव्यं
17. कुमार संभवम्
18. केनोपनिषद्
19. गीतगोविन्द
20. तर्क-संग्रह
21. ध्वन्यालोक
22. ध्वन्यालोकलोचन
23. नाट्यशास्त्र
24. नैषध चरितम्

25. प्रमेयकमल मार्तंड
26. भामिनी-विलास
27. महाभारत
28. मानसार शिल्पशास्त्र
29. रस गंगाधर
30. ललितविस्तर
31. वक्रोक्तिजीवित
32. विक्रमोर्वशीयम
33. विष्णुधर्मोत्तर पुराण (चित्रसूत्रम्)
34. शिल्परत्न
35. शिशुपालवधम्
36. शुक्रनीतिसार
37. श्रीमद्भगवद्गीता
38. श्लोकवार्तिक
39. संगीत-दर्पण
40. संगीत-रत्नाकर
41. संगीत राग-कल्पद्रुम
42. सांख्यतत्त्व कौमुदी-प्रभा
43. सांख्य दर्शन
44. साहित्य दर्पण

हिन्दी

1. अग्निपुराण का काव्यशास्त्रीय भाग, नेशनल पब्लिशिंग हाउस, दिल्ली, 1959
2. अरस्तू का काव्यशास्त्र, सम्पादक, डॉ. नगेन्द्र, भारती भंडार, प्रयाग, वि. संवत् 2014
3. आचार्य शुक्ल के समीक्षा-सिद्धान्त, डॉ. रामलाल सिंह, वाराणसी, संवत् 2015
4. आचार्य शुक्ल और हिन्दी आलोचना, डॉ. रामविलास शर्मा, विनोद पुस्तक मन्दिर, आगरा, संवत् 2012
5. आपेक्षिकता का अभिप्राय, मूल लेखक, डॉ. अल्बर्ट आइन्स्टाइन, अनुवादक—डॉ. भवालकर तथा सेठी, प्रकाशन शाखा, उत्तर प्रदेश, 1960
6. कला, हंसकुमार तिवारी, मानसरोवर प्रकाशन, गया।
7. कला : एक जीवन-दर्शन, काका कालेलकर, सस्ता साहित्यमंडल, 1937
8. कला और आधुनिक प्रवृत्तियाँ, रामचन्द्र शुक्ल, प्रकाशन शाखा, उत्तर प्रदेश, 1958
9. कला और संस्कृति, डॉ. वासुदेवशरण अग्रवाल, प्रथम संस्करण।
10. कला और साहित्य, तारिणीचरण दास 'चिदानन्द', दिल्ली, 1960
11. कला का विवेचन, सम्पादक, मोहनलाल महतो 'वियोगी', साहित्य-निकुंज सारन, 1993 विक्रम।

12. कला क्या है?—तालस्ताय, हिन्दी रूपान्तर, हिन्दी प्रचारक पुस्तकालय, वाराणसी, 1955
13. काव्य और संगीत, लक्ष्मीधर वाजपेयी, प्रयाग, 1946
14. काव्य और संगीत का पारस्परिक सम्बन्ध, डॉ. उमा मिश्र, दिल्ली, 1962
15. काव्य, कला तथा अन्य निबन्ध, प्रसाद, भारती भंडार, प्रयाग, संवत 2010
16. काव्य में अभिव्यंजनावाद, डॉ. लक्ष्मीनारायण सुधांशु, तृतीय संस्करण।
17. काव्य में उदात्त-तत्त्व, डॉ. नगेन्द्र, राजपाल एंड सन्ज़, दिल्ली, 1958
18. चिन्तामणि, भाग 1 और 2, आचार्य शुक्ल, सरस्वती मन्दिर, काशी, संवत् 2006 विक्रम।
19. जीवन के तत्त्व और काव्य के सिद्धान्त, लक्ष्मीनारायण सुधांश, ज्ञानपीठ, पटना।
20. ध्वनि और संगीत, ललितकिशोर सिंह, ज्ञानपीठ, काशी, प्रथम संस्करण।
21. प्राचीन भारत के कलात्मक विनोद, आचार्य हजारीप्रसाद द्विवेदी, हिन्दी ग्रन्थ-रत्नाकर, बम्बई, 1952
22. पाश्चात्य काव्यशास्त्र की परम्परा, सम्पादिका, डॉ. सावित्री सिन्हा, दिल्ली, प्रथम संस्करण।
23. बिहारी सतसई, साहित्य सेवासदन, बनारस, षष्ठ संस्करण।
24. भामह-विरचित काव्यालंकार, भाष्यकार, प्रो. देवेन्द्र नाथ शर्मा, बिहार-राष्ट्रभाषा-परिषद्, पटना, 1962
25. भारत की चित्रकला, श्री रायकृष्णदास, प्रथम संस्करण।
26. भारत-शिल्प के षडंग, अवनीन्द्रनाथ ठाकुर, अनुवादक, महादेव साहा, इलाहाबाद, 1958।
27. भारतीय काव्यशास्त्र की भूमिका, डॉ. नगेन्द्र, ओरियंटल बुक डिपो, दिल्ली, 1955
28. भारतीय चित्रकला, श्री नानालाल चिमनलाल मेहता, हिन्दुस्तानी एकादमी, इलाहाबाद, 1933
29. भारतीय चित्रकला, असितकुमार हालदार, चन्द्रलोक प्रकाशन, इलाहाबाद, 1959
30. भारतीय प्रतीक-विद्या, डॉ. जनार्दन मिश्र, बिहार-राष्ट्रभाषा-परिषद, पटना, 1959
31. भारतीय मूर्तिकला, रायकृष्णदास, नागरी प्रचारिणी सभा, काशी, संवत 2009
32. भारतीय वास्तुशास्त्र, डॉ. द्विजेन्द्रनाथ शुक्ल, प्रथम संस्करण।
33. भारतीय साहित्यशास्त्र, बलदेव उपाध्याय, प्रथम खंड, काशी, संवत् 2007
34. मनोविश्लेषण और मानसिक क्रियाएँ, डॉ. पद्मा अग्रवाल, मनोविज्ञान प्रकाशन, बनारस, 1955
35. मानव और संस्कृति, श्यामाचरण दुबे, राजकमल प्रकाशन, दिल्ली, 1967
36. रस-मीमांसा, रामचन्द्र शुक्ल, काशी नागरी प्रचारिणी सभा, संवत् 2006
37. रस-सिद्धान्त : स्वरूप-विश्लेषण, आनन्द प्रकाश दीक्षित, राजकमल प्रकाशन, दिल्ली, 1960
38. रामचरितमानस, तुलसीदास।
39. वक्रोक्ति और अभिव्यंजना, रामनरेश वर्मा, ज्ञानमंडल, बनारस, संवत् 2008 विक्रम।

40. विद्यापति, सम्पादक, मित्र-मजुमदार, नवीन संस्करण, 2010
41. श्रीमद्भगवद्गीता रहस्य, लोकमान्य बालगंगाधर तिलक, अनुवादक, माधव रावजी सप्रे, पूना, 1955
42. संस्कृत आलोचना, बलदेव उपाध्याय, प्रकाशन ब्यूरो, उत्तर प्रदेश, 1957
43. संस्कृति का दार्शनिक विवेचन, डॉ. देवराज, प्रकाशन ब्यूरो, उत्तर प्रदेश, 1957
44. सत्यं शिवं सुन्दरम्, डॉ. रामानन्द तिवारी शास्त्री, राजस्थान विश्वविद्यालय, 1957
45. साहित्य, संगीत और कला, कोमल कोठारी, जोधपुर, 1960
46. साहित्य और सौन्दर्य, डॉ. फतहसिंह, प्रथम संस्करण।
47. साहित्यालोचन, डॉ. श्यामसुन्दर दास, इंडियन प्रेस, प्रयाग, संवत् 2008
48. सौन्दर्य-तत्त्व और काव्य-सिद्धान्त, डॉ. सुरेन्द्र बारलिंगे, अनुवादक, डॉ. मनोहर काले, नेशनल पब्लिशिंग हाउस, दिल्ली, 1963
49. सौन्दर्य-विज्ञान, हरिवंश सिंह, शास्त्री, काशी विद्यापीठ, 1936
50. सौन्दर्यशास्त्र, डॉ. हरद्वारीलाल शर्मा, साहित्य-भवन, इलाहाबाद, 1953
51. हिन्दी काव्यालंकार सूत्र, सम्पादक, डॉ. नगेन्द्र, दिल्ली, 1954
52. हिन्दी के कृष्ण भक्तिकालीन साहित्य में संगीत, डॉ. उषा गुप्ता, लखनऊ विश्वविद्यालय, विक्रमाब्द 2016
53. हिन्दी काव्य-प्रकाश, डॉ. सत्यव्रत सिंह, चौखम्भा विद्याभवन, काशी, 1955
54. हिन्दी वक्रोक्तिजीवित, सम्पादक, डॉ. नगेन्द्र, आत्माराम एंड संस, 1955

पत्र-पत्रिकाएँ

1. अवन्तिका, काव्यालोचनांक, पटना, वर्ष 2, अंक 1, जून 1954
2. कला-निधि, वर्ष 1, अंक 1, 2, 3, काशी।
3. समालोचक (सौन्दर्यशास्त्र विशेषांक), आगरा।
4. सम्मेलन-पत्रिका, कला-अंक, प्रयाग।
5. साहित्य (त्रैमासिक), पटना, वर्ष 6, भाग 7, 8, 12

बंगला

1. आर्य जातिर शिल्प चातुरि, श्री श्यामाचरण, श्रीमानी, कॉलेज स्क्वायर, कलकत्ता, प्रथम संस्करण।
2. बागेश्वरी शिल्प प्रबन्धावली, अवनीन्द्रनाथ ठाकुर, कलकत्ता विश्वविद्यालय प्रकाशन, 1941।
3. भारत शिल्पेर षडंग, अवनीन्द्रनाथ ठाकुर, विश्वभारती ग्रन्थालय, कलकत्ता।
4. यूरोपेर शिल्प-कथा, असित कुमार हालदार, कलकत्ता विश्वविद्यालय, प्रकाशन।
5. रवीन्द्र संगीत, शान्तिदेव घोष, विश्वभारती ग्रन्थालय, कलकत्ता।
6. रवीन्द्रायन, सं. पुलिनबिहारी सेन, वाक् साहित्य, कलकत्ता।
7. रवीन्द्रनाथेर सौन्दर्य-दर्शन, प्रवास जीवन चौधरी, प्रथम संस्करण।
8. रूप-शिल्प, अर्द्धेन्दुकुमार गंगोपाध्याय, प्रथम संस्करण, कलकत्ता।

9. सौन्दर्य-तत्त्व, डॉ. सुरेन्द्र नाथ दासगुप्त, प्रथम संस्करण।
10. सौन्दर्य-दर्शन, प्रवास जीवन चौधरी, विश्वभारती ग्रन्थालय, कलकत्ता।

उर्दू

1. तारीखे जमालियात, अहमद सिद्दीक मजनू, अंजुमन तरक्किए उर्दू, अलीगढ़, 1959
2. शेरूल अजम, मौलाना शिबले नोमानी, मआरिफ प्रेस, आजमगढ़, 1923

अंग्रेजी

Abstraction And Empathy, Wilhelmn Worringer, translated by Michael Bullock, Routledge & Kegan Paul, London, 1953.
A Critical History of Modern Aesthetics, The Earl of Listowel, George Allen & Unwin, London, 1933.
A Dictionary of Psychology, James Drever, Penguin Books, 1956.
Adventures of Ideas, A. N. Whitehead, Cambridge, 1933.
Aesthetic, B. Croce, transtated by A Duglas, Vision Press London 1953.
Aesthetics And History, Bernard Berenson, London, 1950.
Aesthetics And Psychology, Charles Mauron, translated from the French by Roger Fry and Katherine John, London, 1935.
An Introduction to Biology, E J. Hatfield, Oxford, 1948.
A General Introduction to Psycho-Analysis, Sigmund Freud, Perma Books, New York, 1956.
A History of Aesthetic, Bernard Bosanquet, George Allen & Unwin, London, 1949.
A History of Aesthetics, Kuhn and Gilbert, Macmillan Company, New York, 1939.
A History of Criticism, Volume I, George Saintsbury, London, 4th edition. An Introduction to Modern Art, E.H Ramsden, London, 1940.
An Introduction to Jung's Psychology, Frieda Fordham, Penguin Books, 1956.
A Phenomenology of Mind, G.W.F. Hegel, translated by G.B. Baillie, George Allen & Unwin, London, 1955.
A Propos of Lady Chatterley's Lover and other Essays, D.H. Lawrence, Penguin Books, Ist edition.
Aristotle's Theory of Poetry And Fine Art, translated by S. H. Butcher, Dover Publications, 1951.
Art, Clive Bell, Chatto and Windus, London, 1920.
Art And The Creative Unconscious, Erich Newmann, translated from German into English by Rolph Manhum, Routledge & Kegan Paul, London, 1959.
Art And Thought, edited by K. Bharatha Iyer, London, 1947.
Art As Experience, John Dewey, George Allen & Unwin, London, 1934.
Art And Experience, Prof. Hiriyanna, Mysore Kavyalaya Publishers, Ist edition.
Arts And The Man, Irwin Edman, A Mentor Book, December, 1951.
A Study in Aesthetics, Milton H. Bird, Harvard UniversityPress, Cambridge, 1932.
A Study on Vastuvidya, Tarapad Bhattacharya, Bankipore, Patna, 1947.

Baudelaire in 'French Symbolist Poetry', translated by C. F. MacIntyre, Berkeley, University of California Press, 1958'.
Beauty And Other Forms of Value S. Alexander, London, 1933
Beauty And Ugliness, Vernon Lee, John Lane Company, New York, 1912.
Biographia Literaria, Coleridge, edited by Ernest Rhys, J. M. Dent & Sons, London, 1939.
Blake : A Psychological Study, W.P. Witeut, Holis & Karter, London, 1946.
Blake Studies, Geoffrey Keynes, Rupert Hart—Davis, London, 1949.
Blake's Works, edited by Geoffrey Keynes, Nonesuch Press, 1925.
Cassel's Encyclopaedia of Literature, edited by S. H. Stenborg, Volume I.
Catastrophe And Imagination, John McCormick, London, 1957.
Charles Baudelaire, translated by Geoffrey Wagner and an Introduction by Enid Starkie, Loudon, 1946.
Classical Myths in English Literature, Dan S. Nortan and Peters Rushton, New York, 1952.
Coleridge on Imagination, I. A. Richards, London, 1934.
Coleridge's Literary Criticism with an Introduction by J. W. Mackail, London, 1938.
Collected Papers on Psycho-Analysis, Ella Freeman Sharpe, The Hogarth Press, London, 1950.
Commentary to Kant's Critic of Pure Reason, Norman Kemp Smith, Macmillan, London, 1961.
Comparative Aesthetics, Dr. K. C. Pandey, Volume I & II, Banaras, 1950.
Contemporary British Art, Herbert Read, Ist edition.
Contribution To Analytical Psychology, C. G. Jung, Routledge & Kegan Paul, London, 1950, 1928.
Contribution to A Bibliography of Indian Art and Aesthetics, Haridas Mitra, Visvabharati, Santiniketan. 1951.
Creative Imagination, June E. Downey, Kegan Paul, London, 1921.
Creative Intuition in Art And Poetry, Jacques Maritain, The Harvill Press, London, 1954.
Creative Mind, C. Spearman, Nisbet & Co., 1936.
Criticism And Beauty, Arthur James Balfour, MP., Oxford, 1910.
Dark Conciet, Edwin Honing, Faber & Faber, London, 1959.
Dictionary by Littre (Dictionaire De La Langue Francaise, De E Littri, Paris, 1918.)
Dictionary of World Literature, Joseph T. Shipley, Littlefield Adams, Paterson, 1962.
Dreams And Nightmares, J.A. Hadfield. Penguin Books, 1954.
Dynamic Symmetry in Composition, J. Hambidge, New York, 1926.
Encyclopaedia Britanica, Eleventh edition, 1910.
English Bards and Grecian Marbles : The Relationship between Sculpture and Poetry specially in the Romantic Period by Stephen A. Larrabee, New York, 1943,
Eassay on Criticism, Pope, edited by John Sargeaunt, Oxford, 1909.

Essays on Contemporary Events (a collection of Essays). Kegan Paul, London, 1948.
Experimental Psychology of Beauty, C. W. Valentine, T. C. & E. C. Jack, London Ist edition.
Feeling And Form, Susanne K. Langer, Kegan Paul, London, 1953.
From Ritual to Romance, Jessie L. Weston, New York, 1957.
Freud : His Dream And Sex Theories, Joseph Jastrow, New York, 1948.
Fundamentals of Indian Art, S. N. Dasgupta, Bombay, Ist edition.
Further Speculations, T. E Hulme, Minnesote, 1955.
Further Studies in A Dying Culture, Cristopher Caudwell, The Bodley Head, London, 1950.
George Keyt, Martin Russell, Bombay, 1950.
Harmony : Its Theory & Practice, Ebenzer Prout, Angener & Co, London, Ist edition
Highways And Byways of Literary Criticism in Sanskrit, S. Kuppuswami Sastri, Madras, 1945.
History of Art, Jean Anne Vincent, Barnes & Noble, New York, 1958.
History of Art, Elic Faure, translated from the French by Walter Pach, London, 1930.
History of Indian Epistemology, Dr. Jwala Prasad, Delhi-6.
History of Sanskrit Poetics, S. K. De, Calcutta, 1960.
History of Sanskrit Poetics, P. V Kane, Bombay, 1951.
Image And Experience, Graham Hough, London, 1960.
Imagination, E J. Furlong, George Allen & Unwin, New York, 1961.
Imagination and its Wonder, Arthur Lowell, Nichols & Co., London, 1899.
Imagination in Landscape Painting, Philip Gilbert Hammerton, London, 1896.
Indian Aesthetics, K.S. Ramaswami Sastri. Srirangam 1928.
Indian Sculpture And Painting, E. B Havell, John Murrey, London, 1928.
John Keats' Fancy, J. R Caldwell, Karnale University Press, 1945.
Ksemendra Studies, Dr. Surya Kant, Poona, 1954.
Language As Gesture, R. P Blackmur, London, 1954.
Laocoon, Lessing, translated by E. C. Beasley, Ist edition.
Lectures on Art, Ruskin, George Allen & Co, London, 1904.
Leonardo Da Vinci : A Psychological Study of an Infantile Reminiscence, Sigmund Freud, translated by A. A. Brill, Paul, London, 1948.
Literature And Criticism, H. Coombe, Chatto & Windus, London, 1958
Literary Criticism : A Short History, William K. Wimsatt and Cleanth Brooks, New York, 1959.
Literary Criticism in Sanskrit And English, Prof D.S. Sharma, Madras, 1950.
Literary Symbolism, edited by Maurice Beebe, Wordsworth Publishing Company, San Francisco, 1960.
Modern American Art, John I. H. Baur, Ist edition.
Modern French Painters, Jan Gordon, Ist edition.
Modern Man in Search of A Soul, C. G. Jung, Kegan Paul, London, 1951.

Music—The Listner's Art, Leonard G Ratner, New York, 1957.
Myths And Symbols in Indian Art and Civilization, Heinrich Jimmer, Pantheon Books, New York, 1953.
New World Dictionary of the American Language, Webster, New York, 1958.
Notes on Early Indian Art, Dr. Radha Kumud Mukerjee, Allahabad, 1939.
Nuttal's Standard Dictionary.
On the Indian Sect of the Jaina, John George Bohler, edited with an outline of Jain Mythology, J. A Burgress, London, 1903.
On The Sublime, Longinus, translated by H. L. Havel, Every Mans Library, No. 901.
Oxford Lectures on Poetry, A.C. Bradley, Macmillan, London, 1950.
Painting And Reality, Etienne Gilson, London, 1957.
Paragone, Leonardo Da Vinci, translated by Irma A. Richter, London, Ist edition.
Philosophy In A New Key, Susanne K. Langer, Cambridge, 1957.
Physiological Aesthetics, Grant Allen, London. 1877.
Poetic Imagery, Henry W Wells, Columbia University Press, 1924.
Poetic Process, George Whalley, Kegan Paul, London, 1953.
Poetry And Experience, Archibald MacLeish, The Bodley Head, London, 1961.
Power of Mental Imagery, Warren Hilton, New York, 1927
Principles of Indian Shilpasastra, Phanindra Nath Bose, The
Punjab Sanskrit Book Depot, Lahore, 1926
Principles of Literary Criticism, I A. Richards, London, 1955.
Psycho-Analysis And Art, K. Ahmad, Ajanta Press, Patna, 1953.
Psychological Studies in 'Rasa', Dr. Rakesh Gupta, Aligarh, Ist edition.
Psychological Types, C. G. Jung, translated by H. G. Baynes, Kegan Paul, London, 1944.
Realism And Imagination, Joseph Chairi, Barrie And Rockliff, London, 1966.
Relation In Art, Vernon Blake, Oxford University Press. 1925.
Republic, Plato, Jowett's Translation, Paperbacks Ist edition.
Revolution And Tradition In Modern Art, John I. H Baur, Ist edition.
Rossetti, Lucien Pissarro, London, Ist edition.
Rossetti, Dante and Ourselves, Nicolette Gray, London, 1945.
Sadhana, Rabindranath Tagore, London, 1961.
Santayana And the Sense of Beauty, Willard E, Arnett, Bloomington, 1957.
Santayana's Aesthetics : A Critical Introduction, Irving Singer, Cambridge, 1957.
Scepticism And Poetry, D. G. James, George Allen & Unwin, London, 1960.
Science And Criticism, Herbert J. Muller, New York, 1956.
Science And Music Sir James Jeans, Cambridge University Press, 1947.
Selected Philosophical Essays, N. G. Chernishavsky, Moscow, 1953.
Shabar-Bhasya, translated into English by Ganga Nath Jha, Oriental Institute, Baroda, 1933.
Shakti And Shakta, Sir John Woodroffe, Madras, 1929.
Some Concepts of Alankar Sastra, V. Raghavan Adyar, 1942.
Some Problems of Sanskrit Poetics, S. K. De, Calcutta, 1959.

Sound And Poetry, edited by Northrop Frye, New York, 1957.
Sound And Symbol, Victor Zuckerkandl, translated by Willard R. Trask, Pattian Books, 1956.
Studies in Comparative Aesthetics, Dr. Pravas Jivan Chaudhary, Santiniketan, 1953.
Studies in Jain Art, Umakant P. Shah, Jain Cultural Research Society, Banaras, 1955.
Studies in Sanskrit Aesthetics, A.C Shastris. 1952.
Symbolism And American Literature, Jr. Charles Feidelson,
Phoenix Books, The University of Chicago Press, 1962.
Symbolism : Its Meaning And Effect, A.N. Whitehead, University Press, Cambridge, 1928.
Symbolism : A Psychological Study, Dr. Padma Agrawal, Banaras Hindu University, 1955.
Symbolism from Poe to Mallarme, Joseph Chiari, London, 1956.
Symposium, Plato, The Penguin Classics, 1952.
Tandav Lakshanam (or The Fundamentals of Ancient Hindu Dancing), Venkata Naryanswami Naidu and others, Madras, 1936.
The A.B C. of Indian Art. J. F Blacker, Stanley Paul & Co, London, Ist edition.
The Achievement of T. S. Elliot, F. O Mathiesen, Oxford University Press, 1959.
The Aesthetic Attitude, H. S Longfeild, Brace & Company, New York, 1920.
The Aesthetic Experience According to Abhinava Gupta, Raniery Gnote, Serries Orientale Roma XI, 1956.
The Appreciation of Art, Alfred C. Overtone, Allahabad, 1949,
The Art of William Blake, Enthony Blunt, Columbia University Press, 1959.
The Beautiful : An Introduction to Psychological Aesthetics, Vernon Lee, Cambridge University Press, 1913.
The Beautiful, The Sublime & The Picturesque In Eighteenth Century British Aesthetic Theory, Walter John Hipple, Carbondale, 1957.
The Creative Impulse in Writing and Painting, H. Caudwell, Macmillan, London, 1953.
The Dance of Lord Shiva, Anand K. Coomarswamy, Ist edition.
The Descent of Man, Charles Darwin, Batts & Co., London, 1936.
The Enjoyment And Use of Colour, Walter Sargent, New York, 1923.
The Forms of Things Unknown, Herbert Read, Faber & Faber London. 1960.
The Foundations of Aesthetics, C.K. Odgen & I.A. Richards, London, 1922,
The Humanities, Louise Dudley and Austine Fericy, Macgraw Hill Book Company, New York and London, 1940.
The Imagery of Keats And Shelley, Richard Harter Fogle, Chapel Hill, 1949.
The Importance of Scrutiny, edited by Erich Bentley, New York, 1948.
The Literary Symbol, W. Y. Tindall, Columbia University Press, New York, 1955.
The Loves of Krishna in Indian Painting and Poetry, W. Y. Archer, London, 1957.
The Meaning of Meaning, C. K. Odgen and I. A. Richards, Kegan Paul, London, 1956.

The Modern Movement in Art, R. H. Wilenski, London, 1956.
The Music of Poetry, T. S. Eliot, Glasgow University, 1942.
Theory of Literature, Rene Welleck and Austin Warren, New York, 1949.
The Outlines of Mythology, Lewis Spence, Penguin Books, 1950.
The Oxford Companion to English Literature, Compiled and edited by Sir Paul Harvey, Oxford, IIIrd edition.
The Philosophy of Aesthetic Pleasure, Panch, Pagesh Shastri, Annamalai University, 1940.
The Philosophy of Art, Edward Howard Griggs, New York, 1913.
The Philosophy of Art History, Arnold Hauser, Routledge & Kegan Paul, London, 1959.
The Philosophy of The Beautiful, William Knight, London, 1914.
The Philosophy of Fine Art, Hegel, translated by Osmaston, G. Bell & Sons, London, Parts I, II, III & IV, 1920.
The Philosophy of Literary Form, Kenneth Burke, New York, 1957.
The Philosophy of Modern Art, Herbert Read, New York, 1955.
The Philosophy of Rhetoric, I. A. Richards, Oxford University Press, London, 1936.
The Philosophy of Symbolic Forms, Ernst Cassirer, translated by Ralph Manheim, New Haven, Yale University Press, London, 1953.
The Pocket History of American Aainting, James Thomas Flexoner, New York, 1950.
The Poetic Image. C D. Lewis, London, 1947.
The Poetic Pattern, Robin Skelton, Kegan Paul, London, 1956.
The Principles of Art, R. G. Collingwood, Oxford at the Clarendon Press, Ist edition.
The Psychology of Imagination, Jean Paul Sartre, Rider & Company, London, Ist edition.
The Religion of Man, Rabindranath Tagore, The Hibbert Lectures for 1930.
The Road to Xanadu, John Livingston Lowes, Constable, London, 1951.
The Sankhya Karika of Isvara Krishna with an Introduction, and Translation by S. S. Suryanarayan Sastri, University of Madras, 1930.
The Science of Emotion, Dr. Bhagawan Das, Adyar, Ist edition.
The Sense of Beauty, George Santayana, Dover Publications, New York, 1955.
The Significance of Indian Art, Aurobindo, Bombay, 1947.
The Soul of Music, R. W. S. Mendl, London, 1950.
The Story of Modern Art, Sheldon Cheney, New York, 1947.
The Symbolist Movement in Literature, Arthur Symons, E. P. Dutton & Co., New York, 1958.
The Symbolic Process, John F. Markey, Routledge & Kegan Paul, London, 1928.
The Theory of Beauty, E. F. Carritt, Methuen & Co., London, Ist edition.
The Transformation of Nature in Art, Anand K. Coomarswamy, Dover Publications, New York, 1956.
The True Voice of Feeling, Herbert Read, London, Ist edition.

Towards A Theory of the Imagination, S.C. Sengupta, Oxford University Press, 1959.
Two Lectures on An Aesthetic of Literature, B. S. Mardhekar, Bombay, 1944.
Vision And Design, Roger Fry, Ist edition.
Yeats : The Man and The Masks, Richard Ellmann, Macmillan & Co. London, 1949.

Magazines

Journal of The Indian Society of Oriental Art, Volume 10, 1942.
Scientific American, Volume 199, September, 1958.
The 4 Arts Annual, Calcutta, 1936-1937.
The Spectator, June and July, 1712.

नामानुक्रमणिका